DEES : le guide pratique de l'éducateur spécialisé

Division de Reed Business Information
SAS au capital de 4 099 168 €
Forum 52 - 52, rue Camille Desmoulins,
92448 Issy-les-Moulineaux cedex
Président : Antoine Duarte
Actionnaire principal : Reed Elsevier France

ISBN : 978-2-7101-2335-4
ISSN : 1269-8377

www.esf-editeur.fr

Célia Carpaye

DEES : le guide pratique de l'éducateur spécialisé

Méthodologie et annales corrigées

ESF EDITEUR

Remerciements

Écrire cet ouvrage, c'était comme une sorte de voyage qui s'est construit à la lumière des autres.
Ces autres ce sont d'abord ceux qui m'ont donné la force d'oser, toutes les personnes que j'ai pu rencontrer, en ma position d'aidante ou d'éducatrice spécialisée. Tous ces visages, parfois sans nom, parfois sans paroles, ont largement participé à la construction de la professionnelle que je suis et je les en remercie avec émotion.
Et puis, il y a eu ceux qui m'ont été d'une grande aide sans vraiment s'en rendre compte. Merci d'abord à Emmanuel Cabut, alias Mano Solo qui, d'une chambre du 19e arrondissement de Paris au port de Marseille, m'a fait fustiger la complaisance à la douleur et consumer ma soif de vivre. Il restera si vivant...
Merci à Philippe Jaenada sans qui je n'aurais pas su me faire brute. Merci aussi à mon grand ami Jean Guilloré qui a su faire briller mes yeux d'enfants et faire naître mon culot. Merci à Aurélien Foutoyet qui a relevé le difficile défi de me (sup)porter au quotidien.
Il y a aussi tous ceux qui, je l'espère, se seront rendu compte de l'aide concrète qu'ils ont apportée à ce projet : je pense à Marie Doumbouya, Chary, Fanny Nougé, Aude Félix, Pauline Guillerm, Lucille Moulin, Élodie Poinsart, Florence Billong, Allison Porta, Camille Rodriguez, Sandrine Couturier et Gaëlle Pendu sans qui cet ouvrage n'aurait pu voir le jour.
Un grand merci à Stéphane Rullac qui n'a jamais cessé d'être à mes côtés tout au long de ce projet, me poussant dans mes retranchements pour me permettre d'aller au-delà des évidences. Il a su porter mon projet lorsque la tentation de l'abandon m'a effleurée et cet ouvrage n'aurait pu voir le jour sans son précieux appui.
Merci à Martine Ollivier qui, par sa confiance, m'a permis de transcender mes espérances.
Ma gratitude va aussi à tous ces étudiants et professionnels qui sont là depuis la création du blog « Éducateur, ce métier impossible » et l'espace Facebook dédié ; leurs multiples interventions ont largement guidé cet ouvrage et les questionnements soulevés au sein de celui-ci.
Ma réflexion n'aurait pu se construire sans l'intervention d'un certain nombre de professionnels que je tiens ici à honorer par leur brillance intellectuelle et humaine : Mme Sophie Paulay-Kojäc pour sa capacité à donner accès au savoir à des néophytes, Mme Elisabeth Olla-La Selve pour avoir été à côté de moi sans le savoir, M. Yves Pillant pour sa perspicacité et sa grande humilité, M. Jean-Christophe Santoni pour m'avoir dérangée.
Pour finir, un grand merci à tous ceux qui, directement ou non, ont contribué à alimenter ma réflexion : professionnels ou non, formateurs, auteurs...

Célia Carpaye

« Rien ne prédispose plus au conformisme que le manque de formation. »

Gustave Thibon, *L'équilibre et l'harmonie*, Fayard, 1976.

Sommaire

Préface

La réforme du Diplôme d'État d'Éducateur Spécialisé (DEES) survenue en 2007 ouvre une période de transition complexe. La peur légitime de voir la relation, la confiance et la liberté menacées par une démarche de maîtrise, contraire à l'intersubjectivité inhérente à l'homme et au travail éducatif, amène les professionnels à se méfier depuis le début de la méthodologisation de leurs pratiques. L'éducateur est un professionnel de la relation et doit pouvoir le rester, à l'heure où les enjeux collectifs de normalisation poussent à la *mise en procédures généralisée*. Les contraintes sont fortes aujourd'hui pour que nos réalités humaines soient circonscrites, maîtrisées et gérées dans des réponses préconçues. L'obsession de contrôle prend souvent l'alibi de l'efficience et/ou de la qualité, mais vise finalement un meilleur rapport qualité-prix. Contrôle, prévention, sécurité, mise en ordre, mise au pas... Dans ce contexte, se référer à la compétence et à la méthodologie résonne comme un danger pour le mode de professionnalisation de l'éducation spécialisée. La résistance est donc vivace.

Cependant, il est important de garder à l'esprit que *tout acte de résistance intègre un acte de création*. La résistance n'est pas le *statu quo*, mais une proposition alternative à une violence d'une puissance illégitime. Il serait absurde et vain de tenter de maintenir, pour rêver d'y revenir illusoirement, la situation d'avant 2007. L'alternative est donc de faire vivre de manière contemporaine l'utopie de l'éducation spécialisée, pour qu'elle demeure réaliste.

En soi, revendiquer des compétences aux éducateurs n'est pas un danger. Affirmer que ces professionnels mettent en œuvre des techniques ne l'est pas davantage. Exiger que leurs actions soient efficaces est légitime, si l'on considère que cela implique d'atteindre les objectifs énoncés. Encore faut-il que le travail social, dans sa globalité, se saisisse de ses processus professionnels, pour *constituer lui-même ses propres finalités, objectifs, méthodes et cadre d'évaluation*.

L'enjeu est de taille, car l'éducation spécialisée est un métier impossible, comme le rappelle le site de Célia Carpaye[1]. La complexité des difficultés des personnes

1. http://educateur-specialise.blogspot.com/

accompagnées, l'ambiguïté d'une aide qui s'inscrit à partir d'un constat d'insuffisance, et l'impossible objectivation totale des relations humaines, placent l'éducateur devant un abîme : celui de sa propre impuissance et de sa tentation de toute-puissance.

Face à ce défi impossible, la tentation est de laisser les choses se dérouler naturellement et empiriquement. L'idée serait que la liberté de chacun, sous-entendu celle du professionnel, laisserait les pièces du puzzle se placer au mieux d'elles-mêmes. Ceci est faux. Le poids institutionnel, les névroses de l'éducateur (qui constituent paradoxalement le cœur de sa motivation à exercer), le désir de vouloir pour autrui, sont autant d'éléments qui amènent le professionnel à faire pour l'autre, alors que le projet éducatif spécialisé doit au contraire libérer le désir d'autrui. Pour lui-même et par lui-même. Ultime contradiction : la professionnalité éducative est une compétence à se rendre inutile à terme.

Ce métier impossible doit néanmoins être tenté tous les jours. Les éducateurs sont payés et formés pour cela. Comment imaginer que ce métier ne doit pas être étayé par des théories, des pratiques, entièrement dédiées à sa finalité professionnelle ? La formation au DEES doit proposer cela. Dans la logique d'un rejet de la formalisation, mal placée il faut le dire, toute tentative de concevoir une réflexion méthodologique, à l'attention des étudiants, est taxée de « compilation de recettes » dans une accusation de mise en procédures. L'enjeu est au contraire de proposer *une méthode en processus, nécessairement multi-référentielle*, et dont l'unicité repose sur l'accompagnement éducatif. Le risque présenté par le vide de proposition méthodologique est réel. La procédure, qui est adaptée à fabriquer des choses et non des relations humaines, est paradoxalement appliquée trop souvent par les étudiants laissés à eux-mêmes, sans formation méthodologique. La formation « sur le tas », de manière empirique, implique le recours à un modèle, celui qui a été observé en stage notamment. L'enjeu d'un apport formatif est de garantir la liberté de l'éducateur de *choisir les méthodologies les plus pertinentes*, qui s'inscrivent dans des écoles de pensées préétablies des sciences humaines et sociales, mais *adaptées à l'opérationnalité éducative*.

Qui est assez téméraire pour se risquer à tenter cette approche méthodologique ? J'ai découvert, il y a quelques années, le blog de Célia Carpaye qui propose un espace d'échanges et de formalisation entièrement dédié à l'éducation spécialisée. J'ai été encore surpris d'apprendre que l'auteure et l'animatrice du blog était elle-même encore étudiante dans une formation au DEES. À l'heure où ce livre sera publié, elle sera officiellement une professionnelle diplômée. Sa capacité de rédaction, ses sources d'une richesse fabuleuse car alimentée par de nombreuses lectures et des milliers de témoignages, et surtout sa capacité hors norme à se confronter aux enjeux insaisissables de l'accompagnement éducatif spécialisé, m'ont amené à lui proposer d'écrire ce livre. Sa jeunesse dans le métier est alors sa plus grande force, qui lui permet de passer outre l'interdiction tacite qui pèse sur nous, les éducateurs, à formaliser notre démarche et à oser accompagner méthodologiquement les étudiants sur le chemin de leur certification. Cette confiance accordée à cette jeune professionnelle s'inscrit aussi dans la continuité de l'éthique éducative : *le potentiel de chacun se vérifie dans l'envie et non dans les marques sociales de légitimation*.

Toute la difficulté de la démarche est de proposer un cadre méthodologique qui ne soit pas un programme, applicable et reproductible, en tant que modèle. La méthodologie éducative, et donc les épreuves de certification, ne doivent pas donner lieu à une conformisation de la forme et du fond. Si l'accompagnement éducatif est la finalité, *les chemins à emprunter sont infinis et délimités par les besoins des personnes accompagnées*. Cette éthique doit se retrouver dans les travaux produits par les étudiants. Ce livre invite les étudiants à comprendre les enjeux des certifications, à se saisir de références, témoignages, exemples de dossiers réels et illustrations de processus, afin de se préparer à leurs pratiques et à leur réussite.

Stéphane Rullac
Formateur-chercheur en travail social

Avant-propos

J'ai débuté la formation d'éducatrice spécialisée en 2008 après avoir exercé des métiers aussi variés que « questionnants » : commerciale, vendeuse de sandwichs, femme de chambre, vendeuse de chaussures, danseuse, intervenante à la scolarité puis assistante pédagogique dans un lycée classé en Zone d'Éducation Prioritaire[1] (ZEP).

Comme on dit vulgairement, *c'était pas gagné d'avance* ; nulle université pour codifier ma pensée ou me fournir une grille de lecture théorique. Juste quelques expériences de terrain et la conscience d'une urgente nécessité. Juste le temps de développer une avidité au savoir. Une soif d'apprentissage. Des heures à parcourir les rayonnages de la majestueuse bibliothèque patrimoniale de Dijon. Du plaisir à savoir mon apprentissage libre, choisi, volontaire. C'est avec une égale fascination que j'ai débuté ma formation d'éducatrice spécialisée.

Très vite, se sont dites les difficultés inhérentes à la réforme du Diplôme d'État d'Éducateur Spécialisé (DEES) ; chez les formateurs, les étudiants, les tuteurs de stage... Entre incompréhensions et résistances, il m'a semblé pour ma part trouver une place de choix ; un espace de liberté. Devrais-je plutôt parler d'un espace d'altérité, en ce sens où ma liberté fut relativisée par tout ce que je ne sais pas sur cet autre accompagné ; cet autre blessé, écorché vif, agressif, handicapé, alcoolique, toxicomane, délinquant, prostitué, schizophrène, maltraité ou maltraitant... après lequel court souvent le désir d'un résultat qui ne dit pas son nom. Réinsérer, réintégrer, soigner, éduquer, sevrer, sortir de là... sont autant de termes et de démarches qui portent en eux le poids d'un système normatif lourd, empreint de valeurs idéologiques propres à une société et à une époque données.

À la suite de la réforme de 2007, seuls quelques ouvrages se sont proposé d'éclairer et de guider les étudiants. Plus qu'un manque, cette absence de formalisation représente aujourd'hui un gage de créativité, si tant est que le référentiel de

1. Il s'agit d'établissements qui, du fait de difficultés scolaires et sociales auxquelles doit faire face une majorité d'élèves, sont dotés de moyens financiers, humains et matériels supplémentaires.

compétences soit perçu comme une base réflexive servant la culture commune des éducateurs spécialisés. Il m'a alors semblé qu'il était de la mission des étudiants éducateurs spécialisés de participer à la construction du métier, en prenant en compte la législation et les évolutions sociales, en s'appuyant sur leur vision subjective de la profession et sur leurs expériences au cours de la formation. Au-delà de la crainte de la normalisation et en deçà de la nécessité critique qui incombe au professionnel, il est *un espace de créativité singulièrement émancipateur* : l'espace de travail avec les personnes accompagnées, où l'éducateur spécialisé doit permettre à l'autre le cheminement qui l'amènera à « être au monde ».

C'est dans *cette idée de coconstruction* que j'ai créé le blog « Éducateur, ce métier impossible[2] » en 2008. Pendant trois années, étudiants, professionnels, formateurs et personnes concernées[3] ont activement participé à des échanges organisés sur la profession d'éducateur spécialisé. De ce dialogue entre l'expérience subjective des uns, la pratique professionnelle des autres et la littérature existante, a pu s'élaborer, à la fois modestement et ambitieusement, l'évolution des pratiques de l'éducation spécialisée.

Cet ouvrage est aussi le fruit de quatre années de la formation « nouvelle mouture ». Il prend en compte les éclaircissements apportés par la littérature pédagogique et universitaire ainsi que le vécu plus subjectif de personnes accompagnées, d'étudiants, de professionnels et de formateurs.

Il prétend moins délivrer l'étudiant des incertitudes inhérentes à la profession d'éducateur spécialisé qu'encourager leur mise au travail dans *une visée de construction identitaire*.

2. http://educateur-specialise.blogspot.com/
3. Plutôt qu'*usager*, ce terme désigne des personnes qui ont été ou sont accompagnées par des professionnels du travail social.

Introduction

Trois textes de lois ont réformé la formation d'éducateur spécialisé en 2007 et éclairent les enjeux actuels du DEES :
- le décret du 15 mai 2007 relatif au Diplôme d'État d'Éducateur Spécialisé ;
- l'arrêté du 20 juin 2007 relatif au Diplôme d'État d'Éducateur Spécialisé ;
- la circulaire interministérielle du 11 décembre 2007 relative aux modalités des formations préparatoires et d'obtention du Diplôme d'État d'Éducateur Spécialisé (DEES) et du Diplôme d'État de Moniteur-Éducateur (DEME)[1].

Outre la définition des prérogatives de la formation, **cette réforme amène la notion de compétences**. La formation revêt en effet une valeur d'apprentissage forte, consistant à faire passer les étudiants de l'aptitude à la compétence. Si l'aptitude désigne l'ensemble des « *dispositions naturelles ou acquises*[2] », la compétence s'inscrit dans un processus qui permet « *la mobilisation dans l'action d'un certain nombre de savoirs combinés, de façon spécifique en fonction du cadre de perception que se construit l'auteur de la situation* ». (Richard Wittorski, 1997).

La compétence désigne une combinaison de savoirs qui, dans le cadre des études d'éducateur spécialisé, s'acquièrent pendant la formation théorique (1450 h) et les stages pratiques (2100 h) :
- expériences conscientes ou incorporées, soit habiletés ou savoir-faire ;
- connaissances ;
- savoir-être : dans toute situation, le professionnel/l'étudiant reste auteur de l'interprétation qu'il fera de ses expériences et connaissances en fonction de ses valeurs personnelles ; il dispose donc d'une marge d'autonomie dans l'action qu'il produit.

À cet effet, la certification au DEES s'appuie sur **un référentiel de compétences composé comme suit :**
- le domaine de compétences 1 concerne les questions liées à l'accompagnement ;

1. Consultable sur : www.sante.gouv.fr/fichiers/bo/2008/08-01/a0010056.htm
2. Version numérique de Larousse www.larousse.fr/

- le domaine de compétences 2 vise plus particulièrement la méthodologie du projet éducatif spécialisé ;
- le domaine de compétences 3 s'attache aux dynamiques propres au travail en équipe ;
- le domaine de compétences 4 touche les questions institutionnelles et interinstitutionnelles.

Pour obtenir la certification au DEES, le candidat doit atteindre au minimum la moyenne dans chaque domaine de compétences. Lorsque celui-ci comporte deux parties, les deux épreuves sont compensables entre elles.

Les épreuves du DEES par domaine de compétences

DC 1 Accompagnement social et éducatif spécialisé	Dossier de pratiques professionnelles Épreuve écrite (environ 15 pages) et évaluations de stages - Coefficient 1 Épreuve orale (30 mn) - Coefficient 1
DC 2 Conception et conduite de projet éducatif spécialisé	PARTIE 1 : Participation à l'élaboration et à la conduite du projet éducatif - Coefficient 1 Épreuve écrite sur table (4 h)
	PARTIE 2 : Conception du projet éducatif - Coefficient 2 Mémoire professionnel (50 pages) - Coefficient 1 Soutenance orale du mémoire professionnel (30 mn) - Coefficient 1
DC 3 Communication professionnelle	PARTIE 1 : Travail en équipe pluriprofessionnelle Journal d'étude clinique (5 à 10 pages) - Coefficient 1 Soutenance du journal d'étude clinique (30 mn) - Coefficient 1
	PARTIE 2 : Coordination Validation d'écrits professionnels par les sites qualifiants
DC 4 Implication dans les dynamiques partenariales, institutionnelles et interinstitutionnelles	PARTIE 1 : Implication dans les dynamiques institutionnelles Épreuve écrite sur table (4 h) - Coefficient 2
	PARTIE 2 : Travail en partenariat et en réseau Dossier de réseau et partenariat (15 pages) et évaluations de stages - Coefficient 1 Épreuve orale (30 mn) - Coefficient 1

Cet ouvrage, s'il tente de fournir un éclairage sur les attendus de la formation, porte la vision d'un métier complexe, visant l'émancipation des personnes accompagnées sans faire l'économie d'un nécessaire questionnement sur les mécanismes de société. Chacun des 4 domaines de compétences sera traité dans un chapitre séparé, cependant dans la pratique ils dialoguent sans cesse. Il convient donc de se saisir des expériences de terrain et du vécu subjectif pour articuler ces compétences entre elles en faisant valoir la dimension humanisante du métier d'éducateur spécialisé.

Chaque épreuve sera détaillée de la manière suivante :
1. Les enjeux qualitatifs du domaine de compétences ;
2. La description des épreuves ;
3. La proposition d'une méthodologie ;
4. Quelques exemples issus de travaux ayant été effectués par des étudiants entre 2009 et 2011[3].

Cet ouvrage consiste plus précisément en des annales accompagnées de propositions de corrigés. Ces travaux donnés à titre d'exemple ne prétendent pas dire une vérité. Chaque point de vue théorique se défend sans pour autant être exclusif ; les sciences humaines ne comptent pas de dogme. Nous invitons donc le lecteur à se saisir de ces exemples comme autant d'ouvertures à la réflexion.

3. Le lecteur notera à ce propos que tous les éléments inhérents à l'identité de personnes accompagnées ou de professionnels ont été modifiés.

DC 1

Accompagnement social et éducatif spécialisé

De l'aptitude à l'élaboration d'une identité professionnelle

« Parce que chaque être a besoin de trouver le sens de ce qui le fait être là au monde, et parce qu'il ne peut y arriver seul, la condition humaine signe l'horizon indépassable de la relation éducative. »

GABERAN Philippe, *La relation éducative. Un outil professionnel pour un projet humaniste*, 2003.

Les enjeux du DC 1. Définir l'accompagnement

Quand le domaine de compétences 1 est évoqué en formation, le terme *accompagner* trouve rapidement sa place, au risque de devenir parfois un vocable « fourre-tout », recouvrant à la fois les aptitudes naturelles dont disposent les futurs professionnels et la construction de leur posture professionnelle. Accompagner, éduquer, émanciper, être en relation, faire fonction... autant de positions que l'éducateur spécialisé élabore au cours de sa formation et dans l'exercice de sa profession.

Accompagner ?

« **Accompagnement** » plutôt que « **prise en charge** », la réplique est courante, en particulier dans les équipes pluridisciplinaires où les uns se défendent d'une prise en compte plus humaine des personnes accueillies. L'étymologie nous apprend que le terme *accompagner* provient des racines latines *ad-* (mouvement) et *cum panis* (avec pain) ; en d'autres termes, il s'agit de « partager le pain avec ». Accompagner, c'est donc : être avec, à côté de l'autre, pendant un temps plus ou moins long, ici légitimé par le mandat d'intervention. Il serait aisé de croire que, dans la relation d'accompagnement, seule la personne avance, épaulée par l'accompagnant. L'étymologie du vocable nous apprend pourtant que la relation éducative est autrement plus interactive. Certes, le travailleur social détient un savoir sur ce qu'est « être éducateur spécialisé », « accompagner l'autre », mais la personne accompagnée possède elle aussi une autre forme de savoir sur elle-même, ses aspirations, ses potentialités. Dans ce « bout de chemin » alternant entre transmission et apprentissage, se créent des espaces d'accompagnement.

Ces questions amènent plusieurs réflexions. D'abord, la relation d'accompagnement demande une certaine **empathie**. Stéphane Rullac définit ainsi l'empathie :

> *« Processus de recomposition des sentiments (empathie affective), mais aussi des processus mentaux (empathie cognitive) de l'autre[1]. » Il s'agit de se laisser enseigner par l'autre tout en prenant garde au « pire des risques : penser qu'elle [l'empathie] permet de construire une connaissance intime de l'autre, qui serait objective[2] ».*

Comme l'avancent Meriem Hajjar et Jacques Papay dans le *Dictionnaire pratique du travail social* :

> *« Accompagner suppose de faire confiance à l'autre, de croire en ses capacités à tracer les voies de son avenir. C'est aussi définir une position d'attente et d'observation de la part du professionnel. [...] Accompagner définit une posture proche mais qui ne prend pas la place de l'autre[3]. »*

1. Rullac Stéphane, « Empathie », in : *Dictionnaire pratique du travail social,* Dunod, Paris, 2010, p. 100.
2. *Ibidem*, p. 101.
3. Hajjar Meriem, Papay Jacques, « Accompagner », in : *Dictionnaire pratique du travail social,* Dunod, Paris, 2010, p. 100.

Il s'agit donc d'être capable de comprendre l'autre tout en conservant la position humble de « celui qui ne sait pas » *a priori*, celui qui est prêt à se laisser surprendre par la part d'indicible et d'imprévu propre à la condition humaine. L'élaboration en équipe permet les réajustements nécessaires et peut notamment contribuer à ce que les professionnels conscientisent les systèmes normatifs, à la base des réflexes de jugement ou de normalisation des publics accueillis.

Éduquer : de la fonction émancipatrice à la fonction normative

Au-delà de l'accompagnement, il y a l'éducation. **Éduquer :** ce terme peut interroger, notamment lorsque l'accompagnement s'adresse à des personnes adultes. Une recherche étymologique est là aussi fort éclairante sur les enjeux de la profession d'éducateur spécialisé. On y retrouve deux dimensions :
- *educare* : nourrir ;
- *educere (ex ducere) :* conduire hors de.

La fonction normative (educare)

L'éducateur spécialisé, par ses interventions auprès du public qu'il accompagne, amène effectivement la personne à placer son individualité au cœur de la vie sociale. Dans un espace souvent nommé « **médiation éducative**[4] », le professionnel tente de se faire le « passeur » d'une réalité psychique à une réalité sociale. Il accompagne la personne « en dehors de soi », en quelque sorte.

Cette démarche fait partie intégrante de ce qu'on nomme « socialisation » :

> *« Processus par lequel la personne humaine apprend et intériorise tout au cours de sa vie les éléments socioculturels de son milieu, les intègre à la structure de sa personnalité sous l'influence d'expériences et d'agents sociaux significatifs et par là, s'adapte à l'environnement social où elle doit vivre[5]. »*

Il y a bien là l'idée de la transmission d'un système normatif par le professionnel. Cependant la fonction normative ne peut se penser sans la fonction émancipatrice de l'éducation, aussi l'éducateur spécialisé doit-il permettre à la personne accompagnée de prendre connaissance des différents systèmes normatifs pour les questionner et se situer en tant qu'acteur et auteur dans sa trajectoire de vie.

La fonction émancipatrice (educere)

Dans l'article « L'accompagnement dans tous ses états[6] », Christophe Niewiadomski

---

4. Joseph Rouzel désigne la médiation éducative comme *« l'espace de rencontre et d'activité dans lequel s'exerce, [...] dans le creuset de la relation éducative, un certain savoir et savoir-faire sur le monde et la vie en société »*. (Rouzel Joseph, *Le travail d'éducateur spécialisé. Éthique et pratique,* Dunod, Paris, 2004, p. 82.)
5. Rocher Guy, *Introduction à la sociologie générale, tome 1 : L'action sociale,* Le Seuil, Paris, 1970.
6. Niewadmoski Christophe, « Accompagnement, travail social, postures cliniques et enjeux éthiques », in : *Éducation permanente,* n° 153, 2002, pp. 167-177.

démontre bien comment la fonction sociale peut être **au service de l'individualité de la personne**. Il s'agit selon lui de « *permettre au bénéficiaire d'opérer une tentative de réconciliation avec une trajectoire souvent jugée chaotique pour chercher à identifier avec lui les compétences acquises dans l'éprouvé des difficultés rencontrées jusqu'alors*[7] ».

Comment, effectivement, permettre à la personne de prendre conscience et de mettre en œuvre ses compétences, dans la pleine considération des contraintes sociales ? L'émancipation ne s'entend que comme une liberté relative, à l'intérieur d'un espace d'autorisations et d'interdictions socialement reconnu. Le professionnel est donc sans cesse dans l'équilibration entre fonction normative et fonction émancipatrice.

La posture du professionnel

Dans le domaine de l'enseignement, de nombreuses études ont été réalisées pour tenter de décrire les enjeux de la relation entre l'enseignant et l'enseigné. Bien qu'il ne s'agisse pas des mêmes lieux d'intervention, ces considérations théoriques nous apprennent beaucoup sur la position du professionnel : ici, l'éducateur spécialisé.

Marguerite Altet, dans son ouvrage *Les pédagogies de l'apprentissage*[8], propose **cinq modèles.**

1. Le courant magistro-centrique : le maître transmet un savoir déjà constitué et considéré comme la référence normative. Ce modèle repose sur la quête d'un ordre établi.

2. Le courant puéro-centrique : ce modèle est centré sur l'apprenant, il devient l'élément central de la relation. Il s'agit de partir des intérêts et de la singularité de la personne pour construire le savoir, l'éducateur est un facilitateur. Pour aller plus loin, on se tournera vers les pédagogies par l'expérience (John Dewey) ou les pédagogies actives (Maria Montessori, Édouard Claparède, Ovide Decroly...).

3. Le courant socio-centrique : il s'agit ici de former un « être social », l'apprentissage est aussi centré sur l'enfant mais celui-ci est vu comme un acteur du système et un sujet social. Ici, ce sont les liens entre les personnes du groupe qui sont vus comme sources de savoir ; seront développées l'entraide, la solidarité, la collaboration (Célestin Freinet, pédagogie marxiste de Makarenko...).

4. Le courant technico-centrique : apparu dans les années cinquante, issu de la pensée militaire et du management, ce modèle propose de découper la pédagogie en objectifs et sous-objectifs, et ce, dans une démarche centrée sur les résultats. Le pédagogue est programmateur, pilote de l'action.

5. La pédagogie par projet, centrée sur les apprentissages : l'objectif ici est d'amener l'apprenant à conscientiser et construire ses propres savoirs par la mise à disposition d'outils. L'éducateur construit des projets en partant de ce que l'appre-

---

7. *Ibidem*, p. 173.
8. Altet Marguerite, *Les pédagogies de l'apprentissage,* PUF, Paris, 1998.

DOMAINE DE COMPÉTENCES 1 Accompagnement social et éducatif spécialisé	
COMPÉTENCES	INDICATEURS DE COMPÉTENCES
Instaurer une relation	- Savoir recueillir et analyser des informations et des documents concernant la commande sociale et la situation de la personne ou du groupe. - Savoir observer les attitudes et comportements des usagers. - Savoir développer une écoute attentive et créer du lien. - Savoir identifier et réguler son implication personnelle.
Favoriser la construction de l'identité et le développement des capacités	- Savoir repérer et mobiliser les potentialités de la personne ou du groupe. - Savoir repérer et respecter les déficiences, incapacités et handicaps. - Savoir mettre en œuvre des actions adaptées dans le respect des droits et aspirations de la personne. - Savoir adopter une posture éthique. - Savoir favoriser l'expression et la communication. - Savoir expliciter les normes et usages sociaux. - Savoir aider la personne à se positionner.
Assurer une fonction de repère et d'étayage dans une démarche éthique	- Savoir favoriser l'apprentissage des règles de vie collective. - Savoir se positionner auprès de la personne aidée en tant qu'adulte de référence.
Organiser une intervention socio-éducative individuelle ou collective	- Savoir comprendre une situation. - Savoir exploiter une relation d'échange. - Savoir affiner ses objectifs de travail. - Savoir instaurer une coopération avec la famille et les proches. - Savoir concevoir et mener des activités de groupe et rendre compte de leur budget.
Animer la vie quotidienne	- Savoir proposer des axes d'animation. - Savoir prévenir et repérer les situations de maltraitance. - Savoir repérer, apprécier en équipe les indices inquiétants concernant la santé ou la mise en danger des personnes confiées. - Savoir inscrire la vie quotidienne de l'individu ou du groupe dans une dimension citoyenne. - Savoir contribuer à l'épanouissement de l'individu au sein du collectif. - Savoir utiliser les techniques de gestion des conflits.

nant amène (conceptions cognitivistes et comportementalistes : Jean Piaget, Lev Vygotski...). Ces quelques éléments permettent d'interroger le modèle dans lequel se trouve l'éducateur spécialisé. De manière consciente ou non, le professionnel agit et vit l'accompagnement avec un modèle de pensée spécifique. Le repérage de ses propres mécanismes et dispositions permet de se qualifier en tant que professionnel, de penser sa posture comme partie intégrante de la relation éducative, de construire et d'élaborer son identité professionnelle.

L'accompagnement social et éducatif spécialisé dans la formation d'éducateur spécialisé

Afin de répondre aux objectifs déployés par le DC 1, **deux types d'examens** sont demandés aux étudiants :

1. la réalisation écrite d'un Dossier de Pratiques Professionnelles (DC 1.1) ;
2. la présentation orale du Dossier de Pratiques Professionnelles (DC 1.2).

Le Dossier de Pratiques Professionnelles. L'épreuve

> *« Dans notre école, le DPP (Dossier de Pratiques Professionnelles) se compose d'une note de stage réalisée en deuxième année sur le rôle de l'éducateur spécialisé dans la structure, d'une note de positionnement professionnel réalisée en troisième année sur notre propre positionnement et en partant de la situation d'un usager, et d'une synthèse des deux qui met en avant un regard critique de notre parcours de formation. »*
>
> *Lucille, EPSS Cergy, Promotion 2009-2010.*

> *« En première année de formation, l'école nous a demandé de faire une "analyse de situation éducative". [...] En troisième année, nous avons fait une deuxième analyse de situation sur une expérience vécue lors du stage professionnel. Même consigne que pour la première, en cinq pages. Enfin pour finir ce dossier, nous avons assemblé ces deux analyses, et avons produit un écrit de cinq pages sur l'analyse de notre posture professionnelle, soit l'évolution de notre pratique au fil des expériences de stage. Nous avons essayé d'analyser ce qui a pu bouger dans notre réflexion, dans notre façon d'appréhender une problématique ou encore notre façon d'agir en tant qu'éducateur et ce, en lien avec les deux situations choisies. [...] Mon DPP portait sur la relation éducative que j'ai tenté d'approfondir durant mes différents stages. »*
>
> *Camille, IRTS Montpellier, Promotion 2009-2010.*

Compétences repérées[9]

- Instaurer une relation.
- Favoriser la construction de l'identité et le développement des capacités.

9. Les éléments fonctionnels proviennent de l'arrêté du 20 juin 2007 relatif au DEES (NOR : MT-SA0755916A).

- Assurer une fonction de repère et d'étayage dans une démarche éthique.
- Organiser une intervention socio-éducative individuelle ou collective.
- Animer la vie quotidienne.

Déroulement de l'épreuve

Cet examen est organisé par le recteur d'académie en centre d'examen. À partir d'un **écrit** nommé Dossier de Pratiques Professionnelles (DPP), le candidat est amené à élaborer son positionnement à l'**oral**, face à un jury composé d'un formateur et d'un professionnel. Ces deux aspects de l'épreuve doivent montrer la capacité du candidat à analyser ses pratiques au regard de repères conceptuels clairs. Les membres du jury confronteront l'intervention du candidat aux évaluations fournies par les sites qualifiants[10].

Détails de l'épreuve

Dans un premier temps, l'étudiant élabore un dossier intitulé Dossier de Pratiques Professionnelles d'une quinzaine de pages en centrant son analyse sur :
– *la description des pratiques professionnelles* observées sur les terrains de stage ;
– *la description et l'analyse de sa propre pratique* au regard d'éclairages conceptuels.

L'écrit remis au jury, l'étudiant sera dans un deuxième temps appelé à présenter son travail à l'oral, pendant une durée de 30 minutes (10 mn d'exposé, 20 mn de questions et débat).

DPP. Proposition de méthodologie

Bien que chaque institut de formation choisisse la forme que les étudiants doivent donner au Dossier de Pratiques Professionnelles, l'idée générale est que celui-ci retrace le parcours global du candidat. Ainsi, si tous les stages ne doivent pas obligatoirement apparaître dans ce dossier, le cheminement réflexif de l'étudiant sur les questions de l'accompagnement devra être démontré.

Étape 1 – Le recueil de données

L'accompagnement est une notion large dans laquelle l'étudiant peut avoir l'impression de se perdre, piégé par les réflexes lexicaux du travail social. Il s'agit d'aller au-delà de ces habitudes langagières afin de développer une problématique d'ordre

10. L'appellation « site qualifiant » est utilisée pour désigner les lieux de stage et traduit la dynamique de professionnalisation qui est demandée à l'institution lors de l'accueil de stagiaires.

éducative ; c'est pourquoi, dans le cadre de cette méthodologie, nous traiterons les questions du choix et du développement d'un thème éducatif.

Comment choisir le thème éducatif ?

Au cours de la formation, le vécu professionnel est traversé par de multiples questions, ayant trait aux interactions professionnel-usager dans le cadre de la relation éducative. On peut définir le thème éducatif comme suit : sujet d'étude qui concerne directement la/les personne(s) accueillie(s), en lien avec le positionnement de l'éducateur spécialisé et en fonction des compétences développées au sein du DC 1.

Dans le DPP, il ne s'agit pas de traiter la question de l'accompagnement dans sa globalité, mais d'en traiter un aspect. Ainsi, nous avons déterminé **quatre critères** permettant d'identifier un thème éducatif :
1. **L'intérêt personnel** porté à la thématique.
2. **La récurrence des situations** rencontrées en lien avec ce thème.
3. **L'implication directe** du candidat dans ces situations.
4. **L'existence de travaux théoriques** portant sur la thématique choisie.

Après avoir interrogé des étudiants issus de la promotion 2008-2011, nous vous proposons *quelques exemples de thématiques éducatives :*
- le cadre, comme outil d'émancipation de l'individu ;
- l'autorité dans la relation éducative ;
- l'accompagnement et l'identité professionnelle en fonction des publics accompagnés ;
- la question culturelle dans l'accompagnement ;
- la question du quotidien ;
- la place de la communication (verbale et non verbale) dans l'accompagnement en fonction des publics accompagnés ;
- l'expression corporelle : un point de rencontre entre l'individuel et le collectif ;
- l'autonomie ;
- l'identité personnelle et l'identité professionnelle, la question de la distance éducative ;
- les éléments nécessaires à la rencontre de l'autre : la clinique éducative ;
- l'accueil comme élément déterminant de la relation éducative ;
- le faire, le faire-avec et le non-faire ;
- la notion de juste distance dans la relation éducative.

Après avoir choisi un thème éducatif, le candidat devra en repérer plusieurs dimensions, inhérentes à la consigne du DPP.

Les pratiques éducatives des terrains de stage

Toute pratique d'accompagnement s'inscrit dans un contexte institutionnel précis.

Ainsi, il sera utile de reprendre ces **éléments contextuels** afin de resituer l'intervention du candidat. Souvent ignorée des étudiants, cette étape est indispensable. En effet, les pratiques professionnelles s'inscrivent dans un contexte codifié qui justifie l'intervention du professionnel. Évoquer son positionnement sans envisager ce qui est de l'ordre de l'institué pose le risque d'une position égocentrée du professionnel.

Au brouillon, le candidat pourra préciser les éléments contextuels en se saisissant de l'outil suivant :

	Stage 1	**Stage 2**	**Stage 3**
Dénomination, nature et statut de la structure			
Public accueilli			
Textes législatifs en vigueur			
Mission de l'établissement/ Habilitation			
Objectifs du service dans lequel est affecté le stagiaire			
Secteur géographique d'intervention			
Sources de financement			

Tableau 1. Le cadre d'intervention

Ainsi sont posés les différents contextes au sein desquels le candidat a pu évoluer pendant les trois années de formation. Cette description permet de rendre compte de la diversité des positions que peut prendre le professionnel. En effet, il n'en est pas de même si l'étudiant a exercé dans un internat auprès d'enfants ou s'il a effectué un travail de rue auprès d'adultes sans-abri par exemple. La question posée en filigrane sera celle de la posture professionnelle de l'éducateur spécialisé en fonction de son lieu d'exercice.

Il s'agira ensuite de décrire comment les terrains de stage pensent et agissent la question de l'accompagnement, puis plus précisément la thématique choisie par le candidat. Là aussi, mieux vaut travailler dans un premier temps au brouillon, en se saisissant des éventuelles sources écrites et non écrites dont l'étudiant dispose : journaux de bord, souvenirs, documents institutionnels de type projet d'établissement ou projet de service, échanges avec les professionnels...

Voici une trame pouvant être utilisée au brouillon :

	Stage 1	Stage 2	Stage 3
Éléments institutionnels (si disponibles)			
Pratiques observées			
Outils disponibles			

TABLEAU 2. **Les pratiques éducatives dans le cadre du DPP**

Déjà au cours de cette étape, des conclusions sur la thématique choisie doivent apparaître : le candidat explicitera ce qu'il comprend de sa thématique au regard de ce qu'il aura repéré précédemment.

Exemple. Laura a traité la question des différents modes de communication avec des personnes rencontrant une barrière langagière. Au niveau de l'écrit, cette étape s'est traduite de la manière suivante :

> « Au regard des éléments repérés au sein de l'institution sur la question des modes de communication, je peux d'ores et déjà avancer que le langage constitue un mode très restreint des interactions. En effet, l'observation des pratiques m'a permis de repérer des outils variés, dont l'éducateur spécialisé a à se saisir au quotidien : [suit la liste des outils repérés]. »

Les pratiques du candidat

C'est le moment de choisir les **vignettes cliniques** ou les exemples qui viendront illustrer le DPP. Après avoir identifié les mécanismes à l'œuvre au sein de l'institution, il s'agit effectivement de repérer des situations dans lesquelles le candidat est impliqué et qui font appel à la thématique choisie.
Exemple. Lucille, étudiante à l'EPSS de Cergy, a choisi de poser la problématique suivante : comment, en tant que stagiaire éducateur spécialisé, obtenir légitimité auprès des personnes accueillies ? (fonction de référence et d'étayage.) Pour développer cette question, elle a utilisé deux vignettes cliniques (consigne de l'institut de formation) : *stage 1,* en internat, au moment du coucher, Lucille demande à un enfant d'éteindre la lumière. Celui-ci lui rétorque « C'est pas à toi de me le dire, c'est à l'éducateur. Toi, t'es une apprentie-éducatrice » ; *stage 3,* description de l'accompagnement au sein du quotidien et rôle joué par l'éducatrice spécialisée stagiaire.

Il s'agit d'aller chercher dans les expériences de terrain des situations concrètes et de les narrer au sein du DPP.

Le candidat doit produire un récit dénué de toute interprétation, raconter une histoire, un instant éducatif, une vignette de sa pratique.

Cette description donnera à voir plusieurs éléments :
- lieu, moment de l'action ;
- personnes présentes ;
- brève description de la personne concernée ;
- éventuellement dialogues ;
- degré d'implication de l'étudiant ;
- outils et compétences mobilisés.

Cette première étape, nommée « Recueil de données », s'inscrit dans une démarche d'objectivation. En effet, la relation éducative implique des enjeux subjectifs forts qui influent sur le positionnement du professionnel. Il convient de prendre conscience de ces mouvements pour les mettre au service de la personne accueillie. On parle d'**objectivation** pour désigner la *« tentative de mise à plat en dehors de soi [qui] ne signifie pas le deuil de la subjectivité [...] mais son acceptation préalable pour mieux s'en distancier et percevoir les équilibres sociaux à l'œuvre dans tout fonctionnement social*[11] ».

La démarche du DPP suppose donc **deux temps :**
1. Un temps descriptif des pratiques, comme vu précédemment.
2. Un temps analytique dans l'objectif d'une recherche de sens des pratiques observées.

Étape 2 – L'analyse des données

Le matériel recueilli lors de la première phase de travail doit, dans ce second temps, être soumis à des notions ou concepts élaborés, et servir ainsi l'identité professionnelle de l'éducateur spécialisé.

Comment analyser ?

Il ne s'agit pas de « plaquer de la théorie » pour satisfaire les exigences de la commande mais de montrer que le positionnement professionnel du candidat se construit en fonction de repères théoriques clairs. Ainsi, l'étudiant illustrera les théories mises en avant en explicitant son positionnement dans les situations citées. Un lien permanent doit être fait entre les concepts et la situation.
Pour cela, **quatre étapes :**
1. Une recherche documentaire afin d'identifier les points de vue disciplinaires (psychologie, sociologie, psychosociologie, systémie, philosophie...).
2. Un repérage des théories avec lesquelles le candidat est en adéquation.
3. Une mise en lien éventuelle des différents concepts.
4. Une mise en lien avec les situations énoncées.

---

11. Rullac Stéphane, Soris Cécile, *DC 2. Conception et conduite de projet éducatif spécialisé DEES,* Vuibert, Paris, 2008, p. 68.

DE LA NOTION AU CONCEPT

« Le terme **notion** est emprunté (1570) au latin *notio, -onis* dérivé de *notum*, supin de *noscere* “apprendre à connaître”. *Notio* désigne l’acte de prendre connaissance, l’examen (dans un sens général, plus techniquement en droit) et, dans la langue philosophique, l’idée, la conception que se fait l’esprit, enfin la signification d’un mot.

« Le français a introduit “notion” au sens large de “connaissance immédiate, intuitive (de quelque chose)”, surtout au pluriel (avoir des notions de quelque chose) et spécialement dans un titre d’ouvrage. Depuis Descartes (1647, notion de l’infini), le mot a aussi le sens d’“idée générale et abstraite”, en concurrence partielle avec “concept”. [...] La notion correspond à une idée générale socialisée, plus vague et moins opératoire que “concept” [...].

« **Concept** est emprunté (1404) au latin *conceptus* “action de contenir”. Le mot est le participe passé substantivé de *concipere*, “concevoir”.

« À la différence d’“idée”, qui appartient au langage commun, concept idée générale ” est un terme technique ou d’usage didactique. Son acception philosophique [...] en a fait un schéma dynamique pour la pensée.

« De manière générale, on peut donc dire que la **notion** concerne une connaissance intuitive des choses alors que le **concept** est le résultat d’un travail de construction de la pensée. Il donne une représentation d’un aspect de la réalité.

« Par exemple, on peut dire que l’autonomie est une notion puisqu’elle est soumise à des interprétations variées alors que le relativisme culturel est considéré comme un concept, aujourd’hui reconnu comme la représentation abstraite d’une partie de la réalité. »

Rey Alain (dir.), *Dictionnaire historique de la langue française*, Le Robert, Paris, 1998.

Analyser ne signifie pas nécessairement répondre au « Pourquoi » de la situation, mais plutôt au « Comment ». En effet, nous observerons davantage les interactions en jeu, les places de chacun dans la situation, les enjeux symboliques à un moment ***t***, les outils mis en œuvre au cours de la situation, les ressources et difficultés de la personne à ce moment-là...

Dans l’ouvrage *DC 1. Accompagnement social et éducatif spécialisé*, le candidat retrouvera un certain nombre de notions et concepts théoriques sur lesquels s’appuyer :
- les **théories issues de la psychologie** (psychanalyse, comportementalisme, cognitivisme, systémie, psychopathologie...) ;
- les **théories issues de la sociologie** (approche culturaliste, approches de la socialisation, questions de l’intégration, de l’exclusion...) ;
- les **théories issues de la pédagogie** (fondements et supports de l’action éducative).

Le candidat doit démontrer ce qu’il entend par « Accompagner » à travers le thème qu’il développe dans ce dossier. Figureront des éléments de réponse aux questions suivantes :
- Qu’est-ce qu’accompagner ? Sur quels éléments concrets s’appuie l’accompagnement ?
- Qu’est-ce qu’éduquer ?
- Quels savoirs, savoir-faire (outils, procédures, méthodes) et savoir-être (valeurs) le candidat développe-t-il ?

La question de l'accompagnement sera argumentée au regard du vécu professionnel de l'étudiant et des réflexions qui auront été élaborées tout au long de ce dossier. Cette démarche vise finalement à démontrer que le positionnement du candidat s'est construit par le mouvement permanent entre l'expérience et l'élaboration théorique.

Étape 3 – Le passage à l'écrit[12]

Quel que soit le moment choisi pour le passage à l'écrit, il est conseillé de commencer par construire un **plan détaillé**. D'abord parce qu'il permettra de veiller au respect des contraintes (nombre de pages, chapitres obligatoires...), ensuite parce que l'étudiant pourra vérifier la pertinence de son cheminement et le modifier si nécessaire.

Il conviendra d'utiliser le « Je » autant que possible puisque, rappelons-le, le jury évaluera le positionnement du candidat.

Il ne sera pas proposé ici une forme unique de plan. Le plan dépendra des consignes données par l'institut de formation, lesquelles peuvent varier d'un sujet à l'autre, nous le verrons dans la partie Entraînement (page suivante). En outre, le degré de liberté laissé au candidat est à prendre comme un gage de créativité et un espace d'autonomie.

Reste cependant que des **règles** sont à appliquer :
- proposer un sommaire ou une table des matières pour guider le lecteur ;
- introduire et conclure le dossier ;
- rédiger quinze pages maximum hors page de garde, sommaire et annexes ;
- indiquer la signification des sigles la première fois que le terme est utilisé ;
- référencer toutes les données venues de sources extérieures ;
- respecter l'anonymat des personnes citées.

Étape 4 – L'épreuve orale[13]

L'épreuve dure 30 minutes, elle est divisée comme suit :
- une présentation par l'étudiant (10 mn) ;
- un échange entre le jury et le candidat (20 mn).

Les deux personnes composant le jury auront déjà lu le DPP restitué par le candidat quelque temps avant l'épreuve orale. Avant toute chose, il convient donc de prendre conscience de l'aspect rébarbatif que peut revêtir ce type d'épreuve pour

---

12. Une fiche pratique est proposée en fin d'ouvrage : Conseils transversaux aux épreuves écrites du DEES (p. 311).
13. Une fiche pratique est proposée en fin d'ouvrage : Conseils transversaux aux épreuves orales du DEES (p. 319).

le jury. En effet, si le candidat structure son oral de la même manière que l'a été son écrit, les membres du jury risquent fort de ne tirer que très peu d'intérêt de ces 30 minutes d'échange. Cet oral est à voir comme complémentaire au dossier écrit.

Ainsi, nous ne saurions que conseiller au candidat de « sortir » de ses travaux écrits pour produire à l'oral une vision distanciée de son expérience de stage, au regard des attendus du DC 1.

Quatre points peuvent être abordés :
1. **Ce que le candidat n'a pas pu placer dans le dossier :** au cours de la rédaction, la contrainte liée au nombre de pages a pu amener le rédacteur à se limiter à l'essentiel. L'oral est peut-être le moment pour évoquer ces détails qui n'en sont pas moins importants pour la compréhension du dossier.
2. **Une analyse distanciée des difficultés rencontrées :** une fois le stage achevé et le dossier rendu à l'institut de formation, des constats non entrevus auparavant peuvent émerger dans l'esprit de l'étudiant. Ainsi, ce qui pouvait être vécu de manière difficile pendant le stage peut être analysé avec plus de distance et servir la vision objective du candidat.
3. **Les transferts que l'étudiant effectuera lorsqu'il sera professionnel :** l'expérience de terrain aura certainement été instructive pour l'exercice de son futur métier, il s'agira de le démontrer à travers des exemples concrets.
4. **Autres éléments vus comme importants** par le candidat.

De manière concrète, il est conseillé à l'étudiant de préparer un plan de présentation. Celui-ci est à la guise du candidat et nous ne saurions donner de « recette » à appliquer, tant l'inventivité est appelée lors de l'ensemble des épreuves du DEES.

DPP. Entraînement

Avertissement. Les exemples qui suivent constituent des propositions. En effet, il n'existe pas une réponse unique à une problématique mais des éléments de réponses soumis à la complexité du métier d'éducateur spécialisé.

Dans le cadre du DC 1, deux exemples de DPP seront présentés. Leurs spécificités démontrent bien qu'il n'existe pas une manière unique de procéder ; quoique les objectifs soient similaires, la manière d'y parvenir reste au choix du candidat, dans la pleine considération de la consigne de l'établissement de formation.

DPP. 1re épreuve commentée : *Une définition du cadre comme outil éducatif* – IMF Marseille

Le contexte : Célia est en formation d'éducatrice spécialisée à l'IMF de Marseille. Le DPP s'effectue au cours de la troisième année de formation. Voici la consigne qui est donnée aux étudiants de cet institut :

Diplôme d'État d'Éducateur Spécialisé
DOSSIER DE PRATIQUES PROFESSIONNELLES DC 1.1
Promotion 2008-2011
IMF Marseille

Cet écrit doit permettre à des jurys d'identifier le positionnement professionnel du candidat tout au long de son parcours de formation, à partir des pratiques professionnelles observées sur le terrain, de la description et analyse de sa propre pratique. L'accompagnement socio-éducatif est un processus qui débute par une rencontre, il s'inscrit dans une relation et se construit dans une interaction. Il constitue un phénomène complexe.

Cet écrit peut être abordé de multiples manières, à partir d'entrées différentes :

- en débutant par un thème, qui va s'illustrer à partir de plusieurs stages ;
- à partir d'une situation précise qui vient questionner l'ensemble des dimensions de l'accompagnement social et éducatif ;
- à travers la présentation d'un ou des lieux de stage.

Mais quelle que soit l'approche, votre argumentaire doit être appuyé d'éléments conceptuels, théoriques qui viennent étayer vos analyses. [...]

Plusieurs points paraissent importants à traiter :

- **L'accompagnement éducatif :** qu'est-ce que l'accompagnement vous fait comprendre de la relation éducative ? Quel processus s'appuie sur la construction d'une relation au quotidien avec une personne ou un groupe ?
- **Au niveau méthodologique :** qu'est-ce que l'accompagnement mobilise comme méthode ? Qu'avez-vous mis en place pour évaluer les besoins, pour repérer les ressources potentielles de l'environnement de la personne ou du groupe ? Comment avez-vous identifié les ressources personnelles du sujet ou du groupe accompagné ? Quels diagnostic éducatif, hypothèses, action, évaluation, régulation cela a-t-il nécessité ?
- **D'un point de vue symbolique et éthique :** qu'est-ce que cette relation implique du point de vue de la posture et de la fonction symbolique de l'éducateur spécialisé ?

La présentation de cette consigne démontre l'importance, dans le cadre de cette réflexion, de faire apparaître l'opérationnalité de la profession d'éducateur spécialisé. En effet, il s'agit de traduire à l'écrit les liens effectués entre l'assimilation d'une théorie et son application concrète sur le terrain d'intervention.

Célia a choisi de développer un thème éducatif, au regard des **trois stages** effectués au cours de sa formation :

1. En première année, elle a intégré un Institut Médico-Éducatif (IME), dans un groupe de huit enfants et préadolescents externes de 10 à 13 ans dits « déficients intellectuels avec ou sans troubles associés ».

2. En deuxième année, elle a effectué son stage dans un Foyer d'Action Éducative (FAE), établissement public dépendant de la Protection Judiciaire de la Jeunesse

(PJJ). Cette branche du ministère de la Justice a été créée par l'ordonnance du 2 février 1945 relative à l'enfance délinquante et a pour mission d'apporter des réponses adaptées aux mineurs en danger ou dits « délinquants ».
3. Son stage de professionnalisation a eu lieu au sein d'une Équipe Mobile Psychiatrie Précarité (EMPP), équipe qui intervient auprès des personnes de la rue souffrant de troubles psychiatriques.

Étape 1 – Le recueil de données

Célia a été sensibilisée aux attendus du DPP dès la première année de la formation. Sans avoir encore d'informations précises sur les spécificités de la consigne, son institut a proposé des modules théoriques en lien avec cette épreuve.

Le choix du thème éducatif

Les trois stages ont été l'occasion pour Célia de développer des compétences variées dans des cadres institutionnels différents. À la lecture de ses différents carnets de bord elle s'est rendu compte que la question du cadre revenait souvent dans ses questionnements, sans avoir pu être élaborée. Selon Guy Dréano, **le cadre** est *« ce qui s'impose de façon fixe et bien déterminée [...] et sert de référence et de sécurité : au plan éthique, règlementaire, matériel, temporel, spatial, etc*[14] *»*. C'est à partir de cette définition qu'elle a choisi de poser les questions suivantes : en quoi le cadre est-il éducatif ? En quoi peut-il permettre l'émergence du sujet ? Comment prendre en compte la singularité des populations dans l'instauration du cadre ?

Ce thème n'est pas venu s'imposer à elle comme une évidence et c'est bien la remémoration de ses vécus professionnels qui a fait apparaître son intérêt. On retrouve dans son choix les **quatre critères** évoqués plus haut :
1. L'intérêt personnel porté à la thématique : Célia a souvent été surprise par les réticences de ses collègues de formation ou de travail sur les questions du cadre et de l'autorité. Depuis longtemps, elle avait donc envie d'interroger cette notion.
2. La récurrence des situations rencontrées : dans l'ensemble de ses stages, Célia se souvenait d'avoir évoqué ces questions-là, tant au cours de l'accompagnement que lors d'analyses de la pratique ;
3. L'implication directe du candidat : afin d'élaborer sa posture professionnelle de manière « repérante », l'étudiante a directement été impliquée dans des interactions de nature éducative. De fait, la question du cadre est demeurée présente tout au long de sa formation.
4. L'existence de travaux théoriques : la thématique du « cadre » est entourée par des notions plus précises telles que l'autorité, l'autonomie, la contenance (en opposition avec la contention), la question des systèmes normatifs dominants.

---

14. DRÉANO Guy, *Guide de l'éducation spécialisée,* Dunod, Paris, 2009 (4e édition), p. 16.

Les pratiques éducatives des terrains de stage

Célia a débuté l'élaboration de son DPP par un travail d'identification de ce qui constituait **le cadre dans les établissements et services** au sein desquels elle avait pu exercer.

	STAGE 1	STAGE 2	STAGE 3
Dénomination, nature et statut de la structure	Institut Médico-Éducatif. Association X.	Foyer d'Action Éducative. Protection Judiciaire de la Jeunesse.	Équipe Mobile Psychiatrie Précarité. Hôpital psychiatrique Y.
Public accueilli	Enfants, adolescents et jeunes adultes entre 6 et 20 ans dits « déficients intellectuels avec ou sans troubles associés ».	Douze adolescents de 13 à 18 ans ayant commis des délits, en attente de jugement ou ayant été jugés.	Personnes de la rue souffrant de troubles psychiatriques sévères.
Textes législatifs en vigueur	Annexes XXIV. Loi 2005-102 pour l'égalité des droits et des chances, la participation et la citoyenneté des personnes handicapées.	Ordonnance du 2 février 1945 relative à l'enfance délinquante.	Circulaire n° 2005-521 relative à la prise en charge des besoins en santé mentale des personnes en situation de précarité et d'exclusion et à la mise en œuvre d'équipes mobiles spécialisées en psychiatrie.
	Loi 2002-2 rénovant l'action sociale et médico-sociale.		
Mission de l'établissement/ Habilitation	Prise en charge individuelle, adaptée et progressive visant à développer les compétences, les aptitudes et les motivations de chaque usager.	Mission d'éducation et de suivi des peines : *« Lieu de sanction et offre d'un soutien éducatif visant des perspectives positives sur un avenir social nouveau[15]. »*	*« Améliorer l'accès aux soins, au logement et à la citoyenneté des personnes présentant des troubles psychiatriques sévères et vivant dans la rue[16]. »*

15. Extrait du projet de service, FAE.
16. Référentiel de l'équipe mobile psychiatrie précarité. Hôpital Y, Service du professeur N, février 2010.

Objectifs du service dans lequel est affecté le stagiaire	Développement de la personnalité, communication et socialisation, stabilité comportementale, repérage dans le temps, apprentissages.	Apporter un cadre sécurisant et contenant aux adolescents accueillis, dans un objectif de valorisation de soi et d'intériorisation des contraintes sociales.	Rencontre et instauration d'un lien avec les personnes de la file active, diagnostic et évaluation de la situation sociale des personnes, orientation vers des établissements ou services partenaires, étayage de la vie quotidienne et du lien social, soutien à l'émergence, l'élaboration et la réalisation de projet.
Secteur géographique d'intervention	Marseille.		
Sources de financement	Sécurité sociale et caisses complémentaires.	Ministère de la Justice.	Dotation exceptionnelle du ministère de la Santé.

Célia a ensuite interrogé **la question du cadre à travers les pratiques professionnelles**.

	STAGE 1	STAGE 2	STAGE 3
Éléments institutionnels (si disponibles)	- Règlement de fonctionnement. - Charte des droits et des libertés de la personne accueillie. - Contrat de séjour/Projet individualisé.		Projet de vie.
Pratiques observées	- Utilisation de l'espace. - Rythme temporel (prises en charge pluridisciplinaires).	Cadre spatial et temporel.	- Évocation des attributions professionnelles. - Proximité relationnelle et physique.
Outils disponibles	Autorisations/Interdictions.		Considération des systèmes normatifs.

À l'issue de ce recueil, Célia commence à identifier **des axes de définition du cadre** comme outil d'accompagnement. Le cadre est constitué, selon Célia et en vertu des observations effectuées lors de ses périodes de stage, des éléments suivants :

– *éléments institutionnels et législatifs :* lois et règles générales, projet d'établissement et/ou de service, mandat d'intervention, projet individualisé ;
– *éléments environnementaux :* espaces, instants de vie, services offerts par l'institution ;
– *interactions sociales :* postures prises dans le cadre de la relation avec la personne accompagnée.

Les pratiques du candidat

Ces premiers éléments posés, Célia a choisi de faire appel à des situations tirées de ses lieux de stage. Dans son écrit, l'étudiante a donné des exemples précis pour illustrer son propos :
1. Stage 1 : « poser du cadre » avec une enfant pour qui la relation à l'autre rime avec « confusion à l'autre ».
2. Stage 2 : situation vécue avec un jeune adolescent dont les actes transgressifs entraînent de multiples exclusions. Ces mouvements de rejet provoqueront chez lui une montée de l'autoagressivité.
3. Stage 3 : situation vécue dans la rue, hors du temps de travail et d'un espace institutionnel. Demande d'argent faite par une personne accompagnée ayant passé quelques jours dans la rue.

Exemple. Voici une vignette clinique qui concerne le stage long (stage 3) de Célia :

> « Je ne suis pas en stage cette semaine-là, il est 8 h 50 et je me rends à un cours qui débute à 9 h 00. Oscar est normalement hospitalisé mais je le croise sur une marche d'escalier. Je lui dis bonjour et lui demande s'il va bien, il me tend la main comme lorsqu'il fait la manche. Je lui réponds que je ne peux pas lui donner d'argent, l'invite à se rendre à la résidence accueil qui dépend de l'EMPP pour prendre sa carte bleue et retirer ce dont il a besoin. (Il perçoit l'Allocation Adulte Handicapée – AAH – et malgré les propositions de l'EMPP de retirer de l'argent quand il le souhaite, Oscar ne s'en sert pas de sa propre initiative.) Je lui souhaite une bonne journée et me dirige vers mon établissement de formation.
> Pendant quelques heures, subsiste en moi un sentiment de culpabilité et un inlassable : « J'aurais pu faire autrement. » Je me dis que j'aurais pu lui offrir un café et prendre le temps de discuter de sa sortie de l'hôpital, de son état actuel...
> Une semaine après, Oscar vient de lui-même s'installer à la résidence accueil où il sait qu'il peut venir quand il le veut. Après un repas collectif, il me demande s'il a du courrier. Répondant par la négative, je tente d'en savoir plus en lui demandant s'il attend quelque chose de particulier. Il me chuchote : « L'AAH. » Je lui explique qu'il perçoit l'AAH automatiquement sur son compte en banque. Il dit : « Je veux acheter des cigarettes. »

Étape 2 – L'analyse des données

Après le choix des vignettes cliniques, Célia a procédé à ce qu'on pourrait nommer le « *brainstorming* ». Il s'agit d'une technique de dépouillage des idées. Sur une feuille de brouillon, l'étudiante a noté :
- en premier lieu, tous les mots-clés, idées, expressions lui venant en tête ;

- en deuxième lieu, tous les concepts ou notions théoriques pouvant illustrer la question du cadre.

Voici ce qui est ressorti de ce travail :
1. **Mots-clés :** autorité et pouvoir, fonction de référence, proximité et distance, contenance, assurance, aliénation, singularité, contourner le cadre, cadres de pensée en lien avec une idéologie dominante, posture institutionnelle, posture physique, sanctions, altérité, autorisation, interdits, transgression, émancipation.
2. **Concepts et notions :** triangulation de la relation éducative (le tiers), distance éducative, autorité, éthique, statut et légitimité, éducation, autonomie...

Pour développer et définir l'ensemble de ces termes, l'étudiante s'est appuyée sur différents ouvrages ou articles de revue :

Copitet Hervé, « L'éducateur face à l'autorité dans le cadre de la prise en charge d'adolescents », *Autorité et adolescence*, Institut européen Psychanalyse et Travail social, Paris.
Dréano Guy, *Guide de l'éducation spécialisée*, Dunod, Paris, 2009 (4e édition).
Gaberan Philippe, *La relation éducative. Un outil professionnel pour un projet humaniste*, Érès, Ramonville Saint-Agne, 2007.
Kammerer Pierre, *Adolescents dans la violence. Médiations éducatives et soins psychiques*, Gallimard, Paris, 2000.
Marpeau Jacques, *Le processus éducatif. La construction de la personne comme sujet responsable de ses actes*, Érès, Ramonville Saint-Agne, 2001.
Niewiadomski Christophe, « Accompagnement, travail social, postures cliniques et enjeux éthiques », in *Éducation permanente*, n° 153, 2002, pp. 167-177.
Roche Pierre, *La proximité à l'épreuve de l'économie de la débrouille. Situations de travail et postures professionnelles des travailleurs sociaux*, CÉRÈQ, ADDAP 13, Marseille, 2005.

Célia a choisi d'analyser chaque vignette clinique de manière indépendante, tout en conservant un fil rouge : en quoi instaurer du cadre permet l'émancipation de la personne ? Ci-dessous, un tableau illustrant **la démarche de réflexion**.

	STAGE 1	STAGE 2	STAGE 3
Vignette clinique	Naïa - Relation fusionnelle avec les autres. - Limites physiques peu respectées. - Agressivité involontaire.	Ilyès - Transgressions, délits, succession de situations d'exclusion. - Situation de violence verbale et physique.	Oscar Cf. vignette clinique donnée en exemple.
Enjeux portés par la situation	- La distance nécessaire à l'inscription dans le champ social. - La socialisation. - L'autorité.	- La transgression à l'adolescence. - L'internat comme lieu de reproduction des relations familiales. - Un environnement insuffisamment bon. - Les interdits.	- Rencontre des systèmes normatifs. - Le bout d'un trottoir comme « chez soi ». - La proximité. - L'identification des positions sociales. - Le hors-cadre.

Hypothèses	- L'autorité est d'abord la signification des autorisations. - La distance relationnelle permet l'autonomie et l'inscription dans la vie sociale.	- La transgression permet de tester le cadre pour s'assurer de sa solidité. - L'institution doit assurer une fonction rassurante et contenante à la fois.	L'instauration du cadre se fait ici dans la relation, notamment par le renvoi aux solutions institutionnelles.
Outils et compétences développés	- Posture physique enveloppante. - Parole. - Non-abandon (présence).		
Définition du cadre	Le cadre est un espace d'expérimentations au sein duquel l'éducateur spécialisé amène la personne à mettre son individualité à l'épreuve de la vie sociale.	Capacité d'une équipe à soutenir l'adolescent dans ses modes d'expression tout en opposant des limites à ses transgressions, limites lui permettant l'élaboration d'une communication sociale.	Le cadre est un espace où peut s'élaborer une demande. L'éducateur spécialisé, par son positionnement, supporte le « manque » et amène la personne à mobiliser ses propres ressources.

Cette élaboration, alliant théorie et pratique, a amené Célia à proposer une définition personnelle du cadre :

> « **Le cadre est un espace réel et symbolique sécurisé,** assuré par l'institution, l'environnement et les professionnels qui permet aux personnes accueillies d'expérimenter l'altérité. Pour cela, deux mouvements sont en jeu :
> 1. *L'émancipation du sujet* : c'est dans un espace limité par une loi sociale que la personne peut s'autoriser à « être », expérimenter les relations humaines. La transgression est possible en ce sens où elle est le signe d'un questionnement singulier d'un ordre établi. L'éducateur spécialisé est alors garant de la mise en questionnement des règles chez la personne accompagnée.
> 2. *L'introduction des interdits* : par la signification des *impossibles*, l'éducateur spécialisé crée un espace d'émancipation et d'altérité au sein duquel est éprouvée l'inventivité de la personne accompagnée. L'éducateur spécialisé est ici garant de la solidité du cadre et de la réponse sécurisante et *contenante* à assurer dans le cas d'une éventuelle transgression.

Étape 4 – Le passage à l'écrit

Célia a commencé par établir un plan, en comptabilisant le nombre de pages à consacrer à chaque partie et en réfléchissant aux idées qu'elle allait développer à l'intérieur de celles-ci.

Plan du DPP de Célia

Avant-propos

- Ce qui a motivé l'entrée en formation
- Ce qui a amené les questionnements autour du cadre
- Problématique
- Annonce du plan.

1. Un parcours de formation diversifié

- Stage 1, IME/Éléments constitutifs du cadre
- Stage 2, FAE/Éléments constitutifs du cadre
- Stage 3, EMPP/Éléments constitutifs du cadre

Premiers éléments de définition par Célia.

2. Le cadre institutionnel : entre (r)assurance et contenance

- Vignette clinique (Stage 2, FAE)
- Postulats :

– la transgression est une tentative d'émancipation chez l'adolescent, il teste la solidité du cadre ;
– l'internat est un lieu de mise en scène et de passages à l'acte.

- Développements théoriques mis en lien avec la situation :

– mère suffisamment bonne (D.W. Winnicott)/fonction rassurante ;
– fonction paternelle (J. Lacan)/fonction contenante.

Proposition d'un néologisme : « rassurance ». Soit : « Capacité d'une équipe à soutenir l'adolescent dans ses modes d'expression tout en opposant des limites à ses transgressions, limites lui permettant l'élaboration d'une communication sociale. »

3. Le cadre relationnel : mise à l'épreuve de l'altérité

- Vignette clinique (Stage 1, IME)
- Définition de la distance : déplacement de l'acte éducatif sur des objets de socialisation.
- Définition et étymologie de l'autorité : grandir/auteur, espace d'autorisations s'appuyant sur la loi sociale, outil socialisant.

Position argumentée de l'éducateur spécialisé.

4. Le hors-cadre : un outil éducatif ?

- Vignette clinique (Stage 3, EMPP)
- Rencontre des systèmes normatifs provoquant un double mouvement de la part de l'éducateur spécialisé : normatif/adaptatif → espace d'altérité.
- Définition de la « latitude éducative », creuset de la temporalité singulière de la personne.

Postulat : le renvoi vers la solution institutionnelle crée un espace où vient s'élaborer le désir de la personne.

Conclusion

- Importance de considérer l'être singulier et l'être social dans un même ensemble.
- Reprise des éléments constitutifs du cadre.
- Proposition d'une définition personnelle.

DPP. 2e épreuve commentée : *La construction de l'identité professionnelle* – IRTESS Dijon

Le contexte : Chary effectue sa formation d'éducatrice spécialisée à l'IRTESS de Dijon. C'est en troisième année que le DPP est élaboré par les étudiants. Voici la consigne qui leur est fournie :

Diplôme d'État d'Éducateur Spécialisé
DOSSIER DE PRATIQUES PROFESSIONNELLES DC 1.1
Promotion 2007-2010 – IRTESS Dijon

Introduction

- Présentation du projet de formation.
- Motivations et orientation du travail :
  – possibilité de présenter une problématique transversale ;
  – possibilité de présenter plusieurs problématiques ;
  – la ou les conceptualiser.

À propos de chaque stage

- Présentation du lieu de stage, compréhension de la situation des personnes et du contexte d'intervention.
- Présentation de la problématique retenue, référée à votre pratique pendant ce stage.
- Comment l'approche de cette problématique a-t-elle contribué à construire vos pratiques ?
- Quels enjeux dans l'accompagnement des personnes ?

Synthèse – Analyse

- Analyse des apports de ce travail dans la construction de votre identité professionnelle.
- Qu'est-ce qui sera transposable au quotidien dans votre pratique d'éducateur spécialisé ? Auprès d'autres publics ?

Conclusion

IDÉES / RESSOURCES / EXEMPLES

Votre Dossier de Pratiques Professionnelles pourra gagner en qualité et en cohérence si vous choisissez une idée directrice, sorte de « fil rouge » de votre argumentation, soit pour la totalité du dossier, soit en fonction des populations et des institutions rencontrées.

À partir de l'analyse des pratiques, on peut faire état de compétences professionnelles au niveau de la réflexion sur la complexité de l'intervention.

À partir de problématiques fréquemment rencontrées sur le terrain, telles que l'approche de l'autorité, de la distance, de la gestion des affects, la relation à

l'autre, l'individuel et le collectif, la socialisation... et d'autres, on peut engager des questionnements pertinents dans la construction de sa professionnalité.
Il est à noter que quelques références bibliographiques concernant les concepts abordés dans vos dossiers viendront enrichir celui-ci et le rendre plus pertinent.

La consigne est relativement précise et guide les étudiants dans la démarche à adopter.

Chary considère que la construction de son identité professionnelle s'est articulée au cours de ses trois stages. Ainsi, c'est à partir d'une thématique générale que l'étudiante a choisi d'envisager cette réflexion.

Voici les **trois stages** :
1. **En première année**, elle a intégré un IME, en particulier auprès d'un groupe d'enfants polyhandicapés.
2. **En deuxième année**, elle a eu l'opportunité d'exercer au sein d'un Centre d'Accueil Thérapeutique à Temps Partiel (CATTP) et d'accompagner des personnes souffrant de troubles psychiques, orientées par différents partenaires (MDPH, Pôle emploi, Mission locale...).
3. **Le stage de professionnalisation** a eu lieu dans un service d'insertion professionnelle en milieu ordinaire pour des personnes en situation de handicap psychique.

L'étudiante n'a pas envisagé son DPP comme nous avons pu le décrire dans l'épreuve présentée précédemment. Sa présentation démontrera donc qu'il existe d'autres manières de traiter les questions d'accompagnement.

Étape 1 – Le recueil de données

Le choix du thème éducatif

Tout en étant variés, les lieux de stage de Chary possédaient une caractéristique commune : l'intervention auprès de personnes en situation de handicap. Elle a repéré ainsi trois dimensions susceptibles de structurer sa réflexion globale :
– *la recherche des similitudes* dans le positionnement de l'éducateur spécialisé ;
– *la recherche des spécificités* en fonction de l'âge, des potentialités ou de la problématique des personnes accompagnées ;
– *la recherche des singularités,* notamment dans la comparaison entre handicap et maladie mentale.

Ces questionnements ont amené l'étudiante à réfléchir à **l'identité professionnelle** ; en effet, les différents écrits qu'elle avait dû produire les années précédentes témoignaient d'interrogations autour du positionnement de l'éducateur spécialisé. Par ce que Chary nomme un « travail d'introspection », elle a pu élaborer la problématique suivante : Comment les compétences développées dans le DC 1 se déploient pour fonder l'identité professionnelle ? En quoi permettent-elles sa construction ?

Le choix de cette thématique s'est appuyé sur les **quatre critères** cités plus haut :

1. **L'intérêt personnel porté à la thématique :** tout au long de sa formation, Chary s'est posée la question des spécificités des publics. Entre la considération de l'être dans sa singularité et la désignation parfois stigmatisante de cette même singularité, comment l'éducateur spécialisé peut-il construire un positionnement éthique ?
2. **La récurrence des situations rencontrées :** au regard de la thématique choisie, de nombreuses situations étaient à même d'illustrer les questions soulevées par Chary.
3. **L'implication directe du candidat :** de fait, Chary se situait dans une construction permanente de son identité professionnelle.
4. **L'existence de travaux théoriques :** l'identité, professionnelle ou non, comporte une dimension théorique importante que Chary a choisi d'articuler avec les items du référentiel de compétences DC 1.

Les pratiques éducatives des terrains de stage

Chary a débuté l'élaboration de son DPP par un travail d'identification des éléments institutionnels.

	STAGE 1	STAGE 2	STAGE 3
Dénomination, nature et statut de la structure	Institut Médico-Éducatif. Association X.	Centre d'Accueil Thérapeutique à Temps Partiel B (CATTP). Centre Hospitalier Spécialisé (CHS).	Service d'insertion professionnelle. Association Y.
Public accueilli	Enfants polyhandicapés.	Adultes souffrant de troubles psychiques, patients du CHS.	Adultes souffrant de troubles psychiatriques stabilisés.
Textes législatifs en vigueur	Annexes XXIV. Loi 2005-102 pour l'égalité des droits et des chances, la participation et la citoyenneté des personnes handicapées.	Loi 2005-102 pour l'égalité des droits et des chances, la participation et la citoyenneté des personnes handicapées. Circulaire du 14 mars 1990 relative aux orientations de la politique de santé mentale. Arrêté du 14 mars 1986 relatif aux équipements de lutte contre les maladies mentales.	Association loi 1901 (Unafam).
	Loi 2002-2 rénovant l'action sociale et médico-sociale.		

Mission de l'établissement/ Habilitation	Prise en charge individuelle, adaptée et progressive visant à développer les compétences, les aptitudes et les motivations de chaque usager.	*« Maintenir, favoriser et développer l'existence autonome des personnes qu'il reçoit, par le biais d'une écoute et d'un soutien dans le travail de reconstruction de cette autonomie, par le réapprentissage des gestes usuels et par le développement de divers modes d'expression et de création*[17]. »	Aide et accompagnement à l'emploi dans le milieu ordinaire de travail.
Objectifs du service dans lequel est affecté le stagiaire	Développement de la personnalité, communication et socialisation, stabilité comportementale, repérage dans le temps, apprentissages.	Reconstruction identitaire et réappropriation d'une sociabilité par les thérapies à médiations expressives.	
Secteur géographique d'intervention	Dijon et alentours.		
Sources de financement	Sécurité sociale et caisses complémentaires.	Fédération Z, Sécurité sociale.	Unafam.

Bien que les secteurs d'intervention concernent tous la problématique du handicap dans son sens large, ce recueil d'informations permet de distinguer des dynamiques différentes :
– *les missions distinctes* de l'éducateur spécialisé en fonction de l'âge des personnes accompagnées (prise en compte du développement physique, cognitif, affectif de l'enfant, prééminence de l'insertion sociale pour les adultes) ;
– *les temporalités distinctes :* on distingue le temps du « vivre avec soi » et du « vivre avec les autres ».

Par l'étude des pratiques professionnelles, Chary a ensuite approfondi ses questionnements, en conservant en fil rouge la question : « Comment se construit l'identité professionnelle ? »

Les quelques éléments repérés lors de cette première étape amènent Chary à considérer l'identité professionnelle comme un processus qui se construit de manière expérientielle.

---

17. Extrait du projet institutionnel du CATTP B.

	STAGE 1	STAGE 2	STAGE 3
Éléments institutionnels (si disponibles)	Lois, textes institutionnels, projets, connaissance du polyhandicap.	Connaissance de la santé mentale.	
Pratiques observées	Paralangage, renforcement positif, absence de l'adulte pour permettre à l'enfant de développer son autonomie.	- Écoute, attitude empathique visant à comprendre et à se laisser enseigner par l'autre. - Réflexion autour de la place du professionnel, entre proximité et juste distance/déplacement du transfert.	
Outils	- Observation, mime, soutien du regard, clignement des yeux, parole. - Échanges avec les autres professionnels et les enfants (coconstruction).	- Évaluation individualisée. - Interrogation du système de normes et valeurs du professionnel. - Échanges avec les personnes accueillies et les professionnels. - Le groupe comme outil socialisant. - Encadrement d'ateliers. - Entretiens. - Évaluation.	

Les pratiques du candidat

Afin d'illustrer ses propos, Chary a choisi d'utiliser des situations récurrentes, des observations afférentes au public, des aperçus sur son attitude (et non des vignettes cliniques comme c'était le cas dans le premier exemple d'épreuve commentée p. 33-41). L'étudiante s'est effectivement appuyée sur les compétences énoncées dans le référentiel de compétences de l'éducateur spécialisé pour déployer sa réflexion. Ainsi, Chary propose une lecture de son DPP au travers des éléments suivants :

- instaurer une relation ;
- favoriser la construction de l'identité et le développement des capacités ;
- assurer une fonction de repère et d'étayage dans une démarche éthique ;
- organiser une intervention socio-éducative individuelle ou collective ;
- animer la vie quotidienne.

Étape 2 – L'analyse des données

Pour chacun des stages effectués, Chary a tenté de montrer comment elle avait acquis les compétences citées ci-dessus. Elle a alors constaté que l'identité professionnelle se construisait par l'articulation entre son propre système normatif et le savoir issu des personnes accompagnées.

	STAGE 1	STAGE 2	STAGE 3
Instaurer une relation	- Communication non verbale. - Observation attentive. - Mise en place d'un cadre agréable (confort, bien-être...).	- Attitude neutre et mesurée (vouvoiement, identification par les prénoms, poignées de main). - Interrogation de la personne sur ses aspirations mais aussi sur son vécu quotidien, son environnement...	
Favoriser la construction de l'identité et le développement des capacités	Combattre l'assistanat, savoir être « manquant » pour que l'autre puisse inventer, être créatif dans sa construction personnelle (altérité).	- Intégration à un groupe d'appartenance, construction d'un statut dans le groupe. - Construction de liens sociaux, soutenus par les médiations éducatives. - Permettre l'individualisation et l'affirmation de soi dans le groupe.	- Notion de référence, être une « personne ressource ». - Insertion professionnelle : outil de reconstruction identitaire.
Assurer une fonction de repère et d'étayage dans une démarche éthique	Élaboration du projet individualisé dans une démarche de coconstruction.	Positionnement à adopter en cas d'information confidentielle confiée (consentement de la personne).	
Organiser une intervention socio-éducative individuelle ou collective	Valorisation de la créativité (médiations éducatives).		Entretiens semi-directifs.
Animer la vie quotidienne	Instants informels du quotidien vus comme des supports à l'apprentissage.	- Distinction des « temps » d'intervention : temps d'accueil/temps d'activités. - Partage de temps informels. - Création de repères temporels et spatiaux.	

Pour développer et définir l'ensemble de ces notions, l'étudiante s'est appuyée sur différents ouvrages :

Deligny Fernand, *Graine de crapule*, Éditions du scarabée, Paris, 2004.
Foucault Michel, *Maladie mentale et personnalité*, PUF, Paris, 1954.
Ricœur Paul, *Soi-même comme un autre*, Le Seuil, Paris, 1990.
Rogers Carl, *Le développement de la personne*, Dunod, Paris, 2005 (édition originale : 1961).
Rouzel Joseph, *Le transfert dans la relation éducative : psychanalyse et travail social*, Dunod, Paris, 2005.

Étape 3 – Le passage à l'écrit

Chary a repris le principe de sa démarche de départ pour construire le plan de son DPP.

Plan du DPP de Chary

Introduction
• Rappel du parcours professionnel (stages)
• Thématique abordée
• Annonce du plan.

1. Les principales caractéristiques des publics accompagnés
1. a. Les enfants polyhandicapés
1. b. Les adultes en situation de handicap psychique

2. Instaurer une relation selon les typologies et les spécificités des publics
2. a. L'enfant polyhandicapé : une relation basée sur l'observation
Importance de l'observation, communication non verbale, parole
Observation des pratiques : moyen de sortir d'une trop grande subjectivité pour ensuite s'approprier les techniques de communication
2. b. La rencontre avec l'individu comme préalable à l'accompagnement d'un usager
Évaluation individuelle : besoins, capacités, attentes, qualité de vie, vécu de la maladie, relations familiales, environnement
2. c. Les difficultés ou l'art de la relation (synthèse a. et b. et positionnement)
Prise de conscience des représentations préalables
Articulation proximité/distance.

3. Favoriser la construction de l'identité chez l'usager en faisant émerger et en développant ses capacités
3. a. Combattre la notion d'assistanat pour tendre à l'autonomie dans le respect de l'identité
3. b. La valorisation sociale et individuelle par le biais d'une intégration à un groupe d'appartenance
3. c. Y : un suivi individualisé dont le support « travail » est utilisé comme base à la reconstruction identitaire
Travail autour de la référence.

4. Assurer une fonction de repère et d'étayage dans une démarche éthique
4. a. Conserver la dignité et la liberté de l'enfant polyhandicapé malgré sa dépendance (coconstruction du projet individualisé)
4. b. Secret partagé ou responsabilité partagée ?
Position de confident donnée par l'usager.

5. Organiser une intervention socio-éducative individuelle et collective
5. a. La créativité comme support à l'acte éducatif
5. b. L'outil « entretien » pour une démarche de construction de projet (approche semi-directive)
6. La vie quotidienne en institution
6. a. Le quotidien au sein d'un IME
6. b. Les temps d'accueil

Conclusion

• Reprise des sujets abordés dans le DPP
• Ce que Chary en a retiré pour sa future profession (maintien de la position de l'éducateur spécialisé, spécificités en fonction des publics, transformation du professionnel en fonction de ce qu'amènent les usagers dans la relation éducative)
• Ouverture sur l'évaluation

DC 2

Conception et conduite du projet éducatif spécialisé

L'éducateur spécialisé à l'épreuve du projet

« L'intention de soin respire tellement qu'elle finit par nourrir l'échec. »

Kérimel de Kerveno Éric, directeur - HAS (Habitat Alternatif Social), Marseille, intervention à l'Institut Méditerranéen de Formation et recherche en travail social (IMF), 2009.

Les enjeux du DC 2. La méthodologie pour une vision éthique de l'accompagnement

Le domaine de compétences 2 est résolument celui du « projet ». Ce terme, utilisé dans de nombreux domaines professionnels, et en particulier dans le travail social, mérite toute l'attention de l'éducateur spécialisé. Parce que la relation humaine est au cœur de l'activité du travailleur social, il convient d'appréhender la notion du projet de manière particulière et singulière.

> *« L'enjeu de tout projet est cette conquête de liberté par l'appropriation du présent pour mieux se jeter à la conquête de demain, pour tenter de maîtriser ce qui est l'objet d'incertitude et donc de souci et d'angoisse. »*
>
> SARTRE Jean-Paul, *Question de méthodes*, Gallimard, Paris, 1957.
>
> *« Le projet est le brouillon de l'avenir. Parfois, il faut à l'avenir des centaines de brouillons. »*
>
> RENARD Jules, *Journal*, 2 février 1902.
>
> *« Et à quoi bon exécuter des projets, puisque le projet est en lui-même une jouissance suffisante ? »*
>
> BAUDELAIRE Charles, *Le spleen de Paris*, Éditions Michel Levy, Paris, 1869.
>
> *« Il est à la fois une aide à la maîtrise rationnelle de l'existence ; mais aussi une tentative de recherche d'un idéal impossible. »*
> *« Le projet est la mise en forme du désir du sujet. »*
> *« Le projet est [...] la matérialisation d'une intention qui s'auto-détruit. »*
>
> ROUZEL Joseph, *Le travail d'éducateur spécialisé. Éthique et pratique*, Dunod, Paris, 2007 (2e édition).
>
> *« Le projet est une volonté qui met en œuvre un changement en anticipant l'état d'un avenir, conformément à un désir clairement formulé. »*
>
> RULLAC Stéphane, SORIS Cécile, *DC 2. Conception et conduite de projet éducatif spécialisé DEES*, Vuibert, Paris, 2008.

Le projet, un outil dynamique au service du sujet...

La projection dans l'avenir est l'apanage et, oserons-nous dire, la névrose de notre société actuelle. De l'école au couple, de la gestion des biens personnels aux modalités familiales, nous ne pouvons échapper aux injonctions fatidiques : « Que voulez-vous faire plus tard ? », « Combien voulez-vous d'enfants ? », « Moi, quand je serais grand(e), ... » etc. La société ultralibérale s'arme d'un arsenal d'outils pour prévenir le risque et se projeter dans un avenir serein : assurances, prévoyance, retraite par capitalisation... L'ère est à la maîtrise du risque.

Cette vision de l'avenir est une forme de projet basée sur des logiques de compétitivité et d'efficacité. Elle consiste à envisager les solutions avant l'arrivée du problème et à parvenir coûte que coûte à un résultat. Il existe d'autres fondements théoriques qui amènent le travailleur social à se situer davantage dans l'efficience, autrement dit à se préoccuper du lien entre les objectifs de la personne et les moyens mis en œuvre.

Jean-Pierre Boutinet, dans *Vocabulaire de psychosociologie*[1], propose **quatre théories de référence** pour le travail social :

1. Selon le courant phénoménologique, le projet est composé d'une intentionnalité, exprime un manque et est donc confronté à une recherche permanente de sens.

2. La psychanalyse parle d'une projection de l'idéal du moi, entre sublimation et narcissisme défensif. L'objectif réside dans « l'émancipation créatrice » de celui qui formule un projet. Celui-ci est à mettre en travail quant aux écarts entre l'idéal du moi et le réel.

3. L'école humaniste propose l'idée du projet comme *« le dispositif central par lequel penser les possibilités présentes d'anticipation d'un futur (Taylor), possibilités finalisées par un acte motivationnel favorisant la réalisation de soi*[2] *»*.

4. Le courant de la sociologie pense le projet comme un outil de changement d'une société au sein de laquelle se jouent des relations sociales complexes.

Cet étayage théorique permet de penser le projet éducatif et/ou social comme un outil au service de la personne accompagnée. Le professionnel, parce qu'il intervient auprès de publics fragilisés, se doit d'interroger la place qu'il prend, le degré de pouvoir ou d'influence qu'il exerce sur cet autre censé être « au centre du dispositif[3] ». La dimension de projet vient de fait signer cette nécessité.

... et soumis à des contraintes sociales et institutionnelles

Bien que le projet puisse être considéré comme le moteur du désir d'un sujet, on s'aperçoit souvent, et tout particulièrement dans le travail social, que des écarts existent entre une demande formulée et le réel éprouvé.

À ce sujet, notons la nécessaire distinction entre **demande** et **désir**. On peut considérer que la demande crée du lien social, en ce sens où elle permet d'entrer en contact avec un autre, professionnel ou non. Beaucoup d'éducateurs spécialisés se sont déjà trouvés dans cette situation où, après avoir mis en œuvre toutes les modalités pour répondre à une demande (papiers d'identité, hébergement...), la personne se défile et n'assiste pas à la concrétisation de celle-ci. Alors que la personne met en jeu son « manque à être », combler sa demande sans l'élaborer au préalable peut amener à passer à côté du réel désir de la personne accompagnée.

---

1. Barus-Michel Jacqueline, Enriquez Eugène, Lévy André (dir.), *Vocabulaire de psychosociologie. Positions et références*, Érès, Ramonville Saint-Agne, 2006.
2. *Ibidem*, p. 228.
3. Loi 2002-2 du 2 janvier 2002 rénovant l'action sociale et médico-sociale.

Il est donc essentiel, sans prétendre interpréter la demande, de savoir la mettre au travail pour et par le sujet. Cela peut signifier, par exemple, de créer les conditions optimales de la « *matérialisation du désir du sujet*[4] » afin que la personne expérimente la réalité par elle-même, réalité pouvant éventuellement mener à l'échec. L'éducateur spécialisé est un médiateur entre une réalité psychique et une réalité sociale et le projet vient recevoir cet entre-deux de la relation éducative.

La confrontation à l'institution constitue également une forme de réalité sociale à laquelle est soumis le projet. Le cadre institutionnel vient en effet justifier la relation éducative et impose des contraintes. La personne est tenue de s'inscrire dans **un institué**[5], forme sociale établie au sein d'un champ social. À l'image de l'espace sociétal, l'institution vient mettre à l'épreuve le désir de toute-puissance de la personne accompagnée mais aussi de l'accompagnant. L'éducateur spécialisé élabore ainsi la relation éducative dans le cadre d'un espace délimité, soumis à une culture, des méthodes et des procédures : au sein de celui-ci, comment peut-il faire valoir **la singularité de l'individu** ? Quels moyens mobiliser pour valoriser la dimension éthique du projet, c'est-à-dire celle qui viendra interroger l'autre en tant que semblable et singulier ?

Dans le cadre de la profession d'éducateur spécialisé, le projet doit permettre à la personne de mettre son désir au travail dans un espace délimité par une loi sociale. À partir d'une relation de nature éducative, l'usager formule ainsi une demande élaborée. Au-delà de leur simple application, les méthodes et techniques utilisées doivent s'inscrire dans une réflexion globale et servir la singularité des personnes accueillies. C'est dans une démarche de réinterrogation permanente des principes établis que peut advenir l'individu.

Jean-Pierre Boutinet[6] propose **cinq caractéristiques spécifiques à l'accompagnement de projet :**

1. La personne est l'auteur de son projet tant dans l'élaboration que dans sa réalisation.

2. Le projet a un caractère itératif (ajustements successifs).

3. Le projet, en s'appuyant sur l'incertitude, la complexité et les contraintes, est un outil de créativité.

4. La viabilité d'un projet exige que l'accompagnateur et l'accompagné trouvent des opportunités à le réaliser.

5. Tout projet comporte une dimension singulière quant à la situation de référence, l'auteur impliqué et la dynamique d'accompagnement instaurée.

---

4. Rouzel Joseph, *Le travail d'éducateur spécialisé. Éthique et pratique,* Dunod, Paris, 2007 (2e édition).
5. L'institué concerne tout ce qui, dans une institution, régule l'ordre social et se présente de manière stable. Il normalise les rapports sociaux. Cette notion est reprise dans le chapitre DC 3.
6. Boutinet Jean-Pierre (dir.), *Penser l'accompagnement adulte. Ruptures, transitions, rebonds,* PUF, Paris, 2008, pp. 34-36.

Le projet dans la formation d'éducateur spécialisé

Afin de répondre aux objectifs déployés dans le DC 2, **deux types d'examens** sont demandés aux étudiants :

1. **Une épreuve écrite sur table**, sous forme d'étude de situation (DC 2.1).
2. **La réalisation d'un mémoire professionnel et sa présentation orale** (DC 2.2).

DOMAINE DE COMPÉTENCES 2 **Conception et conduite de projet éducatif spécialisé**	
COMPÉTENCES	**INDICATEURS DE COMPÉTENCES**
Participation à l'élaboration et à la conduite du projet éducatif **Observer, rendre compte et analyser les situations éducatives**	- Savoir collecter et analyser des données et des observations. - Savoir formaliser et restituer les éléments recueillis. - Savoir évaluer l'apport des activités au projet éducatif. - Savoir réajuster l'action éducative en fonction de cette évaluation. - Savoir tenir compte des éléments qui caractérisent une situation individuelle, des groupes ou un territoire dans la réponse éducative. - Savoir mettre en lien des constats avec l'environnement social et économique.
Participer à la mise en œuvre d'un projet éducatif	- Savoir mobiliser les ressources, projets et réseaux internes et externes à l'institution. - Savoir prendre en compte la place et le rôle des familles. - Savoir anticiper les difficultés, ajuster et réguler les actions. - Savoir rendre compte de l'évolution du projet.
Conception du projet éducatif **Établir un diagnostic socio-éducatif**	- Savoir réaliser la synthèse d'approches pluri-professionnelles permettant d'établir un diagnostic socio-éducatif. - Savoir intégrer un diagnostic socio-éducatif à un projet personnalisé.
Concevoir un projet éducatif	- Savoir identifier le cadre de sa mission et participer à l'élaboration d'une stratégie d'équipe. - Savoir poser des hypothèses d'action éducative en fonction d'un diagnostic. - Savoir formaliser les étapes et objectifs d'un projet.
Évaluer le projet éducatif	- Savoir faire le bilan des actions menées et des objectifs atteints. - Savoir présenter le bilan des actions menées et des objectifs atteints. - Savoir rechercher et prendre en compte les analyses des différents acteurs du projet personnalisé.

DC 2.1. L'étude de situation. L'épreuve

> *« Nous avons eu six devoirs blancs à l'école avec une correction en classe après. C'est une épreuve dans laquelle je suis à l'aise, que ce soit par rapport au temps, à la rédaction du devoir ou même par rapport au sujet. Lorsque j'ai passé la vraie épreuve, nous avions deux sujets au choix : l'un traitait d'une action collective dans un quartier, l'autre d'un projet personnalisé pour un enfant déficient placé par l'Aide Sociale à l'Enfance. Ce dernier sujet est celui que j'ai choisi car j'avais de quoi dire par rapport aux stages que j'avais faits. »*
>
> *Zaza, EESTS Lille, Promotion 2009-2010.*

> *« Je me suis trop souvent pris la tête lors des entraînements pour cette épreuve. Or, il ne s'agit pas de vouloir analyser des trucs trop compliqués et pas de notre ressort... À partir du moment où j'ai compris qu'il fallait que je me place dans le contexte et en tant qu'éducatrice, beaucoup de choses se sont débloquées pour moi. »*
>
> *Aude, EPSS Cergy, Promotion 2009-2010.*

Compétences repérées[7]

- Observer, rendre compte et analyser les situations éducatives.
- Participer à la mise en œuvre d'un projet éducatif.

Déroulement de l'épreuve

Cet examen est organisé à l'initiative de l'institut de formation. Certains établissements préfèrent le proposer en deuxième année quand d'autres attendent la fin de la formation. La certification se déroule en 4 heures et est corrigée par un formateur ou un professionnel qui n'a pas de lien direct avec l'établissement de formation. Elle est d'un coefficient 1 pour l'ensemble du DC 2.

Détails de l'épreuve

À partir d'une situation (3 à 6 pages) fournie au candidat, celui-ci synthétise la compréhension qu'il a de celle-ci. Il en analyse les différents paramètres au regard de ses connaissances et de sa pratique professionnelle. Il émet ensuite des hypothèses lui permettant d'élaborer des propositions argumentées.

Au regard de cette précision méthodologique, il apparaît clairement que l'étudiant doit être à même de :
– *réaliser une synthèse de documents ;*
– *mettre en œuvre un diagnostic éducatif* en s'appuyant sur des concepts théoriques et des expériences professionnelles ;
– *faire acte d'un positionnement professionnel* à partir de la méthodologie de projet.

---

7. Cf. arrêté du 20 juin 2007 relatif au DEES (NOR : MTSA0755916A).

Cette épreuve sur table vise à évaluer les savoirs, savoir-faire et savoir-être du candidat face à des situations réelles. Cet exercice diffère quelque peu de la réalité du terrain puisqu'elle ne prend pas en compte la dimension temporelle de la relation éducative ou encore le nécessaire travail d'équipe qui entoure la méthodologie de projet. Il est toutefois possible, en tenant compte de ces éléments de base, de se projeter en tant qu'acteur au sein d'un système organisationnel et de proposer un positionnement.

DC 2.1. Étude de situation. Proposition de méthodologie

Le devoir se compose généralement d'une consigne, d'un résumé de situation et de documents annexés (bilan psychologique, projet individualisé, note de situation, compte-rendu, échanges écrits entre professionnels...).

Étape 1 – La lecture des documents et de la situation (30 mn)

La lecture doit se faire de manière méthodique afin de tirer partie des éléments les plus significatifs du dossier. Dans un premier temps, avant même de commencer la lecture, le candidat pourra noter le titre, la nature, l'auteur et la date de chaque document afin d'identifier la teneur générale de la situation. Ce n'est que dans un second temps qu'une lecture globale et rapide sera faite. Enfin, l'étudiant approfondira certaines parties du dossier au cours de l'épreuve. La prise de notes pourra se répartir sur quatre feuilles de brouillon ou quatre espaces délimités sur une même feuille.

Feuillet 1 : la synthèse de documents

Afin de ne pas se perdre dans la masse de documents proposés, voici une technique simple de prise de notes. Voici un support qui servira d'**appui à la synthèse de documents**.

	Intitulé, auteur, date	Idées essentielles, mots-clés
Doc. 1		
Doc. 2		
Doc. 3		
Doc. 4		
Paradoxes, convergences/ divergences, éléments manquants		

Il s'agit de repérer, dès le début de la lecture, le contexte dans lequel s'inscrivent les documents et la situation actuelle de la personne. Ensuite, de procéder à une lecture rapide des documents afin d'y relever les idées essentielles et les phrases clés. Enfin, dans la dernière case *Paradoxes, divergences/convergences, éléments manquants*, de qualifier les relations entre les documents :
- quelles sont les idées récurrentes ?
- quelles sont les idées qui s'affrontent ?
- quelles sont les idées qui se complètent ?

On ne manquera pas alors de définir les termes clés de la situation propres au travail social (sigles, concepts, types d'institution...).

À noter. Lire les documents dans l'ordre chronologique aide généralement la compréhension.

Feuillet 2 : les acteurs

Répertorier les personnes physiques et morales permet d'avoir une vision d'ensemble du réseau[8] existant autour de la personne.

Feuillet 3 : la chronologie

Ordonner les éléments temporels de la situation dans une chronologie tenant en une seule page aidera le candidat à clarifier la situation.

Feuillet 4 : l'anamnèse de la personne concernée

L'anamnèse désigne tous les évènements antérieurs de la vie d'une personne, tant médicaux que relationnels ou scolaires. Avec l'anamnèse sous les yeux, il est plus aisé et plus rapide de rédiger un résumé de situation.

Étape 2 – L'analyse de la situation et la problématisation (30 mn)

À ce stade, le candidat repère les questionnements théoriques mobilisés dans la problématique éducative et les éventuels paradoxes de la situation afin de **produire un diagnostic socio-éducatif**. L'objectif n'est pas de faire appel à une multitude de concepts et de disciplines mais plutôt d'articuler la théorie et la pratique pour formuler un positionnement professionnel. Le candidat proposera des concepts avec lesquels il se sent à l'aise, sur lesquels il s'appuie dans sa pratique et qui sont en lien avec la situation.

Quel que soit le positionnement choisi par le candidat, il est primordial de rester dans le domaine de l'hypothèse.

8. Les notions de réseau sont abordées dans la partie consacrée au DC 4.

Voici les questions auxquelles l'analyse peut répondre :
– *qu'est-ce qui est mis en jeu* dans cette situation ?
– *quel est le diagnostic éducatif ?* d'un point de vue individuel (psychologie) ? d'un point de vue familial (systémie, sociologie, anthropologie) ? d'un point de vue social (sociologie, anthropologie) ?
– *quels sont les besoins de la personne ?*
– *quelles sont les potentialités de la personne ? ses difficultés ?*

Des paradoxes surgiront sans doute à la lecture des documents et lors de la formulation du diagnostic : il convient de les relever sous forme de questionnements. La problématisation est définie par Stéphane Rullac comme « *une tentative de résolution d'une tension entre les problèmes éducatifs de l'usager et la difficulté de les résoudre* ».

Exemple. Paradoxe entre protection de la personne et libre choix de l'usager dans le cas de personnes sans-abri qui refusent l'hébergement d'urgence.

Étape 3 – La mise en œuvre du projet éducatif spécialisé (30 mn)

À cette étape, il est conseillé au candidat de relire la consigne introduisant les documents : s'agit-il d'un projet individualisé ? de groupe ? de service ?

Les propositions devront répondre aux paradoxes relevés dans l'analyse de la problématique éducative. Le correcteur attend également des détails prouvant la **viabilité** des propositions :
– *finalités et objectifs* du projet ;
– *contenu détaillé* (étapes, fréquences, temporalités...) ;
– *teneur de l'implication* de l'éducateur spécialisé ;
– *moyens utilisés* (humains, matériels, financiers) ;
– *acteurs mobilisés ;*
– *indicateurs d'évaluation.*

LES DIFFÉRENTS TYPES DE PROJET

■ **Le projet associatif** est porté par l'instance gestionnaire et précise les valeurs, les finalités et les choix stratégiques de l'institution.
■ **Le projet d'établissement** constitue le cadre de référence dans lequel viennent s'inscrire les interventions éducatives. Il est obligatoire depuis la loi du 2 janvier 2002 rénovant l'action sociale et médico-sociale et fait l'objet d'une évaluation tous les cinq ans, à partir des éléments suivants : identité et valeurs, projet d'accompagnement éducatif, social et médico-social, structure humaine et organisationnelle, gestion des ressources humaines, prévention des risques liés à la maltraitance, modalités de l'évaluation interne et démarche d'amélioration continue.
■ **Le projet éducatif et/ou pédagogique** « rend opérationnels les finalités et les objectifs généraux énoncés dans le projet d'établissement » dans un groupe aux besoins spécifiques.

■ **Le projet personnalisé**, ou contrat de séjour[9], précise les objectifs et la nature de l'accompagnement et exige la participation de la personne à la conception, l'élaboration et l'évaluation du projet.

■ **Le projet d'activité** s'apparente à ce qu'on nomme « médiation éducative » ou « techniques éducatives » et cherche à « développer une dynamique collective et individuelle, à ouvrir des espaces de créativité ».

D'après : RULLAC Stéphane (dir.), *DEES : le mémoire professionnel de l'éducateur spécialisé. Finalité, méthode, rédaction*, ESF Éditeur, Paris, 2011, p. 84.

Étape 4 – La construction du plan (15 mn)

Il convient de rédiger un plan détaillé au brouillon, indiquant les parties, les sous-parties et les idées que le candidat envisage de mettre en avant. Cette préparation permet de passer à l'écrit directement.

Guide

Introduction

- Position du candidat.
- Bref résumé de la situation.
- Problématique.
- Annonce du plan.

1. Synthèse des documents

En s'appuyant sur le feuillet 1 utilisé lors de la lecture, le candidat fera ressortir les idées principales. Il ne s'agit pas de paraphraser ou de produire une suite linéaire des éléments figurant dans les documents mais de faire ressortir la manière dont il les comprend. Le candidat peut imaginer qu'il décrit la situation à un interlocuteur qui n'a aucune information. Cette astuce force la neutralité puisqu'aucun élément d'analyse ne doit apparaître dans cette partie. En revanche, il lui faudra définir les termes utilisés.

Plusieurs retranscriptions sont possibles, en fonction des éléments à la disposition du candidat :

– *soit thématique* (exemple : potentiels et difficultés de la personne/relations sociales/relations familiales/situation professionnelle...) ;

– *soit par opposition ;*

– *soit chronologique ;*

– *soit par entonnoir :* du général au particulier.

---

9. Loi 2002-2 du 2 janvier 2002 rénovant l'action sociale et médico-sociale.

2. Analyse de la situation

Le candidat doit analyser les éléments objectifs relevés plus haut, mettre la situation professionnelle en lien avec ses connaissances et développer des hypothèses sur lesquelles il s'appuiera pour proposer des actions socio-éducatives.

Sera évaluée la capacité de l'étudiant à faire preuve de distanciation face à une situation soumise à interprétation. Là aussi, le candidat a le choix entre différents types de retranscription :
– *thématique* (exemple : les enjeux affectifs et sociaux de l'adolescence/les conduites à risque à l'adolescence) ;
– *analytique* (problèmes, causes, conséquences) ;
– *dialectique* (thèse, antithèse, synthèse).

3. Propositions socio-éducatives

Plusieurs modes d'organisation des propositions peuvent être utilisés en fonction de la situation proposée :
– *par thématique* (exemple : hébergement, relations familiales, loisirs, vie dans le groupe, autonomie...) ; le risque est d'omettre certains aspects qui n'entreraient pas dans les catégories choisies ;
– *par temporalité :* à long terme, à moyen terme, à court terme ; l'utilisation d'un tel modèle permet de prendre en compte les évaluations d'étape et les besoins graduels de la personne ;
– *par logique d'objectifs :* finalités du projet, objectifs généraux, objectifs intermédiaires, objectifs opérationnels, moyens ; ce modèle reprend la méthodologie de projet et est celui qui couvre le plus sûrement le sujet.

Dans tous les cas, il est primordial que le projet élaboré soit réalisable. Ainsi, le candidat précisera les moyens humains, matériels, financiers, techniques dont l'équipe éducative aura besoin pour la réalisation.

À noter. Les modèles peuvent être combinés. Par exemple, le candidat pourra proposer une logique par objectifs tout en incluant une temporalité à son projet.

Conclusion
- Rappel de la situation et des propositions.
- Question de l'adhésion de la personne et des limites éventuelles de l'intervention.
- Ouverture par un questionnement.

Étape 5 – La rédaction (1 h 45)

Il s'agit ici de formaliser le travail de réflexion par le passage à l'écrit. Soit retranscrire l'articulation *Synthèse/Analyse/Propositions* par le biais d'une structuration claire. Le document final ne doit pas comporter de titres ou de sous-titres : c'est dans la présentation que la structuration devra se percevoir (sauts de lignes, alinéas, paragraphes, transitions).

MÉMO

✓ **Définir les termes utilisés.**
✓ **Toute référence théorique doit être mise en lien avec la situation.**
✓ **Imaginer être en situation réelle peut aider à formuler des idées.**
✓ **Utiliser le « Je » si la situation s'y prête.**
✓ **Afin de formuler des hypothèses, employer des verbes d'état :** sembler, paraître, avoir l'air.
✓ **Pour citer les documents, utiliser une méthode qui restera la même tout au long du devoir (indiquer le numéro ou bien citer type et date).**

Étape 6 – La relecture (30 mn)

Cette étape est indispensable pour repérer les fautes d'orthographe et d'inattention, les oublis, les erreurs de syntaxe... Il convient aussi de soigner la présentation de sa copie : cela joue indéniablement sur l'attitude, consciente ou inconsciente, du correcteur.

Étude de situation. Entraînement

Avertissement. Les réponses apportées aux trois sujets qui suivent constituent des propositions. En effet, il n'existe pas une réponse unique à *une* problématique mais toujours des éléments de réponse soumis à la complexité du métier d'éducateur spécialisé. Il appartient à chaque candidat de se positionner en fonction de l'éthique acquise par l'expérience et la formation.

Étude de situation. 1re épreuve commentée : *L'accueil d'une adolescente en Maison d'Enfants à Caractère Social* – IRTS Lorraine

Diplôme d'État d'Éducateur Spécialisé
ÉPREUVE D'ÉTUDE DE SITUATION DC 2.1
Sujet du 30 avril 2010 de 14 h à 18 h
Épreuve écrite d'une durée de 4 h – Coefficient 1
IRTS Lorraine

SUJET
Vous êtes éducateur au sein de la Maison d'Enfants à Caractère Social où est accueillie Juliette depuis septembre 2009. À cette date, vous êtes chargé en tant que futur référent de présenter sa situation en réunion d'équipe.

Dans cette perspective :
1. Vous effectuerez une synthèse de la situation de Juliette à partir du dossier joint.
2. Vous développerez une analyse de la situation en vous appuyant sur vos connaissances et vos pratiques.
3. Vous développerez des propositions argumentées concourant à l'élaboration du projet éducatif individualisé de la mineure.

DOCUMENT 1
RAPPORT EN VUE D'UNE MESURE DE PROTECTION JUDICIAIRE CONCERNANT LA MINEURE
19 juin 2008
Dossier suivi par :
Madame Pierrel/Éducatrice de l'Aide Sociale à l'Enfance

Composition familiale :
Mère : Madame Cabrera née le 11 juin 1967
Père : ?
Fratrie : Laetitia Cabrera née le 06 décembre 1992
Juliette Cabrera née le 12 octobre 1995
Sophie Cabrera née le 08 novembre 2000

Mineure concernée : Juliette Cabrera
Adresse : 18, rue des Fleurs à ....

Historique : Juliette est la deuxième enfant d'une fratrie de trois filles. Sa sœur Laetitia a le même père qu'elle. Ce monsieur a quitté Madame alors qu'elle était enceinte depuis peu de Juliette. Cette enfant n'a donc jamais vécu avec lui. Bien qu'elle l'ait rencontré, elle dit ne pas avoir envie de le revoir, ni de partager quelque chose avec lui, sans doute par loyauté envers sa mère. Notons toutefois que ce monsieur n'a jamais reconnu ses filles. D'après Madame Cabrera, Juliette a commencé à être « méchante » dès l'âge de 5 ans, ce qui pourrait coïncider avec la naissance de sa sœur Sophie. Le père de Sophie a quitté Madame Cabrera alors que la petite était âgée de 10 mois ; madame a depuis assumé seule l'éducation de ses trois filles. Devant les difficultés éducatives grandissantes, une mesure d'Aide Éducative à Domicile (AED) a été mise en place en juin 2007. À cette période Juliette s'opposait de plus en plus à sa mère et Madame souhaitait un placement de cette dernière. Entre autres, elle refusait de participer à toute tâche ménagère, expliquant que ce n'était pas son rôle. Au niveau scolaire, ses résultats étaient très faibles par manque de travail, mais aucun problème de comportement n'était à signaler. Elle a redoublé sa sixième au collège de Z. Dès les premiers entretiens, Juliette a coopéré volontiers. C'est une jeune fille dynamique, plutôt franche, qui n'hésite pas à maintenir avec fermeté des propos qui pourtant, sont parfois discutables. Elle provoque quotidiennement sa mère, mais peut-être plus pour qu'elle réagisse, car Madame Cabrera est toujours très lasse.

Il est vrai qu'elle travaille en tant qu'hôtesse de caisse et ses horaires sont très irréguliers. De plus, ses filles ne l'aidant pas dans les tâches quotidiennes, elle se sent dépassée et épuisée. L'ambiance familiale est toujours tendue et c'est peut-être pour détendre l'atmosphère que Juliette fait « le pitre » à l'heure des repas, ce que ne supporte absolument pas Madame Cabrera qui apprécie le calme. La relation affective mère – fille est très perturbée et à ce jour, madame ne voit plus que les aspects « négatifs » de sa fille.

Les faits : Depuis le début de la mesure, la tension mère – fille n'a fait que s'accroître. Juliette a pourtant fait des efforts, surtout au niveau scolaire où les deux premiers trimestres sont globalement satisfaisants. Juliette à l'extérieur semblait avoir une vie sociale satisfaisante ; elle a un certain nombre d'ami(e)s et ne relate pas avoir de conflits particuliers.

Les difficultés se situent toujours au niveau de l'attitude qu'adopte Juliette avec sa mère au domicile. Tout d'abord elle dit ne s'entendre avec personne de sa famille et « s'échappe » dès qu'elle le peut. Cela fait plusieurs fois que Madame Cabrera explique que même si elle interdit à sa fille de sortir, cette dernière le fera dès que sa mère partira travailler. Jusqu'à présent, Juliette se rendait soit chez son oncle, soit chez des amies voisines, mais récemment elle a trouvé refuge chez des jeunes hommes habitant à Y. Madame Cabrera a réagi tout de suite et est allée rechercher sa fille à 22 h 30, sous menace de porter plainte contre les amis de Juliette. Mais Madame, bien qu'elle tente de protéger sa fille du mieux qu'elle peut, ne pourra pas toujours se rendre disponible. Elle reconnaît avoir des craintes quant à l'avenir de sa fille, d'autant plus que Juliette serait rentrée « gaie » à la maison, ce que nie Juliette.

Madame a aussi découvert que sa fille fumait des cigarettes et pour pouvoir se les procurer, n'hésitait pas à voler dans le porte-monnaie maternel. Lorsque les agissements de Juliette sont repris avec elle, elle ne cherche pas à nier les faits. Au contraire, Juliette semble trouver une satisfaction à transgresser tous les interdits, à provoquer sa mère. Ce qui est inquiétant, c'est qu'elle ne paraît pas réaliser qu'elle peut se mettre en danger surtout au niveau de ses fréquentations. Étant seulement âgée de 12 ans, elle ne fait guère preuve de discernement quant aux personnes qu'elle rencontre. Pour elle, ce sont toutes des personnes sympathiques. Le plus préoccupant est que Juliette n'a plus aucune limite et se moque des interdits fixés par sa mère. Récemment, Madame nous confiait que sa fille découchait et qu'elle n'avait aucune information sur le lieu où elle se trouvait. À ce jour, cette préadolescente agit comme elle a envie et n'a plus de repère garantissant sa sécurité. Elle est complètement désemparée et veut provoquer sa mère de plus en plus dans l'attente d'une réaction.

Mais Madame Cabrera est visiblement débordée et épuisée, physiquement et moralement et est dans l'incapacité de cadrer sa fille. Elle ne maîtrise plus les agissements de sa fille. Les derniers faits de Juliette sont relatifs à sa scolarité. Elle n'a fourni

aucun travail ce dernier trimestre, a cumulé les heures de retenues, commence à insulter les professeurs (ce qu'elle n'avait jamais fait jusqu'à présent car elle respectait l'adulte à l'extérieur) et Madame Cabrera relatait récemment qu'elle avait fait l'école buissonnière. Le comportement de Juliette se dégrade de plus en plus et cette préadolescente a besoin d'un cadre rassurant. Madame Cabrera n'est pas reconnue par sa fille comme pouvant avoir de l'autorité sur elle.
Madame Cabrera souhaiterait un placement de sa fille pour qu'elle apprenne à respecter les ordres. Pour Juliette, bien qu'elle refuse de l'admettre, cette demande est perçue comme un rejet supplémentaire. Une mesure administrative n'est pas suffisante pour aider Juliette à évoluer sereinement et respecter l'autorité des adultes. C'est pourquoi en fonction des éléments ci-dessus, nous sollicitons l'intervention de l'autorité judiciaire en vue d'une mesure de protection.

DOCUMENT 2
SERVICE D'INVESTIGATIONS
RAPPORT DE FIN DE MESURE D'INVESTIGATION
12.12.2008
Mesure d'Assistance Éducative : IOE ordonnée pour six mois à compter du 1er juillet 2008 (Audience le 22.12.2008)

Juliette Cabrera Née le 12 octobre 1995

Objet de la mesure
Domiciliée chez sa mère : Madame Cabrera
Éducatrice : Madame Guillon ; Psychologue : Madame Châtelain ; Psychiatre : /

Composition familiale
La mère : Madame Cabrera. Née le 11 juin 1967. Séparée depuis 1995. Autorité parentale à la mère.
Le père : Monsieur Georges. Né le 06 août 1957.
Enfants issues de leur relation :
– **Laetitia** née le 06 décembre 1992, reconnue le 11 décembre 1992 par la mère. Non reconnue par le père. Scolarisée en deuxième CAP Vente au lycée M. Vit au domicile maternel.
– **Juliette** née le 12 octobre 1995, non reconnue par le père. Scolarisée en classe de cinquième au collège. Domiciliée au domicile maternel.
Enfant issue d'une seconde relation de Madame Cabrera : Sophie née le 08 novembre 2000. Scolarisée en classe de CE2. Vit au domicile maternel. Le père : Monsieur Jacques.

Histoire familiale
Madame Cabrera est issue d'une fratrie de trois enfants. Elle indique avoir des relations conflictuelles avec sa sœur et son frère. Elle considère ce dernier comme un étranger. Elle décrit des parents sévères et estime avoir été élevée à la dure.

Elle précise ne jamais avoir reçu de coups mais avoir grandi dans un foyer avec des règles de vie bien précises. Très proche de son père, elle explique s'être levée enfant, chaque matin, pour aller lui acheter du pain frais. Bonne élève à l'école, elle obtient un BEP en comptabilité et quitte les études à sa majorité, ses parents n'ayant pas les moyens de financer des études supérieures. Son père décède en 1983 et Madame travaille afin de soutenir sa mère financièrement. Madame Cabrera rencontre Monsieur Georges alors qu'elle vit encore avec sa mère. Laetitia a dix mois lorsque Madame s'installe dans son propre appartement. Elle précise n'avoir pas souhaité vivre avec Monsieur Georges préférant préserver son indépendance. Le couple se fréquente surtout durant les week-ends. Alors qu'elle annonce à son compagnon être enceinte de Juliette, Monsieur Georges la quitte, expliquant avoir rencontré quelqu'un d'autre. Madame ne cache pas lui avoir dit alors : « Si tu pars, tu ne verras plus tes filles. » Madame Cabrera refusait qu'il voit les filles, non pas parce qu'elle estimait qu'il pouvait représenter un risque pour elles mais parce qu'il avait fait le choix de la quitter elle, pour une autre femme. Encore aujourd'hui, Madame estime avoir pris la bonne décision. Monsieur Georges a fait le choix de la quitter donc Madame l'a privé de ses filles. Elle ne pense pas que les filles en aient souffert ou que cette absence paternelle ait pu avoir un impact sur elles, sur leur évolution. Madame affirme : « Mes filles m'appartenaient et leur père n'avait pas à intervenir. » Madame a un discours très tranché concernant la place de Monsieur Georges. Elle précise que Monsieur Georges a de nouveau rencontré ses filles alors que Juliette était âgée de neuf ans. Elle explique qu'il venait les chercher au bas de l'immeuble et les emmenait boire un verre, leur donnait un peu d'argent. Elle ajoute qu'il aurait cessé de venir du jour au lendemain sans donner de nouvelles depuis. Madame Cabrera rencontre Monsieur Jacques en 1998. Le couple n'a jamais vécu ensemble. Madame explique avoir de très mauvais souvenirs de cette relation. Elle indique que Monsieur Jacques la battait, ce qui lui a valu d'être hospitalisée. Très marquée par cette relation, elle confie en être encore perturbée. Sophie naît dans ce contexte violent. Madame explique avoir fini par chasser Monsieur Jacques alors que Sophie était âgée de dix mois. Elle ajoute avoir un fort sentiment de vengeance envers cet homme. Elle désire régler ses comptes avec lui et se dit prête à aller lui faire face pour se venger, sachant où il vit.
Suite à cette expérience difficile, Madame nous explique avoir rayé les hommes de sa vie. Elle explique que ses filles se trouvaient souvent livrées à elles-mêmes. Elle précise que de 2005 à 2007, les trois filles se sont débrouillées seules. Madame Cabrera travaillait avec des horaires contraignants. Elle ajoute que de mars à août 2006, elle s'est totalement consacrée à sa mère qui était malade, hospitalisée. Madame Cabrera travaillait puis passait toutes ses soirées avec sa mère. Elle rentrait très tard, laissant les filles se gérer seules pour manger, faire leurs devoirs, et se coucher.

Laetitia a pris ses petites sœurs en charge durant cette période. Madame précise que sa mère est décédée des suites de sa maladie, en août 2006. Elle ne pouvait envisager de la laisser seule même si cela impliquait de laisser les filles seules, livrées à elles-mêmes. Bien qu'elle précise que Juliette se montre difficile depuis l'âge de cinq ans, Madame sollicite concrètement de l'aide. Elle souhaite alors le placement de sa fille et le formule dans le cadre de la mesure d'AED mise en place en juin 2007. Face aux relations de plus en plus dégradées entre Madame Cabrera et Juliette et aux prises de risques de l'adolescente, l'éducatrice chargée de mener la mesure d'aide éducative signale la situation de Juliette. Une IOE est ordonnée le 1er juillet 2008 en faveur de Juliette.

Éléments recueillis lors des entretiens

La mère, Madame Cabrera ne nous est pas apparue dans une démarche de compréhension face au comportement de Juliette. Madame constate ses attitudes de dérives et d'opposition mais ne questionne pas sa place de mère ni l'évolution de sa fille. Madame nous indique que Juliette est difficile depuis l'âge de cinq ans. Lorsque nous pointons le fait qu'à cette même période Sophie est née, Madame n'entend pas que cette naissance ait bouleversé le fonctionnement familial. À l'âge de cinq ans, Juliette mordait sa mère et Madame reconnaît ne rien avoir posé face à ce comportement. Elle tentait en vain de la punir lorsqu'elle se montrait capricieuse.

Madame explique que Juliette n'a jamais obéi. Madame est dépassée par les attitudes de sa fille. La communication mère/fille est inexistante et Madame ne peut plus supporter Juliette. Elle explique que Juliette est sans cesse dans la provocation, toujours dans des exigences. Elle constate que sa fille fume des cigarettes, et qu'elle a déjà bu de l'alcool. Elle note que Laetitia ne supporte pas non plus les limites et Madame constate que Sophie suit le même chemin. Madame souligne que Laetitia ne respecte pas les adultes et qu'elle est capable d'insulter, de menacer. Elle sait que sa fille fume du cannabis et boit de l'alcool. Avec Sophie, la relation mère fille est différente. Madame explique que Sophie la suit partout, qu'elle veut tout savoir.

Madame dit de Sophie qu'elle est « collante » et remarque qu'elle la sollicite sans cesse pour sa toilette, pour que Madame l'habille. Sophie est distraite en classe et un bilan psychologique était en cours courant octobre. Madame est en demande d'un placement pour Juliette. Elle explique que Juliette ne participe à aucune tâche à la maison, qu'elle sort quand elle l'a décidé, qu'elle fréquente des jeunes majeurs…

Madame constate n'avoir aucun contrôle sur Juliette et se dit épuisée moralement et physiquement. Madame Cabrera nous apparaît ne pas souhaiter faire un réel travail de réflexion autour de la situation de sa fille. Elle nous semble attendre que le magistrat décide du placement de Juliette afin de ne plus subir le comportement de celle-ci.

La mineure, Juliette, treize ans
Juliette est une jeune fille de treize ans, souriante, qui a pu s'exprimer assez facilement auprès de nous. Juliette se rend régulièrement chez un jeune homme qu'elle considère comme son meilleur ami. Il s'appelle Romuald et est âgé de vingt-trois ans. Elle a confiance en Romuald, elle le voit comme un grand frère, le connaît depuis longtemps. Il vit seul, travaille comme maître-chien et n'a jamais eu de geste déplacé envers elle. Elle reconnaît avoir bu de l'alcool et boire un peu lors de soirées avec les copains mais sans excès. Pour sortir, Juliette ment à sa mère. Elle avoue que la plupart du temps elle ne lui demande même pas l'autorisation pour éviter d'essuyer un refus ou une dispute. Juliette estime ne pas s'entendre avec sa mère et surtout, elle ne supporte pas les ordres quels qu'ils soient. En réaction, elle s'énerve et hurle.
Juliette confie qu'aussi loin qu'elle se souvienne, elle s'est toujours montrée réactive, nerveuse depuis toute petite. Elle ajoute que lorsqu'elle se sent énervée, elle a parfois envie de pleurer. Elle dit : « Je ne suis pas facile et je ne sais pas pourquoi. » La relation à sa mère est difficile et parsemée de conflits. Juliette ne réussit pas à parler à sa mère et estime être suffisamment mature pour se gérer et décider seule de ses sorties, de son avenir.
Juliette affirme ne pas comprendre la demande de placement de sa mère. Bien qu'elle reconnaisse avoir une attitude souvent difficile en famille, elle ne voit pas en quoi cela nécessite une séparation familiale. Elle se dit inquiète d'imaginer devoir aller dans un endroit où elle ne connaîtra personne. Cette perspective est difficile à accepter pour elle. De plus elle vit cette démarche comme un abandon de la part de sa mère. Elle reproche à sa mère de ne pas lui faire confiance, de faire des différences entre ses sœurs et elle, de ne rien lui autoriser. À ce sujet, Madame reconnaît être intransigeante avec Juliette, ne plus avoir envie de lui faire plaisir.
La scolarité : Juliette est scolarisée en classe de cinquième au collège. Elle explique avoir redoublé sa sixième. Elle se dit assidue au collège et précise être déléguée de classe. Elle explique avoir quelques mots dans son carnet de liaison suite à des bavardages, des devoirs non faits. Elle est en difficulté scolaire surtout en mathématiques et en histoire et géographie. Ne supportant pas les ordres et affectionnant la cuisine, elle aimerait devenir chef cuisinier. Le collège note un manque d'investissement de la part de Juliette. Elle ne fait pas état de problème de comportement majeur mais reste trop superficielle dans son travail personnel. Elle présente une attitude d'inattention quasi permanente en cours et n'a pas toujours son matériel. Juliette présente des capacités mais sa scolarité reste fragile et doit être rapidement reprise.

Investigation psychologique
Juliette rencontrée le 2 octobre 2008 :
Juliette est une adolescente de treize ans, à l'allure garçonne, ce qu'elle revendique par ailleurs en exprimant avoir un côté « garçon manqué ». C'est une jeune

fille qui communique avec aisance, spontanéité et richesse par ses remarques ou réflexions sur sa situation familiale. Juliette est actuellement scolarisée en cinquième au collège avec une année de retard. Elle a en effet doublé la classe de sixième pour des résultats trop modestes. Elle n'aime pas l'école et plus précisément n'aime pas la situation de soumission à une autorité extérieure telle qu'elle la perçoit au sein du collège. Elle évoque spontanément que la question de l'obéissance et la soumission à l'autorité est pour elle une difficulté majeure, de laquelle découlent ses écarts de comportement.

« Si on me donne des ordres, c'est comme si on me prend pour une gogolle, pas autonome. » Elle souhaite au contraire être reconnue, valorisée, par des regards extérieurs et en particulier par le regard de sa mère.

Les relations actuelles de Juliette avec sa mère sont aujourd'hui quasi exclusivement conflictuelles. Pour l'adolescente, sa mère lui refuse tout, ne prend pas en compte ce qu'elle dit ou ce qu'elle souhaite. Elle a le sentiment d'être mise à l'écart de la famille. Cette situation semble validée et accrue par la position et les réactions de Madame, laquelle reconnaît accorder à ses autres filles des autorisations qu'elle refuse à Juliette. Lorsqu'elle questionne la dégradation des relations avec sa mère, Juliette reprend le discours de Madame Cabrera qui situe le début des difficultés comportementales de la fillette à l'âge de cinq ans. « Elle ne me supportait plus, je mordais, je faisais plein de bêtises », dira Juliette. La petite sœur de Juliette est née à ce moment-là et la question d'une rivalité avec cette dernière peut se poser, ainsi que la place de la fillette dans cette nouvelle configuration familiale. Entre Juliette et sa petite sœur la rivalité reste présente, rivalité entretenue par le comportement actuel de Madame. Notons que le père de Juliette a quitté Madame lorsque celui-ci a eu connaissance de la grossesse. C'est dans ce contexte particulier qu'est née la fillette.

Juliette n'a actuellement pas de contact avec son père, Monsieur Georges ne lui a pas donné son nom. Il y a quelques années, Monsieur est « réapparu », durant six mois, avec un peu d'argent de poche pour ses filles. Rien n'a vraiment pu se construire entre eux. Aujourd'hui, Juliette ne souhaite plus le revoir. Juliette parle d'un oncle maternel avec lequel elle a des contacts réguliers et de qualité. Cet oncle n'a plus de contact avec Madame Cabrera mais Madame Cabrera n'empêche pas sa fille de voir cet oncle. C'est une personne de référence pour Juliette : « Je lui dis tout », affirmera-t-elle.

La question d'un placement éducatif a été évoquée par Madame. Pour Juliette cela est assimilé à un abandon et elle souffre d'une telle hypothèse. Ce qu'elle attend est un regard appuyé, valorisé, signe d'une reconnaissance de la part de sa mère. Juliette questionne en permanence l'attachement maternel à son égard et tout dans les comportements de l'adolescente peut être perçu comme des tentatives de réassurance à ce sujet. Au-delà de ce discours de la jeune fille, le quotidien au domicile est émaillé de conflits.

Dans ce contexte, il apparaît nécessaire d'accompagner mère et fille afin de pacifier leurs relations, rappeler à Madame Cabrera qu'une demande de placement ne peut être l'unique solution, et permettre à Juliette de garder un interlocuteur extérieur.

DOCUMENT 3

SERVICE D'AEMO – RAPPORT D'INCIDENT

Le 28 mai 2009

Monsieur Klein, Éducateur, à Monsieur le Juge des enfants

Origine de la mesure d'AEMO : Jugement du 22.12.08

Nous nous permettons de porter à votre connaissance ce qui suit concernant : Juliette Cabrera née le 12/10/1995 demeurant chez sa mère Madame Cabrera.

Déroulement de la mesure et situation actuelle :

Comme nous vous l'indiquions par une note le 27 février 2009, nous avons eu des difficultés à débuter l'exercice de cette mesure, au point d'en solliciter la mainlevée.

Nous avons finalement convenu oralement avec vous de poursuivre nos efforts. Ce n'est que le 16 mars que nous avons pu rencontrer, pour la première fois, Madame Cabrera au domicile, en présence de sa fille. Élève de cinquième, Juliette était encore scolarisée à l'époque, mais il lui arrivait de découcher. Nous espérions, grâce aux entretiens individuels que nous avions mis en place avec elle (quand elle venait à nos rendez-vous...) l'amener à changer sa conduite. Hélas, non seulement nos efforts n'ont pas abouti, mais la situation n'a été qu'en se dégradant. Aujourd'hui, Juliette est totalement déscolarisée, contrairement à l'engagement qu'elle avait pris de retourner au collège. Elle est absente chaque nuit. Sa mère pense qu'elle dort chez des copines de son quartier, elles aussi déscolarisées. Nous voulions revoir encore une fois la situation avec la mineure, hier 27 mai. Seule sa mère est venue au rendez-vous, Juliette, nous a-t-elle dit, n'avait pas envie de nous voir. Depuis pratiquement le début de notre intervention, Madame Cabrera nous demandait de solliciter le placement de sa fille. Nous avons résisté jusqu'à ce jour, espérant éviter cette solution à laquelle Juliette est opposée. Cette solution, aujourd'hui, nous semble inévitable. Madame Cabrera propose que si elle était mise en œuvre, il conviendrait de désigner un établissement suffisamment éloigné pour éviter que Juliette ne revienne trop facilement à E.

Conclusion :

Juliette, treize ans, est en situation de danger. Elle est déscolarisée et part chaque nuit dormir chez des personnes inconnues de sa mère. Madame Cabrera est dans l'incapacité d'exercer la moindre autorité sur sa fille. Et la mesure d'AEMO s'est avérée inefficace. Voilà pourquoi le service d'AEMO propose que Juliette soit confiée à l'ASE, en vue de son placement dans une MECS éloignée du département.

DOCUMENT 4
TRIBUNAL POUR ENFANTS
ORDONNANCE AUX FINS DE PLACEMENT PROVISOIRE
ET DE MAINLEVÉE DE LA MESURE D'ACTION ÉDUCATIVE
EN MILIEU OUVERT

Affaire (Assistance éducative)

Nous, Juge des enfants, Vice-Président au Tribunal de Grande Instance de E.
Vu les dispositions des articles 375 et suivants du Code civil et 1181 et suivants du Code de procédure civile relatifs à l'assistance éducative,
Vu les dispositions des articles 514 du Code de procédure civile relatifs à l'exécution provisoire,
Vu la procédure concernant : **Juliette Cabrera,** *née le 12 octobre 1995 à E. ;*
Mère : Madame Cabrera,
Vu le jugement en date du 22 décembre 2008,
Vu la note de l'AEMO reçue au greffe le 01 septembre 2009,
Attendu que le placement de Juliette a été préparé en juin 2009, au vu de sa déscolarisation totale, et de la dégradation des relations avec sa mère ;
Que Juliette peut être confiée à l'Aide Sociale à l'Enfance de E. à compter du 02 septembre 2009 en vue d'un accueil à la MECS.

PAR CES MOTIFS Vu l'urgence, Confions provisoirement à **l'AIDE SOCIALE À L'ENFANCE** à compter du 02 septembre 2009. Accordons à la mère des droits de visite simple, ainsi que des droits d'hébergement, en alternance un week-end sur deux, dont les modalités seront gérées par l'Aide Sociale à l'Enfance et disons qu'en cas d'incident, il nous en sera référé. Donnons mainlevée de la mesure d'action éducative en milieu ouvert instaurée en faveur de, et exercée par le **service d'AEMO**, à compter du 02 septembre 2009. Constatons l'exécution provisoire de droit de la présente ordonnance.

Fait en notre cabinet, le mercredi 02 septembre 2009

LE JUGE DES ENFANTS

DOCUMENT 5
SERVICE DE L'AIDE SOCIALE À L'ENFANCE
Le 03 août 2009

DOSSIER SUIVI PAR : MADAME LECLERC, ÉDUCATRICE DE L'AIDE À L'ENFANCE

Rapport en vue d'une admission au sein de votre établissement concernant la mineure Juliette Cabrera
Composition familiale
Mère : Madame Cabrera née le 11 juin 1967
Père : Monsieur Georges. Adresse inconnue
Fratrie : Laetitia Cabrera née le 06 décembre 1992

Juliette Cabrera née le 12 octobre 1995
Sophie Cabrera née le 08 novembre 2000
Adresse : 18, rue des Fleurs à E.

Mesures antérieures :
- Mesure d'AED de juin 2007 à juin 2008
- Signalement effectué par l'Aide Sociale à l'Enfance en juin 2008
- Mesure d'IOE de juillet 2008 au 01 janvier 2009
- Mesure d'AEMO en décembre 2008 jusqu'à ce jour
- Juliette est en préparation de placement.

Exposé de la situation
Madame Cabrera a eu deux enfants (Laetitia et Juliette) d'une première relation et il n'y a plus de contact avec le père, ce dont souffre Juliette. Puis Madame Cabrera a eu Sophie et n'évoque pas de père présent. Madame Cabrera a des liens affectifs avec Laetitia et Sophie et peu avec Juliette qu'elle rejette vivement. Elle demande depuis 2007 le placement de sa fille Juliette.

La jeune fille multiplie les passages à l'acte faute de communication avec sa mère :
- Déscolarisation depuis plusieurs mois.
- Juliette dort parfois en dehors du domicile familial sans autorisation.
- Consommation parfois d'alcool.

Juliette a besoin d'un cadre éducatif structurant en dehors du domicile maternel. C'est pourquoi, nous sollicitons auprès de votre Maison d'Enfants, l'accueil de cette jeune fille.

Étape 1 – La lecture des documents et de la situation (30 mn)

La consigne fournit un certain nombre d'informations :
- le candidat doit se positionner en tant qu'éducateur référent ;
- la situation se déroule en Maison d'Enfants à Caractère Social (MECS) ;
- la personne concernée se nomme Juliette et est accueillie depuis septembre 2009 ;
- l'objectif de cette réflexion est de présenter la situation de Juliette en réunion d'équipe.

Dès à présent, le candidat peut noter sur une feuille de brouillon **les définitions** suivantes : MECS, principe de référence éducative. Ces éléments offrent un cadre au sein duquel poser sa réflexion.

MECS[10] : foyer d'hébergement ou foyer ouvert qui accueille pour des séjours de durée variable des enfants et adolescents ayant de 0 à 18 ans, exceptionnelle-

10. Bertrand Dominique, Monteil Christian, Woitrain Emmanuel, *Les établissements et services pour enfants et adolescents en difficulté sociale,* Ministère des Affaires Sociales, du Travail et de la Solidarité ; Ministère de la Santé, de la Famille et des Personnes Handicapées, février 2003.

ment 21 ans (protection jeunes majeurs), dont les familles se trouvent en difficulté momentanée ou durable et ne peuvent assumer la charge et l'éducation de leurs enfants. Les enfants et adolescents sont confiés par l'Aide Sociale à l'Enfance (ASE) ou le Juge des enfants. L'équipe a pour objectif d'offrir un cadre sécurisant aux personnes accueillies, de les aider à trouver une stabilité psychologique, physique, affective et à entretenir les liens familiaux si cela a un intérêt pour l'enfant.

La référence éducative permet de désigner un interlocuteur privilégié de la personne accueillie. Sans être dans une relation exclusive avec la personne, il est l'interface entre cette dernière, l'équipe, la famille, les partenaires par le biais du projet individualisé. Il doit garantir la cohérence et la réalisation des actions mises en place.

➛ *Feuillet 1 : la synthèse de documents*

À ce stade, beaucoup d'informations sont à la disposition du candidat. Il conviendra de définir **les termes clés** du dossier.

L'Aide Sociale à l'Enfance (ASE) est un service placé sous l'autorité du département qui a pour mission de venir en aide aux enfants et à leur famille par des actions de prévention individuelle ou collective, de protection et de lutte contre la maltraitance (article L. 221-1 du Code de l'action sociale et des familles) : placements, mesures de milieu ouvert, mesures d'aide à la gestion du budget...

L'Action Éducative en Milieu Ouvert (AEMO) est une mesure de soutien ou de protection qui consiste à accompagner l'enfant dans son milieu naturel, principalement la famille. Elle est ordonnée par le Conseil général (ASE) ou le Juge des enfants et peut être exercée par des éducateurs spécialisés ou assistants de service social dépendant de l'ASE, de services publics ou privés. Il existe deux types d'AEMO :
– *l'AEMO administrative :* Juliette a pu en bénéficier en juin 2007, il s'agit d'une Aide Éducative à Domicile (AED), c'est-à-dire qu'elle se fait à la demande ou avec l'accord de la famille ;
– *l'AEMO judiciaire* est ordonnée par le Juge des enfants lorsque le danger de l'enfant est avéré ; elle fait souvent suite à une mesure d'enquête sociale ou d'investigation à orientation éducative (IOE).

Pour Juliette, on s'aperçoit en l'occurrence que sa situation est passée d'« administrative » à « judiciaire » au cours de l'année 2008 : il y a donc eu le repérage d'une situation de danger. Cette distinction renseigne sur la position maternelle : dans le premier cas, celle-ci demande de l'aide ; dans le deuxième, la mesure vient protéger l'enfant.

L'Investigation à Orientation Éducative (IOE) est une mesure ordonnée par le Juge des enfants afin d'évaluer la situation d'un enfant ou adolescent dans son milieu familial. Sont pris en compte différents aspects de sa vie. Un rapport est ensuite envoyé au magistrat comme appui à sa décision.

Situation de danger : selon l'ODAS[11], « *l'enfance en danger* » désigne « *l'ensemble des enfants en risque et maltraités pris en charge par l'ASE ou la justice* ». « *L'enfance en risque de danger* » est celle dont « *les conditions d'existence risquent de mettre en danger sa santé, sa moralité ou son éducation* ». Selon M. Klein, éducateur chargé de la précédente mesure AEMO, Juliette est en situation de danger.

Les articles 375 et suivants du Code civil fixent les règles d'assistance éducative pour les enfants en danger ou en situation de danger : « *Si la santé, la sécurité ou la moralité d'un mineur non émancipé sont en danger, ou si les conditions de son éducation sont gravement compromises, des mesures d'assistance éducative peuvent être ordonnées par justice à la requête des père et mère conjointement, ou de l'un d'eux, de la personne ou du service à qui l'enfant a été confié ou du tuteur, du mineur lui-même ou du ministère public.* »

INTITULÉ AUTEUR DATE	**IDÉES ESSENTIELLES**		
	Vie personnelle	**Vie familiale**	**Mesures et perspectives**
Doc. 1 Rapport en vue d'une mesure de protection judiciaire concernant la mineure *19 juin 2008* Dossier suivi par **Mme Pierrel, ES à l'ASE**	*Scolarité* : résultats scolaires en amélioration puis dégradation du comportement et des résultats. Redoublement de la 6e. *Vie sociale* : satisfaisante. *Vie quotidienne* : transgressions et conduites à risque de Juliette.	*Parents* : parents séparés à la naissance de Juliette, le père ne l'a pas reconnue, peu de relations entre eux. Relation mère-fille conflictuelle, Juliette provoque sa mère qui est vue comme « lasse » et « dépassée ». Souhait maternel de placement que Juliette refuse. *Fratrie* : Juliette a deux sœurs, dont une du même père.	*Juin 2007* : mesure d'AED. *Perspectives* : nécessité d'un cadre et d'une mise sous mesure de protection judiciaire.

11. ODAS : Observatoire National de l'Action Sociale Décentralisée.

Doc. 2 Rapport de fin de mesure d'investigation *12 décembre 2008* **Service d'investigations**	*Scolarité :* en 5e. Capacités fragiles quant à son investissement. Veut être chef cuisinier. N'apprécie pas l'école. S'exprime bien. *Vie sociale :* relation amicale avec Romuald, 23 ans (« grand frère »). *Vie quotidienne :* ne supporte pas la frustration (hurle et s'énerve). Dit être « difficile ». Vit mal la perspective de séparation familiale (sentiment d'abandon).	*Parents :* séparation des parents à la conception de Juliette (1998). Pas de liens avec le père. Difficulté pour la mère de fixer des limites. Détient l'autorité parentale. *Fratrie :* Juliette a le sentiment d'être traitée différemment, rivalité avec la cadette (besoin de valorisation). *Famille :* Juliette entretient une relation avec un oncle maternel, personne repère.	Suite au Doc. 1, mesure d'IOE prononcée pour 6 mois. Rapport de fin de mesure avant la nouvelle audience. *Perspectives :* amélioration des relations nécessaire au-delà d'un simple placement.
Doc. 3 Rapport d'incident *28 mai 2009* **Service d'Action Éducative en Milieu Ouvert (AEMO) par l'ES M. Klein**	*Scolarité :* déscolarisation de Juliette. *Vie quotidienne :* absence régulière du domicile familial.	Mesure AEMO difficile à mettre en place (absence de la mère puis de Juliette). Dégradation des relations.	*Décembre 2008 :* mesure d'AEMO (jugement). *Perspectives :* placement ASE en MECS.
Doc. 4 Ordonnance de Placement Provisoire (OPP) et de mainlevée de la mesure d'AEMO *2 septembre 2009* **Tribunal pour enfants**	Situation dite « d'urgence » : placement immédiat.	Droit de visite simple et droit d'hébergement un week-end sur deux accordés à la mère.	*Mesure :* mainlevée de l'AEMO. Placement de Juliette en MECS (ASE) au titre des articles 375 et suivants du Code civil.

<table>
<tr><td>Doc. 5
Rapport en vue d'une admission
3 août 2009
ASE</td><td>Reprise des éléments antérieurs et actuels.</td><td>Besoin d'un « cadre éducatif structurant ».</td></tr>
<tr><td colspan="3">Paradoxes, convergences/divergences, éléments manquants
- Particulièrement dans le Doc. 2, des assertions paradoxales apparaissent sur la question de l'autorité : Mme Cabrera comme Juliette parlent d'intransigeance sur les « ordres », « interdictions » ou « refus » de la mère envers sa fille alors que Mme Cabrera dit souvent avoir du mal à se faire respecter.
- Juliette dit ressentir un sentiment d'abandon. Que cet abandon soit réel ou imaginé, le placement en MECS vient ajouter une nouvelle rupture dans la vie de la jeune fille.
- Alors qu'un placement en MECS était préconisé depuis quelques années, la vie au domicile a été maintenue.</td></tr>
</table>

▾ *Feuillet 2 : les acteurs*

Il est fort utile ici de répertorier l'ensemble des personnes ou des institutions qui gravitent autour de la jeune fille afin de constituer un éventuel réseau-ressource dans l'accompagnement.

1. *L'entourage :* amis, Romuald.

2. *La famille :* mère, sœurs (2), oncle maternel.

3. *Les institutions :* le collège Z., l'ASE (Mme Pierrel), le tribunal pour enfants, la MECS.

▾ *Feuillet 3 : la chronologie*

Date	Évènement
1995	Naissance de Juliette.
1998	Naissance de sa petite sœur, Sophie.
2005-2007	Les trois filles ont passé des moments seules et livrées à elles-mêmes.
Juin 2007	Mesure d'AED pour une durée d'un an.
19 juin 2008	Rapport de fin de mesure d'AED : demande de protection judiciaire (signalement).
1er juillet 2008	Mesure d'IOE ordonnée par le Juge des enfants.
2 octobre 2008	Rencontre entre Juliette et la psychologue dans le cadre de l'IOE.
12 décembre 2008	Rapport de fin d'IOE.
22 décembre 2008	Mesure d'AEMO ordonnée par le Juge des enfants.

27 février 2009	Sollicitation de mainlevée de la mesure d'AEMO par l'éducateur référent, M. Klein.
28 mai 2009	Rapport d'incident, M. Klein (mesure d'AEMO), demande de mainlevée et de placement.
3 août 2009	Rapport d'admission en MECS par l'ASE.
2 septembre 2009	OPP pour placement en MECS.

▾ *Feuillet 4 : l'anamnèse de la personne concernée*

Juliette Cabrera est âgée de 14 ans et demi ; elle est issue d'une fratrie de trois filles, dont elle est la deuxième. Elle a vécu avec sa mère puisque ses parents se sont séparés alors qu'elle n'était pas encore née. Dès l'âge de 5 ans et selon les dires de Madame Cabrera, elle aurait eu un comportement difficile face à l'autorité ainsi que des difficultés d'ordre scolaire. En 2004, il semblerait que Juliette ait revu son père, à l'occasion de quelques visites de celui-ci. Entre 2005 et 2007, Madame Cabrera indique avoir laissé ses filles livrées à elles-mêmes à cause d'horaires contraignants et de la nécessité d'assister sa mère malade. En juin 2007, une mesure d'AED a été mise en place au cours de laquelle a pu notamment être soulignée la relation conflictuelle entre la mère et la fille. La situation semble avoir empiré aux alentours des 12 ans de la jeune fille quand celle-ci a commencé à se mettre en danger. Face à cela, Madame Cabrera aurait été trop épuisée et aurait eu de plus en plus de difficultés pour faire respecter son autorité. La mesure d'AED a mis en évidence le besoin pour Juliette d'être sous protection judiciaire, chose qui se concrétisa par l'ordonnance d'une mesure d'AEMO. On constate à la lecture des documents annexés que celle-ci n'a pu se réaliser dans les conditions prévues, les relations familiales s'étant trop aggravées pour réunir la mère et sa fille. Le placement en MECS a donc été décidé depuis le 2 septembre 2009.

Étape 2 – L'analyse de la situation et la problématisation (30 mn)

Certains éléments récurrents et problématiques sont apparus au cours du travail de lecture (non exhaustif) :
– *les enjeux de l'adolescence* (conduites à risque, estime de soi) ;
– *l'attachement, la séparation et le sentiment d'abandon ;*
– *la place du père* dans la famille.

L'adolescence est une thématique qui peut être traitée sous différents angles ; il convient de relever les éléments significatifs susceptibles d'éclairer la situation.

▾ *Le rôle de l'attachement*

La question du lien et de la séparation est prégnante dans le vécu de Juliette. En effet, on note plusieurs situations d'abandon : départ du père coïncidant avec sa naissance, mère « lassée » ou « fatiguée », non-réponse à ses provocations, sentiment d'être traitée différemment de ses sœurs, désir de Madame Cabrera qu'elle soit placée en foyer. La question de l'abandon exige donc d'être interrogée puisque le sentiment de Juliette correspond tant aux périodes où la jeune fille a été délaissée qu'à des périodes où sa mère était présente mais sans doute peu contenante. Michel Lemay[12] met en avant **la notion d'abandonnisme** pour ces enfants qui vivent une répétition de délaissements et développent ainsi des stratégies relationnelles oscillant entre la recherche affective intense et le rejet. Il le rattache à la question du lien en avançant que la sécurité d'un enfant provient de la régularité des apports affectifs et de la certitude qu'ils lui seront renouvelés. Dans le cas de Juliette, les périodes répétées de non-réponse n'ont-ils pas endommagé ce sentiment de sécurité affective ? Sans parler nécessairement d'abandonnisme, on peut toutefois s'appuyer sur ces éléments de réflexion pour comprendre la recherche effrénée d'attention qui semble être le quotidien de Juliette et sa mère. Dans la même idée, on peut dire que la séparation ne peut avoir lieu de façon suffisamment sereine que si la personne a pu construire des liens affectifs suffisamment sécurisants et fiables, notamment au cours de la petite enfance. La situation de Juliette semble démontrer que ce ne soit pas le cas (sentiment d'être différente, instabilité, recherche de valorisation...).

Le lien avec l'adolescence

Même si la « crise adolescente » n'est pas l'apanage de tous les jeunes, ce passage de l'enfance à l'âge adulte n'en représente pas moins un bouleversement à différents points de vue. Outre les changements physiologiques subits qui rendent le jeune « étranger à lui-même », on évoquera deux aspects marquants de cette période : la confrontation à soi-même et la confrontation aux figures parentales.

La confrontation à soi-même. Les changements du corps, les sentiments qui prennent une coloration nouvelle, inconnue, le poids du regard de l'autre rendent la période adolescente charnière, en ce sens où elle questionne l'identité du jeune. « Suis-je assez séduisant(e) ? Suis-je bien accepté(e) par mes ami(e)s ? Ai-je la bonne attitude, le bon look ? », autant de considérations qui ont pour but d'affirmer sa « normalité » dans un groupe identifié comme « repère ».

La confrontation aux figures parentales. L'adolescence est une période où le jeune vit un double mouvement : d'un côté mettre à l'épreuve les liens familiaux pour s'assurer de leur solidité et de l'autre affirmer sa volonté d'être indépendant, libre de tout lien. Rappelons à ce sujet les tenants du complexe d'Œdipe, concept amené par Sigmund Freud dans le champ de la psychanalyse. Cette phase du développement aurait lieu entre 3 et 5 ans et verrait émerger des sentiments ambivalents,

---

12 . Lemay Michel, *J'ai mal à ma mère,* Fleurus, Paris, 1979.

amoureux et hostiles, à l'égard de ses parents. Elle déboucherait sur l'intériorisation de l'interdit incestueux et la constitution du Surmoi (intériorisation des exigences et des interdits parentaux). Les courants psychanalytiques indiquent que le complexe d'Œdipe est réactivé à l'adolescence puisque la puberté rend le risque incestueux réalisable. Afin d'échapper à cette éventualité, l'adolescent doit aller chercher au dehors des personnes autres que ses parents et susceptibles d'être objets de son amour.

Ces éléments contribuent à éclairer la situation de Juliette. En premier lieu, ses conduites à risque lui donnent à tester ses propres limites (donc à confirmer son identité propre) ainsi qu'à tester la solidité des liens parentaux. En l'occurrence, on peut clairement établir, au regard des documents qui nous ont été communiqués, que les conduites de Juliette attendent une réaction de sa mère, Madame Cabrera. En second lieu, nous pouvons faire l'hypothèse que son amitié avec un homme adulte et extérieur à la famille, auprès de qui elle se sent en sécurité, vient répondre à son besoin d'individuation et de réassurance. Il y a pour Juliette un réel paradoxe entre son besoin d'être reconnue et valorisée par sa mère et son impulsion à s'échapper du foyer familial.

La fonction paternelle

L'absence d'une personne autre que la mère comme adulte référent au foyer est un fait dont il importe d'explorer les éventuelles implications. Nous référerons à la théorie avancée par Jacques Lacan au sujet de la fonction paternelle. Il précise que celle-ci peut être incarnée par le père mais également par l'entourage de la mère, les amis, la famille, une nourrice.

Si l'on pense aux débuts de la vie, le bébé pendant la gestation vit en symbiose avec sa mère ; ensuite il vit dans une situation de forte dépendance avec la personne occupant la fonction maternante tandis qu'il s'intègre progressivement comme être séparé, incomplet. La fonction paternelle est celle qui triangule la relation duelle baignée dans l'illusion de la complétude : elle met à jour un manque que l'enfant tente de combler par la formation du désir. Selon Lacan, c'est le désir, intimement lié à la loi, qui oriente l'enfant vers le monde extérieur pour y chercher des éléments de satisfaction : ainsi l'enfant devient un être social.

Il ne s'agit pas ici d'imaginer un vécu infantile à Juliette, mais nous pouvons faire l'hypothèse que la jeune fille ait cherché un repère structurant chez son oncle maternel et dans sa relation amicale avec un homme qu'elle considère comme son « grand frère ». Peut-être est-ce la solution qu'elle a trouvé aussi à son besoin de se construire une individualité hors du domicile familial.

Problématisation

Au regard de la consigne proposée, il convient à cette étape de repérer les enjeux socio-éducatifs qui nous incomberont dans l'accompagnement de Juliette. Nous avons pu mettre en avant que la jeune fille avait subi un certain nombre d'abandons réels ou imaginés et, en lien avec les changements de l'adolescence, que cela amenait chez elle certaines conduites préoccupantes. En outre, le maintien dans son milieu naturel semble avoir atteint ses limites puisque la qualité de la relation mère-fille entretient la frustration de Juliette face à son besoin d'être vue et valorisée. Sa réticence à l'autorité peut également être un frein à son insertion dans la vie sociale. Comment une équipe éducative peut-elle répondre aux besoins de réassurance de Juliette tout en l'accompagnant dans l'intériorisation des règles sociales ?

Étape 3 – La mise en œuvre du projet éducatif spécialisé (30 mn)

En tant qu'éducateur spécialisé référent, le candidat est appelé à présenter la situation de Juliette en équipe et à développer des propositions pour la mise en œuvre de son projet individualisé.

Définition du projet individualisé

Bien que la majorité des établissements et/ou services utilisaient d'une manière ou d'une autre le projet pour formaliser l'accompagnement, la loi 2002-2 du 2 janvier 2002 rénovant l'action sociale et médico-sociale est venue réaffirmer son intérêt. En précisant la nature et les objectifs de l'accompagnement, le projet individualisé doit prendre en compte les aspirations de la personne et de sa famille ainsi que les limites institutionnelles. Il offre donc un cadre dans lequel s'inscrivent les pratiques professionnelles et justifie l'existence d'une relation éducative.

Selon les établissements, le projet est réévalué tous les six mois ou tous les ans par rapport aux objectifs de départ. La personne accueillie doit être au cœur de son projet.

Les conditions de la mise en œuvre du projet individualisé de Juliette

Le Document Individuel de Prise en Charge (DIPC). Ce contrat se fait dès les premiers temps de l'accueil avec la présence du représentant légal. Il permettra à Juliette de se situer dans une temporalité et de saisir les enjeux de son placement. En effet, une durée plus ou moins longue d'observation par l'équipe éducative et de prise de repères par la jeune fille est nécessaire à l'établissement d'un projet. Ainsi, le DIPC sera une amorce au projet individualisé dans le sens où il précisera le contenu de cette première période que l'on peut qualifier d'accueil et de pré-projet. Il sera expliqué à Juliette et à sa mère la mise en place prochaine du projet individualisé et il leur sera demandé de réfléchir au contenu de celui-ci.

La préparation en lien avec le référent. Afin de mettre en place le projet individualisé, une rencontre a lieu entre les différents intervenants professionnels et la jeune fille. Ainsi, des entretiens individuels seront réservés à l'élaboration du projet de Juliette, en d'autres termes à la formulation de son désir. Elle pourra présenter ses aspirations à l'ensemble des professionnels lorsque viendra le moment de réaliser son projet individualisé.

La mise en place d'un cadre rassurant et contenant. Tant par l'existence des murs que par la solidité de la relation éducative, il est important que Juliette se sente entourée, encadrée. Le projet individualisé fait partie de ce cadre, comme le sera la sollicitude à l'égard de ses demandes alliée à une attitude ferme quant au respect des règles du « vivre-ensemble ».

Les objectifs généraux :
- permettre à Juliette de construire sa personnalité ;
- lui permettre de retrouver une sécurité physique, affective et psychologique ;
- lui permettre d'intérioriser les contraintes sociales.

➤ *Volet familial*

Objectif 1 : *Améliorer les relations entre Juliette et sa famille en privilégiant la construction identitaire de la jeune fille.*

Dans la construction du projet de Juliette, il convient dans les premiers temps de s'enquérir de ses souhaits concernant sa vie familiale. Il s'agit de l'informer de la signification de la décision du juge (droits de visite et d'hébergement) et de l'aider à élaborer son désir. Selon quelles modalités souhaite-t-elle rencontrer sa famille ? Comment explique-t-elle ses choix ?

Pour ma part [le candidat], de ma place d'éducatrice spécialisée, je préconiserais les modalités suivantes :
1er temps. Jusqu'à la mise en place du projet individualisé, une visite par semaine de Madame Cabrera au sein de la MECS pour des rencontres avec Juliette et des entretiens avec les professionnels de la structure. En premier lieu, cela permettrait à la mère d'être impliquée dans le devenir de sa fille. En deuxième lieu, il s'agit de préserver pour Juliette une sécurité affective relative tout en la distanciant du foyer familial afin qu'elle puisse construire une projection individuelle de sa vie.
2e temps. Le projet individualisé signera de nouvelles modalités et, selon les désirs et les possibilités de Madame Cabrera (dispositions et désir d'accueillir et d'éduquer sa fille), des week-ends au domicile familial pourront être organisés. Quelle que soit la fréquence choisie, il est important de maintenir le lien entre le domicile familial et la MECS, de rencontrer la mère régulièrement afin de préparer les week-ends, afin qu'elle évalue la manière dont ils se sont déroulés et qu'il soit éventuellement parlé des difficultés rencontrées par Juliette, sa mère ou ses sœurs. L'intervention d'autres membres de l'équipe sera pensée selon les problématiques qui apparaîtront (par exemple : psychologue).

Objectif 2 : *À moyen terme, mettre en place une médiation familiale.*

Afin de permettre à Juliette de trouver sa place au sein de la fratrie, il peut être envisagé de faire appel à un service extérieur spécialisé dans la médiation familiale.

Objectif 3 : *Maintenir la relation de Juliette avec son oncle.*

Nous l'avons vu, le repère que représente l'oncle de Juliette dans sa vie semble mériter toute l'attention de l'équipe éducative. Il convient donc de considérer cette personne comme une ressource pour Juliette. Hormis les rencontres libres qui peuvent être organisées par Juliette elle-même, je préconiserais d'interpeller le Juge des enfants pour demander un droit de visite simple de l'oncle et éventuellement, un droit d'hébergement en week-end si cela s'avère utile à la construction de Juliette.

➤ *Volet scolaire et professionnel*

Objectif 4 : *Procéder à la rescolarisation de Juliette.*

Tant dans un objectif d'intériorisation des normes sociales que de maintien et développement des capacités cognitives et intellectuelles de la jeune adolescente, il apparaît essentiel que Juliette réintègre un parcours scolaire ou une formation professionnelle.

D'une part, elle est encore soumise à l'obligation scolaire qui est fixée à 16 ans, il s'agit donc de la situer dans un cadre légal, notamment en regard de ses difficultés à intégrer les règles. D'autre part, les documents ont montré que Juliette détient des compétences d'expression, il convient donc de conscientiser ses capacités pour l'aider à élaborer un projet scolaire ou professionnel. Cela sera à formuler pendant les entretiens de pré-projet pour ensuite se situer dans un principe de réalité : rendez-vous avec un conseiller scolaire, utilisation d'Internet ou d'autres sources d'informations, inscriptions, etc. Le positionnement de l'éducateur spécialisé est ici à penser comme la construction d'un espace de possibles au sein duquel Juliette pourra élaborer son désir.

➤ *Volet social*

Objectif 5 : *Permettre à Juliette d'avoir des relations sociales.*

Dans les débuts, nous pouvons parier sur le placement, en ce sens où l'adolescente sera en contact avec des jeunes de son âge. Elle pourra ainsi expérimenter concrètement dans le jeu relationnel tout ce qui a trait à son besoin de reconnaissance. Le groupe offre l'occasion de trouver des pairs en dehors de la cellule familiale, comme nous l'avons vu plus tôt. Ainsi, hormis ce que formulera Juliette, je propose de fixer notre attention sur l'intégration de la jeune fille aux activités ou sorties proposées dans le cadre de la MECS.

Étape 4 – Construction du plan (15 mn)

Introduction

Actuellement éducatrice spécialisée au sein de la MECS, je m'apprête à prendre la référence éducative de Juliette, une jeune fille de 14 ans, pour son premier place-

ment en institution. L'adolescente est issue d'une fratrie de trois filles et a toujours vécu avec sa mère. Très tôt, celle-ci a rencontré des difficultés dans l'éducation de ses enfants et a bénéficié d'un certain nombre de mesures en milieu ouvert : Aide Éducative à Domicile, Action Éducative en Milieu Ouvert... Il semblerait que la dernière mesure, faisant suite à une Investigation à Orientation Éducative, n'ait pu aboutir et c'est dans ce contexte que l'équipe éducative de la MECS se voit confier la prise en charge de la jeune fille.

À la lecture des documents mis à ma disposition, se pose pour moi la question des limites et de l'autorité pour une adolescence en situation d'insécurité affective. Comment, en effet, l'équipe éducative pourra-t-elle répondre aux besoins de réassurance de Juliette tout en l'accompagnant dans l'intériorisation des règles sociales ?

Afin de proposer des axes de travail lors de la préparation du projet individualisé de Juliette, je commencerai dans un premier temps par présenter les éléments significatifs de la situation. Dans un deuxième temps, je proposerai une analyse socio-éducative au regard d'éclairages psychosociologiques. Cette réflexion m'amènera dans un troisième temps à élaborer une proposition de projet individualisé, soumis à l'adhésion de Juliette et au débat en équipe.

1. Synthèse des documents

Il peut ici être intéressant de proposer un plan thématique.

1.1. Biographie familiale
Les conditions de naissance de Juliette (Doc. 1, 2)
L'enfance de Juliette (Doc. 1, 2)
Aujourd'hui, un placement (Doc. 3, 4, 5)

1.2. Parcours scolaire et perspectives
Des difficultés avérées (Doc. 1, 2, 3)
Des capacités fragilisées (Doc. 2)

1.3. Vie sociale
Des amis (Doc. 1, 3)
Un « grand frère » (Doc. 2)

1.4. Vie familiale actuelle
Un père absent, un oncle maternel comme repère (Doc. 2)
Des relations conflictuelles avec ses sœurs (Doc. 2)
Une relation affective perturbée avec la mère (Doc. 1, 2, 3)

2. Analyse de la situation

2.1. *Hypothèse éducative 1 :* Juliette présente un besoin de réassurance affective
La réactivation du complexe d'Œdipe : les conséquences sur l'attachement aux figures parentales
La question de l'abandon

2.2. *Hypothèse éducative 2 :* Juliette présente une fragilité identitaire et sociale
Estime de soi et conduites à risque (comment ces conduites peuvent-elles permettre une reconnaissance sociale ?)
L'intériorisation des contraintes sociales (question de l'autorité dans le foyer familial)

3. Propositions socio-éducatives

3.1. Les conditions nécessaires à la mise en place du projet

3.2. Volet familial

3.3. Volet scolaire et professionnel

3.4. Volet social

Conclusion

Éducatrice spécialisée au sein d'une MECS, je suis amenée à assurer la référence éducative de certains des enfants et adolescents du groupe. Juliette est arrivée le 2 septembre 2009 sous Ordonnance Provisoire de Placement : l'urgence de sa situation impliquait qu'il soit porté une attention spéciale aux modalités de mise en place de son projet. Le sens de son accueil a été réfléchi en accordant entre autres une vigilance particulière aux paramètres temporels, sans précipitation. Au regard des éléments portés à notre connaissance, nous avons toutefois pu formuler des préconisations s'appuyant sur les ressources existantes et sur les besoins repérés dans le diagnostic éducatif.

Seul l'entretien d'accueil et les entretiens à suivre pourront mesurer l'adhésion de la jeune fille et de Madame Cabrera. En effet, il reste primordial d'apporter de la souplesse à un projet dont la principale actrice est l'adolescente accueillie.

Étude de situation. 2e épreuve commentée : *L'accompagnement d'une jeune fille et sa famille en prévention spécialisée* – IRTS Montpellier

Diplôme d'État d'Éducateur Spécialisé
ÉPREUVE D'ÉTUDE DE SITUATION DC 2.1
Sujet du 30 novembre 2009
Épreuve écrite d'une durée de 4 h – Coefficient 1
IRTS Montpellier

SUJET :

Nous sommes mi-février 2009, vous êtes embauché dans une équipe de prévention spécialisée, pour remplacer Mme Amar, qui vient de partir en congé maternité.

Cette équipe de prévention a pour mission de mener des actions éducatives individuelles et collectives auprès des adolescents d'un quartier en zone urbaine sensible, en partenariat avec les services sociaux et les partenaires territoriaux.

Avant de rencontrer Mariam, jeune fille de 16 ans, vous devez repérer les enjeux d'intervention du club de prévention, et poursuivre l'action mise en place.

Le chef de service vous demande de lui présenter votre compréhension de la situation et vos objectifs de travail auprès de Mariam.

Vous prendrez soin de préciser les modalités de mise en œuvre de ce travail.

DOCUMENT 1

Historique de la rencontre avec la jeune Mariam

Mariam est une jeune fille de 16 ans. Elle habite le quartier, en zone urbaine sensible, avec sa famille depuis 6 ans, date de son arrivée du Maroc. Elle est en troisième et va au collège du quartier. Elle est l'aînée d'une fratrie de quatre enfants, c'est la seule fille. Sa mère ne travaille pas, son père est ouvrier en bâtiment.

Nous ne connaissons Mariam que depuis quelques mois. Je l'ai rencontrée lors d'une visite à domicile pour l'un de ses frères.

C'est une jeune fille dite « isolée », absente de l'espace public. Elle ne fréquente pas les offres de loisir du quartier. Elle va du collège à la maison et de la maison au collège.

L'approche de cette jeune fille, après la rencontre au domicile, s'est faite autour du collège, des échanges ont eu lieu petit à petit.

Elle est très réservée au premier abord, ne regardant pas les éducateurs lorsqu'elle leur parle.

À la demande de Mariam, un accompagnement a commencé à se mettre en place autour de ses difficultés scolaires. Les lieux de rencontres sont difficiles à trouver du fait de sa non-présence dans la rue, lieu privilégié de rencontre pour les éducateurs de ce service.

S. AMAR

Éducatrice spécialisée

DOCUMENT 2

Date : 8 décembre 2008

Nom de l'éducateur : Mme Amar

Identification de la personne rencontrée pour cette situation : /

Lieu de l'entretien : Banc près du collège

Numéro de l'entretien : 1

Objectif(s) de l'entretien :

- Faire le point sur sa demande.
- Présenter la prévention spécialisée.

Contenu de l'entretien :

Présentation de la prévention spécialisée et des grands principes qui la régissent. Mariam souhaite que nous l'aidions à trouver un stage. Elle doit faire un stage d'une semaine dans le cadre de sa troisième (stage de découverte des métiers). Elle dit ne pas savoir comment démarcher les lieux de stage, ni dans quel type d'entreprise elle souhaite le faire. Nous discutons des objectifs, de l'intérêt de ce stage. Ses réponses et son avis sur la question sont assez vagues, elle a juste repéré le caractère obligatoire de celui-ci.

Elle a des difficultés à trouver du sens dans le fait d'aller au collège. Elle explique qu'elle a du mal à suivre en classe et que parfois elle ne comprend pas les explications des professeurs.
Pour l'aider dans sa recherche de stage, nous discutons de ses centres d'intérêt, et du métier qu'elle aimerait faire plus tard. Elle veut être infirmière, pour « aider les gens », cependant, elle ne semble pas vraiment savoir à quoi correspond ce métier. Nous décidons de nous revoir, afin d'effectuer des recherches Internet sur ce métier et les études pour y parvenir.

Observations :
Mariam n'est pas très à l'aise au début de l'entretien, bien qu'il ait lieu à sa demande. Elle ne s'exprime qu'en réponse à des questions, et par des phrases courtes. Elle ne me regarde pas lors des échanges, néanmoins, elle souhaite me revoir pour continuer à travailler sur sa recherche de stage, le métier d'infirmière, et les études pour y parvenir. Elle ne fait pas de lien entre son projet professionnel et ce stage.

Objectifs à poursuivre pour le prochain entretien :
• Faire des recherches sur le métier d'infirmière, et les études qui y mènent. Travailler le lien avec son stage de troisième.

Date du prochain entretien : 15 décembre 2008.

DOCUMENT 3

Résumé de l'accompagnement mis en place ces deux derniers mois

Dates et lieux des rencontres :
15 décembre dans la cage d'escalier de son immeuble ;
23 décembre au domicile (pour la connexion Internet) ;
8 janvier dans la cage d'escalier de son immeuble ;
19 janvier sur un banc dans le parc non loin des jeux pour enfants ;
27 janvier sur un banc près de son collège.
Les rencontres avec Mariam ont été régulières durant les deux mois écoulés.
Mariam, accompagnée par les éducateurs, a fait des recherches sur le métier d'infirmière, en quoi il consiste mais également sur les études nécessaires pour y parvenir. Avec un peu de temps, elle s'est aperçue que ce serait difficile au vu de ses difficultés scolaires. Ses difficultés sont importantes, elle a des résultats faibles et se démotive. Elle ne fait plus ses devoirs.
Elle décide de s'orienter vers le métier d'aide-soignante, et de faire son stage dans un établissement de soins. Après de longues discussions, Mariam perçoit l'intérêt du stage, pour la construction de son projet professionnel.
Très réservée, elle a du mal à démarcher les établissements. Cependant, après beaucoup d'efforts, elle trouve un stage dans un centre de rééducation. Elle doit

rencontrer le chef de service pour un entretien afin de valider son affectation. Autre obstacle à sa recherche de stage, sa famille appréhende de la laisser se déplacer seule dans la ville.
Cela amène la question de son manque de visibilité sur l'espace public.

DOCUMENT 4

Date : 4 février 2009
Nom de l'éducateur : Mme Amar
Identification de la personne rencontrée pour cette situation : /
Lieu de l'entretien : Cage d'escalier de son immeuble
Numéro de l'entretien : 7

Objectif(s) de l'entretien :
- Proposer de rencontrer ses parents pour leur parler de sa recherche de stage et des déplacements nécessaires.
- Amener la question des loisirs.

Contenu de l'entretien :
Mariam m'attend sur les marches de l'escalier en face de la porte de son appartement. Elle m'annonce qu'il est inutile de prendre rdv pour son stage car elle ne pourra pas y aller. Sa mère a peur qu'il lui arrive quelque chose sur le chemin.
Je lui propose de rencontrer ses parents afin de leur expliquer l'importance du stage et de les rassurer. Elle est d'accord mais pense que cela ne changera pas la décision de ses parents.
J'aborde la question de ses loisirs. Elle dit ne pas en avoir. Elle aide sa mère à la maison pour les tâches domestiques et elle regarde la télévision. Elle affirme ne pas pouvoir/vouloir sortir dans le quartier. Elle pense que les jeunes filles, à partir de 13-14 ans ne doivent plus être en dehors de l'appartement, sinon les gens « parlent ». Elle fait référence aux réputations qui sont attribuées à certaines jeunes filles. Lorsque je lui parle d'aller se promener avec des amies en centre-ville, elle dit à demi-mot que cela lui plairait mais qu'elle ne peut pas. Elle n'envisage même pas de demander l'autorisation. Je lui demande ce qu'elle en pense, elle évite de répondre.
Elle semble partagée entre son envie de faire le stage et le fait de contrarier ses parents. Le non ne se discute pas.
Elle aborde peu la question de la pression familiale et du quartier, qui pèse sur les jeunes filles.
Son frère l'appelle depuis la porte de l'appartement, elle doit rentrer.

Objectifs à poursuivre pour le prochain entretien :
- Rencontrer les parents pour leur parler du stage obligatoire
- Date du prochain entretien : 6 février 2009

DOCUMENT 5

Date : 6 février 2009
Nom de l'éducateur : Mme Amar
Identification de la personne rencontrée pour cette situation : Les parents de Mariam
Lieu de l'entretien : Domicile
Numéro de l'entretien : 8

Objectif(s) de l'entretien :
Rencontrer les parents de Mariam, afin de leur présenter le stage découverte des métiers, et aborder la question des déplacements pour s'y rendre.

Contenu de l'entretien :
Nous connaissons déjà les parents de Mariam, sa mère participe au groupe de discussion hebdomadaire sur la parentalité mis en place par les éducateurs. Cela facilite la rencontre et les échanges.
Ses parents ne veulent pas qu'elle aille en stage dans un établissement éloigné de leur domicile. Ils estiment que c'est dangereux pour une jeune fille de prendre seule les transports en commun. De plus, il transparaît implicitement la crainte qu'elle puisse rencontrer des garçons sur le trajet. La mère se montre catégorique. Elle propose à Mariam de faire son stage à la boulangerie du quartier.
Je tente de lui expliquer le projet professionnel de Mariam, et l'opportunité que cela représente pour elle, de pouvoir faire un stage auprès d'une équipe d'aides-soignantes. J'insiste sur la motivation de Mariam et son implication dans la recherche de son stage.
J'essaie de les rassurer sur l'utilisation des transports en commun, et propose à sa mère qu'elle l'accompagne à son rdv. Le père semble s'en remettre à mes arguments, la mère par contre semble ferme sur ses positions. Mariam reste en retrait. Un de ses frères se tient à l'entrée du salon, il écoute mais ne participe pas.
Les parents disent qu'ils vont y réfléchir.
Mariam parle très peu, elle reste assise tête baissée.

Objectifs à poursuivre pour le prochain entretien :
- Voir la décision des parents.
- Si elle est positive, préparer l'entretien avec le chef de service.
- Parler à Mariam de ses résultats scolaires et de la préparation du brevet blanc.

Date du prochain entretien : 12 février 2009

DOCUMENT 6

Date : 12 février 2009
Nom de l'éducateur : Mme Amar
Identification de la personne rencontrée pour cette situation : /
Lieu de l'entretien : Banc devant le collège
Numéro de l'entretien : 9

Objectif(s) de l'entretien :
- Voir la décision des parents.
- Préparer l'entretien avec le chef de service de son lieu de stage.
- Parler de la préparation de son brevet blanc.

Contenu de l'entretien :
Mariam est un peu en retard, je ne la vois pas arriver. Elle me dit bonjour, je suis surprise, je ne l'avais pas vu arriver. Elle porte le foulard.
Je lui parle de son choix de porter le foulard, lui demande depuis quand elle s'y prépare. Elle répond que ça fait plusieurs mois qu'elle y réfléchit, et que maintenant elle se sent prête.
Ses parents sont d'accord avec son choix, ils sont contents.
Ses parents ont accepté qu'elle se rende au rdv avec le chef de service du centre de rééducation. Sa mère et sa tante vont l'accompagner. Ses parents ont pour l'instant accepté qu'elle aille au rdv mais ils laissent leur décision en suspens quant au stage lui-même.
J'aborde la question du port du foulard lors de son rdv. Elle dit avoir décidé de l'enlever le temps de celui-ci, elle le mettra le temps des déplacements. Je perçois qu'elle ne souhaite pas s'étendre sur le sujet, nous changeons de discussion.
Nous préparons à l'oral son entretien pour le stage. Elle semble prête et plus sûre d'elle.
Je lui annonce mon départ en congé maternité. Je l'informe qu'un éducateur ou une éducatrice va me remplacer et poursuivre l'accompagnement avec elle, si elle est d'accord.

Observations :
Elle parle un peu plus facilement de ce qu'elle ressent, elle est moins fuyante dans le regard. Elle semble très contente pour son rdv. Elle s'est bien préparée.
Elle accepte que son accompagnement soit fait par mon (ma) remplaçant(e), cependant elle semble appréhender un petit peu ce changement.

Objectifs à poursuivre pour le prochain entretien :
- Point sur son entretien avec le chef de service.
- Mettre en question sa mobilité pour pouvoir faire son stage mais aussi de façon plus générale.
- Parler de ses résultats scolaires et de la préparation de son brevet blanc.

Date du prochain entretien : 28 février 2009.

Étape 1 – La lecture des documents et de la situation (30 mn)

La consigne contient des informations intéressantes que le candidat peut d'ores et déjà relever. Procéder par ailleurs à une mise au clair de certains des termes utilisés permet de pallier les effets d'interprétation non conscients que l'étudiant peut avoir sur ce type de sujet.

La prévention spécialisée : intervention sociale qui relève de l'Aide Sociale à l'Enfance. Des équipes de travailleurs sociaux ont pour mission de *« mener des actions éducatives individuelles et collectives »* dans l'environnement de vie des personnes. Deux principes y président : la libre adhésion et l'anonymat.

Zones urbaines sensibles[13] : *« territoires infra-urbains définis par les pouvoirs publics pour être la cible prioritaire de la politique de la ville, en fonction des considérations locales liées aux difficultés que connaissent les habitants de ces territoires. »*

Partenariat[14] : *« méthode d'action coopérative fondée sur un engagement libre, mutuel et contractuel d'acteurs différents mais égaux qui constituent un acteur collectif dans la perspective d'un changement des modalités de l'action [...] et élaborent à cette fin un cadre d'action adapté au projet qui les rassemble, pour agir ensemble à partir de ce cadre. »*

Il convient en outre de décortiquer la consigne pour identifier les attendus du sujet :
1. Repérer les enjeux d'intervention du club de prévention.
2. Poursuivre l'action mise en place.
3. Comprendre la situation de Mariam, proposer des objectifs de travail, la rencontrer.

On comprend ainsi que l'accompagnement de Mariam doit s'inscrire dans une dynamique d'équipe et dans la continuité du travail de Mme Amar.

Le candidat est éducateur spécialisé dans une équipe de prévention depuis peu et le travail de réflexion est réalisé à l'attention du chef de service.

➛ ***Feuillet 1 : la synthèse de documents***

INTITULÉ AUTEUR DATE	IDÉES ESSENTIELLES		
	Mariam	**Environnement**	**Accompagnement et perspectives**
Doc. 1 Historique de la rencontre avec Mariam *Pas de date* **Mme Amar, ES**	- Mariam, 16 ans. - Arrivée du Maroc à 10 ans. - En 3e. - Vue comme « isolée », « réservée », sort peu.	- Famille : aînée et seule fille d'une fratrie de 4 enfants. - Mère : sans emploi. - Père : ouvrier en bâtiment. - Peu de loisirs hors de chez elle.	Fil rouge de l'accompagnement : difficultés scolaires.

13. Source : INSEE.
14. Dhume Fabrice, *Du travail social au travail ensemble,* Éditions ASH, Paris, 2001.

Doc. 2 Compte-rendu d'entretien *8 décembre 2008* **Mme Amar, ES**	– Veut être infirmière sans en connaître la réelle fonction. – S'exprime peu. – Pas de lien entre projet professionnel et stage de 3e.	Difficultés de compréhension en classe, caractère obligatoire de l'école.	– Demande de Mariam : aide pour trouver un stage. – Démarches à venir : recherches sur Internet (métier futur) et lien avec le stage de 3e.
Doc. 3 Résumé d'accompagnement des 2 derniers mois *Après le 27 janvier 2009 ?* **Pas d'auteur**	– Dégradation des difficultés scolaires. – Envisage le métier d'aide-soignante. – Lien fait avec le stage de 3e.	– Famille : réticente à laisser Mariam seule dans l'espace public. – Rencontres régulières avec l'équipe de prévention.	
Doc. 4 Compte-rendu d'entretien *4 février 2009* **Mme Amar, ES**	– Partagée entre l'envie de faire son stage et le refus de sa mère (peur du danger). – Peu de loisirs : télévision, aide aux tâches ménagères. – Pas de sorties, image de soi en jeu (réputation).	« Pression familiale et du quartier ».	Pas de rencontre avec les parents, Mariam a dû rentrer sous demande de son frère.
Doc. 5 Compte-rendu d'entretien *6 février 2009* **Mme Amar, ES**	Ne s'impose pas face à ses parents.	– Mère : présente sur le groupe de discussion « parentalité ». – Au sujet de Mariam : craint le danger et les rencontres dans l'espace public, préfère qu'elle reste dans le quartier.	Proposition d'impliquer la mère dans l'accompagnement de Mariam à son lieu de stage.

<table>
<tr><td>Doc. 6
Compte-rendu d’entretien
12 février 2009
Mme Amar, ES</td><td>- Porte le foulard.
- Semble bien préparée à son rendez-vous, plus sûre d’elle.</td><td>- Les parents ont accepté le rendez-vous pour le stage de Mariam en l’accompagnant.
- Mariam appréhende le changement d’ES référent.</td><td>Perspectives :
- point sur le rendez-vous ;
- aborder la question de sa visibilité dans l’espace public ;
- aide scolaire.</td></tr>
<tr><td colspan="4">Paradoxes, convergences/divergences, éléments manquants
- Divergence entre le désir de Mariam et les inquiétudes de ses parents, essentiellement sa mère.
- Paradoxe entre le caractère obligatoire du stage et les limites imposées à Mariam.</td></tr>
</table>

Feuillet 2 : les acteurs

En répertoriant les acteurs gravitant autour de Mariam, on repère les deux instances de socialisation (cf. courant sociologique) :

1. La famille : mère, père, frères plus jeunes (trois).
2. Le collège : pas d’interlocuteur privilégié.
3. Le club de prévention : Mme Amar, référente éducatrice spécialisée.

Feuillet 3 : la chronologie

Date	Évènement
1993	Naissance de Mariam.
2003	Arrivée de Mariam en France, 10 ans.
2008	Rencontre entre l’équipe de prévention et Mariam.
8 décembre 2008	Premier entretien avec Mariam près du collège. Objet : stage, projet professionnel.
Entre le 15 décembre 2008 et le 27 janvier 2009	Rencontres dans différents lieux. Objet : mise en lumière du paradoxe entre son projet professionnel et ses capacités, entre son désir et les craintes de ses parents.
Du 4 février au 12 février 2009	Rencontres en différents lieux. Objet : établir le lien avec les parents à propos de son stage.
Mi-février	Congé maternité de Mme Amar, remplacement.
28 février 2009	Entretien à venir.

Feuillet 4 : l'anamnèse de la personne concernée

> Mariam est une jeune fille de 16 ans, actuellement scolarisée au collège de son secteur. Dans le cadre du travail de proximité de notre équipe de prévention, nous avons pu la rencontrer il y a quelques temps, individuellement et en famille.
> Elle est née au Maroc en 1993 et est arrivée en France à l'âge de 10 ans, ce qui explique sa présence en classe de troisième. Elle est issue d'une fratrie de quatre enfants dont elle est l'aînée.
> La rencontre avec l'équipe de prévention s'est faite par le biais d'une visite à domicile destinée à un de ses frères. Ce n'est qu'ensuite que Mariam a accepté de rencontrer Mme Amar régulièrement sur différents lieux. Très rapidement, s'est posée la question de ses capacités scolaires et de son projet professionnel. Un travail de clarification a été fait et Mariam a formulé son désir de devenir aide-soignante. Mme Amar a accompagné Mariam dans sa démarche afin qu'elle puisse envisager d'effectuer son stage de troisième dans un centre de rééducation hors du quartier.
> Cette perspective a été difficile à accepter pour les parents, notamment pour la mère. L'espace public représente de son point de vue un danger, aussi tout un travail de négociation a-t-il dû avoir lieu, au terme duquel la mère a proposé d'accompagner sa fille à l'entretien de validation du stage. Toutefois, la légitimité du stage est encore fragile. Mme Amar étant en congé maternité, je [le candidat] suis chargé(e) de l'accompagnement de Mariam.

Étape 2 – L'analyse de la situation et la problématisation (30 mn)

Ces documents amènent un certain nombre d'éléments qu'il convient d'étudier afin de parvenir à la problématisation de la situation. Nous choisirons de ne pas analyser la question du voile musulman qui est évoquée dans ce dossier pour plusieurs raisons :
- le sujet est controversé et politisé, aussi le risque serait de polémiquer alors que ce n'est pas l'un des attendus de ce travail ;
- nous disposons de très peu d'informations sur Mariam à ce sujet.

Cependant le candidat peut choisir d'aborder la question dans la mesure où son propos est objectivé et justifié.

La socialisation

La socialisation est notamment décrite par **l'approche culturaliste** : « *processus par lequel les individus intègrent les normes, les codes de conduite, les valeurs, etc. de la société à laquelle ils appartiennent.* » En contact avec différentes instances, l'enfant intègre un certain nombre de conduites pour constituer son « être social ». On parle pour cela de **deux types de socialisation** :
– *la socialisation primaire* est celle qui se fait dans les premiers temps de la vie au sein de la famille ; cette dernière est alors le seul groupe d'appartenance de l'enfant ; par le biais du mimétisme, du développement et de l'éducation, celui-ci se construit une identité ;

– *la socialisation secondaire* s'effectue dans des instances extérieures à la famille, soit l'école, le monde politique, les institutions, le monde du travail etc.

On notera que la socialisation revêt un aspect culturel en ce sens où elle ne se déroule pas de la même façon dans toutes les sociétés. Les valeurs et les normes d'une société peuvent aller à l'encontre de celles d'une autre société. C'est pourquoi ce concept a une valeur dynamique.

En l'occurrence, il est intéressant ici d'étudier le rapport entre ces deux types de socialisation : la situation de Mariam évoque un conflit entre l'instance familiale et l'instance scolaire dans l'intériorisation de certaines normes.

Prenons pour exemple la gestion de l'espace public. D'un côté, Mariam est encouragée à réaliser un projet, quel qu'en soit le lieu ou les modalités de trajet. De l'autre, le danger réel ou imaginé de l'espace public invalide son désir. Il ne s'agit pas ici de se placer en critique d'une des instances de socialisation mais d'évaluer le degré de difficulté de Mariam à se positionner : est-il approprié de parler de choc entre, d'un côté ce qui est imposé par l'école et valorisé par la société, et de l'autre les exigences du milieu familial ?

Mme Amar a pu travailler cette question par tâtonnements en tentant d'informer et de sensibiliser la famille à l'importance du projet professionnel de Mariam. En effet, reconnaître l'existence éventuelle de ce conflit intérieur n'empêche en rien d'avancer que la personne détient une marge de liberté qui lui permet soit de s'adapter à son environnement, soit d'adopter une conduite déviante par rapport à la norme.

On peut évoquer à ce propos le psychologue Jean Piaget qui a consacré toutes ses recherches au développement de l'intelligence. L'intelligence serait le produit de **l'équilibration entre deux processus** :
– *l'assimilation* représente l'intégration par l'individu des éléments de l'environnement ;
– *l'accommodation* est l'adaptation de la personne à cet environnement en fonction de ses caractères propres.

Mariam devrait pouvoir trouver un équilibre entre ce qu'elle a intériorisé dans sa famille et ce qu'elle intériorise au sein de la société plus large dans laquelle elle évolue actuellement. Elle dispose d'une marge de manœuvre qui touche à la question du désir.

La question du désir à l'adolescence

Selon la pensée analytique, le désir émerge quand il y a conscience du manque. Manque, désir et recherche de satisfaction amènent l'enfant à entrer davantage en relation avec son environnement social. Ainsi, le nourrisson se manifeste par les pleurs, les vocalisations, les mimiques, etc. Baigné dans la langue maternelle, le bébé s'essaie ensuite au langage avec une syllabe, un mot, deux mots associés. Aux alentours des 2/3 ans, alors qu'il étend son champ d'exploration, l'enfant entre en « phase d'opposition », avec le « non ». Apparaît ensuite le « je ». Puis, à l'adolescence, le désir est soumis au risque incestueux et amène le jeune à se tourner vers des personnes extérieures à sa famille. Et c'est mû par le désir, dans ce processus de socialisation secondaire évoqué plus haut, que l'individu va se construire **une identité propre** au sein des instances scolaires, amicales, citoyennes ou politiques. On peut donc avancer que les étapes de confrontation à la famille, et en particulier aux parents, sont constituantes du développement « normal » de l'enfant et de l'adolescent. **Désir et confrontation** sont en lien direct avec la question de l'espace public puisque c'est là que le jeune trouve les instances de socialisation secondaires indispensables à son intégration dans la société où il vit. Il apparaît donc fondamental de poursuivre la démarche de Mme Amar quant à l'appropriation par Mariam et sa famille des contraintes sociales émises par la société.

Les nuances entre règles, lois, normes

La question de l'obligation s'est posée pour Mariam dans le cadre de son stage en classe de troisième puisque l'école impose cette période pratique. Pendant quelque temps, sa famille s'est montrée réticente à cette modalité scolaire. On peut imaginer en ce cas la difficulté de la jeune adolescente à saisir l'intérêt de ce stage. Il convient donc ici d'interroger la question des règles, des lois et des normes. Précisons déjà ces **trois concepts** :
– *la norme* constitue « *l'ensemble des règles élaborées par un groupe humain [...] qui énonce comment vivre ensemble et dicte les interdits à respecter. Elle est évolutive et variable selon les cultures*[15] » ;
– *les règles* sont des « *constructions humaines émanant de groupes organisés qui imposent des interdictions et des obligations en référence à des normes*[16] » ;
– *la loi* est une « *prescription établie par l'autorité souveraine de l'État, applicable à tous et définissant les droits et les devoirs de chacun*[17] ».

Ces trois notions sont liées et s'imbriquent dans la vie de l'individu. Ajoutons qu'**en cas de non-respect** :
- de la norme, la personne subit une réprobation sociale ;
- de la règle, l'individu peut subir la sanction de l'institution qui prescrit la règle (ici l'école) ;
- de la loi, le citoyen se voit appliquer par les organes publics de justice l'une des sanctions prévues par la législation.

C'est dans cette considération du non-respect que l'on peut évaluer la portée de la situation de Mariam quant à ce stage. Le stage relève du programme établi par les règles scolaires et la loi (Éducation nationale), il est donc soumis à l'obligation et

---

15. Pougnaud Odile, Ropers Philippe, Soris Cécile, *DC 1. Accompagnement social et éducatif spécialisé DEES*, Vuibert, Paris, 2009.
16. Hayez Jean-Yves, *La destructivité chez l'enfant et l'adolescent*, Dunod, Paris, 2007 (2e édition).
17. *Le Petit Larousse illustré*, 2011.

à la sanction. La position de la famille, et en particulier de la mère, face à cette loi, pourrait être interrogée du point de vue de la norme : comment la famille peut-elle se saisir de cette obligation réglementaire et légale ? Leur dilemme pourrait tenir dans les questions suivantes : faut-il donner le primat au désir de l'adolescente ? ou au contraire prioriser les risques encourus lors de ses déplacements ? Doit-elle la laisser expérimenter et avancer dans son projet ou la protéger avant toute chose des dangers éventuels ?

Chacun, en fonction de facteurs individuels et environnementaux, reste acteur de la manière dont il intériorise la norme dominante.

➤ *Problématisation*

Dans le cadre d'un remplacement, je [le candidat] suis amené(e) à traiter le dossier d'une jeune fille de 16 ans. Les rapports effectués par sa référente, Mme Amar, ont mis en avant un certain nombre d'éléments en lien avec l'insertion de Mariam dans le champ social et les règles qui s'y rattachent. Nous avons notamment pu noter des divergences entre les règles sociales qui sont celles de sa famille et les lois dictées par les instances sociétales, en particulier l'école. Les contraintes vécues au sein du foyer familial mettent également en exergue la difficulté d'individuation à laquelle est soumise Mariam. Comment peut-on, en prenant en compte les exigences de la famille de Mariam, l'accompagner vers plus d'autonomie et vers l'expression de son désir ?

Étape 3 – Mise en œuvre du projet éducatif spécialisé (30 mn)

Le chef de service attend des objectifs de travail que nous construirons dans la pleine considération de l'existant, du travail d'équipe et de la famille de Mariam.

➤ *Volet individuel*

Arrêtons-nous un temps sur la notion d'autonomie en interrogeant l'étymologie de ce terme si usité. « Autonomie » provient des termes grecs *auto* et *nomos*. *Nomos* désigne « les lois » et *auto* signifie « soi-même ». On peut l'interpréter comme la capacité à **exercer sa liberté dans un espace physique et symbolique** dominé par les lois juridiques et la Loi symbolique (interdit de l'inceste). L'autonomie ne se réalise effectivement que dans la pleine considération des lois. Autonomie pourrait donc signifier *« la capacité à régler soi-même sa conduite selon les lois en vigueur »*.

Mariam semble particulièrement respectueuse des obligations. Il convient par contre de l'aider à mettre du sens sur celles-ci au cours d'entretiens, en abordant notamment le thème du monde professionnel. Il sera donc essentiel de faire un point avec elle sur ce projet de stage afin qu'elle formule ses ressentis en rapport avec son projet professionnel. Le secteur lui paraît-il correspondre à ses aspirations ? Fait-elle le lien entre la préparation au brevet blanc et son projet professionnel ?

À ce propos, il importe de rester attentif au niveau scolaire de Mariam. Elle semble parler sans réticences de ses difficultés d'apprentissage ; si besoin, l'équipe de prévention pourra faire appel à son réseau de professionnels ou d'associations afin que la jeune fille bénéficie d'une aide.

Volet familial

Dans la continuité de l'accompagnement déjà initié par Mme Amar, il convient d'impliquer la famille. En effet, c'est en la confrontant au milieu scolaire ou à d'autres instances qu'elle sera à même de saisir l'intérêt de certaines démarches et de s'y engager. Les parents doivent prendre des décisions en connaissance de cause et dans la pleine conscience des lois. Ainsi, l'équipe de prévention peut imaginer de proposer au collège et aux parents la mise en place d'une relation privilégiée entre une personne référente du collège et eux-mêmes ; il s'agira de réfléchir ensemble à la place de Mariam dans le système scolaire et plus largement dans la société. Des rencontres régulières au sein du collège auraient lieu une fois par mois en présence de la jeune fille afin d'échanger sur l'évolution de Mariam au sein de l'école (aspects scolaires, relationnels...), d'identifier quels sont les éléments obligatoires et les éléments optionnels du programme scolaire, d'envisager les perspectives de l'année scolaire. Ces rendez-vous se tiendront dans un **objectif de travail commun partagé** par la jeune fille, la famille et un professionnel référent de l'établissement scolaire, en dehors de toute idée de contrainte ou de contrôle.

En ce qui concerne Mariam et son stage de découverte, il peut être proposé au chef de service du centre de rééducation et aux parents de Mariam de se rencontrer en fin de stage afin d'évaluer, en sa présence bien sûr, les aptitudes de la jeune fille. L'idée générale est d'impliquer concrètement les parents dans le parcours de Mariam, de manière à ce qu'ils aient une vision plus en adéquation avec ce que vit réellement la jeune fille.

De même, il paraît intéressant de se saisir du groupe de parole sur la parentalité pour y aborder la question des déplacements des jeunes filles dans l'espace public. Quelques séances pourraient être réservées au questionnement du danger, à une réflexion sur l'adolescence et l'expérimentation. Aux parents qui le souhaitent, seraient proposées des sorties hors du quartier pour se promener ou toute autre activité de loisir, afin de leur donner à appréhender des lieux qu'ils connaîtraient peu.

Cette réflexion autour de la **participation de la famille** pose la question de la place de l'éducateur spécialisé dans l'accompagnement. Il paraît essentiel de ne pas se substituer aux parents mais d'être « à côté d'eux » dans l'éducation de Mariam.

Volet social

Les documents annexés mettent en évidence l'absence de loisirs pour Mariam. Cela semble avoir des conséquences sur l'établissement de ses liens sociaux en dehors du collège et de la famille. Dès le 4 février 2009, c'est une question qui a été évoquée par Mme Amar. Il apparaît donc judicieux de poursuivre en ce sens afin d'aider Mariam à formuler ses envies et désirs **en termes de loisirs**. Même si les objectifs abordés précédemment restent prioritaires, il pourra être pensé, à moyen terme, de l'accompagner vers des structures associatives qui organisent des activités pour des jeunes de son âge.

Ce volet social est lié aux autres volets. Il dépendra certainement de l'évolution de la situation, au regard des exigences des parents. En fonction de celles-ci, nous leur proposerons d'accompagner eux-mêmes leur fille sur le lieu des loisirs ou bien la référente de l'équipe de prévention pourra s'en charger. Nous pourrons aussi réfléchir à la pertinence d'adresser Mariam à des structures dans ou/et hors du quartier.

Étape 4 – Construction du plan (15 mn)

Introduction

À la veille du remplacement d'une éducatrice spécialisée en club de prévention, je prends connaissance des dossiers dont celle-ci est référente. Il m'est demandé de présenter des objectifs de travail concernant Mariam. Il s'agit d'une jeune fille de 16 ans accompagnée depuis quelques mois par l'équipe. Elle vit en France depuis l'âge de 10 ans avec l'ensemble de sa famille : ses parents et trois frères cadets. Au vu de l'accompagnement effectué par Mme Amar, nous pouvons aujourd'hui questionner le désir d'émancipation professionnelle de Mariam en regard des exigences de sa famille. Comment peut-on prendre en compte ces exigences tout en l'accompagnant dans son avancée vers l'autonomie et l'expression de son désir ?

Afin de mener cette réflexion, nous commencerons, dans une première partie, par retracer le travail effectué par le club de prévention. La deuxième partie sera consacrée à l'étude de la situation de Mariam au regard d'éléments psychosociologiques, ce qui nous permettra, dans une troisième partie, de faire émerger des axes de travail.

1. Synthèse des documents

1.1. Les enjeux d'intervention du club de prévention (tous les documents)

- Cadre et mission d'une équipe de prévention
- Types d'intervention (rue, visites à domicile)
- Types d'accompagnement (scolaire, familial, social...)

1.2. La situation de Mariam (tous les documents)

- Éléments biographiques
- À l'école
- À la maison

1.3. Les actions déjà mises en place (tous les documents)

- Lien entre les potentialités de Mariam et son projet professionnel
- La question du quotidien
- La rencontre avec les parents

2. Analyse

2.1. La socialisation et la singularité du sujet

2.2. La question de la norme, la loi et la règle

3. Propositions socio-éducatives
3.1. Volet individuel
3.2. Volet familial
3.3. Volet social

Conclusion
L'étude de la situation de Mariam a permis de réfléchir à l'imbrication des enjeux individuels et sociaux. En effet, nous avonspu mettre en évidence les divergences qui pouvaient exister entre certaines instances de socialisation, en particulier entre famille et société. Face à cela, nous avons rappelé que loin d'être un substitut parental, le travailleur social avait pour mission de mettre à disposition des familles certaines informations pour que les parents puissent veiller au développement individuel de leur enfant dans un cadre fixé par les règles sociales dominantes. Cela nous amène à poser une question de portée générale : l'espace civil est-il suffisamment adapté à la multiplicité des systèmes de valeurs qui y coexistent ?

Étude de situation. 3e épreuve commentée : *Le projet à l'épreuve de la famille* – IRTS Parmentier – Paris

Diplôme d'État d'Éducateur Spécialisé
ÉPREUVE D'ÉTUDE DE SITUATION DC 2.1
Sujet de mai 2010 – IRTS Parmentier (Paris)
Épreuve écrite d'une durée de 4 h – Coefficient 1

SUJET : Après avoir fait la synthèse de ce dossier et présenté votre analyse de la situation de Sarah :
– Quelles propositions pouvez-vous faire concernant les liens familiaux de Sarah : avec sa mère, son père, sa fratrie ?
– Quelles propositions pouvez-vous faire concernant la mise en place de projets dans les domaines scolaires, éducatifs, thérapeutiques ?

Rapport d'admission à la pouponnière départementale
de X le 25 mars 2002

Situation familiale : La mère, Mme Gréoux a 20 ans ; elle est née en Guadeloupe. Le père, Mr Martial, a 23 ans ; il est né en Martinique.
Ils vivent tous les deux chez la mère de Mme et ont deux enfants : Kévin, 2 ans et demi, et Sarah, 8 mois.
Mme et toute sa fratrie (11 enfants) ont été suivis en métropole dans le cadre de la protection de l'enfance pendant plusieurs années, suite à des mauvais traitements de la part du beau-père et des négligences de la part de la mère. Ils ont tous connu un long parcours de placement.

La famille a déménagé en Martinique et c'est à cette époque que Mme Gréoux a subi des abus sexuels de la part de son beau-père.
C'est en Martinique aussi qu'elle a connu le père de ses deux enfants, Mr Martial.
La famille rentre en métropole en 2000.
La PMI s'inquiète alors de l'état de Kévin, agité, porteur d'un eczéma et ayant été griffé par le chien de Mme Gréoux ; celle-ci est agressive, banalise les risques liés au chien ; elle s'engage cependant à des soins pour les enfants.
Ces soins ne seront pas faits et surtout, Mme est repartie aux Antilles, laissant les enfants à sa mère, qui dit être débordée et qui est également enceinte.
La mère rentre en France mais ne se présente pas aux rendez-vous fixés ; elle y envoie cependant sa plus jeune sœur, dire qu'elle accepte d'être aidée.
Cependant il apparaît que c'est la plus jeune sœur qui, déscolarisée, s'occupe des deux enfants.
Suite à un signalement un placement des deux enfants est prévu à la pouponnière ; ce sont la grand-mère et la jeune sœur qui viennent pour l'admission.

Premier rapport de l'EJE du groupe « Les papillons »

Sarah pèse 7,7 kg.
Les premières nuits de Sarah sont agitées, avec des cris, une grande difficulté à se rendormir ; elle s'attache facilement, apprécie la présence de son frère. Discrète au début, elle s'attache plus.
Les repas sont difficiles, elle est éparpillée, l'accès à sa bouche est difficile, elle évite le regard, est raide et ne montre aucun signe de plaisir, déplaisir ou satiété.
Le portage est difficile mais elle est plus déstructurée encore dans un transat.
Elle a du plaisir dans le bain, joue, est active. Elle a besoin de siestes (50 mn).
Quand elle pleure elle cherche le collage mais il n'y a pas d'attachement différencié ; elle n'est pas perturbée par les étrangers. Elle a compris le mode de référence mais ne l'utilise que sur le mode du collage, évite le regard.
Les visites de sa mère sont irrégulières, Sarah sourit quand elle voit sa mère mais ne montre rien lors des séparations. Elle est beaucoup dans le collage quand sa mère ne vient pas alors que sa visite était prévue.

Deuxième rapport de la pouponnière

Sarah pèse 8,8 kg et mesure 74 cm ; sa courbe staturo-pondérale est harmonieuse.
Les repas restent des moments difficiles.
Le bain reste un moment heureux, la relation de fratrie est importante pour Sarah qui cherche son frère et aime jouer avec lui.
Les visites de la mère restent irrégulières. Il y a des sorties à la journée dont les horaires ne sont pas respectés. Sarah gagne en autonomie, son développement

moteur est bon ; dans les jeux elle montre une motricité fine ; il y a les prémices de quelques mots « papa », « maman », « gade ».
Elle fait du « ramping », râle quand les autres enfants essaient de la toucher et se montre sensible à leurs pleurs. Elle joue beaucoup avec le miroir fait des grimaces et nous regarde un peu plus grâce à ce miroir.
Nous préconisons une orientation en placement familial afin que Sarah puisse bénéficier d'un attachement stable et sécurisant.

Additif au deuxième rapport

Suite au départ de Kévin pour un autre pavillon, nous notons un changement important de Sarah. Après 5 jours pendant lesquels elle cherche son frère, elle se transforme : elle se laisse porter, se détend, fait des câlins. La qualité des échanges se traduit dans les repas, détendus, elle montre quand elle aime ou pas, crée des rituels pour montrer qu'elle [est] rassasiée, est beaucoup plus joyeuse.
Elle s'affirme dans le groupe, elle a acquis le non et exprime son refus que sa référente s'occupe d'autres enfants. Elle mord à ce moment. Elle est exigeante par rapport aux adultes : des cris, la main qui se lève et frappe ; elle va facilement vers des inconnus.
Elle montre sa confiance dans l'équipe, fait des câlins à tout le monde et respecte les interdits.

Rapport du Service Social de l'Enfance concernant les quatre enfants

Les services sociaux s'inquiètent par rapport aux plus jeunes : lors de la mesure d'AEMO, un constat de carences et de coups a abouti au placement de Kévin et de Sarah.
Lors de l'audience de juin 2007, le Juge des enfants ordonne une mesure d'enquête sociale pour les 4 enfants IOE confiée au SIO d'Évry.
Début de la mesure mars 2008 ; les parents vont annuler toutes les mesures ; fin de la 5e grossesse, naissance en mars 2008.
Une visite dans laquelle la télé marche le bébé pleure mais la mère n'ouvre pas.
Un seul bilan fait avec les enfants.
Les parents accèdent à la propriété.
Mr M a eu une fille avec sa nouvelle compagne.
Le beau-père travaille de multiples changements d'emploi. Allocations familiales, appartement négligé : pas de draps, parents et enfants dorment dans un clic-clac, ensemble ?
Le père et la belle-mère travaillent, appartement en bon état.
Les passés familiaux des parents, M née d'une fratrie de 11 de plusieurs pères ; long passé de placement tous les enfants ayant été frappés, délaissés, placés. Un

clan matriarcal ; Mme victime d'un abus de l'ami de sa mère, mère au courant. Elle ne le dira pas pour protéger sa mère.
Placements multiples jusqu'à l'âge de 16 ans.
Le beau-père : élevé par ses grands-mères aux Antilles il rejoint brusquement sa mère et le compagnon de celle-ci ; sa mère le frappe. Quand il a 13 ans sa mère lui présente son père ; il pensait que son beau-père était son père et fera beaucoup plus de bêtises à partir de là.
La mère et le beau-père ont été placés ensemble.
Mr Martial : il a vécu à Haïti puis en Martinique, ses parents et son frère aîné sont morts dans la maison brûlée de façon criminelle. Il rencontre madame, il apprend l'abus sexuel dont elle a été victime et ne comprend pas qu'elle le quitte pour aller dans sa famille. Elle revient revivre avec lui mais entre-temps il a refondé un couple.
Elle repart avec un nouvel enfant de lui (Sarah).
Il va rendre visite à ses enfants puis apprend de l'IDEF leur placement.
Mme reprend contact avec Mr S avec qui elle a été placée. Ils sont aidés à trouver un logement, Mme est enceinte.
Mr Martial vient en France pour voir ses enfants qui sont placés en FA.
Il fait les démarches pour reconnaître ses enfants et demande leur garde ; droit de visite et d'hébergement. Visites régulières. Naissance d'un enfant puis retour des enfants chez leur mère. Constat de la violence du beau-père, conflits pour les visites, les enfants devenant très difficiles, sont battus par tout le monde.
Conflits avec le SSE quand il lui est reproché d'avoir laissé les enfants chez un voisin. Lui reproche au service l'absence de réponse à ses informations sur les maltraitances.
Les enfants replacés au PF.
Kévin part en lieu de vie après le décès de deux AF successives.
Mr Martial et sa compagne respectent les droits de visite, pas la mère.
Enquête sociale : l'enquêteur ne peut rencontrer les 2 enfants les plus jeunes.
La mère et le beau-père déménagent en province.
Entretiens familiaux.
Dans l'attente de son père agitation de Kévin ; le père arrive, joie et collage des enfants.
Allan calme chez son père, lien avec la belle-mère.
Génogramme spontané.
Allan fuyant par rapport aux contacts avec sa mère.
La référente parle des troubles massifs de Kévin à son retour au PF ; décès de deux AF et orientation dans un lieu de vie.
Sarah. Calme lors du 1er contact, frère et sœur ne partagent pas de jeu. Elle veut suivre l'intervenant inconnu.

Malaise quand le père s'en va ; elle suit cependant le psychologue sans réticence. Agitation croissante.
Début de l'accueil difficile, S se replie, veut se sauver, a des comportements érotisés. Elle évoque un tonton qui venait dans le lit.
Elle peut être dans un rapport de force avec les adultes.
La découverte de la dernière grossesse de sa mère l'a fait encore régresser : elle attend encore un bébé !
Quand la mère ne vient pas, un appel téléphonique est passé à la mère.
Le père est déstabilisé par les troubles de sa fille, S attend ses visites avec impatience.
Scolarité : grande section de maternelle ; S a fait craquer son enseignante et a changé d'école ; maintenue en grande section avec un soutien important.
Elvis, 5 ans : grosses diff de langage, incompréhensible, langage pauvre.
Dans les visites les parents sont peu disponibles.
Lors des visites matinales quand Elvis demande de l'aide à ses parents il n'en obtient pas, les difficultés sont banalisées, Elvis très proche de son père E a peu de contact avec sa sœur ; enfant isolé et triste.
École : enfant gentil, déficience légère ? Discours positif sur les parents, banalisation des troubles d'Elvis pourtant repérés par l'enseignante référente de la MDPH.
Sheila : 2 ans, souriante/aux adultes, potelée. La mère dit qu'elle était contre l'IVG et qu'elle a gardé les deux derniers enfants non désirés. Sheila est sale, chaussures trop petites, la mère ne s'en rend pas compte ; difficile pour elle d'individualiser sa prise en charge.
Incapacité de percevoir les besoins primaires de ses enfants. Discontinuité problème majeur ; elle ne peut voir le manque ; pour elle, elle est bonne mère car elle ne frappe pas ses enfants.
Le beau-père dit ne pouvoir s'opposer au fait que Mme laisse ses enfants à sa mère.
Vide psychique dans lequel elle laisse ses enfants ; peur d'être seule, marquée par une mère maltraitante.
Chez la mère et la grand-mère les enfants n'ont pas de lit personnel. Mme a vécu des viols répétés chez sa mère et y laisse ses enfants.
Ce déni plus l'absence de perception des enfants nous inquiète.
Le beau-père dit s'en vouloir car la mère ne peut avoir ses enfants à cause de lui.
Mme ne veut pas que les enfants vivent chez leur père mais ne demande pas leur retour. Discours plaqué sur les troubles des enfants ; références culturelles : « en Guyane on décalotte tous les jours le pénis des enfants » ; banalisation des troubles scolaires et de l'isolement des enfants.
Sheila délaissée, Mme centrée sur le nourrissage du dernier.

Les carences de Mr font qu'il craint d'être abandonné par Mme et ne peut jouer un rôle de père.
Mr L a eu une histoire traumatique ; il a essayé le rôle de sauveur auprès de Mme mais il ne comprend pas les liens qu'elle a avec sa mère.
Le placement des enfants l'a fait bouger : venue en France, demande de garde, appui sur une nouvelle vie de couple ; convaincu par les services sociaux il va accepter le projet de retour des enfants chez leur mère avec un droit de visite très large. Mais les conflits vont se multiplier et l'état de ses enfants va se dégrader. Il est débordé par leur comportement et va les corriger.
Le placement va l'aider et il va s'appuyer sur les professionnels. Il est très prudent/ un projet de retour. Il accepte difficilement, mais accepte le maintien du lien prévu avec la mère.

Bilan psychologique de Sarah

L'entretien se produit quand le père s'en va ; difficile pour elle d'investir le bilan dans ce contexte.
Puis elle accepte le test TAT[18] mais tarde à s'y mettre.
Passation du test : dès la seconde planche rapport de force avec le psy : elle s'empare des fiches.
Grand sentiment de tristesse et d'abandon, de colère et de défi en réaction. Elle met fin à l'entretien pour rejoindre l'éducatrice. Enfant perturbée émotionnellement par une exigence peu rassurant. Fuyante aux situations qui la mettent face à cette souffrance.
Nécessité d'un lieu protecteur.
Conclusion
La mesure d'IOE qui montrait une évolution positive des 4 enfants ne correspond pas à ce qui est observé. Kévin est perturbé par un sentiment constant d'insécurité Sarah est triste, angoissée, submergée par des sentiments de colère.
Elvis très triste en grande difficulté perte de repère.
Sheila angoissée dès qu'elle est séparée de sa mère, elle pose la question des limites frustrée par l'absence de limites et de réponses de sa mère.
Troubles relationnels de la mère ; elle n'est attentive que par moments et est vite débordée dès qu'il y a plusieurs demandes ; quand elle écoute un enfant elle ne peut percevoir les autres.
Les enfants peuvent imaginer que les absences de leur mère sont de leur faute.
Le beau-père est dans le déni ; quand il perçoit un danger manifeste : enfants confiés à la grand-mère, il ne peut réagir.

---

18. *Thematic Apperception Test* : épreuve dite projective, qui vise à explorer les modalités de fonctionnement psychique de la personne.

Au vu des éléments de danger nous préconisons un maintien des placements avec un projet de retour très progressif chez le père.
Réfléchir au maintien du droit de visite de la mère.
Une enquête sociale concernant les deux plus jeunes est nécessaire pour préparer un placement. Manque d'étayage et insécurité.

Bilan en avril 2009

Sarah va avoir 8 ans elle grandit bien ; elle voit son père et son frère régulièrement. Elle voit sa mère irrégulièrement ; elle progresse dans la FA ; elle est bien repérée ; elle a des temps calmes et s'appuie sur un cadre clair stimulant ;
À l'école ; en CP les acquisitions sont plus stables ; toujours des lacunes ; dossier MDPH mais pas de projets au vu des progrès cette année. RDV une fois par semaine au PF, RDV avec une orthophoniste, RDV avec un psychiatre une fois par trimestre. La mère vient avec ses trois derniers enfants, irrégulièrement.
Pas d'échange entre les enfants ; Sarah s'appuie sur sa référente pour rentrer en relation avec sa mère. Elle est perturbée plusieurs jours pour s'apaiser ensuite.
Rencontre avec son père une fois par mois. Il est cadrant soutenant et chaleureux ; les sorties chez lui se passent bien.
Sarah est très déstabilisée par les absences de sa mère.
Renouveler la mesure de placement.

Étape 1 – Lecture des documents et de la situation (30 mn)

L'étude de cette situation demande beaucoup d'attention car elle comporte de nombreuses informations. De plus, certains des documents proposés livrent des notes rapides, contenant par exemple des abréviations non explicitées.

Feuillet 1 : la synthèse de documents

La synthèse de documents ne doit pas contenir d'éléments d'interprétation. En revanche, il est nécessaire de définir les termes employés. Voici donc quelques éléments à connaître et repérer à la lecture du dossier.

La Protection Maternelle Infantile (PMI) est un service départemental chargé d'assurer la protection sanitaire de la famille et de l'enfant. Il comprend en général une équipe pluridisciplinaire (médecins, psychologues, éducateurs de jeunes enfants, infirmiers...). Ce service a une mission de prévention et de consultation à l'égard des enfants de moins de 6 ans. La PMI est également responsable de l'agrément et de la formation des assistants maternels et familiaux.

L'Aide Sociale à l'Enfance (ASE) est un service placé sous l'autorité du département qui a pour mission de venir en aide aux enfants et à leur famille par des actions de prévention individuelle ou collective, de protection et de lutte contre la maltraitance (article L. 221-1 du Code de l'action sociale et des familles) : placements, mesures de milieu ouvert, mesures d'aide à la gestion du budget...

Le service de Placement Familial (PF) intervient par le biais de l'Aide Sociale à l'Enfance (ASE) auprès d'enfants et adolescents de moins de 21 ans. Ceux-ci sont accueillis dans la famille d'une assistante maternelle agréée. Le Placement Familial a pour objectif d'offrir un cadre sécurisant à l'enfant afin de lui permettre de grandir dans des conditions favorables et éventuellement de réintégrer sa famille par la suite.

L'Investigation à Orientation Éducative (IOE) est une mesure ordonnée par le Juge des enfants afin d'évaluer la situation d'un enfant ou adolescent dans son milieu familial. Sont pris en compte différents aspects de sa vie. Un rapport est ensuite envoyé au magistrat comme appui à sa décision.

L'enquête sociale est une mesure ordonnée par le Juge des enfants afin d'évaluer les conditions de vie des parents. Elle est une aide à la décision.

INTITULÉ AUTEUR DATE	IDÉES ESSENTIELLES		
	Vie personnelle	**Vie familiale**	**Institutions**
Doc. 1 **Rapport d'admission à la pouponnière départementale** *25 mars 2002*	Sarah, 8 mois.	- Parents : Mme Gréoux, 20 ans (parcours de placement : maltraitance et abus sexuels) et M. Martial, 23 ans. → rencontre en Martinique. Arrivés en Métropole en 2000. - Fratrie : Kévin, 2 ans et demi. - Logés chez la grand-mère maternelle : la mère part aux Antilles sans les enfants.	- PMI : note l'état préoccupant de Kévin. - Négligences de la mère. - À son retour, n'assure pas les rendez-vous, délaisse l'éducation à sa plus jeune sœur, déscolarisée. - Signalement avant placement en pouponnière.

Doc. 2 **Rapports de l'EJE et de la pouponnière** *Pas de date*	- Admise dans le groupe « Les Papillons ». - Sommeil agité (siestes), repas difficiles, accès au jeu et au plaisir dans l'eau, attachement facile mais perturbé.	- Visites de la mère irrégulières. - Sarah apprécie la présence de Kévin.	
	- Croissance normale, bon développement moteur. - Repas difficiles. - Plaisir des bains. - Apparition du langage. - Interactions avec le groupe. - Prémices de reconnaissance dans le miroir.	- Relation positive avec Kévin (jeu). - Visites de la mère irrégulières.	Préconisation : placement familial (attachement).
	- Amélioration de son état : « qualité des échanges ». - Repas agréables. - Acquisition du « non ». - En quête de relation exclusive avec les adultes.	Départ de K. dans un autre groupe.	

Doc 3. **Rapports du service social de l'enfance pour les quatre enfants** *Pas de date*	- Placement en famille d'accueil (quand ?) avec K. - Retour en famille. - Placement (2008 ?) : peu de contact avec K., séparation difficile avec le père, agitation, évocation d'abus sexuels. - Scolarité : grande section de maternelle, changement pour comportement non adapté.	- Séparation implicite des parents entre 2000 et 2002 : naissance de Sarah. - Formation de nouveaux couples : la mère a 4 autres enfants (Allan, Elvis, Sheila, ?) entre 2002 et 2008 avec M. S. Le père a une 2de fille. - Pendant le placement, le père est très présent. - Retour des enfants chez la mère entre 2002 et 2007 → Maltraitances avérées par le beau-père, le père et la mère. - Placement familial pour Sarah, lieu de vie pour K. après le décès de deux assistantes familiales. - Allan et Elvis présentent des difficultés cognitives et comportementales. - Sheila est négligée. - Fortes négligences et prise de risques de la part de la mère.	Juin 2007 : mesure d'IOE ordonnée par le Juge des enfants. Collaboration importante entre le père et les professionnels.

<table>
<tr>
<td rowspan="2">Doc. 4
Bilan établi par le psychologue
Pas de date
+
Bilan établi par le service social de l'enfance (?)
Avril 2009</td>
<td>Test TAT : ne peut être mené intégralement (fuite de Sarah), sentiments de tristesse, colère, abandon…</td>
<td>Fratrie : tous les enfants semblent en difficulté (insécurité affective).</td>
<td>Préconisations :
- maintien du placement ;
- projet de retour progressif chez le père ;
- maintien du droit de visite de la mère ;
- enquête sociale pour les deux derniers.</td>
</tr>
<tr>
<td>- Avril 2009 : Sarah a 8 ans.
- En famille d'accueil.
- Scolarité : difficultés amenuisées.</td>
<td>Liens réguliers avec son père et frère, moins réguliers avec la mère (difficultés relationnelles).</td>
<td>Suivis : orthophoniste, psychiatre.
Préconisation : renouvellement de la mesure de placement.</td>
</tr>
<tr>
<td colspan="4">**Paradoxes, convergences/divergences, éléments manquants**
- Divergences entre les préconisations des professionnels et le retour chez la mère entre 2002 et 2007.
- Éléments manquants : quelle prise en charge socio-éducative entre 2002 et 2007 ? Éléments temporels flous.</td>
</tr>
</table>

Feuillet 2 : les acteurs

Il est intéressant de répertorier l'ensemble des personnes ou des institutions qui gravitent autour de Sarah afin de constituer un éventuel réseau-ressource dans l'accompagnement :

1. La famille : mère (Madame Gréoux), père (Monsieur Martial), beau-père (M. S.), grand-mère et tante maternelle, frères et sœur.
2. L'école.
3. Les familles d'accueil.
4. L'Institut Départemental de l'Enfance et de la Famille (IDEF) : pouponnière.
5. La Protection Maternelle Infantile (PMI).
6. Le Service d'Investigation à Orientation Éducative (SIOE, Évry).
7. Le Service social de l'enfance.
8. Le Juge des enfants.
9. L'orthophoniste.
10. Le psychiatre.
11. La psychologue.

Feuillet 3 : la chronologie

Date	Évènement
2000	Arrivée de la famille en Métropole
?	Séparation implicite des parents
2001	Naissance de Sarah
25 mars 2002	Rapport d'admission à la pouponnière de Sarah et Kévin
2002 - 2007	Conception de Allan, Elvis et Sheila (avec M. S., beau-père)
	Retour de Sarah et Kévin chez leur mère
Juin 2007	Audience au Tribunal de Grande Instance : mesure d'IOE
?	Placement familial pour Sarah et Kévin
Mars 2008	Naissance d'un sixième enfant
?	Bilan psychologique pour Sarah
Avril 2009	Bilan général

Feuillet 4 : l'anamnèse de la personne concernée

Une des difficultés de l'épreuve tient à l'absence de dates et la confusion autour de certains éléments. Il est ici essentiel de tenter de raccorder les événements dans l'histoire de Sarah.

Si nous supposons que nous sommes actuellement en 2009, Sarah est une enfant de 8 ans vivant en placement familial. Elle est née en 2001 et est issue d'une fratrie de six enfants, dont elle est la deuxième après l'aîné, Kévin. Sa mère est âgée de 27 ans et son père de 30 ans. Tous deux se sont rencontrés en Martinique, lieu de naissance et de vie du père, Monsieur Martial. Ils sont arrivés en Métropole en 2000 avec leur premier enfant, Kévin, et ont vécu chez la grand-mère maternelle. La naissance de Sarah, en 2001, survient alors que les parents sont séparés. Madame Gréoux quitte pendant un temps le domicile pour se rendre aux Antilles en confiant ses enfants à sa mère et sa sœur. Quelques éléments alertent la PMI au sujet des deux enfants (négligences éducatives, délaissement...) et aboutissent à un placement en pouponnière. De manière générale, ce placement s'avère positif bien que la mère, revenue en Métropole, assure peu ses visites. Entre 2002 et 2007, beaucoup de changements ont lieu pour Sarah et sa famille. Les deux parents reconstituent indépendamment un foyer familial. Le père, établi en France, reste en contact avec Sarah et Kévin. Dans des circonstances que nous ignorons, le retour des deux enfants chez leur mère signera une période difficile. Le constat de maltraitances graves amènera de nouveaux placements familiaux pour Kévin et Sarah.

En juin 2007, une mesure d'IOE est ordonnée par le Juge des enfants mais elle ne pourra être mise en œuvre, annulée par les parents. Une série de difficultés seront constatées par la suite pour chacun des enfants (troubles du langage, hygiène, tristesse, développement altéré).

Le bilan psychologique atteste des difficultés qu'a Sarah à exprimer sa souffrance : son comportement de colère, de fuite ou encore de provocation en témoigne. En revanche, son niveau scolaire s'est amélioré même s'il subsiste des lacunes. À cet effet, elle bénéficie de séances d'orthophonie. Elle consulte par ailleurs un psychiatre de manière épisodique. Quant aux relations familiales, Sarah bénéficie du soutien important de son père et se rend chez lui une fois par mois. En revanche, la relation à sa mère reste difficile, et est source d'angoisse.

Étape 2 – Analyse de la situation et problématisation (30 mn)

Des thèmes récurrents se dégagent de la situation et des éléments à disposition :
- le développement de l'enfant et ses ruptures ;
- la famille et les substituts parentaux ;
- l'attachement, la séparation et le sentiment d'abandon ;
- la communication.

La question du développement

Sans dresser une revue exhaustive de cette question, il convient de repérer les éléments théoriques significatifs au regard de la situation de Sarah. Plusieurs chercheurs ont mené des travaux dans ce champ : Jean Piaget sur le développement cognitif, Henri Wallon et Lev Vygotsky sur les interactions entre l'enfant et son environnement ou encore Sigmund Freud quant au développement psycho-affectif. Ces théories décrivent, depuis des points de vue différents, les phases successives par lesquelles passe l'enfant : phases marquées de changements physiques, psychiques, cognitifs et comportementaux. De façon simplifiée, on peut distinguer trois périodes :

De 0 à 2 ans, l'enfant développe sa motricité afin d'interagir avec son environnement, il développe une « intelligence pratique » au sens de Jean Piaget. Cette interaction se caractérise notamment par la reconnaissance du visage humain, l'imitation, le rire, la permanence de l'objet, l'angoisse de la séparation. C'est autour des 18 mois que le langage se met définitivement en route : il constitue un support majeur à la vie sociale. Selon Jacques Lacan, l'enfant, alors qu'il prend conscience de son incomplétude (voir page 80), se trouve dans la nécessité de chercher ailleurs l'objet de sa satisfaction. On peut à cet effet citer Jean Baudrillard : « John grandit normalement, mais il ne parle pas, au grand désespoir de ses parents. Vers l'âge de 16 ans, il dit enfin à l'heure du thé : " J'aimerais bien un peu de sucre. " Sa mère, émerveillée : " Mais, John, pourquoi n'as-tu rien dit jusqu'ici ? - Jusqu'ici, dit John, tout était parfait[19]." » Ce court extrait illustre de quelle façon le langage est par essence lié au désir, à travers l'interaction avec le monde social. Enfin, on peut évoquer le stade du miroir (concept dû à Jacques Lacan) : l'enfant

19. Baudrillard Jean, *Cool Memories IV, 1995-2000*, Galilée, Paris, 2000.

appréhende son unité corporelle en s'identifiant à l'image de l'autre. Percevoir sa propre image dans le miroir en est une expérience concrète, jubilatoire.

Entre 2 et 6 ans, l'enfant accède aux opérations symboliques à travers le dessin, le jeu, le langage. Il accède à une « intelligence conceptuelle », intériorisée. La constitution du Moi se poursuit activement, l'enfant multiplie les interactions avec son environnement. Il vit aux alentours de l'âge de 3 ans « la phase d'opposition » qui consiste pour lui à refuser, à s'affirmer... Les interdictions parentales participent à la constitution du Surmoi, au sens de Sigmund Freud (intériorisation des exigences et interdits parentaux), elles contribuent à la socialisation (processus d'intégration des normes, règles morales, valeurs d'une société). L'inscription de l'enfant dans le système scolaire poursuivra la socialisation (socialisation dite secondaire, par les institutions, après la socialisation dite primaire, par la famille).

Entre 6 et 12 ans, se développent la pensée concrète puis la pensée formelle. L'enfant élabore sa pensée, résout des problèmes. Jean Piaget souligne que le développement cognitif de l'enfant requiert l'existence d'un sentiment de sécurité affective suffisant, une certaine capacité à réguler ses affects et des attitudes parentales qui soient adaptées. Le groupe social prend à ces âges une plus grande place dans la vie de l'enfant.

L'intérêt d'évoquer ces éléments réside dans les liens qu'il est possible d'établir avec la situation de Sarah. On remarque que cette dernière, malgré les différentes ruptures affectives qu'elle a vécues, a pu se développer sans souffrir de répercussions graves sur ses acquisitions cognitives majeures. Est-ce grâce au cadre de la pouponnière ? Est-il possible de mobiliser les compétences qu'elle a pu acquérir pour l'aider à mieux appréhender sa situation actuelle ? Sarah a-t-elle su se saisir des « relais parentaux » à sa disposition ? Sans se substituer aux parents, ces personnes peuvent constituer des repères pour l'enfant, des **figures parentales** indispensables à son bon développement. On peut toutefois imaginer qu'en parallèle, le vécu des maltraitances, et le climat de violence aient perturbé son développement. Comment Sarah a-t-elle pu intérioriser les interdits et les règles alors que **son altérité** se trouvait niée ? On s'aperçoit dans le dernier bilan psychologique établi qu'elle éprouve des difficultés à exprimer sa souffrance et recourt à d'autres modes de communication que le dialogue. Comment, ainsi, l'aider à mettre des mots sur son vécu présent et passé ?

Reste à préciser que chaque personne, enfant ou adolescent, se saisit des évènements marquants de sa vie à sa manière ; en aucun cas, nous ne pouvons prétendre à un lien de cause à effet absolu entre un comportement et un évènement passé.

➛ *La famille, une construction sociale*

Il existe de multiples définitions de la famille selon si on se place d'un point de vue juridique ou sociologique. **Définition de l'INSEE :** *« partie d'un ménage comprenant au moins deux personnes qui forment un couple légitime ou non, avec la présence de* *leur(s) enfant(s) de moins de 25 ans.* » La famille est aussi la cellule de base de toute société ; en revanche, sa signification peut varier d'une société à une autre et de manière temporelle. Par exemple, nos sociétés occidentales ont vu son évolution, en particulier après la révolution industrielle (1850). Émancipation de la femme, désacralisation du mariage, exode rural, autant d'éléments qui ont amené une considération nouvelle de la famille (famille recomposée, monoparentale, homoparentale...). Ainsi, aujourd'hui, une vision courante, notamment dans le domaine du travail social, est qu'il faut maintenir à tout prix les liens familiaux. Cette assertion démontre l'existence d'un **idéal culturel** à l'égard de la famille. Au regard de chaque situation, il convient d'interroger ce point de vue. En effet, il est clair qu'il est préférable pour l'enfant d'avoir une présence parentale, cadrante et rassurante. En revanche, qu'en est-il quand l'enfant subit les affres de la violence et de l'abandon avec des parents eux-mêmes carencés ou à personnalité déviante ? Il ne s'agit pas de remettre en cause le maintien des liens familiaux mais plutôt de souligner l'importance d'une réflexion autour des intérêts de l'enfant. Le travailleur social se doit d'évaluer l'impact des relations familiales afin de proposer un accompagnement adapté.

Concernant Sarah, il apparaît clairement que les rencontres ou les absences de sa mère plongent la jeune fille dans l'angoisse pour plusieurs jours. De plus, Sarah ne semble pas avoir de relations avec ses frères et sœur. Le fait de n'avoir pas partagé un foyer commun pose la question de l'existence d'un lien fraternel. On a également noté que Sarah investissait la famille d'accueil et commençait à se reconstruire dans cette nouvelle configuration familiale.

Sans aller vers une rupture de lien, comment éviter l'aggravation de la discontinuité des relations mère/fille ? Comment permettre à Sarah de retrouver une sécurité affective ? Comment l'aider à gérer l'angoisse suscitée par le vide laissé par sa mère ?

Étape 3 – Mise en œuvre du projet éducatif spécialisé (30 mn)

La consigne est assez claire quant aux attendus. Le jury évaluera la capacité du candidat à proposer un projet au regard des domaines suivants :

- les liens familiaux ;
- l'éducation ;
- la scolarité ;
- le soin thérapeutique.

Dans tous les cas, les propositions seront soumises à l'adhésion des personnes concernées et à la validation de l'équipe éducative de l'Aide Sociale à l'Enfance.

Problématique familiale

Constat 1 : *La relation avec le père est structurante pour Sarah, les rencontres se font une fois par mois.*
Proposition : *Augmenter les rencontres en proposant une temporalité progressive.*

Pendant six mois, le père pourrait accueillir Sarah un week-end par semaine. Si le bilan s'avère positif pour Sarah, son père et l'équipe éducative, il serait proposé un accueil pendant les vacances scolaires. L'objectif de cette proposition réside dans le soutien à la parentalité de Monsieur Martial. Celui-ci ayant entrepris des démarches pour obtenir le droit de garde de ses enfants, il conviendra de l'accompagner dans la place qu'il souhaite avoir auprès de ses enfants.

Constat 2 : *Les liens entre Madame Gréoux et Sarah sont relativement distendus et entretiennent un sentiment d'insécurité affective forte chez Sarah.*
Proposition : *Instaurer un droit de visite médiatisé par un tiers.*

Depuis la loi du 5 mars 2007, l'ASE a la possibilité, après obtention d'une autorisation du Juge des enfants, de fixer cette modalité. La mesure est assurée par un tiers formé à la « médiatisation des rencontres parents-enfants ». L'objectif est de travailler les différents axes de la parentalité, de protéger l'enfant tout en lui permettant de rencontrer ses parents, de restaurer le lien.

L'entrevue se déroulerait dans un lieu neutre, un Lieu d'Accueil Parents-Enfants (LAEP). Inspirés de « La maison verte » impulsée par Françoise Dolto, il s'agit d'espaces de parole, de rencontres et d'échanges œuvrant dans le cadre de la protection de l'enfance. Outils de prévention, ils permettent d'accompagner la relation parents-enfants et de prévenir les situations de danger ou encore de favoriser la socialisation de l'enfant.

Pour la situation présente, nous pourrions proposer de mettre en place un droit de visite médiatisée à hauteur d'une fois par mois pour commencer, avec une rencontre d'une heure en entretien et une demi-heure en salle commune avec les autres enfants et parents. Des évaluations régulières devraient permettre par la suite de valider ou non ce type d'intervention et de proposer, si cela s'avère positif, une multiplication des temps de visite.

Bien entendu, il s'agit de mesurer le poids de la contrainte dans cette mesure. Établir ce type de rendez-vous obligatoire contribuerait sans doute à canaliser l'angoisse de Sarah quant à l'éventualité que sa mère ne vienne pas. En revanche, il s'agira dans les premiers temps d'amener Madame Gréoux à saisir l'intérêt d'une telle démarche. Si ce n'était pas le cas, il conviendrait de modifier l'accompagnement pour que chaque partie y trouve du sens.

Constat 3 : *Sarah continue d'être en contact avec Kévin mais semble ne pas avoir beaucoup de liens avec le reste de la fratrie.*
Proposition : *Maintenir le lien avec Kévin.*

Avec les informations que nous détenons, il paraît difficile de savoir ce que souhaite Sarah. En premier lieu, il semblerait qu'elle ait besoin de restaurer le lien avec sa mère. Le fait que la jeune fille n'ait sans doute pu intégrer comme demi-frères et sœur les nouveaux enfants que sa mère a eus depuis son placement, rend d'autant plus difficiles les visites pendant lesquelles ses trois autres petits enfants sont là.

C'est pourquoi nous préconiserons de rester sur l'aménagement des visites avec les parents et sur l'encouragement au maintien de la relation avec Kévin.

Parallèlement, on interrogera Sarah sur ses sentiments et ses intentions vis-à-vis du reste de la fratrie : qui sont-ils pour elle ? Souhaite-t-elle les rencontrer ? Les connaître ?

➤ *Volet scolaire*

Constat 4 : *Le parcours scolaire de Sarah a été ponctué de moments difficiles quoiqu'elle ait fait des acquisitions cognitives. À l'heure actuelle, elle est au CP (retard de deux ans) et son niveau s'améliore.*
Proposition : *Encourager sa progression et évaluer ses lacunes.*

Sachant que Sarah est déjà accompagnée par une orthophoniste, il convient certainement d'attendre les premiers retours de cette professionnelle pour envisager une aide complémentaire éventuelle. La stabilité actuelle laisse escompter une suite favorable.

➤ *Volet éducatif et social*

Constat 5 : *Tentant de faire face à sa situation, Sarah utilise des modes de communication défensifs. Le dossier n'évoque pas de relations autres que familiales.*
Proposition : *L'engager à participer à un atelier d'écriture de quartier.*
À noter. Le candidat peut inventer dans la mesure du réaliste.

Le centre social du quartier dans lequel habite Sarah organise régulièrement des ateliers d'écriture à l'attention d'enfants, d'adolescents et d'adultes. Pour le groupe des 7-11 ans, l'animateur propose des travaux favorisant l'imagination, le jeu et la cohésion du groupe. Ce type de médiation permet au jeune d'extérioriser ses affects dans un cadre contenant, de verbaliser éventuellement des sentiments difficiles à cerner, d'adopter au travers des règles du jeu d'autres formes de pensée. À ce propos, Didier Anzieu (1981), psychologue et psychanalyste, conçoit le groupe comme pouvant constituer un « cadre contenant » au sein duquel peut s'aménager un espace de pensée.

Il conviendra là aussi d'évaluer l'impact de cet atelier sur les capacités de la jeune fille à exprimer ses sentiments et sur l'établissement ou non de relations sociales.

➤ *Volet thérapeutique*

Constat 6 : *Sarah consulte un psychiatre une fois par trimestre.*
Proposition : *Engager un travail thérapeutique plus soutenu.*

À raison d'une fois par trimestre, Sarah peut-elle réellement engager un travail adapté à ses besoins ? On se mettra en lien avec le psychiatre pour connaître son point de vue, et on échangera avec Sarah concomitamment.

Étape 4 – Construction du plan (15 mn)

Introduction

« Travailler avec les familles » est une assertion souvent utilisée dans le travail social et en particulier dans la protection de l'enfance. La situation de Sarah, jeune fille de 8 ans, amène à s'interroger autour de cette direction de travail. Issue d'une famille de six enfants, Sarah a connu une série de placements, de pouponnière en famille d'accueil, en passant par un retour en famille. La situation actuelle vient mettre en doute l'intérêt de l'enfant dans la relation entretenue avec sa mère. Actuellement en placement familial et très proche de son père, Sarah doit voir réexaminé son projet individualisé : comment l'aider à mobiliser ses compétences et ainsi l'aider à se construire dans un cadre sécurisant ? Comment aménager la situation présente pour favoriser une amélioration de ses relations familiales ?

Pour mener à bien cette réflexion, nous proposerons dans un premier temps de retracer l'histoire personnelle et familiale de Sarah. Nous nous appuierons dans un deuxième temps sur ces éléments pour tenter de saisir les enjeux de la situation en lien avec le vécu de la jeune fille. Dans un troisième temps, nous proposerons des axes d'accompagnement qui mettront Sarah au centre de la démarche.

1. Synthèse des documents

Ici, il paraît pertinent d'utiliser un plan chronologique.

1.1. De la pouponnière au retour chez la mère (2000 - 2007) [Doc. 1, 2, 3]

1.2. Une période critique (2007 - 2008) [Doc. 3]

1.3. Le placement familial, ultime solution (2008 - 2009) [Doc. 4].

2. Analyse de la situation

2.1. La situation de Sarah au regard des théories sur le développement de l'enfant

2.2. Regard critique sur le concept de famille.

3. Propositions socio-éducatives

3.1. Projet individuel de Sarah (scolaire, éducatif et thérapeutique)

3.2. Projet familial.

Conclusion

L'étude du dossier concernant la jeune Sarah nous a permis de relever un certain nombre de carences parentales quant à son éducation depuis son premier âge. En particulier, les négligences et maltraitances agies par sa mère ont amené Sarah à connaître des périodes difficiles, notamment dans ses relations avec les adultes.

Nous avons pu mettre en avant les potentiels développés par Sarah aussi bien que les conséquences néfastes de son vécu sur son développement. Au fil de cette étude, il est apparu nécessaire d'interroger un certain idéal de la famille propre à notre culture occidentale.

Le projet proposé a tenté de prendre en compte l'ensemble des éléments à notre disposition tout en plaçant Sarah au centre du dispositif. Reste à évaluer son adhésion et celle de l'équipe pour mettre en œuvre ces modalités. Chaque volet du projet de Sarah nécessitera une évaluation à court terme, à moyen terme et à long terme. Peut-on, au regard de cette situation, avancer que dans certains cas, le maintien du lien avec la famille soit néfaste au bon développement de l'enfant ?

DC 2.2. Le mémoire professionnel. L'épreuve

> *« J'ai effectué mon stage dans une Maison d'Enfants à Caractère Social (MECS ayant une habilitation PJJ) [...]. Je suis partie de l'idée que selon moi, la délinquance était un moyen pour ces jeunes de s'exprimer, voire d'exister au monde. J'ai donc développé l'accompagnement de l'éducateur autour de trois axes (propositions) : créer une relation de confiance ; valoriser le jeune ; créer des espaces de parole et d'expression. [...] Le mémoire s'articule autour de trois grandes parties : 1. Phase de diagnostic (constat, problématique, hypothèses) ; 2. Propositions éducatives (qui découlent de mes hypothèses) ; 3. Perspectives d'évaluation (pistes de réflexion et d'évaluation sur nos propositions). »*
>
> *Camille, IRTS Montpellier, Promotion 2009-2010.*

> *« J'ai effectué mon stage dans un Service d'Accompagnement à la Vie Sociale (SAVS). [...] J'ai souvenir de collègues ayant déjà quelques idées de mémoire à développer avant d'entrer en stage. C'est une grossière erreur. Le mémoire étant un projet socio-éducatif, il doit se faire selon les besoins des personnes accompagnées, et non pas selon les besoins de l'étudiant qui a une formation à valider ! [...] Mon sujet s'est inspiré des nouveaux projets mis en place au SAVS. J'ai choisi d'exploiter une notion à laquelle j'étais sensible personnellement avant ce stage (tout de même) : l'habitat. »*
>
> *Jude, IFRAMES Angers, Promotion 2009-2010.*

Compétences repérées[20]

- Établir un diagnostic socio-éducatif.
- Concevoir un projet éducatif.
- Évaluer le projet éducatif.

Déroulement de l'épreuve

Cet examen est organisé par le recteur d'académie au sein du centre d'examen. Il consiste en la production d'un mémoire de 50 pages (annexes non comprises) qui s'appuie sur la méthodologie du projet éducatif spécialisé. C'est à partir d'une problématique éducative que le candidat soutient ensuite son écrit devant un jury composé de deux interrogateurs.

Détails de l'épreuve

Au cours du stage long, le candidat *élabore une problématique socio-éducative* en s'appuyant sur la méthodologie de projet. Il ne s'agit en aucun cas d'un mémoire de recherche ; le candidat doit à cet effet être capable de concilier la rigueur de la méthode et la souplesse inhérente aux enjeux non maîtrisables de l'accompagne-

20. Cf. arrêté du 20 juin 2007 relatif au DEES (NOR : MTSA0755916A).

ment. Cette articulation devra apparaître tant au sein du mémoire qu'au cours de la soutenance orale.

DC 2.2. Mémoire professionnel. Proposition de méthodologie

Avertissement. Nous attirons l'attention du lecteur sur la distinction à opérer entre le plan de travail, qui correspond à la démarche organisationnelle du candidat, et le plan du mémoire de formation qui constitue un support écrit de communication et de synthèse du travail effectué pendant la durée du stage. Si ces deux plans peuvent être similaires, ils peuvent aussi différer en fonction de ce que le candidat choisira de communiquer à l'écrit. Nous traiterons ici la démarche de travail et donc le plan de travail. Le plan finalisé de l'écrit sera abordé plus loin (p. 153-155).

Nous avons choisi de présenter toutes les possibilités s'offrant à l'étudiant : à celui-ci de se saisir de ce qui lui semble pertinent par rapport à sa propre démarche de projet.

De la démarche de recherche à la démarche projet

Dans l'ouvrage *DC 2. Conception et conduite de projet éducatif spécialisé,* les auteurs indiquent que *« l'éducateur spécialisé doit [...] comprendre la réalité des individus et des groupes [...] mais aussi témoigner de sa capacité à transformer les rapports sociaux par ses actes éducatifs*[21] *»*.

Ce processus décrit de manière générale la démarche à adopter pour la mise en œuvre du mémoire de fin de formation. On peut illustrer ce propos de manière schématique :

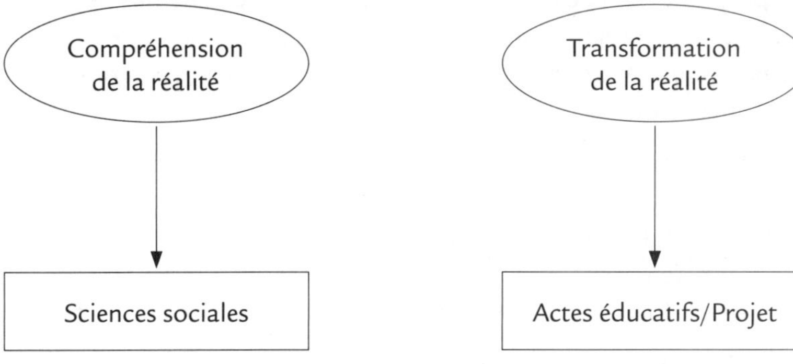

---

21. Rullac Stéphane, Soris Cécile, *DC 2. Conception et conduite de projet éducatif spécialisé DEES,* Vuibert, Paris, 2008, p. 67.

Contrairement au mémoire de recherche qui vise la production d'un nouveau savoir, il y a dans le mémoire de l'éducateur spécialisé en formation une dimension opérationnelle qui vient nécessairement compléter la mise au travail d'un savoir donné. Le mémoire professionnel intègre une dimension de « recherche » que l'on peut qualifier de « diagnostic socio-éducatif » mais celle-ci ne se lit qu'à la lumière de la démarche de projet, véritable creuset de l'intervention de l'éducateur spécialisé. À cet effet, on distingue **deux types de démarche,** qui œuvrent en articulation permanente :

1. La démarche inductive : issue de l'anthropologie, cette méthode consiste à investiguer un terrain d'étude sans questionnement préalable. C'est le terrain qui amène les hypothèses.

2. La démarche déductive : il s'agit ici d'envisager le terrain d'étude avec des questionnements préalables, le terrain servant à vérifier les hypothèses de départ.

Selon l'ouvrage collectif *DEES : Le mémoire professionnel de l'éducateur spécialisé,* l'éducateur articule constamment ces deux méthodes puisque *« la démarche déductive est pertinente pour étudier les univers connus, la démarche inductive permet d'affronter l'inconnu ».*

La réalité est une interprétation du réel puisqu'elle prend en compte l'activité mentale que l'observateur produit pour « regarder » ce réel. Ainsi, l'exercice du mémoire professionnel comporte une part non négligeable d'objectivation, à partir d'outils précis qui seront développés ci-après. Il ne s'agit pas de nier la subjectivité inhérente aux rapports humains mais d'identifier les différentes interprétations des acteurs (personne accueillie, éducateur spécialisé, famille, équipe...), de les inscrire dans une réalité commune et d'envisager une voie commune d'accompagnement.

Étape 1 – L'observation active

Quel que soit le lieu d'intervention du stagiaire, il convient de noter que la mise en place d'un projet ne peut se faire sans une connaissance fine des besoins, attentes et aspirations de la population accompagnée. Une période d'observation active est donc indispensable avant d'engager la démarche de projet (démarche première qui relève de l'inductivité).

On parle d'observation *« active »* ou *« participante »* en ce sens où le stagiaire éducateur spécialisé, par sa simple présence, participe à la configuration et à la transformation de l'environnement dans lequel il se trouve. La subjectivité est une donnée inhérente à toute démarche d'objectivation et elle est à prendre en compte comme un élément observable, au même titre que les mécanismes en jeu chez les personnes accompagnées.

Ainsi, plusieurs questions se posent à l'étudiant. Comment observer ? Quoi observer ? Faut-il privilégier une source d'informations plutôt qu'une autre ? Qu'est-ce qui justifie la valorisation d'une information ?

Les niveaux d'observation

Notons d'abord qu'il existe **plusieurs niveaux d'observation**[22] dont la prise en compte permettra une démarche en entonnoir. Il s'agit de débuter par une observation globale de l'environnement pour finir par une observation fine d'un ou de plusieurs objets d'étude :

1. Le contexte global : champ d'intervention, vision historique, économique, sociale...

2. Le secteur géographique : selon le lieu de l'intervention, la dimension territoriale peut fournir des éléments de compréhension. Pour cela, le candidat se saisira de données diverses : INSEE[23], CRÉDOC[24], site gouvernemental de la politique de la ville, contrats de villes, publications locales, portails de revue[25]...

3. Le service dans lequel le stagiaire est affecté : le stagiaire pourra distinguer les éléments objectifs (écrits, documents internes et externes, organigramme...) et les éléments subjectifs (observation, relations entre membres du personnel, ressentis, cadre...).

4. La relation entre le travailleur social et la personne accompagnée : travail autour des représentations sociales, perceptions du degré d'implication du candidat dans l'environnement...

5. La/Les personne(s) accompagnée(s) : qui est-elle ? (de manière singulière) Qui sont-ils ? (de manière collective) Quel(le)s besoins/potentialités/attentes/difficultés ? Quelle demande ? Qu'est-ce qui la conditionne[26] ? D'où provient-elle ? À qui s'adresse-t-elle ? Situations ? Enjeux ? Son réseau et environnement ? Etc.

Ces niveaux d'observation sont des pistes de réflexion qui gagneront largement à être enrichies par les réalités du lieu de stage et la singularité du candidat éducateur spécialisé.

Le recueil de l'information

En ce qui concerne le recueil de l'information, plusieurs techniques sont envisageables. Cependant, comme pour l'ensemble des épreuves de certification au DEES, nous préconisons l'utilisation d'un carnet de bord, outil qui témoignera du cheminement réflexif du candidat tout en faisant apparaître la démarche d'objectivation.

---

22. De Robertis Cristina, *Méthodologie de l'intervention en travail social*, Bayard, Paris, 2008, p. 125.
23. INSEE : Institut National de la Statistique et des Études Économiques.
24. CRÉDOC : Centre de Recherche pour l'Étude des Conditions de Vie.
25. Pour n'en citer que quelques-uns, le lecteur pourra consulter Persée ou Cairn.
26. Cristina de Robertis montre que la demande d'une personne s'inscrit en partie dans la perception des attendus sociaux du lieu dans lequel elle se trouve. La demande n'est pas indépendante de l'environnement dans lequel elle se formule. Il s'agira donc de prendre conscience des éléments qui influencent, voire provoquent la demande de la personne.

Deux dimensions peuvent apparaître au sein du carnet de bord :
1. **La dimension objective et factuelle :** description des faits.
2. **La dimension subjective :** interprétation, ressentis.

La prise de notes

En ce qui concerne la prise de notes, nous nous appuierons sur une proposition de Joseph Rouzel dans son ouvrage *La pratique des écrits professionnels en éducation spécialisée pour présenter* **sept méthodes de prise de notes :**

1. La méthode linéaire et chronologique : *« noter dans l'ordre où ça vient »*, au risque de perdre des informations si la situation est trop confuse.

2. La méthode par arborescence : cartographie mentale qui permet *« de partir d'une idée centrale énoncée, d'en indiquer le cheminement, par une série de corrélations entre les idées qui en découlent »*. Une variante de cette méthode se nomme *« par construction de système »* et consiste en deux temps : le repérage des éléments de la discussion puis des articulations logiques entre ces éléments.

3. La méthode en sept questions : quoi ? qui ? où ? quand ? comment ? combien ? pourquoi ? (liste non exhaustive).

4. La méthode des points de vue, utilisable en réunion et dans laquelle plusieurs opinions se confrontent : les éléments sont notés dans un tableau qui croise le nom et la fonction des interlocuteurs avec les sujets abordés au cours de la discussion.

5. La méthode SPRI (Situation, Problème, Résolution, Informations), inspirée des travaux de Louis Timbal-Duclaux[27], consiste à retranscrire ce qui se dit en découpant la feuille en quatre zones : Situation, Problème, Résolution, Informations. Cette méthode est utilisable pour la résolution de problèmes simples.

6. La méthode des mots-clés consiste à noter les termes principaux d'une discussion pour éventuellement travailler ensuite leur sens dans l'intervention.

7. La méthode des zonages s'utilise principalement au cours d'une réunion où plusieurs points de vue sont exprimés face à une situation donnée. Sur une feuille, noter à gauche les faits et à droite les différents commentaires qui en découlent.

Ces différentes techniques peuvent bien entendu être combinées en fonction des situations rencontrées au cours du stage.

Comme cette période d'observation active peut être, *a priori*, un objet d'inquiétudes pour l'étudiant, précisons que la posture la plus adaptée consiste à accepter la part d'immaîtrisable et de doute inhérente à la condition humaine et à la relation éducative. À la fin de cette première phase du diagnostic, le candidat doit être en

---

27. Timbal-Duclaux Louis, *La méthode SPRI. Organiser ses idées, bien rédiger,* Retz, Paris, 1983.

mesure de formuler l'ensemble de ses observations et de les transformer en constats clairs et identifiables, indiquant ainsi le sens que prendra son travail d'investigation.

Étape 2 – L'élaboration des constats et la question de départ

Alors que les observations se traduisent par la description factuelle de situations vécues au cours du stage, les constats se formulent de manière élaborée par le candidat à l'issue de la période d'observation. Les constats viennent effectivement préciser les contours de l'objet d'étude et donnent des indications sur la problématique à venir.

De manière vulgarisée, disons que l'observation est « ce qui accroche » l'attention du stagiaire ; le constat participe à la formulation d'un questionnement. Les constats peuvent s'appuyer sur différents éléments : une rupture dans le quotidien, un paradoxe, une divergence d'opinion, la récurrence d'un problème, etc.

L'énonciation de ces constats doit amener à poser une question qui sera le point de départ de la démarche. Cette question conduira **le fil de la recherche et de l'intervention**. Elle doit donner des indications claires sur le thème qui sera traité dans l'intégralité du mémoire. N'oublions pas que le mémoire de l'éducateur spécialisé en formation a une visée opérationnelle ; la question de départ doit donc avoir une visée de résolution et d'action. Pour cela, elle peut commencer par :

« Comment faire pour... ? »
ou : « Quels procédés éducatifs l'éducateur spécialisé peut-il utiliser pour... ? »

Étape 3 – L'exploration théorique

À cette étape, les grandes lignes de l'investigation commencent à prendre forme pour le candidat. Il est temps de préciser les premiers éléments par **des sources extérieures** au lieu d'intervention. Pour cela, plusieurs outils sont à combiner, dans une démarche de connaissance de la réalité.

Il s'agit de faire état des travaux théoriques élaborés antérieurement par des auteurs, chercheurs, professionnels... et d'en extraire les idées qui soutiendront la réflexion du candidat autour des questionnements soulevés. Précisons qu'il est impossible de tout lire sur un sujet donné.

Pascal Lièvre, dans son ouvrage *Manuel d'initiation à la recherche en travail social*, propose à cet effet une méthode de travail en plusieurs temps, dont nous pouvons nous inspirer en l'adaptant à la démarche de l'éducateur spécialisé en formation.

1er temps : Construction d'une carte d'exploration théorique

Il s'agit d'**isoler tous les termes de la question de départ** pour entreprendre et **baliser la recherche bibliographique**.

L'ouvrage présente un exemple relativement parlant, en prenant la question de départ suivante : *« Quelles sont les motivations qui amènent un jeune de la Mission locale à élaborer un projet professionnel ? »*

Mots-clés de départ	**Mots-clés en association d'idées**	**Auteurs ou domaines**
Motivations	Circonstances. Facteurs. Évènements.	Théories psychologiques.
Jeune	Adolescent. Post-adolescent. Adulte.	GALLAND Olivier, *Sociologie de la jeunesse*[28].
Mission locale	Dispositif d'intervention.	Rapport de Bertrand SCHWARTZ *L'insertion sociale et professionnelle des jeunes*[29].
Jeune de la Mission locale	Problèmes d'insertion. Bas niveau de qualification. Homme ou femme.	
Élaboration	Construction.	
Élaboration d'un projet		BOUTINET Jean-Pierre, *Psychologie des conduites à projet*[30].
Projet professionnel	Projet de vie.	

Tableau 3. Exemple d'une carte d'exploration théorique au démarrage de votre recherche
(In LIÈVRE Pascal (dir.), *Manuel d'initiation à la recherche en travail social, Construire un mémoire professionnel*, Éditions ENSP, Paris, 2006 (2e édition), p. 45)

2e temps : Recherche bibliographique

La recherche bibliographique consiste à *« connaître, d'une part, les travaux déjà réalisés sur votre thème, et d'autre part des travaux fondamentaux à portée plus générale vous fournissant des clés d'interprétation et de compréhension de la question que vous souhaitez traiter*[31] *»*. Pascal Lièvre conseille de constituer **une liste d'une quarantaine d'ouvrages et d'articles**, d'**en lire attentivement six à sept** (bibliographie sélective), de réaliser **une fiche de lecture pour un seul d'entre eux** (trois s'il s'agit d'articles).

28. Armand Colin, Paris, 2001.
29. La documentation française, 1981.
30. « Que sais-je ? », PUF, 2011 (5e édition).
31. *Ibidem*, p. 45.

3e temps : *Réalisation de fiches de lecture*

Une fiche de lecture peut être réalisée pour un seul ouvrage ou pour des chapitres de plusieurs ouvrages, identifiés comme principaux dans le cadre du mémoire de fin de formation. Il s'agit de cibler de manière précise les informations recherchées, dans la pleine considération de la contrainte de temps qui est consacrée à cette épreuve.

L'ouvrage cité ci-dessus propose une fiche de lecture en **quatre temps :**
1. Identification de l'ouvrage selon les normes internationales bibliographiques.
2. Identification de l'auteur et de son travail de recherche.
3. Résumé objectif *de l'ouvrage* de deux ou trois pages (synthèse : sujet traité, champ d'étude, intentions de l'auteur, problématique, propos...).
4. Lien de l'ouvrage avec la question de départ.

4e temps : *Synthèse des idées essentielles*

Pour clôturer la recherche documentaire, le candidat pourra réaliser un document d'environ une à deux pages reprenant les idées essentielles de sa recherche. Bien que cela puisse paraître rébarbatif, une telle démarche sera à coup sûr d'une grande aide et constituera **un repère lors de la rédaction du mémoire**.

Avertissement. Noter de manière très consciencieuse les sources et références des informations recueillies, de manière à les répertorier aisément par la suite au sein du dossier écrit.

Étape 4 – L'exploration pratique

La phase de recherche documentaire, si elle est essentielle, n'est parfois pas suffisante pour cerner les enjeux de la réalité observée. En effet, comment répondre à une question de départ concernant les personnes accompagnées sans les impliquer dans la recherche ? Pour satisfaire à cette nécessaire complémentarité, plusieurs outils sont à la disposition de l'étudiant.

Nous nous appuierons de nouveau en partie sur le cheminement proposé par l'ouvrage dirigé par Pascal Lièvre[32].

1er temps : *Construction de la carte d'exploration pratique*

Il s'agit ici de **faire état des personnes et populations à interviewer** en fonction des thèmes relevés au cours de l'exploration théorique et en fonction de la question de départ.

32. *Ibidem*, p. 57.

2e temps : Choix des personnes à interviewer

Il ne s'agit pas d'interroger « à tout prix » mais bien de construire une démarche méthodologique cohérente au service du décryptage d'une réalité observable. Ainsi, le candidat ciblera, selon les cas, des personnes directement en lien avec l'objet d'étude : soit les personnes accompagnées (**réseau primaire**) et/ou des personnes en lien avec celles-ci (**réseau secondaire**[33]). Le choix du nombre de personnes à interroger est à évaluer en fonction de l'objectif visé, mais il est certain que l'idéal consiste en l'étude de la totalité de la population étudiée. Dans le cas où ce n'est pas envisageable, le candidat pourra construire un échantillon, c'est-à-dire *« un groupe restreint qui reproduit les caractéristiques dans les mêmes proportions que le groupe de référence ».*

Autre possibilité : ne pas constituer d'échantillon, diversifier les caractéristiques des personnes sollicitées et arrêter les interviews lorsque les nouvelles personnes interrogées n'apportent plus d'informations nouvelles sur le sujet étudié.

3e temps : Élaboration, conduite et analyse de l'interview/entretien

Quelle que soit la situation dans laquelle l'étudiant se trouve, il y aura un véritable effort de compréhension à produire à l'égard des personnes prochainement interrogées. En effet, la démarche de projet s'inscrit en premier lieu dans l'existence d'une relation de nature éducative. Ainsi, comment amener les entretiens sans susciter chez l'autre le sentiment qu'il ne serait considéré que comme objet d'étude destiné à valider une épreuve de certification ? Cette interrogation libellée à dessein de façon exagérée, vise à rappeler combien est cruciale la posture de l'éducateur spécialisé en stage ; ce qui prévaut ici est bien l'intérêt de la personne accompagnée. Il sera donc pris soin de faire coïncider la rigueur méthodologique du mémoire avec la part non maîtrisable des relations humaines.

Exemple. L'étudiant pourra expliquer de manière simple et concise l'intérêt de sa démarche quelques semaines avant de commencer. Il saura s'adapter aux temporalités et aux habitudes de chacun. Si une personne apprécie le calme d'un bureau, une autre souhaitera peut-être rester dans sa chambre pour parler. Ne pas oublier en tous les cas de respecter les aspirations de la personne à tous les moments du projet.

➤ *Les méthodes de recueil de données*

Il existe essentiellement **deux méthodes de recueil de données :**

1. La méthode quantitative. Ce type de méthode est utilisé dans le cas où le professionnel recherche une régularité statistique qui permettrait de décrire un fait social : fréquences, proportions, variations… Complexe, cette méthode demande du temps et une organisation rigoureuse.

---

33. À ce sujet, le lecteur pourra se référer à l'encart théorique « Réseaux et partenariat », p. 227.

On y retrouve différentes techniques dont voici les principales :
– *les sondages* (questionnaires, sondages d'opinion...) ;
– *les études statistiques ;*
– *l'analyse factorielle* (méthode d'analyse qui permet de dégager des facteurs communs à des variables observées).

2. La méthode qualitative. *« Et le sourire d'un schizophrène, vous le mesurez comment ? Les années qu'il faut pour qu'une rencontre soit possible, pour qu'un sourire soit possible, cela ne peut se quantifier ! »* Cette assertion de Jean Oury[34] témoigne de la nécessité de compléter les mesures quantitatives par la prise en compte d'un contenu plus qualitatif des échanges. Ainsi, les méthodes qualitatives sont destinées à entendre un discours, un contexte ; elles mettent en évidence des représentations ou des idées portées par les individus interrogés.

Plusieurs outils existent :
– *l'observation participante ;*
– *l'histoire de vie ;*
– *les tests projectifs* (outils utilisés par les psychologues qui observent les réactions spontanées d'individus face à un stimuli spécifique) ;
– *l'entretien.*

L'entretien, outil privilégié

L'entretien est l'outil susceptible d'être le plus utilisé dans le cadre des épreuves de certification du DEES. Il permet en effet de recueillir un discours argumenté et contextualisé. On distingue **trois types d'entretien**[35] :
1. Entretien non directif. Cette forme peut être utile dans le cas où aucune hypothèse n'a encore émergé de la première phase de diagnostic. Le discours des personnes interrogées guidera l'étudiant vers des problématiques non entrevues auparavant.
2. Entretien semi-directif. Cette technique permet d'interroger une personne sur des thèmes préalablement choisis mais lui laisse aussi la possibilité d'exprimer des thèmes nouveaux.
3. Entretien directif. Cette méthode permet de valider une hypothèse socio-éducative développée dès la première phase d'observation active et laisse peu de place à l'émergence de thèmes nouveaux.

L'entretien est une modalité d'investigation qui s'effectue en cinq étapes :
– *la clarification des objectifs visés* (Que cherche-t-on à savoir ? Quels sont les thèmes qui délimitent la recherche ?) ;

---

34. Citée dans *Un monde sans fous*, documentaire de Philippe Borrel.
35. Rullac Stéphane, Soris Cécile, *DC 2. Conception et conduite de projet éducatif spécialisé DEES*, Vuibert, Paris, 2008, p. 73.

– *la construction du guide d'entretien,* soit des questions que le professionnel posera à la personne interviewée, organisées par thème ;
– *le recueil de la parole* (selon les situations, cela se fera par l'enregistrement de la voix, la transcription écrite...) ;
- *la retranscription des entretiens* ;
– *l'analyse de contenu* (résumé ou interprétation) : divers éléments peuvent être observés selon les objectifs poursuivis (registre lexical des termes utilisés par les personnes entrevues, fréquence d'un terme, apparition de thèmes...).

À noter. Le candidat trouvera des informations précises au sein de l'ouvrage collectif dirigé par Stéphane Rullac, *DEES : le mémoire professionnel de l'éducateur spécialisé. Finalité, méthode, rédaction,* ESF éditeur, Paris, 2011.

4e temps : Identification des idées essentielles sur le plan de la pratique éducative à retenir vis-à-vis de la question de départ

Le travail effectué lors de cette phase exploratoire doit pouvoir être synthétisé dans un document d'une à deux pages. Il s'agit là aussi de se recentrer sur l'essentiel et de **créer un repère préparatoire à l'écrit.**

Attention. Veiller à respecter l'anonymat des personnes interrogées.

Étape 5 - La problématisation

Parler de problématisation plutôt que de problématique, c'est dire l'importance du processus qui sous-tend cette démarche. En effet, ce n'est pas une simple question mais **un cheminement réflexif et dynamique** que le candidat doit faire apparaître au sein de son mémoire. Cette problématisation peut être rédigée sur quatre à cinq pages.

Selon Stéphane Rullac :

> *« La problématique du mémoire est une généralisation de différentes problématiques éducatives qui présentent des points communs dans un ou plusieurs stage(s)*[36]. »

Selon l'ouvrage dirigé par Pascal Lièvre :

> *« La problématique sociale constitue un positionnement, un discours construit étayé, cohérent vis-à-vis de la question de départ [...]. C'est une certaine manière de voir le phénomène étudié, d'en rendre compte. Cette construction repose sur des bases théoriques et pratiques explicites*[37]. »

---

36. Rullac Stéphane (dir.), *DEES : le mémoire professionnel de l'éducateur spécialisé. Finalité, méthode, rédaction,* ESF éditeur, Paris, 2011, p. 22.
37. Lièvre Pascal (dir.), *Manuel d'initiation à la recherche en travail social. Construire un mémoire professionnel,* Presses de l'ENSP, Rennes, 2006 (2e édition), p. 72.

Problématiser, c'est donc aller plus loin que ses observations de terrain. C'est aussi aller plus loin que les concepts théoriques choisis et exposés. Il s'agit **d'articuler ces deux types de savoirs (expérientiels et théoriques)** dans une idée de construction singulière, adaptée au lieu de stage, aux potentiels et aux problématiques des personnes accompagnées.

Dans le cadre de la certification au DEES, cette démarche a une **visée opérationnelle** puisque l'éducateur spécialisé est un professionnel de l'intervention dans un but de changement. Jacques Papay propose une définition qui prend en compte la dimension active inhérente à la méthodologie de projet :

> *« Une problématique de mémoire se réalise en considérant des éléments différents, venant du champ théorique ou des expériences pratiques, qui, mis en tension les uns par rapport aux autres, forment un nœud d'interrogations à propos duquel on recherche une compréhension meilleure afin de choisir des pratiques adaptées*[38]. »

Nous ne préconiserons pas de forme standard pour la problématisation ; en effet, celle-ci dépend de la manière dont le candidat rédige et articule les éléments de son mémoire. Il convient dans tous les cas de la faire apparaître à un moment ou à un autre : ce passage doit témoigner des questionnements du candidat par la mise en tension des éléments théoriques et pratiques amenés jusque-là.

Étape 6 – La formulation des hypothèses éducatives

L'hypothèse est **une réponse proposée à la problématique** élaborée précédemment. C'est une thèse de départ que le candidat mettra à l'épreuve à l'aide du projet. Ainsi, l'hypothèse doit être opérationnelle et être formulée sur le modèle :

« Afin de répondre à... [la problématique socio-éducative], l'éducateur spécialisé peut... [un résumé des grandes finalités du projet] »

Étape 7 – L'expérimentation : le projet

Rappelons que nous avions proposé de définir le projet de la manière suivante :

> *« Le projet doit permettre à la personne de mettre son désir au travail dans un espace délimité par une loi sociale. À partir d'une relation de nature éducative, l'usager formule ainsi une demande élaborée*[39]. »

C'est bien dans le travail méthodologique proposé ci-dessus que s'inscrit le projet et la demande des personnes accompagnées.

---

38. PAPAY Jacques, *DC 2 Conception et conduite de projet éducatif spécialisé DEES-DEME*, Dunod, Paris, 2010, p. 150.
39. Voir « Les enjeux du DC 2. La méthodologie pour une vision éthique de l'accompagnement », p. 53.

Concrètement, le mémoire de fin de formation doit **faire apparaître les éléments suivants :**

– *les objectifs* (finalités, objectifs généraux, objectifs opérationnels) ;
– *les étapes du projet* (temporalité, contenu des étapes) ;
– *le degré et la teneur de l'implication du candidat ;*
– *les indicateurs d'évaluation ;*
– *les moyens sollicités* (moyens matériels, financiers, humains) ;
– *les partenaires éventuels.*

LE PROJET : DES FINALITÉS AUX OBJECTIFS OPÉRATIONNELS

« **Les finalités :** ensemble de principes et de valeurs qu'une institution se forge ou veut promouvoir pour le développement de l'homme. Les finalités se réfèrent à des convictions philosophiques, politiques, religieuses ou morales vers lesquelles nous souhaitons tendre. Souvent implicites voire abstraites, elles répondent à cette question fondamentale : pourquoi et pour quoi suis-je là ?

« **Les objectifs généraux :** énoncés d'intentions pédagogiques, éducatives qui décrivent en termes concrets les résultats escomptés. [...] Les objectifs généraux sont formulés à partir de verbes d'intention à court, moyen ou long terme : permettre, encourager, favoriser...

« **Les objectifs opérationnels :** démultiplication de l'objectif général en autant d'opérations ou d'actes indispensables au déroulement de l'action [...]. Ils sont formulés à partir de verbes d'action tels : mettre en place, organiser atteindre. »

D'après Rullac Stéphane, Soris Cécile, *DC 2. Conception et conduite de projet éducatif spécialisé DEES,* Vuibert, Paris, 2008, p. 40.

Pour vérifier la validité du projet, il convient de se poser la question suivante : **en quoi le projet proposé est-il éducatif ?** Réaliser une fiche technique pourra également être utile : elle servira à des fins de transmission aux membres de l'équipe et sera annexée au mémoire de fin de formation.

Pour s'assurer que tous les éléments auront été pris en compte, le candidat peut utiliser un outil inspiré de l'ouvrage de Joseph Rouzel, *Le travail d'éducateur spécialisé*[40] :

RECUEIL DE DONNÉES	
Quels constats ?	Mise en évidence d'une situation problématique, repérage des forces positives et négatives.
Qui ?	Qui sont les porteurs du projet ? De quel désir/de quelle demande est né le projet ?
Pour qui ?	Identification des bénéficiaires, potentialités et difficultés.

40. Rouzel Joseph, *Le travail d'éducateur spécialisé. Éthique et pratique*, Dunod, Paris, 2007 (2e édition).

ANALYSE	
Pourquoi ? (finalités)	Conceptualisation, prise de position théorique.
HYPOTHÈSES ÉDUCATIVES (ÉLABORATION)	
Quoi ?	Nom du projet.
Pour quoi ?	Objectifs du projet.
Avec qui ?	Partenaires éventuels.
Comment ?	Quels moyens ?
Quand ? Où ?	Délais, échéances et étapes. Prise en compte de l'environnement.
CLÔTURE DU PROJET	
Évaluation et suivi.	

Tableau 4. Feuille de route du projet éducatif spécialisé.
(D'après ROUZEL Joseph, *Le travail d'éducateur spécialisé. Éthique et pratique*, Dunod, Paris, 2004, p. 57)

À noter. Le projet conçu peut être individuel ; dans ce cas le candidat doit démontrer qu'il peut être généralisable à d'autres personnes sans que s'en trouve négligée leur singularité. Passer de l'expérimentation à l'élaboration théorique suppose un véritbale effort conceptuel.

Étape 8 – La validation des hypothèses : l'évaluation

L'évaluation du projet éducatif spécialisé est une composante intégrante du projet lui-même. Elle est pourtant l'objet de vives critiques et interrogations dans le secteur social et médico-social. Qu'il s'agisse d'évaluation interne, externe, ou encore d'évaluation de projet, d'aucuns en effet questionnent sa fonction en regard des exigences budgétaires des instances tarificatrices, mettant en cause son utilité même. Cultiver une conscience fine des mécanismes politiques et économiques propres à l'action sociale, sanitaire et médico-sociale n'est pas censé priver les acteurs de terrain, et notamment les éducateurs spécialisés, de porter un regard critique sur leurs interventions. D'ailleurs, c'est entre autres ce regard, *a priori* et *a posteriori*, qui permet d'inscrire la profession d'éducateur spécialisé dans une professionnalité identifiée et identifiable auprès des autres corps de métier.

Un mode de savoir sur l'action éducative

L'évaluation fait partie du projet, en tant qu'elle constitue **un savoir sur l'action au**

service des personnes accompagnées. L'évaluation, quand elle est menée avec la personne, peut par exemple faire émerger des écarts entre sa demande explicite et son véritable désir. Elle ménage un espace d'altérité à même de recevoir la parole singulière d'une personne et où peuvent alors s'étudier les réajustements à opérer en regard des besoins réels et de la temporalité des personnes. L'évaluation invalide l'existence fantasmatique d'un savoir absolu de l'éducateur spécialisé sur les personnes qu'il accompagne. En outre, elle permet l'objectivation du jugement des actions mises en place ; en effet, la création d'indicateurs et de critères d'évaluation relativise la vision subjective, de ce fait parfois réductrice, du professionnel.

D'ores et déjà, ne pensons pas l'évaluation comme la vérification d'une conformité établie mais bien comme la mise en évidence d'une réalité non maîtrisable. En soi, le projet est constitué d'une série d'évaluations différenciées, du diagnostic à la clôture en passant par toutes les réunions encadrant le projet. François Alföldi, dans un de ses ouvrages, la définit comme un « *processus qui produit un jugement de valeur pondéré, à partir d'un ensemble d'informations factuelles, en fonction d'un ensemble de critères étalonnés et sous l'influence du système de valeurs des évaluateurs*[41] » ; il y a bien ici l'idée d'« attribuer une valeur » à une action, par la construction de critères objectivés.

FOCUS SUR L'ÉVALUATION

L'évaluation peut avoir lieu en cours de processus (réajustements possibles) et en fin de processus (évaluation générale).
Finalités de l'évaluation de projet : évaluer la cohérence et la pertinence, évaluer l'efficience (meilleure affectation possible des ressources allouées), s'engager dans une démarche évaluative continue (intégrée à l'accompagnement global), ouvrir sur l'inédit (permettre l'intervention des incertitudes).
Modèles d'évaluation : modèle hypothético-déductif (construction d'hypothèses à partir d'éléments théoriques existants), modèle hypothético-inductif (construction d'hypothèses à partir des observations faites auprès de différents acteurs).

D'après Cécile Soris in Rullac Stéphane (dir.), *DEES : le mémoire professionnel de l'éducateur spécialisé. Finalité, méthode, rédaction,* ESF éditeur, Paris, 2011, p. 71.

Nous pouvons proposer pour le projet éducatif spécialisé **deux niveaux d'évaluation :**
1. Le point de vue de la personne accueillie : « *L'usager, à la fois acteur et sujet de l'intervention, est appelé à évaluer sa propre situation et son évolution tant objective que subjective, les changements tant externes qu'internes.* » (Itinéraire, évolution de sa situation, pertinence du projet par rapport à ses besoins, satisfaction ou non...).
2. Le point de vue du travailleur social et de l'équipe.

41. Alföldi Francis, *Évaluer en protection de l'enfance,* Dunod, Paris, 2010, p. 242.

Des outils d'évaluation

Le stagiaire éducateur spécialisé construira des outils d'évaluation en fonction du résultat et de la pertinence recherchés. Nous en proposons ici quelques-uns :

BUT VISÉ	OUTIL(S)
Évaluation générale	Technique de l'arbre (arborescence des objectifs et indicateurs).
Recueil d'un discours sur l'action (mesure qualitative)	Carnet de bord. Écrits témoignant de l'action mise en œuvre. Guide d'entretien.
Mesure quantitative	Questionnaire. Outils statistiques.
Analyse des résultats et de l'impact	Croisement des données recueillies. Échelle de mouvement.
Analyse de sa propre intervention	Autoquestionnaire (besoins repérés au départ, contenu de la réflexion théorique, contenu du projet avec mise en évidence des objectifs/résultats...).

Tableau 5. Les outils d'évaluation du projet éducatif spécialisé
(D'après De Robertis Cristina, *Méthodologie de l'intervention en travail social*, Bayard, 2008, Paris, p. 333)

Certains de ces outils ont été présentés précédemment. Nous nous attarderons ici sur « la technique de l'arbre ». Cristina de Robertis propose l'outil suivant :

<table>
<tr><td rowspan="12">Réalité considérée : situation de la personne, de la famille ou du groupe</td><td rowspan="4">Objectif général d'intervention n° 1</td><td rowspan="2">objectif opérationnel</td><td>indicateur</td></tr>
<tr><td>indicateur</td></tr>
<tr><td rowspan="2">objectif opérationnel</td><td>indicateur</td></tr>
<tr><td>indicateur</td></tr>
<tr><td rowspan="4">Objectif général d'intervention n° 2</td><td rowspan="2">objectif opérationnel</td><td>indicateur</td></tr>
<tr><td>indicateur</td></tr>
<tr><td rowspan="2">objectif opérationnel</td><td>indicateur</td></tr>
<tr><td>indicateur</td></tr>
<tr><td rowspan="4">Objectif général d'intervention n° 3</td><td rowspan="2">objectif opérationnel</td><td>indicateur</td></tr>
<tr><td>indicateur</td></tr>
<tr><td rowspan="2">objectif opérationnel</td><td>indicateur</td></tr>
<tr><td>indicateur</td></tr>
</table>

Tableau 6. Évaluation – La technique de l'arbre
(In De Robertis Cristina, *Méthodologie de l'intervention en travail social*, Bayard, Paris, 2008, p. 336)

Le candidat reprend dans ce tableau les objectifs généraux et opérationnels du projet mis en place ainsi que les indicateurs d'évaluation[42] construits pour chacun d'entre eux. Cette technique permet d'envisager l'évaluation avant la mise en place effective du projet, et c'est bien dans la construction d'un tel outil que l'étudiant pourra démontrer son approche fine du projet éducatif spécialisé.

Étape 9 – Le passage à l'écrit[43]

Chaque étudiant a une manière de fonctionner qui lui est propre. Pour autant, nous ne saurions que conseiller un passage rapide à l'écriture pour la mise en œuvre du mémoire de fin de formation. La première étape consiste en la construction détaillée du plan. Certains choisiront de laisser apparaître leur démarche méthodologique quand d'autres privilégieront une lecture personnalisée. Le plan devra *« montrer au lecteur le cheminement, l'ordonnancement, la hiérarchisation qui est faite pour parvenir à éclairer le sujet du mémoire[44] »*.

Dans tous les cas, le jury doit pouvoir identifier **trois phases de travail :**

1. La phase de diagnostic (recueil des données).

2. La phase d'analyse et de problématisation.

3. Le projet éducatif spécialisé et son évaluation.

Éléments d'évaluation du mémoire

L'ouvrage *DEES : le mémoire professionnel de l'éducateur spécialisé* propose une hiérarchisation des éléments d'évaluation du mémoire de fin de formation qui peut servir de guide : voir le tableau ci-contre.

L'étudiant pourra soumettre son plan à une personne extérieure au lieu de stage (par exemple à son guidant de mémoire) pour tester sa validité et son intérêt. La rédaction peut ensuite se faire de manière indépendante pour certaines parties du mémoire (cadre institutionnel, aspects descriptifs) même si, dans un souci d'homogénéisation, plusieurs phases de relectures/réécritures seront nécessaires.

---

42. Les indicateurs sont « constitués d'éléments d'information et de données objectives et observables » pour mesurer l'atteinte des objectifs opérationnels, in : Rullac Stéphane, Soris Cécile, *DC 2. Conception et conduite de projet éducatif spécialisé DEES*, Vuibert, Paris, 2008, p. 148.
43. Une fiche pratique est proposée en fin d'ouvrage : Conseils transversaux aux épreuves écrites du DEES (p. 311).
44. Rullac Stéphane (dir.), *DEES : le mémoire professionnel de l'éducateur spécialisé. Finalité, méthode, rédaction*, ESF éditeur, Paris, 2011, p. 125.

Différentes séquences du mémoire	Permet de vérifier la capacité à	Indicateurs
Introduction	- Présenter la démarche et sa progression.	- Rigueur, pertinence et cohérence des différentes étapes de la démarche.
Présentation du décor institutionnel et juridique, ainsi que des acteurs (professionnels et usagers) : - décrire les situations ; - spécifier la qualité des acteurs en présence ; - donner des éléments d'information référant au cadre règlementaire et juridique, en lien avec les situations.	- Contextualiser des situations professionnelles.	- Connaissance de l'établissement, des dispositifs de référence, du cadre juridique encadrant ses objectifs et missions. - Aptitude à contextualiser une situation en la situant dans un cadre professionnel.
Élaboration d'un diagnostic socio-éducatif : - mettre en relief des concepts qui permettent l'éclairage et le décryptage des situations ; - dégager une problématique et des hypothèses d'action.	- Analyser et formaliser un diagnostic. - Dégager une problématique et des hypothèses d'action.	- Cohérence des éléments théoriques. - Adéquation du lien/pratique. - Prise en compte des références professionnelles, éthiques et déontologiques. - Pertinence du diagnostic.
Conception du projet et participation à sa mise en œuvre : - formuler des objectifs au regard des hypothèses d'action ; - formaliser les différentes étapes et actions à mener, présenter les acteurs et les moyens mobilisés ou mobilisables (leur place, leur rôle, leur degré d'implication) ; - spécifier les ressources nécessaires pour développer ce projet et les indicateurs d'évaluation.	- Concevoir, mettre en œuvre et évaluer un projet dans le champ éducatif.	- Articulation avec la problématique présentée. - Pertinence des éléments d'analyse apportés au regard du cadre et missions de l'institution. - Participation des usagers. - Dimension méthodologique du projet : présentation d'objectifs, moyens, indicateurs d'évaluation, prise en compte des références professionnelles éthiques. - Rôle et place du concepteur dans la dynamique du projet.
Quelle est la plus-value de ce projet et sur quels aspects ? Quels apports professionnels et personnels en termes de compétences cet exercice a-t-il permis d'apporter et d'améliorer ?	- Construire une identité et une posture professionnelles.	- Réflexion sur sa posture et son implication professionnelle. - Apports de ce travail sur le plan professionnel.

Conclusion	- Faire une synthèse et élaborer des perspectives.	- Synthèse des apports du mémoire à la professionnalisation en construction. - Ouverture vers d'autres questionnements possibles.
Bibliographie	- Connaître la littérature scientifique, experte et professionnelle.	- Rigueur, cohérence et pertinence de la sélection des ouvrages, revues et articles.

Tableau 7. Contenu du mémoire de l'éducateur spécialisé et éléments d'évaluation (TOUIL Nordine, in : RULLAC Stéphane (dir.), *DEES : le mémoire professionnel de l'éducateur spécialisé. Finalité, méthode, rédaction*, ESF éditeur, Paris, 2011, p. 52)

Prise de distance et créativité

L'étudiant devra parfois **prendre de la distance** avec son écrit pour y replonger quelque temps après. L'élaboration d'un mémoire est en effet un travail de longue haleine qui demande d'infléchir le cours de sa réflexion et de ses recherches, de réviser ses hypothèses, de compléter ses recherches, bref de s'adapter à chaque instant sans oublier de se reporter à son planning de réalisation et à la date de rendu final. *« L'écriture d'un mémoire ne consiste pas tant à écrire ce que l'on a vu [...] qu'à écrire ce que l'on regarde »* argue Guy-Noël Pasquet dans l'ouvrage *DEES : le mémoire professionnel de l'éducateur spécialisé*. Il s'agit effectivement de **faire valoir sa professionnalité** mais aussi son style d'écriture et de pensée : soit de **faire sien cet écrit**. Le mémoire de fin de formation est l'aboutissement d'une construction professionnelle mais il est constitué d'autant d'espaces de liberté que le candidat souhaitera ou non saisir.

Voici quelques éléments du mémoire sur lesquels **faire valoir sa créativité** :
- le choix du titre ;
- la présence d'une ou de plusieurs citations en début de mémoire et/ou entre les grandes parties du mémoire ;
- le style d'écriture ;
- l'intitulé des parties.

Modalités pratiques de présentation

Hormis les règles proposées dans la fiche pratique « Conseils transversaux aux épreuves écrites du DEES[45] », et si l'institut de formation ne donne pas d'indications différentes, il convient d'observer les modalités suivantes :

45. Voir p. 311.

- police : Times New Roman ;
- taille ou corps : 12 pour le texte général, 16 pour les titres des grandes parties, 14 pour les titres des sous-parties ;
- interligne : 1,5 ;
- marges : 2,5 cm de chaque côté, 3,5 cm à gauche si la reliure l'exige ;
- justification du texte ;
- pagination des pages de l'introduction à la conclusion ;
- volume d'environ 50 pages ;
- introduction et conclusion de 2 à 5 pages chacune.

Étape 10 – L'épreuve orale[46]

Peu de temps après le rendu du mémoire de fin de formation, l'étudiant soutiendra celui-ci à l'oral devant un jury composé de deux personnes : des professionnels de l'éducation spécialisée ou un professionnel de l'éducation spécialisée et une personne exerçant dans un secteur plus ou moins proche du travail social. Une possibilité à ne pas négliger et qui induit un effort particulier de la part du candidat : il lui appartient de **« faire voir sa fonction »**, en imaginant que l'une des personnes en face de lui est néophyte.

Points pouvant être abordés à l'oral

Le jury aura déjà lu et noté l'écrit ; il ne s'agit donc pas de reprendre son contenu de manière linéaire et répétitive. Comme pour tous les autres oraux de la certification au DEES, le candidat aura à faire montre de **sa distanciation avec l'écrit**.

Voici plusieurs points pouvant être abordés :
Ce que le candidat n'est pas parvenu à faire figurer dans le dossier : au cours de la rédaction, la contrainte liée au nombre de pages a pu amener le rédacteur à se limiter à l'essentiel. L'oral est le moment d'évoquer ces détails qui n'en sont pas moins importants pour la compréhension du dossier.
Une analyse distanciée des difficultés rencontrées : une fois le stage achevé et le dossier rendu à l'institut de formation, des constats non entrevus auparavant émergent parfois dans l'esprit de l'étudiant. Ainsi, ce qui pouvait être vécu de manière difficile pendant le stage peut être analysé avec plus de distance et servir la vision objective du candidat.
Les effets et la suite du projet éducatif proposé : il s'agit de porter un regard *a posteriori* sur le projet mis en place. Quelle prise de relais, s'il y en a une ? Quelles évolutions ? Comment les personnes ou l'équipe se saisissent du projet ? Qu'a amené l'évaluation de nouveau ? Si c'était à refaire, la démarche serait-elle la

46. Voir Fiche pratique p. 319.

même ? Il ne s'agit pas de démonter le travail effectué mais d'être capable d'autocritique, au sens littéral du terme.
Autres éléments vus comme importants par le candidat.

Critères de notation de l'oral

Les **principaux critères** de notation de l'oral sont :
- la capacité à témoigner de la distance prise avec l'écrit ;
- l'évolution du questionnement ;
- l'objectivation des propos (autocritique) ;
- les capacités d'argumentation ;
- la justification des choix méthodologiques, l'appropriation des concepts ;
- la capacité à rendre compte de la pratique professionnelle et du transfert des compétences acquises.

DC 2.2. Mémoire professionnel. Entraînement

Avertissement. Les exemples qui suivent constituent des propositions. En effet, il n'existe pas une réponse unique à une problématique mais des éléments de réponses soumis à la complexité du métier d'éducateur spécialisé.

Sont proposés ici deux exemples d'élaboration de mémoire présentant la mise en place d'un projet avec deux publics différents. L'étude de ces deux exemples montrera comment chaque étudiant peut se saisir d'une consigne et d'attendus formalisés pour faire valoir sa vision de la professionnalité.

Mémoire professionnel. 1er exemple commenté : *Équipe mobile psychiatrie précarité* – IMF Marseille

Diplôme d'État d'Éducateur Spécialisé
MÉMOIRE PROFESSIONNEL DC 2.2
Soutenu le 10 juin 2011
Promotion 2008-2011
IMF Marseille

Contexte. Dans le cadre de sa formation d'éducatrice spécialisée, Célia effectue son stage professionnel dans une Équipe Mobile Psychiatrie Précarité (EMPP) ; il s'agit d'une équipe pluridisciplinaire[47] (pôle médical, pôle social, pôle intermé-

47. Selon Jacques Papay, l'équipe pluridisciplinaire concerne « les professionnels du plateau technique » qui se réfèrent à des corpus théoriques spécifiques, in : Papay Jacques, *DC 3. Communication professionnelle en travail social,* Vuibert, Paris, 2008, p. 15. Le lecteur trouvera plus de détails dans la partie consacrée au DC 3 (p. 167).

diaire composé de travailleurs pairs[48]) dont l'objectif principal est « d'améliorer l'accès aux soins, au logement et à la citoyenneté des personnes présentant des troubles psychiatriques sévères et vivant dans la rue[49] ».
L'institut de formation a fourni aux étudiants une consigne circonstanciée dès l'entrée en stage :

Modalités de l'épreuve écrite

Cet écrit s'inscrit dans une démarche de projet dont la mise en œuvre n'a pas été forcément réalisée. L'évaluation portera sur la cohérence de la réflexion et la pertinence du projet. À ce titre, tous les indicateurs de compétences ne seront peut-être pas abordés.
La note est impérativement attribuée avant l'audition du candidat.

Modalités de l'épreuve orale

Le candidat devra rendre compte à l'oral des compétences attendues.
Il bénéficie de 5 à 10 minutes maximum afin de faire une présentation de son travail. L'entretien oral permettra d'éclairer ou de répondre aux questions restées en suspens lors de la lecture de l'écrit ou lors de la présentation orale.

Objectifs de l'épreuve

Il s'agit de rédiger un mémoire professionnel, qui doit participer à la construction d'une identité professionnelle d'éducateur spécialisé, dont l'objectif est de développer des compétences en terme de méthodologie de projet et pour finalité, la construction d'une capacité réflexive, d'un sens critique sur l'action éducative.

Démarche

1. *Élaboration d'un diagnostic socio-éducatif problématisé* :
– en vous appuyant sur vos observations et collectes de données concernant les publics, l'institution, le réseau et le territoire, vous dresserez une série de constats quantitatifs et qualitatifs ;
– suite à vos constats, vous réaliserez un diagnostic socio-éducatif de la, ou des situations retenues ;
– vous procéderez à l'analyse de celle-ci en tenant compte des différents éléments théoriques et pratiques qui la constituent, en lien avec l'environnement social et économique, avec l'objectif d'y apporter une réponse, formulée sous forme d'hypothèse et d'axe de proposition d'action éducative ;
– vous ferez part des modalités de l'évaluation que vous envisagez (finalités, méthodologies privilégiées, critères d'évaluation).

48. Les travailleurs pairs, ou pairs-aidants sont des salariés qui détiennent des compétences dites « expérientielles », du fait qu'ils ont vécu ou vivent une des problématiques rencontrées par le public accompagné.
49. Référentiel de l'équipe mobile psychiatrie précarité, Hôpital X., Service du professeur N., février 2010.

2. *Démarche de projet* :
– vous expliciterez le sens du projet, et justifierez les visées, les finalités, les motifs, les raisons de vos choix (pour qui faire, pour quoi faire, dans quel but) ;
– vous élaborerez un plan d'action, qui doit rendre compte de son opérationnalisation, les objectifs à atteindre, les moyens à mettre en œuvre, financement, phasage et étapes calendaires, assise institutionnelle et évaluation globale (comment) ;
– vous décrirez et analyserez votre cheminement, en faisant ressortir les dimensions de mobilisation de ressources internes et externes, le rôle et la place des familles et des usagers, le cadre de la mission, les stratégies d'équipe et l'implication hiérarchique, mais aussi votre propre implication, vos difficultés rencontrées, les solutions trouvées, l'apport pour votre construction identitaire (quels sont les différents niveaux d'implication, quelles difficultés, quelle compréhension du métier).

Le contenu de cette consigne est relativement précis au regard des attendus opérationnels véhiculés notamment par le référentiel de compétences. Ses rédacteurs font apparaître la nécessité de l'observation et du recueil de données avant l'intervention plus active auprès du public. Il s'agit donc de proposer des axes d'intervention *en fonction de* besoins repérés et *en réponse à* une demande élaborée dans le cadre de la relation éducative.

« Je ne comprends pas pourquoi les stagiaires veulent toujours faire à tout prix. Pourquoi ne se contentent-ils pas simplement d'être là ? Juste "être là"... puisque, de toute façon, ils s'en vont après... », disait une infirmière de l'EMPP dès l'arrivée de Célia en stage. Cette assertion, si elle a dans un premier temps décontenancé l'étudiante, a eu le mérite de dire quelque chose de l'idée que se faisaient des professionnels de la démarche de projet. Parce que l'intervention implique les représentations et attendus d'une équipe, Célia ne pouvait pas ignorer cette aversion dans sa manière d'envisager son stage.

Ainsi, comment inscrire le projet dans une démarche acceptable par les personnes, mais aussi par les professionnels de l'équipe ? Comment démontrer qu'être en projet, c'est « être au monde » ?

Étapes 1 et 2 – De l'observation active à la question de départ

Cette conversation, si elle a eu lieu au comptoir de café, fait partie des éléments que l'étudiant doit prendre en compte dans le cadre de son observation, au même titre que des éléments plus formels. Ces instants viennent en effet dire la manière dont sera accueillie l'initiative du stagiaire.

La période d'observation active aura duré entre trois et quatre mois pour Célia, qui s'est appuyée sur l'écriture quotidienne de ses observations et de son vécu sur le terrain dans un carnet de bord. Après ces quelques mois au cours desquels elle aura accumulé à la fois du matériel clinique et des données théoriques (référentiel de l'EMPP, articles, ouvrages généraux...), elle sera en mesure de présenter les niveaux de son observation et commencera très tôt à les formaliser à l'écrit.

Point de ses observations

Voici un point non exhaustif sur les premiers éléments rassemblés lors de cette phase de travail :

Contexte global	- Historique militant et bénévole. - Financement : ministère de la Santé, ONG M., Groupement Régional de Santé Publique. - Habilitation : Circulaire n°2005-521 du 23 novembre 2005 relative à la prise en charge des besoins en santé mentale des personnes en situation de précarité et d'exclusion et à la mise en œuvre d'équipes mobiles spécialisées en psychiatrie. - Principes d'action : *recovery, empowerment,* santé communautaire.
Secteur géographique	Pour des raisons de confidentialité, les résultats de cette recherche ne sont pas communiqués.
Service d'affectation du stagiaire	- Rattachée au pôle psychiatrie X. - Missions : réduction des risques dans une logique communautaire, suivi sur un volet sanitaire et social, alimentation du réseau autour des personnes.
Relations entre travailleur social et personnes	Démarche d'*aller vers* les personnes susceptibles d'intégrer la file active (tournées de rue), orientation, suivi à l'hôpital, en résidence accueil ou en appartement autonome.
Personnes accompagnées	- Personnes de la rue souffrant de troubles psychiatriques sévères n'ayant pas accès aux soins. - Demande : lutter contre l'ennui.

Un paradoxe

Au cours des ateliers de regroupement à l'institut de formation, Célia a formulé ses observations en s'appuyant sur un paradoxe :
- l'EMPP s'inscrit dans des logiques d'*empowerment*, autrement dit sur un « *processus qui s'appuie sur l'implication active et dynamique des personnes dans leur contexte environnemental, en prenant en compte les réalités individuelles*[50] » ;

50. Rullac Stéphane, Ott Laurent, *Dictionnaire pratique du travail social,* Dunod, Paris, 2010, p. 103.

– peu de personnes, dans la période d'observation de l'étudiante, se saisissent des espaces dits « communautaires » alors même que la question de l'ennui revient systématiquement dans les échanges entre le professionnel et les personnes accompagnées.

Ces observations s'appuient sur des **vignettes cliniques** précises que l'étudiante aura identifiées au sein de son carnet de bord et qui apparaîtront de manière dynamique dans le mémoire professionnel.

C'est à partir de ces éléments que Célia formulera le **constat** suivant :

> **« Les logiques communautaires, si elles sont saisies par une minorité des personnes prises en charge, sont d'un abord peu accessible pour les personnes souffrant de troubles psychotiques, du fait des difficultés individuelles liées à la maladie. »**

De ce constat découlera la formulation d'une **question de départ** :

> **« Quels procédés éducatifs l'éducateur spécialisé peut-il utiliser pour concilier pédagogie de groupe (*empowerment*, santé communautaire) et prise en compte du vécu individuel des personnes psychotiques ? »**

Étape 3 – L'exploration théorique

Il va sans dire que tous les termes utilisés dans le cadre du questionnement précédent ont été au préalable définis par l'étudiante, au regard de théories identifiées. Afin de faciliter le passage de la recherche à la formalisation écrite, elle a utilisé une fiche sur laquelle elle a inscrit toutes les **définitions référencées en lien avec l'objet de son investigation**.

Voici ses premières **sources d'information** :

> **DECLERCK Patrick, *Les naufragés. Avec les clochards de Paris,* Terre Humaine Poche, Paris, 2001.**
> **FOUCAULT Michel, *Histoire de la folie à l'âge classique,* Gallimard, Paris, 1961.**
> **GOUDET Bernard, *Développer des pratiques communautaires en santé et développement local,* Chronique sociale, Lyon, 2009.**
> **LLORCA Pierre-Michel, *Mieux connaître la schizophrénie,* John Libbey Eurotext, Paris, 2006.**
> **PEDINIELLI Jean-Louis et GIMÉNEZ Guy, *Les psychoses de l'adulte,* Armand Colin, 2009 (2e édition).**

Une fois sa question de départ formulée, Célia a pu débuter une exploration théorique plus précise. Pour cela, elle a utilisé **l'outil proposé par l'ouvrage** *Manuel d'initiation à la recherche en travail social*[51] :

---

51. LIÈVRE Pascal (dir.), *Manuel d'initiation à la recherche en travail social, Construire un mémoire professionnel,* Éditions ENSP, Rennes, 2006 (2e édition), p. 43.

MOTS-CLÉS DE DÉPART	MOTS-CLÉS EN ASSOCIATION D'IDÉES	AUTEURS OU DOMAINES
Procédés éducatifs	- Outils - Projet	RULLAC Stéphane, SORIS Cécile, *DC 2. Conception et conduite de projet éducatif spécialisé DEES,* Vuibert, Paris, 2008.
Éducateur spécialisé	- Métier - Compétences	NIEWIADOMSKI Christophe, « Accompagnement, travail social, postures cliniques et enjeux éthiques », in : *Éducation permanente*, n° 153, 2002, pp. 167-177.
Pédagogie de groupe	- *Empowerment* - Santé et travail social communautaires - Pédagogie	GOUDET Bernard, *Développer des pratiques communautaires en santé et développement local,* Chronique sociale, Lyon, 2009.
Maintien des individualités	- Identité	MUCHIELLI Alex, *L'identité,* PUF, Paris, 2002.
Personnes psychotiques	- Maladie mentale - Schizophrénie	PEDINIELLI Jean-Louis et GIMÉNEZ Guy, *Les psychoses de l'adulte,* Armand Colin, 2009 (2e édition).

Une fiche de lecture a été réalisée pour l'ouvrage suivant : GOUDET Bernard, *Développer des pratiques communautaires en santé et développement local*, car il regroupe un grand nombre d'informations théoriques sur la question du projet autour de la santé communautaire.

Célia a commencé à rédiger quelques paragraphes après avoir exploré ces ouvrages/articles, de manière à pouvoir les utiliser lors de la rédaction du mémoire de fin de formation. Voici, à ce moment du diagnostic, **les types de données** qu'elle avait déjà assimilés :

Le cadre d'intervention de l'EMPP : ....

La maladie mentale/La schizophrénie (quels vécus ?) : ....

La santé communautaire : ....

Le travail social communautaire : ....

L'*empowerment* : ....

Le rétablissement : ....

Les pairs-aidants : ....

Sans-abris, sans domicile fixe, grande marginalité : ....

Étape 4 – L'exploration pratique

Parce que les pratiques de l'EMPP sont de type expérimental, et parce qu'elle s'est elle-même trouvé à animer dès le début de son stage des ateliers de création l'amenant à un va-et-vient pratique/théorie, Célia a choisi d'adopter une **démarche empirique, dite par tâtonnement**. Il s'agit d'un « *mode de conceptualisation par approximations successives, interférentes, s'étalant plus ou moins dans le temps*[52] ». Nous verrons dans la mise en place de l'hypothèse socio-éducative en quoi les attendus du référentiel du DEES (mener un projet) et leurs postulats (le projet comme réponse éducative) ont influencé la recherche de l'étudiante.

Étape 5 – La problématisation

Ainsi, c'est sur l'articulation entre des principes théoriques assimilés et ses observations que Célia a élaboré une problématique socio-éducative. Rappelons brièvement **les étapes jusque-là parcourues :**

– *recueil brut par l'observation ;*
– *mise en avant d'un paradoxe* entre finalités de l'EMPP et vécu/discours des personnes accompagnées ;
– *recherche documentaire à partir d'une question de départ.*

La recherche documentaire a permis à Célia de **mettre à jour de nouveaux éléments**, non considérés au départ :

– *les limites de l'*empowerment : vision néolibérale de l'accompagnement, risque de déni de la temporalité de la personne face à sa maladie (déni, prise de conscience, refus ou acceptation de la maladie), « hyper-responsabilisation » des personnes ;
– *les limites du communautaire :* identité collective basée sur l'existence d'un stigmate (maladie mentale) ignorant la dimension individuelle, postulat du groupe laissant peu de place aux personnes qui recherchent la solitude, rétablissement individuel par la sortie du groupe pour certaines personnes.

Afin d'éclaircir ces questions, Célia a dû consulter de **nouvelles sources documentaires**. La problématisation s'inscrit dans un processus alternant entre des constats, des interrogations et le recours à des sources théoriques :

CORIN Ellen, « Se rétablir après une crise psychotique : ouvrir une voie ? Retrouver sa voix ? », in : *Santé mentale au Québec,* Vol. 27, n° 1, 2002, pp. 65-82.
JOUVE Bernard, « L'empowerment : entre mythe et réalités, entre espoir et désenchantement », in : *Géographie, économie, société*, vol. 8, 2006, pp. 5-15.
NOISEUX Sylvie, RICARD Nicole, « Le rétablissement des personnes vivant avec la schizophrénie », in : *Perspective infirmière,* novembre-décembre 2005.
ROGEL Thierry, « La stigmatisation », in : *Idées,* n° 107, mars 1997.

52. LÉMERY Edmond et Janou, « Méthode naturelle d'apprentissage par tâtonnement expérimental », in : *Le Nouvel Éducateur,* n° 157, mars 2004, pp. 29-35.

La problématique socio-éducative s'est alors matérialisée en plusieurs questions :

Si l'équipe de soin, par la thérapie ou la prescription de traitements, permet à certaines personnes d'être dans un processus de rétablissement, qu'en est-il pour celles qui sont dans le déni de la maladie ou le refus de soin ? Quel rôle l'éducateur spécialisé a-t-il à jouer dans cette dynamique de soin ? Comment peut-il agir pendant le temps qui mène de la rencontre avec la personne vers son entrée éventuelle dans une phase active de rétablissement ?
En deçà de l'aspect communautaire compris comme une ressource, j'ai pu émettre l'hypothèse que cette dimension de l'accueil et du soin puisse mettre à mal certaines personnes souffrant de troubles psychotiques.
Par conséquent, comment conduire ces dernières vers le champ social sans qu'elles se sentent menacées dans leur identité ? Dans quelle mesure l'éducateur spécialisé peut-il mener une intervention complémentaire aux actions communautaires, en particulier vis-à-vis des personnes qui ne se reconnaissent pas encore malades et n'ont donc pas avancé dans la prise de conscience de leurs stratégies ? Comment peut-il entrer en relation avec les personnes qui ne trouvent pas leur place dans le communautaire ?

À noter. Dans l'écrit du mémoire, la formulation de cette problématique socio-éducative est venue après une argumentation questionnante de sept pages.

Étape 6 – La formulation des hypothèses éducatives

Nous avons vu plus tôt que Célia n'a pas jugé utile d'avoir recours à l'exploration pratique au travers d'entretiens (cf. p. 127) dans le cadre de la partie « diagnostic » de son travail de mémoire.

Célia postule que l'un des attendus principaux à cette épreuve du DEES est le questionnement de la médiation éducative s'appuyant sur le projet. Aussi, entre la formulation de sa problématique socio-éducative et de ses hypothèses d'action, elle a choisi de se centrer sur ce thème et a approfondi ses recherches sur :
– *la pédagogie active,* un modèle éducatif en lien avec les logiques communautaires et l'*empowerment* ;
– *la médiation éducative,* en recourant aux travaux de Donald W. Winnicott sur l'objet transitionnel et en posant le postulat que l'éducateur spécialisé est un passeur, en ce sens où il aide la personne à « passer » d'une réalité psychique à une réalité sociale, à faire le lien entre les deux.

Cette dialectisation a amené Célia à **mettre en avant deux points :**
- les fondements théoriques sur lesquels s'appuie l'EMPP constituent une référence générale, mais dessinent aussi un « idéal d'intervention » qui n'est pas nécessairement pertinent pour toutes les personnes accompagnées ;
- l'éducateur spécialisé s'appuie sur ces notions issues des fondements théoriques de l'EMPP pour se positionner en facilitateur, en passeur ; il a donc un rôle de médiateur.

Plusieurs hypothèses éducatives intermédiaires lui ont ainsi permis d'aboutir à **une hypothèse éducative générale**.

> **Hypothèse 1 :** L'éducateur spécialisé a pour mission de proposer à la personne un espace physique et/ou symbolique dans lequel elle puisse articuler sphère individuelle et sphère sociale par la mise en œuvre de ses compétences personnelles.
> **Hypothèse 2 :** L'identité du sujet est imbriquée à son environnement social.
> **Hypothèse 3 :** La mise en place d'ateliers alliant prise en compte individuelle et considération groupale permet de symboliser le champ social.
> **Hypothèse générale :** Afin de répondre aux besoins des personnes non intégrées dans la dynamique communautaire et au regard d'une réflexion alliant théorie et pratique, il semble que l'éducateur spécialisé puisse mettre en place un accompagnement qui prenne en compte l'identité de la personne autant que ses habiletés sociales pour l'amener à une conscientisation de ses compétences. À cet égard, je propose un projet qui sera traversé par des enjeux symboliques et des expériences réelles.

Étape 7 – L'expérimentation : le projet

Au regard de la réflexion qu'elle a menée tout au long de la première phase (étapes 1 et 2), Célia a choisi de mettre en place des **ateliers collectifs de nature artistique**. Leurs **caractéristiques et enjeux** sont spécifiés dans le tableau suivant[53] qui fait office de feuille de route du projet éducatif spécialisé (ce tableau ne figure pas dans l'écrit final) :

RECUEIL DE DONNÉES	
Quels constats ?	Les logiques communautaires, si elles sont saisies par une minorité des personnes prises en charge, sont d'un abord peu accessible aux personnes souffrant de troubles psychotiques, du fait des difficultés individuelles liées à la maladie.
Qui ?	- EMPP/Groupe d'Entraide Mutuelle (GEM)/Résidence accueil - Projet porté par Célia, stagiaire éducatrice spécialisée, validé par l'ensemble de l'équipe.
Pour qui ?	Personnes de la file active, dans la rue, dans la résidence accueil et dans les appartements autonomes.
ANALYSE	
Pourquoi ? (finalités) Célia s'est appuyée sur les significations étymologiques de l'éducation *(educare/educere)*.	- Émergence d'un sujet singulier. - Intériorisation des contraintes sociales.

53. Tableau conçu d'après Rouzel Joseph, *Le travail d'éducateur spécialisé. Éthique et pratique,* Dunod, Paris, 2004, p. 57.

HYPOTHÈSES ÉDUCATIVES (ÉLABORATION)	
Quoi ?	Ateliers collectifs de pratiques artistiques.
Pour quoi ?	- Permettre l'extériorisation de sentiments ou émotions personnels et difficiles à exprimer. - Proposer un espace de rencontre, repérable dans le temps. - Rompre l'isolement. - Valoriser et conscientiser les compétences individuelles, créatives et relationnelles des participants.
Avec qui ?	GEM/Association porteuse de la résidence accueil M.
Comment ?	- Moyens : 200 euros (achat de matériel, détaillé dans une fiche technique à l'attention du service comptable), présence d'un psychiatre/psychologue tout au long du projet.
Quand ? Où ?	- Atelier de peinture le lundi matin entre 9 h 30 et 12 h 00 à la résidence accueil M. du 18 octobre 2010 au 11 avril 2011, dans une dynamique « d'aller vers », en direction des habitants du M. - Atelier d'écriture le vendredi après-midi entre 14 h 00 et 17 h 00 dans les locaux du GEM partenaire du 27 octobre 2010 au 13 avril 2011, en direction de toutes les personnes de la file active et des adhérents du GEM. Cet atelier s'inscrit dans la redynamisation du partenariat entre le GEM et l'EMPP.
CLÔTURE DU PROJET	
Évaluation, fabrication d'outils (voir ci-après).	

Afin d'inscrire ce projet dans l'action globale de l'équipe, Célia a pris soin de réaliser un document précisant tous ces éléments et de le transmettre aux membres de l'équipe ainsi qu'aux services de la direction, non présents sur les temps d'intervention de l'EMPP.

Ce document a également été utilisé pour justifier la demande de financement du matériel utile à la mise en place des ateliers.

Étape 8 – La validation des hypothèses éducatives : l'évaluation

Dès l'écriture du projet, Célia a tenté d'imaginer les **critères d'évaluation** et a construit des **outils à cet effet**.

Évaluation des ateliers de peinture

Pour les ateliers de peinture à la résidence accueil, elle a choisi d'utiliser une **technique d'entretien semi-directif**, technique que nous avons présentée dans le cadre de l'exploration pratique (p. 127). Postulant que l'évaluation est un savoir sur l'action et que la démarche de projet intègre une dimension de complexité, Célia a trouvé pertinent d'utiliser l'évaluation comme un espace de parole au service des personnes accompagnées.

Chaque question du guide d'entretien correspond à un critère d'évaluation :
1. Perception de son degré de participation.
2. Avis/discours sur l'atelier.
3. Préférence pour une technique éducative.
4. Capacité à identifier une technique éducative comme non adaptée.
5. Degré de satisfaction de ses créations.
6. Sentiment d'être respecté.
7. Degré de satisfaction du lieu.
8. Critères d'amélioration et manques actuels.

Afin de **rendre compte des résultats** de cette évaluation, Célia a construit un second tableau (placé en annexe de son dossier écrit). Elle y indique l'existence d'un biais dans l'objectivation des données ; certaines personnes n'ont effectivement pas répondu aux questions : refus, difficultés liées à la maladie, personnes perdues de vue. Dans le mémoire finalisé, l'étudiante fera apparaître son analyse des résultats obtenus. Par exemple, elle remarquera que 100 % des personnes interrogées disent être satisfaites de ce qu'elles ont produit. Célia fera l'hypothèse que ce critère peut être croisé avec le critère « Sentiment d'être respecté » pour lequel tous disent s'être senti respecté. En revanche, beaucoup diront que le lieu n'est pas adapté. Les réponses des personnes indiqueront des points d'amélioration possible : sécurité, pas d'intrusion intempestive, propreté, absence d'incidents, établissement de règles claires, régularité de la participation.

L'évaluation démontre que les ateliers de peinture ont amorcé une dynamique de participation chez les personnes ; celles-ci ont ainsi proposé de **créer d'autres types d'ateliers** (cuisine, photo...). Ces divers types d'atelier ont alors pris le nom générique de « Atelier de création ». En parallèle de cette évaluation par les personnes accompagnées, Célia développera de **nouveaux axes de réflexion** qu'elle aura tirés de ses observations pendant les ateliers :
– *l'atelier collectif est un lieu d'émergence et d'élaboration d'une demande ;*
– *les ateliers cuisine sont très fédérateurs et symbolisent l'échange de manière conviviale ;*
– *la question des normes sociales est relative,* au regard des habitudes prises dans la rue et l'éducateur spécialisé doit envisager son intervention autrement que par un regard ethnocentrique[54] (exemple de la propreté) ;
– *la sécurisation du cadre est primordiale* (espace, temps).

54. L'ethnocentrisme consiste à observer et juger une réalité en fonction des valeurs culturelles de son groupe d'appartenance.

LE GUIDE D'ENTRETIEN, OUTIL D'ÉVALUATION

1. Avez-vous déjà participé à un des ateliers du lundi matin ?

☐ Souvent

☐ Parfois

☐ Jamais (aller à Question 8).

2. Pour l'instant, que pensez-vous de ces ateliers ?

....

3. Y a-t-il un atelier que vous avez préféré ?

– Lequel ?

– Pourquoi ?

– Qu'est-ce que vous avez préféré ?

4. Y a-t-il, au contraire, quelque chose que vous avez moins apprécié ?

– Quoi ?

– Pourquoi ?

5. Au cours des ateliers, avez-vous été content de ce que vous avez fait ?

☐ Pas du tout content

☐ Content

☐ Très content

6. Au cours de ces ateliers, vous êtes-vous senti respecté par les personnes présentes (professionnels et autres résidents) ?

☐ Pas respecté

☐ Respecté

☐ Vraiment respecté

7. Est-ce que le lieu où se déroulaient les ateliers vous a semblé adapté ?

☐ Pas adapté

☐ Adapté

☐ Très adapté

8. À votre avis, qu'est-ce qui pourrait améliorer ces moments ?

Que faudrait-il changer ?

9. Avez-vous quelque chose à ajouter ?

....

FICHE SIGNALÉTIQUE :

Tranche d'âge : ....

Durée d'hébergement : ....

Célia précisera aussi dans son mémoire que l'atelier artistique, au terme de 20 séances, laissera place à un rendez-vous « petit déjeuner » hebdomadaire dans lequel chaque habitant a une tâche à accomplir : l'espace reste un outil de médiation. Le rôle de l'éducateur spécialisé est ici de faciliter la mise en œuvre de ces projets.

Évaluation des ateliers d'écriture

Les ateliers d'écriture ont également fait l'objet d'une évaluation quotidienne par les personnes elles-mêmes et par Célia. Les deux outils utilisés ont été inspirés par l'ouvrage suivant : Chidiac Nayla, *Ateliers d'écriture thérapeutiques,* Masson, Paris, 2010.

Voici l'outil d'autoévaluation :

Date :					
Prénom/surnom :					
	Pas du tout	*Un peu*	*Oui*	*Beaucoup*	*Suggestions*
Je suis content(e) de ce que j'ai écrit.					
Je suis satisfait(e) de l'atelier.					

Voici l'outil d'évaluation :

Date :	
Objet de l'atelier d'écriture :	
IDENTIFICATION	
Nom, prénom/surnom :	
Personne logée ☐	Personne de la rue ☐
Âge : 18-25 ans ☐ 25-35 ans ☐ 35-45 ans ☐ plus de 45 ans ☐	
Travail : oui ☐ non ☐	
A déjà participé à des ateliers d'écriture ☐	
A déjà écrit seul ☐	
PARTICIPATION À L'ATELIER	

Implication au début	immédiate ☐ lente ☐ difficile ☐	
Démarrage de la production écrite	immédiate ☐ lente ☐ difficile ☐	
Fin de la production écrite	en temps voulu ☐ avant la fin ☐ après la fin ☐	
Participation à la discussion de clôture	oui ☐ non ☐	avec les autres participants ☐ avec l'animatrice ☐

LA PRODUCTION ÉCRITE		
Contenant et forme		
	Oui	*Remarques*
Construction avec : – début		
– milieu		
– fin		
Difficulté à clore		
Lisibilité de l'œuvre		
Suit la consigne		
Suit le fil conducteur thématique		
Intégration de personnages		
Inspiration		
Mise à distance des problèmes		
CONTENU ET FOND		
Idées négatives		
Humour		
Espoir		
Désespoir		
Peur		
Colère		

Voyages		
Angoisse		
Douleur		
Menace		
Joie		
Plaisir		
Amour		
Relation		

Célia a ensuite utilisé le même procédé que pour les ateliers destinés à la résidence accueil, soit des **entretiens semi-directifs**. Enfin, chacun des axes amenés par l'évaluation a été développé au sein du mémoire de fin de formation. L'étudiante termine en indiquant de quelle manière l'atelier d'écriture est repris par l'équipe après son départ du stage.

L'évaluation menée en fin de projet confirmera l'hypothèse générale de Célia. Cette évaluation ne visait pas à contrôler que tout ce qui était prévu lors de la rédaction du projet était réalisé mais visait à **repérer si les grandes finalités et objectifs fixés initialement restaient cohérents en regard des besoins.** Et, enfin, à envisager les réajustements nécessaires au vu des éléments mis en avant par les personnes.

Étape 9 – Le passage à l'écrit

Célia est très rapidement passée à l'écrit. D'abord en écrivant des paragraphes isolés, ensuite en travaillant de façon approfondie **le plan de son écrit final :** celui qui lui servirait à exposer sa démarche de stage.

Rappelons brièvement **les différentes étapes du projet** qu'elle a mis en place :

Observations	- L'EMPP s'inscrit dans des logiques d'*empowerment*. - Peu de personnes se saisissent des espaces dits « communautaires » alors même que la question de l'ennui revient systématiquement dans les échanges.
Constat	Les logiques communautaires, si elles sont saisies par une minorité des personnes prises en charge, sont d'un abord peu accessible aux personnes souffrant de troubles psychotiques, du fait des difficultés individuelles liées à la maladie.

Question de départ	Quels procédés éducatifs l'éducateur spécialisé peut-il utiliser pour concilier pédagogie de groupe (*empowerment*, santé communautaire) et prise en compte du vécu individuel des personnes psychotiques, en particulier le trouble d'identité ?
Problématique	- Si l'équipe de soin, par la thérapie ou la prescription de traitements, permet à certaines personnes d'être dans un processus de rétablissement, qu'en est-il pour les autres, dans le déni de la maladie ou le refus de soins ? - Quel rôle l'éducateur spécialisé a-t-il à jouer dans cette dynamique de soin ? Comment peut-on agir pendant le temps qui mène de la rencontre avec la personne vers son entrée éventuelle dans une phase active de rétablissement ? - En deçà de l'aspect communautaire vu comme une ressource évidente, j'ai pu émettre l'hypothèse que cette dimension de l'accueil et du soin puisse mettre à mal certaines personnes psychotiques. - Par conséquent, comment conduire ces dernières vers le champ social sans qu'elles se sentent menacées dans leur identité ? Dans quelle mesure l'éducateur spécialisé peut-il mener une intervention complémentaire aux actions communautaires, en particulier vis-à-vis de personnes qui ne se reconnaissent pas malades et n'ont donc pas avancé dans la conscientisation de leurs stratégies ? Comment peut-il entrer en relation avec les personnes qui ne trouvent pas leur place dans le communautaire ?
Hypothèse	Afin de répondre aux besoins des personnes non intégrées dans la dynamique communautaire et au regard d'une réflexion alliant théorie et pratique, il semble que l'éducateur spécialisé puisse mettre en place un accompagnement qui prenne en compte l'identité de la personne autant que ses habiletés sociales pour l'amener à une conscientisation de ses compétences. À cet égard, je propose un projet qui sera traversé par des enjeux symboliques et des expériences réelles.
Projet	Projet d'ateliers collectifs.
Évaluation	Validation de l'hypothèse, poursuite du projet avec réajustements.

Le plan proposé par Célia dans le cadre du mémoire professionnel est le suivant[55] :

ENTRE PRÉCARITÉ ET CRÉATIVITÉ : UNE DÉMARCHE DE PROJET

Parcours d'une éducatrice spécialisée dans une équipe mobile de psychiatrie

Introduction

- Choix de ce stage
- Stages effectués pendant la formation

55. L'intégralité de ce mémoire peut être consulté sur http://goo.gl/dCVlu

- Annonce de la problématique
- Annonce du plan

PARTIE 1 : L'Équipe Mobile Psychiatrie Précarité –
De l' « aller vers » dans l'appréhension des troubles psychiatriques

1. L'Équipe Mobile Psychiatrie Précarité

1.1. De la psychiatrie aux EMPP

1.2. Particularités de l'EMPP M.

1.2.1. Une histoire militante

1.2.2. Un regard multiréférentiel...

1.2.3. ... ouvert sur l'environnement

1.3. Les pratiques socio-éducatives

1.3.1. Du rétablissement à l'empowerment

1.3.2. Le travail avec les pairs

1.3.3. Quelle place pour l'éducateur spécialisé ?

2. La population accompagnée

2.1. Éléments de définition

2.1.1. La psychose

2.1.2. Spécificités de la schizophrénie

2.1.3. Psychose et exclusion sociale

2.2. Entre l'EMPP et les personnes accompagnées

2.2.1. Les critères d'inclusion et d'engagement dans la file active

2.2.2. Quel accompagnement ? Vers le « prendre soin »

2.2.3. Une semaine type

PARTIE 2 : L'éducateur spécialisé dans des logiques communautaires –
Du paradoxe à la médiation, de la problématique à l'hypothèse de travail

1. La psychose à l'épreuve de la communauté

1.1. L'ennui dans la psychose

1.2. De la radicale altérité

1.3. La communauté, un stigmate ?

2. Fondements de l'EMPP et problématique socio-éducative

2.1. L'*empowerment*, une forme d'accompagnement néolibéral

2.2. Des effets pervers de la responsabilisation

2.3. L'*empowerment* : le poids du système normatif

3. Définition du rôle de l'éducateur spécialisé : la médiation éducative

3.1. De l'*empowerment* au rôle de l'éducateur spécialisé

3.2. De la médiation comme acte éducatif

3.3. Hypothèses de travail : l'éducateur spécialisé, un passeur ?

PARTIE 3 : Le projet, espace des possibles –
Pour une vision éthique de l'accompagnement

1. Le projet, un outil complexe au service de la singularité

1.1. De l'éthique du projet...

1.1.1. au préalable...

1.1.2. ... du projet

1.2. De la symbolisation…

1.2.1. Des objectifs opérationnels…

1.2.2. … à la concrétisation des ateliers

1.3. … à l'expérimentation

1.3.1. Une démarche initiée

1.3.2. Une tentative nouvelle de mise en œuvre

2. L'évaluation, un outil éducatif et praxique

2.1. Les ateliers collectifs, ou l'émergence de soi dans le groupe

2.1.1. L'atelier peinture, devenu atelier de création

2.1.2. L'atelier d'écriture, l'espace d'une autre temporalité

2.2. Le volet culturel, un aspect à développer

Conclusion

- Extraits d'écrits des personnes
- Rappel des résultats de l'évaluation
- Ouverture d'un questionnement sur « être en projet »
- La place du « non-faire » dans la relation éducative

Bibliographie

Liste des abréviations

Annexes

1. La programmation des ateliers
2. Deux exemples d'ateliers
3. Exemples de compte-rendu des ateliers de création
4. Le guide d'entretien, outil d'évaluation des ateliers de création
5. Les résultats de l'évaluation générale des ateliers de création
6. Les outils d'évaluation des ateliers d'écriture
7. Récit d'un atelier d'écriture ordinaire (texte narratif).

Étape 10 – L'épreuve orale

Lors de l'épreuve orale, Célia a tenté de montrer la distance qu'elle avait prise avec son dossier écrit. **Elle s'est munie du plan suivant** :

Introduction	2 mn	- Rappel du lieu de stage. - Intérêt de la rédaction du mémoire dans sa formation/ Explication du titre. - Annonce du plan.
Rappel du projet	2 mn	- Paradoxe observé, postulats de l'étudiante. - Projet réalisé. - Résultats de l'évaluation.

Autocritique et compétences développées	4 mn	- Construction de l'identité professionnelle dans une équipe majoritairement composée de soignants/Question de la légitimité. - Aurait-elle pu procéder autrement ? (en communiquant davantage avec les membres de l'équipe).
Conclusion	2 mn	- Quel regard porté sur le travail social communautaire ? - Quel transfert de compétences sur un autre poste ? - Les limites du projet (questionnements autour de la notion d'incertitude).

Voici quelques-unes des questions que le jury lui a posées :

- Comment, en tant qu'éducatrice spécialisée, vous êtes-vous approprié les théories que vous présentez ? (*Empowerment*, santé communautaire, rétablissement.)
- Comment avez-vous cheminé avec ?
- Est-ce que ces théories vous correspondent aujourd'hui ?
- Avez-vous perçu l'idéologie politique qu'il y a derrière tout cela ? Que pouvez-vous en dire ?
- À vous entendre, l'*empowerment* est révolutionnaire. Comment faisions-nous avant ? Dans le domaine de l'éducation spécialisée ?
- Quelle est/quelles sont, selon vous, la/les différence(s) entre collectivité, solidarité, communauté, communautarisme ?
- En quoi votre projet est pertinent pour ces personnes en souffrance psychique ?
- Comment un schizophrène trouve-t-il sa place dans votre projet d'atelier ?
- Ce type-là de projet coûte-t-il moins cher à la société qu'un autre type de prise en charge ?

DC 2.2. Mémoire professionnel. 2e exemple commenté : *Service d'éducation spécialisée et de soins à domicile* – IMF Marseille

Diplôme d'État d'Éducateur Spécialisé
MÉMOIRE PROFESSIONNEL DC 2.2
Soutenu le 10 juin 2011
Promotion 2008-2011
IMF Marseille

Contexte. Dans le cadre de sa formation d'éducatrice spécialisée, Fanny effectue son stage professionnel au sein d'un Service d'Éducation Spécialisée et de Soins à Domicile (SESSAD) accueillant cinquante enfants et adolescents ayant de 4 à 14 ans et présentant des troubles du comportement. Ce service est une des modalités d'accueil d'un ITEP (Institut Éducatif, Thérapeutique et Pédagogique) et a pour missions la protection, le soin et la thérapie, la scolarisation et l'éducation sous l'angle de la construction de la socialisation. L'institut de formation a fourni aux étudiants une consigne circonstanciée dès l'entrée en stage (consigne identique à celle de l'exemple précédent, voir page 138).

Étapes 1 et 2 – De l'observation active à la question de départ

Fanny a consacré environ trois mois à l'observation qu'elle nomme « participante », dans le but de saisir le fonctionnement du service auquel elle a été affecté, la place de l'éducateur spécialisé en SESSAD et surtout pour intégrer à sa démarche un temps de construction de la relation éducative avec les enfants accompagnés.

Pour cela, l'étudiante s'est appuyée sur **trois sources d'informations** :
1. Les sources internes au service : projet d'établissement, projets personnalisés d'accompagnement...
2. Les sources humaines et professionnelles : entretien avec chaque professionnel, participation aux réunions d'équipe et aux espaces d'analyse de la pratique, échanges avec les enfants et leur famille...
3. Une source d'objectivation : le carnet de bord.

Point de ses observations

Voici un point descriptif de ce stage :

Contexte global	- SESSAD rattaché à un ITEP. - Financement : Assurance maladie. - Orientation CDAPH[56] (secteur handicap).
Secteur géographique	Six arrondissements de la ville de Marseille.
Service d'affectation du stagiaire	- SESSAD créé en 1993. - Mission : prévenir l'exclusion d'un enfant de son milieu de vie scolaire, social et familial.
Relations entre travailleur social et personnes	Équipe pluridisciplinaire (thérapeutique, éducative, pédagogique).
Personnes accompagnées	Enfants, adolescents souffrant de troubles du comportement.

Un paradoxe

Les observations ainsi réalisées par Fanny ont mis en lumière un paradoxe sur lequel l'étudiante a fait le choix de travailler.

56. Commission des Droits et de l'Autonomie des Personnes Handicapées.

À noter. Dans la démarche de projet, les sensibilités du candidat interagissent nécessairement avec ses choix. Ainsi, quand plusieurs paradoxes peuvent être observés, l'étudiant en choisit un au regard de sa propre subjectivité, de son parcours antérieur, de ses aspirations... Il convient de conscientiser cette part de subjectivité pour la considérer comme une part influente de la démarche de projet ; elle peut d'ailleurs être mise en avant lors de la soutenance orale.

Fanny, pour sa part, explique le choix de sa problématique par un parcours universitaire antérieur en sociologie ; l'étudiante désirait mettre en œuvre ces connaissances théoriques dans le cadre de ce projet et ainsi faire valoir ses orientations dans ce domaine. Enfin, Fanny pense que l'éducateur spécialisé doit permettre aux personnes accompagnées « une inscription sociale en prenant en compte leur réalité psychique et sociale, entre ressources et difficultés ».

Après quatre mois de stage environ, elle formule ainsi **deux constats**, illustrant les paradoxes observés :

> **1. Les troubles du comportement ne répondent pas à une définition précise mais regroupent une multitude de profils divers. De manière générale, ces comportements ne correspondent pas à la représentation sociale d'un comportement dit adapté et posent ainsi des problèmes assez vite repérables dans l'environnement social.**
> **2. Dans le projet d'établissement du SESSAD, la mission d'éducation est entre autres présentée sous l'angle de la construction de la socialisation. Pourtant, peu d'ateliers collectifs sont proposés à l'extérieur du service ; les enfants sont ainsi peu mis en contact avec l'environnement social.**

La conduite du mémoire de fin de formation vise à démontrer l'acquisition de compétences opérationnelles concernant la méthodologie de projet. La **question de départ** de Fanny a donc intégré ce paramètre :

> **« Comment accompagner la socialisation des enfants ayant des troubles du comportement ? »**

Étape 3 – L'exploration théorique

À partir de ces constats, Fanny a entrepris un travail de recherche documentaire qu'elle a mené de manière intensive sur un mois environ et ensuite de manière plus ponctuelle tout au long de son stage. Pour commencer, elle a travaillé sur les trois notions/concepts suivants : la socialisation, les troubles du comportement et l'accompagnement. Fanny a tenté d'identifier les différentes conceptions théoriques existant autour de ces questions afin de les mettre en lien avec sa pratique et ses observations (vignettes cliniques) et d'élaborer sa propre conception : voir le tableau page suivante.

Fanny n'a pas réalisé de fiches de lecture mais des **« fiches de notions »**, identifiant ainsi précisément les éléments intéressants pour la réalisation de son mémoire professionnel au fur et à mesure de ses lectures.

MOTS-CLÉS DE DÉPART	MOTS-CLÉS EN ASSOCIATION D'IDÉES	AUTEURS OU DOMAINES
Socialisation	- Éducation - Culture	BECKER Howard, *Outsiders. Étude de sociologie de la déviance,* Métailié, Paris, 1985. DUBAR Claude, *La socialisation, Construction des identités sociales et professionnelles,* Armand Colin, Paris, 2000.
Troubles du comportement	- Diagnostic - Norme/Déviance	DOLTO Françoise, *L'enfant dans la ville,* Mercure de France, Paris, 1998.
Accompagnement	- Compétences - Outils - Projet	POUGNAUD Odile, ROPERS Philippe, SORIS Cécile, *Accompagnement social et éducatif spécialisé,* Vuibert, Paris, 2009.

Étape 4 – L'exploration pratique

Fanny n'a pas eu recours à des techniques d'entretien ou de questionnaire. Pour mener sa réflexion, elle s'est plutôt appuyée sur **des échanges**, certes formalisés mais non inscrits dans une démarche d'exploration pratique.

Elle s'est appuyée pour cela sur les **sources d'informations** suivantes :
- visites à domicile ;
- ateliers collectifs ;
- sorties éducatives ;
- entretiens dans le cadre de l'accompagnement des enfants.

Étape 5 – La problématisation

Fanny a complété ses précédentes investigations par un certain nombre de **lectures**.

ARDOINO Jacques, « De l'accompagnement en tant que paradigme », in : *Pratiques de formation-Analyses*, Université Paris 8, Formation permanente, n° 40, 2000.
ARDOINO Jacques, *Les avatars de l'éducation,* PUF, Paris, 2000.
FERRÉOL Gilles [et al.], *Dictionnaire de sociologie,* Armand Colin, Paris, 2010.
GABERAN Philippe, *Cent mots pour être éducateur,* Érès, Ramonville Saint-Agne, 2007.
HUGON Marie-Anne, SEIBEL Claude, *Recherches impliquées, Recherches action : Le cas de l'éducation,* De Boeck, Belgique, 1988.
ROUZEL Joseph, *Le travail d'éducateur spécialisé. Éthique et pratique*, Dunod, Paris, 2000.

La problématisation s'est construite dès la question de départ et jusqu'à la formulation de l'hypothèse éducative. Fanny a opéré des allers et retours entre des concepts théoriques et sa pratique de terrain sur une dizaine de pages environ. Voici comment l'étudiante a formulé une sorte de **synthèse de la problématique socio-éducative :**

> Ma question de départ « Comment accompagner la socialisation des enfants ayant des troubles du comportement ? » a quelque peu évolué au vu des éléments théoriques et pratiques de la partie précédente. En effet, les éléments évoqués convergent vers une vision de l'éducation où l'acte éducateur est émancipateur. Comme le défend J. Ardoino[57], l'enfant doit s'adapter au groupe pour assurer sa survie mais également être autorisé à avoir sa propre pensée et à devenir autonome. Ainsi, l'enfant est vu comme acteur de la socialisation, acteur de son projet de vie. Je souhaite en ce sens considérer au cas par cas les situations au vu des ressources et des difficultés de chaque enfant et au vu de son environnement familial et social. Avec une question : comment l'éducateur spécialisé peut-il accompagner la socialisation des enfants ayant des troubles du comportement à partir de leur place dans un projet éducatif ?

Étape 6 – La formulation des hypothèses éducatives

Fanny insiste sur cette partie du travail puisque l'hypothèse éducative vient, selon elle, « articuler le travail de recherche et celui de projet ». En effet, l'étudiante qui a intégré les nouveaux attendus du DEES, distingue trois phases dans sa démarche :
- la phase d'observation ;
- la phase de réflexion (problématisation) ;
- la phase de réalisation (projet).

Fanny précise dans son mémoire professionnel que l'hypothèse éducative est de type « interventionniste » et qu'elle constitue une réponse *possible* à la problématique ; cette précision est importante puisqu'elle vient aussi dire l'impossibilité d'une réponse *absolue* aux problématiques des personnes accompagnées. Le projet n'est effectivement qu'une tentative de réponse. Nous verrons que l'évaluation vient pondérer et valoriser les zones d'incertitude, comme autant de marges d'action et d'autonomie de la personne accompagnée.

Fanny développe ainsi **une hypothèse éducative générale :**

> « Se situer dans une démarche de projet éducatif d'ouverture peut amener chacun à faire ses propres choix et à se construire par rapport à son environnement. »

Étape 7 – L'expérimentation : le projet

Au regard des étapes précédentes, Fanny a choisi de proposer un projet intitulé « Découverte de ma ville » sur la base de sorties éducatives. Voici sa feuille de route :

---

57. Ardoino Jacques, *Les avatars de l'éducation,* PUF, Paris, 2000.

RECUEIL DE DONNÉES	
Quels constats ?	- Notion de troubles du comportement confuse/Repérage social d'un comportement inadapté. - Mission de socialisation du SESSAD/Peu d'ateliers collectifs à l'extérieur.
Qui ?	- Projet porté par une éducatrice du service et Fanny, stagiaire éducatrice spécialisée. - Projet né de la volonté de créer un espace de mise au travail des difficultés et de valorisation des ressources.
Pour qui ?	Quatre enfants ayant des difficultés à s'inscrire dans leur environnement (club, centre aéré...).
ANALYSE	
Pourquoi ? (finalités)	Valoriser les compétences individuelles dans un espace collectif.
HYPOTHÈSES ÉDUCATIVES (ÉLABORATION)	
Quoi ?	Découverte de ma ville.
Pour quoi ?	- Se situer dans une dynamique de groupe. - Être acteur de son environnement. - Se repérer dans l'espace et le temps. - Des objectifs individualisés ont été intégrés au projet personnalisé des enfants.
Comment ?	- Six sorties éducatives dans la ville de Marseille. - Deux ateliers création avec les photos prises durant les sorties.
Quand ? Où ?	- Huit mercredis après-midi durant les vacances et hors vacances. - Dans la ville de Marseille ainsi qu'au SESSAD pour les ateliers création.
CLÔTURE DU PROJET	
- Réalisation d'une évaluation-régulation tout au long du projet grâce à plusieurs outils (écrits, échanges avec l'équipe, bilan à chaque fin de sortie, discussion durant le goûter avec les enfants, etc.). - Évaluation clinique de chaque situation par rapport aux finalités et indicateurs fixés.	

Dans un objectif de transparence et de communication, Fanny a réalisé **une fiche technique à destination des autres professionnels** du SESSAD. Celle-ci reprend les finalités et objectifs opérationnels du projet, les modalités pratiques et budgétaires de mise en œuvre et les prévisions d'évaluation. La communication avec les autres membres de l'équipe s'est d'abord concrétisée par des échanges formels en réunion d'équipe ; des échanges informels ont par la suite permis à l'étudiante de réajuster certains éléments du projet. En outre, Fanny produisait **un compte-rendu après chaque sortie** qu'elle transmettait à l'éducateur spécialisé référent de l'enfant concerné.

Étape 8 – La validation des hypothèses éducatives : l'évaluation

Fanny a utilisé l'évaluation comme « fil rouge du projet ». Elle y voit une forme de régulation : « L'évaluation vient réinterroger les choix et les objectifs au fur et à mesure de l'avancée du projet. C'est pourquoi j'ai fait le choix de ne pas prévoir beaucoup de choses avant la mise en action, de ne pas être dans du "programmatique" mais plutôt dans une forme d'action, qui vient réguler les fondements du projet. »

Une évaluation qualitative

Parce que le projet de Fanny intégrait une dimension individualisée, l'étudiante a rédigé des **observations régulières sur chaque enfant**, avec les points de repère et indicateurs suivants :
- degré et teneur d'expression des troubles ;
- relation aux pairs ;
- relation aux adultes ;
- rapport à l'environnement ;
- repères espace-temps.

Les observations effectuées ont été intégralement versées au projet personnalisé de chaque enfant. Voici comment se présentait **une fiche d'évaluation :**

Enfant : ....

Accompagné par le SESSAD depuis le : ....

Observations et projet personnalisé au SESSAD : ....

....

Enjeux de sa participation au projet : ....

....

Relation avec ses pairs dans le projet : ....

....

Relation à l'adulte dans le projet : ....

....

Rapport à l'environnement dans le projet : ....

....

Repères espace-temps : ....

....

➜ *Une évaluation régulation*

Fanny s'est appuyée sur des **espaces de régulation** pour *« gérer les écarts au fur et à mesure de l'avancée du projet »*, partant du principe que *« l'action modifie et fait évoluer les objectifs*[58] ». Elle compte trois espaces :
- le temps du goûter (après la sortie), où a lieu un échange sur la sortie et le projet dans son ensemble, et où se tiennent prises de position et prises de décisions ;
- les temps informels avec les éducateurs référents des enfants en lien avec le projet personnalisé ;
- les temps du travail en binôme, lieu d'échanges entre l'éducatrice intervenant dans le projet et Fanny, qui débouchent sur des réajustements réguliers du projet.

C'est au cours de ces temps de régulation que Fanny et sa collègue ont réalisé qu'il était nécessaire de **formuler des objectifs spécifiques à chaque enfant**, au-delà des finalités du projet global. C'est la mise en action qui a pu révéler ce manque dans la définition initiale du projet.

L'évaluation menée au cours de ce stage a validé l'hypothèse éducative proposée par Fanny de façon partielle car celle-ci était vaste et s'inscrivait dans une globalité. Des **réajustements** ont toutefois été nécessaires pour réduire les écarts entre le projet visé et le projet vécu. « Découverte de ma ville » a été clôturé comme prévu après les six sorties mais ce projet a impulsé une dynamique similaire portée par deux éducatrices spécialisées du SESSAD, avec cette même idée d'un mouvement vers l'extérieur, autour cette fois-ci d'un intérêt artistique.

Fanny termine son évaluation par le propos suivant :

> **L'évaluation-régulation m'a apporté, dans ma future pratique, une vision de l'évaluation que je qualifierai d'adaptée à l'intervention éducative. En effet, l'éducateur, dans sa volonté de transformation des situations vers un mieux-être, est amené à penser l'action comme primordiale. L'évaluation-régulation va même au-delà puisqu'elle attribue également à la pratique, un rôle dans le retour à la pensée du projet dans son ensemble.**

Elle démontre ainsi sa prise de position face aux questions du projet et de l'évaluation. Le stage long est en effet l'occasion pour le candidat de faire part de la construction de sa professionnalité.

Étape 9 – Le passage à l'écrit

Fanny a commencé à écrire dès la formulation des constats : d'abord de manière ponctuelle et dispersée, sous forme de notes, puis aux alentours de six mois de stage de façon plus formalisée. L'étudiante dit avoir eu des difficultés à mener de front son investissement dans le travail sur le terrain et l'élaboration de ce vécu par

---

58. *Ibidem*.

une écriture organisée ; c'est le travail autour des indicateurs d'évaluation qui lui a permis de se recentrer sur les objectifs du projet.

Rappelons brièvement **les étapes du projet** qu'elle a mis en place :

Observations et constats	- Les troubles du comportement ne répondent pas à une définition précise mais regroupent une multitude de profils divers. De manière générale, ces comportements ne correspondent pas à la représentation sociale d'un comportement dit adapté et posent ainsi des problèmes assez vite repérables dans l'environnement social. - Dans le projet d'établissement du SESSAD, la mission d'éducation est entre autres présentée sous l'angle de la construction de la socialisation. Pourtant, peu d'ateliers collectifs sont proposés à l'extérieur du service ; les enfants sont ainsi peu mis en contact avec l'environnement social.
Question de départ	Comment accompagner la socialisation des enfants ayant des troubles du comportement ?
Problématique	Comment l'éducateur spécialisé peut-il accompagner la socialisation des enfants ayant des troubles du comportement à partir de leur place dans un projet éducatif ?
Hypothèse	Se situer dans une démarche de projet éducatif d'ouverture peut amener chacun à faire ses propres choix et à se construire par rapport à son environnement.
Projet	Découverte de ma ville.
Évaluation	Validation partielle de l'hypothèse, nouveau projet.

Le plan proposé par Fanny dans le cadre du mémoire professionnel est le suivant[59] :

ACCOMPAGNER LA SOCIALISATION D'ENFANTS ACCUEILLIS EN SESSAD

Un projet éducatif comme outil d'intervention

Introduction

- Vision personnelle du mémoire de fin de formation
- Description du parcours de formation antérieur et actuel
- Choix du lieu de stage
- Problématique
- Annonce du plan

CHAPITRE 1 – MA DÉMARCHE DE RECHERCHE-ACTION : LE DIAGNOSTIC

1. Contexte juridique et social des ITEP (Institut Thérapeutique, Éducatif et Pédagogique)

1.1. L'ITEP dans le secteur médico-social actuel

1.2. Les enfants accueillis en ITEP

59. Ce mémoire peut être consulté sur http://goo.gl/rtMjE

2. Le SESSAD : une modalité d'intervention en milieu ouvert

3. Mes interrogations sur l'accompagnement à la socialisation

4. Accompagnement, socialisation et troubles du comportement : entre théorie et pratique

4.1. Les troubles du comportement

4.2. La socialisation

4.3. L'accompagnement

5. De ma recherche à l'action : problématique et hypothèse

5.1. Synthèse de la problématique

5.2. Hypothèse d'intervention

Ce premier chapitre sur ma démarche de recherche-action a permis de dégager plusieurs idées posant le cadre de la mise en place de mon projet.

Il faudra notamment retenir que les missions de l'ITEP sont d'accompagner des enfants de 4 à 14 ans ayant des troubles du comportement. Le SESSAD, service ambulatoire de l'ITEP, assure ainsi le suivi des enfants scolarisés en milieu ordinaire et travaille à ce maintien. L'éducateur, dans ce cadre, est sollicité pour accompagner ce mouvement d'inscription dans la réalité sociale. Ainsi l'éducateur soutient dans leur processus de socialisation des enfants dont les comportements ne cadrent pas avec les attentes sociales.

Le SESSAD dans lequel j'effectue mon stage est donc confronté à ma réflexion sur l'accompagnement de la socialisation de ces enfants. Pour avancer dans cette recherche, j'ai opté pour deux directions : premièrement, éclairer ma réflexion avec des éléments théoriques ainsi que nous l'avons vu dans ce premier chapitre ; deuxièmement, mettre en place un projet éducatif visant à valoriser les capacités de chacun dans une démarche d'ouverture au monde. C'est à ce projet qu'est consacré le second chapitre.

CHAPITRE 2 – UN PROJET ÉDUCATIF : LA MISE EN ACTION

1. La notion de projet : une anticipation présente du futur

1.1. L'émergence de cette notion

1.2. Le projet aujourd'hui en travail social

2. Un projet d'ouverture à l'environnement

2.1. Le porteur de projet

2.2. Le projet « Découverte de ma ville »

2.3. Méthode d'intervention

2.4. Les finalités de l'intervention

2.5. Les enfants concernés par le projet

3. Les sorties éducatives collectives comme moyen d'action

3.1. Le déroulement type des sorties

3.2. Les différentes sorties du groupe

4. L'évolution des enfants dans cette démarche de projet

4.1. Youri

4.2. Florence

4.3. Amandine

4.4. Florent

4.5. Ophélie

5. Une évaluation-régulation : de l'élaboration à la mise en œuvre
5.1. L'évaluation-régulation
5.2. Les espaces de régulation

Ce deuxième chapitre, concernant la mise en œuvre de ma réflexion, a tenté de rendre compte des différents éléments constituant le projet éducatif.
Cette modalité d'intervention éducative qu'est le projet a imprimé un mouvement à ma réflexion sur l'accompagnement à la socialisation. La démarche de projet se situe dans une dynamique de changement pertinente dans le cadre d'une visée éducative. Ainsi, l'espace collectif partagé par les enfants au cours des sorties et ateliers a su offrir un cadre adapté à leurs difficultés et favoriser ainsi leur évolution sur le plan relationnel.
Mon désir de restituer le plus fidèlement possible la vie du groupe, a rendu complexe ma retranscription des éléments pratiques. En effet, l'écrit vient quelque peu figer l'action et ses effets. Ainsi, je me suis attachée à créer des espaces de régulation venant repenser les finalités du projet par rapport aux observations du groupe. De manière générale, cette expérience a été l'occasion de faire évoluer mon positionnement professionnel, tout en étant dans l'intervention éducative.

Conclusion
- Regard sur le travail théorie-pratique
- Regard sur sa vision de l'éducation
- Regard sur le projet
- Projections

Bibliographie

Annexes
1. Présentation du projet « Découverte de ma ville » (document transmis à l'équipe)
2. Document « écrit-bilan » du projet.

Étape 10 – L'épreuve orale

Fanny a choisi **trois axes** pour organiser sa soutenance orale :
- retour sur la démarche de mémoire ;
- apports de ce travail sur sa future pratique (acquisition et transfert de compétences) ;
- construction du positionnement professionnel.

Voici quelques-unes des questions que le jury lui a posées :
- Qu'est-ce qu'une représentation sociale pour vous ?
- Quelles sont les différentes formes d'évaluation ?
- Expliquez la vision de Claude Dubar sur la socialisation. Quelles résonances par rapport à votre projet ?
- Que pensez-vous de cette notion de « troubles du comportement » ?
- Quel est le rôle de l'éducateur spécialisé dans un espace social où les représentations sont portées par un groupe ayant un pouvoir dans cet espace ?
- Vous dites que la recherche participe au processus d'évaluation. Cette démarche a-t-elle un aspect évaluatif ? Développez votre point de vue.
- Vous dites que l'écrit fige quelque chose. Qu'est-ce que vous pouvez dire des nouvelles modalités d'évaluation, de la formulation de la pratique par écrit ?
- Vous ne vouliez pas programmer l'action, pourtant vous le faites par l'évaluation. Dites quelque chose là-dessus.

DC 3

Communication professionnelle

Entre travail d'équipe et coordination, faire valoir la place de la personne

« L'accompagnement n'est ni une intention charitable, ni une transformation idéale du réel, ni un transfert utopique. »

Boutinet Jean-Pierre (dir.), *Penser l'accompagnement adulte. Ruptures, transitions, rebonds,* PUF, Paris, 2008.

Les enjeux du DC 3. Du consensuel à l'altérité

« Travailler en équipe » est une expression qui ne manque pas d'être utilisée pour insister sur les nécessités pluridisciplinaires du travail social. Pourtant, cette démarche ne se décrète pas ; en outre, exercer en Établissement ou Service Social et Médico-social (ESSMS) demande de savoir appréhender les enjeux interactionnels. Aussi, nous soulèverons dans cette partie les questions inhérentes au travail en équipe en les confrontant aux logiques individuelles et collectives.

De l'engagement à l'implication dans une équipe

Dans *Vocabulaire de psychosociologie*, André Lévy définit l'organisation comme :

> *« un ensemble de personnes et de groupes associés en vue de la réalisation d'objectifs de production de biens ou de services, [...] et mettant donc en commun leurs ressources et leurs moyens. »*

Chaque professionnel, qu'il soit éducateur spécialisé ou d'un autre métier, est **un maillon d'une organisation :** c'est sur ce postulat de base que nous nous appuierons pour démontrer l'importance d'une réflexion globale sur le travail en équipe.

Les travaux de Jacques Ardoino sur les questions de l'engagement et de l'implication explicitent ces mouvements spontanés observables entre les acteurs de tout système. Dans *Les avatars de l'éducation,* l'auteur stipule que l'engagement est *« de type volontariste »*, quand l'implication, elle, est *« subie passivement »*. À partir de l'instant où un individu entre en relation, il est impliqué de fait, affecté de fait. Toute interaction signifie la mise en action de mécanismes conscients et inconscients qui inscrivent chaque acteur dans une subjectivité de l'instant.

Illustration : des anciens et des nouveaux

Par son inscription dans une équipe, l'éducateur spécialisé est donc impliqué dans **des mouvements interactionnels qu'il lui faut savoir identifier.**

> Lors de ma formation d'éducatrice spécialisée, j'ai eu l'occasion d'effectuer un stage dans un Foyer d'Action Éducative (FAE). Très vite, j'ai repéré l'existence de conflits entre deux groupes de professionnels : les anciens et les nouveaux, ces derniers jeunes diplômés. Pris dans la complexité de l'action, chaque professionnel semblait avoir une bonne raison d'accuser son collègue du mauvais fonctionnement d'équipe. Manque d'expérience, mauvaise posture professionnelle, excès de laxisme ou au contraire autoritarisme, connivences avec la direction... Ma place de stagiaire m'a donné à entendre des discours qui me paraissaient relativement bien construits, sur les responsabilités supposées de chacun.
> Vers la fin de mon stage, une supervision d'équipe a mis en évidence *a posteriori* l'existence d'enjeux individuels et d'enjeux collectifs autour de ces conflits. Un des jeunes éducateurs a osé aborder ses difficultés d'intégration dans l'équipe, et parler

de l'impact présumé de ces difficultés sur l'accompagnement des jeunes accueillis ; il a dit son sentiment de n'avoir pas été accompagné dans ses débuts professionnels. Une « ancienne » a pu dire ses préoccupations : avant l'embauche des jeunes diplômés, l'équipe des « anciens » en place subissait le contrecoup du manque de personnel et de moyens et ne parvenait plus à assurer un accompagnement sécurisant pour les jeunes. Les « anciens » attendaient donc beaucoup des nouveaux embauchés, espérant retrouver avec ce renfort un fonctionnement satisfaisant. La déception a été grande face à ces jeunes diplômés qui avaient l'impression d'avoir « tout à apprendre ».

Cette situation illustre le jeu des interactions qui existent, et préexistent entre des professionnels qui ne se connaissent pas encore. Avant même d'intégrer la MECS, le jeune diplômé était l'objet d'attentes et d'exigences fortes et cela a influé sur la suite de son parcours professionnel.

Célia Carpaye

Fort du postulat selon lequel tout membre d'une organisation est impliqué de fait dans **des mécanismes interactionnels conscients et/ou inconscients**, nous pouvons tenter de cerner l'influence de tels mouvements sur l'accompagnement des usagers. En effet, la relation usager-professionnel, comme toute interaction, connaît elle-même ce jeu de mouvements conscients et inconscients. Le travail en équipe ajoute donc une autre dimension, de type *méta* ; **les relations entre professionnels interfèrent avec les relations usagers/professionnels**, et réciproquement. Or la professionnalité consiste à traiter en équipe toute relation avec un usager. La clinique éducative se forge nécessairement en équipe.

Voilà pourquoi l'étude du travail en équipe revêt une importance capitale qui va bien au-delà de la simple considération de sa propre place dans une équipe : c'est la qualité de l'accompagnement qui en dépend.

Quelques termes clés

Après ces précisions, citons quelques termes clés pour comprendre les notions d'équipe :

Le vocable « groupe » est issu de l'italien *gruppo* qui signifiait alors « nœud, assemblage ». Dans *Le Petit Larousse*, il est défini comme un *« ensemble distinct de choses ou d'êtres de même nature, réunis dans un même endroit »*. Cette définition pose la tension entre « distinct » et « de même nature ». D'un côté, les membres d'un groupe sont réunis par quelque chose qu'ils ont en commun, qui les rapproche et qui les lie. D'un autre côté, ces liens sont soumis à l'exigence des positions individuelles puisque chacun intègre le groupe avec un modèle de pensée spécifique.

La notion d'« équipe » est liée à celle de groupe, notamment dans l'étude des « dynamiques de groupe ». Dans l'un de ses ouvrages, Roger Muchielli avance qu'*« un agrégat de personnes n'est groupe que si des liens de face à face se nouent entre les personnes, mettant de l'unité dans leur "être là ensemble". Le groupe est une réalité dans la* *mesure où il y a interaction entre les personnes, une vie affective commune, et une participation de tous, même si cette existence groupale n'est pas consciente et même si aucune organisation officielle ne l'exprime*[1] ».

Dans cette définition fort intéressante figure l'idée qu'un groupe se réunit autour de « l'unité ». Or nous avons vu que les professionnels étaient reliés par le simple fait d'appartenir à une même équipe, équipe formellement constituée autour du projet d'établissement. En revanche, *l'unité*, et si l'on file l'idée, *le consensus*, est un idéal proche de l'utopie qui souligne l'une des dimensions de la condition humaine : à savoir la reproduction du même pour assurer la survie du groupe, la survie du genre humain.

De la recherche d'un consensus à la mise au travail des différences

Travailler avec l'être humain, c'est évoluer dans un espace de singularités. Aussi une unité absolue au sein de l'équipe n'est-elle ni possible ni souhaitable. D'abord parce que l'exercice des métiers du travail social favorise particulièrement les mécanismes de projection individuels, ensuite parce que les divergences peuvent dans certains cas être sources de changement.

Cette assertion nous amène à inscrire la question du travail en équipe dans une réalité paradoxale. L'identité professionnelle se construit dans **une tension entre recherche de l'identique et défense du particulier**. L'ouvrage *Vocabulaire de psychosociologie*[2] décrit bien cette tension. Selon *Le Petit Robert*, « identité » évoque ce qui est identique, similaire (identité de vues entre deux personnes, par exemple) et dans le même temps ce qui permet à une personne d'être reconnue au sein d'un groupe comme individu (cf. papiers d'identité). Un balancement entre deux pôles qui figure d'une certaine façon la dialectisation permanente entre vécu de soi (qui je pense que je suis) et perception d'autrui sur soi-même (qui ils pensent que je suis). Élaborer son identité professionnelle suppose de se confronter à une série de contradictions.

Il y a là un double mouvement qu'on retrouve au sein des institutions et services sociaux et médico-sociaux, d'autant plus lorsque des professionnels de **cultures distinctes** se côtoient. Chacun se perçoit et perçoit sa fonction d'une certaine manière, perceptions qui ne sont pas nécessairement partagées par tous ; chacun se pense et pense l'autre en fonction de références théoriques et socioculturelles particulières à ses domaines de compétences.

---

1. MUCCHIELLI Roger, *La dynamique des groupes*, ESF éditeur, Paris, 1995 (14e édition), p. 104.
2. DE GAULEJAC Vincent, « Identité », in : *Vocabulaire de psychosociologie. Positions et références*, Érès, Ramonville Saint-Agne, 2006.

DU PLURIPROFESSIONNEL AU PLURIDISCIPLINAIRE

La pluriprofessionnalité désigne l'ensemble des métiers concernés par les opérations de travail en rapport avec les missions et objectifs.

L'équipe pluridisciplinaire réunit *« les professionnels du plateau technique »*, ceux qui se réfèrent à des corpus théoriques ou méthodes spécifiques et dont les échanges produisent des bilans, diagnostics de situation, préconisations d'actions et évaluations.

D'après PAPAY Jacques, *DC 3. Communication professionnelle en travail social,* Vuibert, Paris, 2008, p. 15.

La question des différences de points de vue, somme toute assez légitime au regard des problématiques rencontrées dans les champs d'intervention de l'éducation spécialisée, est souvent source d'anxiété et de stress. On peut imaginer que ces différences viennent ébranler l'équilibre établi entre la perception qu'a le professionnel de lui-même et la place qui lui est donnée dans le système. Elles sont souvent perçues comme **l'annonce d'un changement possible** qui effraie puisqu'elles interrogent le *pourquoi* et le *pour quoi* de la présence du professionnel. Elles apparaissent comme menaçant le sentiment d'unité et de cohérence de l'individu, ainsi que sa position sociale.

Alain Touraine, sociologue, s'inscrit dans la lignée de la pensée marxiste et a consacré une grande partie de ses travaux à la question des conflits sociaux. Bien qu'il s'intéresse à des groupes sociaux (classes sociales, minorités, acteurs sociaux) différents de ceux qui nous occupent (équipes, groupes de professionnels), les mécanismes individuels et collectifs qu'il décrit éclairent les enjeux interactionnels observables dans les équipes pluridisciplinaires.

Nous considérerons qu'il s'agit d'une simple différence d'échelle. Le postulat d'Alain Touraine est que les mouvements sociaux, par la mobilisation collective, interrogent l'idéologie dominante et tentent d'aboutir à un changement social[3]. Il repère trois conditions nécessaires au changement :
- *un principe d'identité ;*
- *un principe d'opposition ;*
- *un principe de totalité.*

Nous n'entrerons pas ici dans les détails du conflit social mais proposerons une typologie applicable au travail en équipe, et en particulier dans le cadre du travail social. Posons donc l'hypothèse selon laquelle du conflit ne peut émerger un changement que **si trois conditions sont remplies par les acteurs du système :**
1. Donner à voir son identité professionnelle : il incombe à l'éducateur spécialisé, comme aux autres intervenants, de participer à la construction du savoir de l'autre

3. Les orientations d'Alain Touraine se retrouvent tout au long de son œuvre mais la principale référence ici est la suivante : TOURAINE Alain, *Production de la société,* Le Seuil, Paris, 1973.

par l'interrogation permanente de son rôle dans l'équipe. Pour cela, une question demeure récurrente : quel est le rôle de l'éducateur spécialisé dans cet établissement ou service ?
2. Faire preuve d'« intention de connaissance » : utilisée par Jacques Ardoino, cette expression désigne la volonté d'élucider des savoirs, discours, représentations inconnus. Il convient effectivement de se décentrer des acquis de sa profession pour entrevoir les singularités des autres cultures professionnelles.
3. Inscrire ces mouvements d'altérité dans la perspective d'un idéal : il s'agit de la finalité idéologique qui sous-tend les mouvements d'équipe. Vers quel modèle collectif tendons-nous ? Ce dernier point légitime en quelque sorte les deux premières conditions.

Au lieu de tendre d'entrée vers un consensus, il s'agit donc d'appréhender le conflit de manière positive pour l'inscrire dans une dynamique de changement.

De l'impossible savoir à l'altérité

Envisager les dynamiques interinstitutionnelles à travers le prisme des singularités nous a permis de développer le principe de l'acceptation des différences comme condition du changement et d'évolution d'une équipe.

Ces réflexions peuvent être mises en lien avec ce que Sigmund Freud a développé dès 1925, qui consistait à dire que trois métiers sont impossibles : éduquer, soigner et gouverner. Ce qui nous intéresse là est l'idée d'**un impossible pouvoir ou savoir sur l'autre**. Un autre qui est ici usager, mais également collègue de travail. Or c'est dans le renoncement d'un savoir sur un autre que vaut **le principe de multiréférentialité**. Jacques Ardoino définit ce principe de la manière suivante : *« L'approche multiréférentielle se propose une lecture plurielle de ses objets, sous différents angles, [...] en fonction de systèmes de références distincts, [...] non réductibles les uns aux autres, c'est-à-dire hétérogènes [...] »* C'est bien ce renoncement à l'impossible qui permet l'émergence d'une altérité qui posera les contours du travail en équipe.

Au-delà des dynamiques législatives et institutionnelles, nous pouvons donc considérer que l'altérité constitue un élément du cadre au sein duquel le professionnel inscrit sa pratique. Effectivement, c'est dans **l'espace des possibles**, espace délimité par la considération des missions de l'autre, que se construit l'intervention globale d'une équipe.

Le travail en équipe dans la formation d'éducateur spécialisé

Afin de répondre aux objectifs déployés dans le DC 3, deux types d'examens sont demandés aux étudiants :
- la réalisation d'un Journal d'Étude Clinique et sa présentation orale (DC 3.1) ;
- la rédaction de trois écrits professionnels (DC 3.2).

DOMAINE DE COMPÉTENCES 3 Communication professionnelle	
COMPÉTENCES	**INDICATEURS DE COMPÉTENCES**
Travail en équipe pluriprofessionnelle **S'inscrire dans un travail d'équipe**	- Savoir coopérer avec d'autres professionnels, solliciter leur avis, leurs connaissances, leurs compétences. - Savoir transmettre ses propres analyses. - Savoir confronter ses analyses.
Élaborer, gérer et transmettre de l'information	- Savoir sélectionner des informations pour les transmettre en protégeant la vie privée des personnes ou le caractère confidentiel des informations saisies. - Savoir traiter et conserver des informations. - Savoir donner du sens aux informations pour une aide à la décision. - Savoir construire et rédiger des analyses. - Savoir argumenter des propositions. - Savoir écrire la synthèse d'une situation. - Savoir utiliser les nouvelles technologies.
Coordination **Élaborer et partager une information adaptée aux différents interlocuteurs**	- Savoir élaborer des courriers et des textes synthétiques et analytiques. - Savoir produire des documents transmissibles à des tiers (juges, autorités de contrôle etc.).
Assurer en équipe la cohérence de l'action socio-éducative	- Savoir animer une réunion de travail. - Savoir soutenir et accompagner les orientations d'une équipe. - Savoir organiser la cohérence des interventions des différents membres d'une équipe. - Savoir utiliser les techniques de gestion des conflits.

DC 3.1. Le Journal d'Étude Clinique. L'épreuve

> *« La commande de l'école était de choisir une situation de travail d'équipe sur notre lieu de stage et de l'analyser en fonction de la place de l'équipe, de l'éducateur spécialisé, et de nous-même en tant que stagiaire et futur professionnel. Comme à chaque épreuve, il est demandé de faire émerger le lien théorie-pratique. Il ne s'agit pas de dénoncer mais de faire émerger les points centraux du travail d'équipe et ce qui se joue au sein du groupe, de l'équipe, de l'institution (en terme de communication-information, formel-informel, les outils, enjeux de pouvoir, place et rôle de chacun...). »*
>
> *Lucille, EPSS Cergy, Promotion 2009-2010.*

> *« On m'a clairement dit à la première ébauche de mon écrit de ne pas me placer en "procureur du travail d'équipe". J'ai dû le lisser, trop à mon goût, pour rendre un écrit "qui répond à la*

> *commande". L'école a imposé que cet écrit se fasse sur le travail en équipe de notre stage de deuxième année, alors que je tirais davantage d'enseignements de ma rencontre avec l'équipe de troisième année, c'est bien dommage. Je m'appuierai là-dessus pour donner plus de consistance à l'oral à cet écrit qui ne me satisfait pas. »*
>
> *Jude, IFRAMES Angers, Promotion 2009-2010.*

Compétences repérées[4]

- S'inscrire dans un travail d'équipe.
- Élaborer, gérer et transmettre de l'information.

Déroulement de l'épreuve

Cet examen est organisé par le recteur d'académie en centre d'examen. À partir d'un écrit nommé « Journal d'Étude Clinique », le candidat est amené à élaborer son positionnement à l'oral, face à un jury composé d'un formateur et d'un professionnel. Ces deux aspects de l'épreuve doivent montrer la capacité du candidat à comprendre les enjeux communicationnels et interactionnels à l'œuvre dans le travail en équipe.

Détails de l'épreuve

Dans un premier temps, l'étudiant élabore un dossier intitulé Journal d'Étude Clinique de cinq à dix pages en centrant son analyse sur :
– *la place de l'équipe dans l'organisation ;*
– *les apports de l'équipe dans l'intervention ;*
– *l'analyse de son rôle d'éducateur spécialisé au sein de l'équipe.*

L'écrit remis au jury, l'étudiant sera ensuite appelé à présenter son travail à l'oral, pendant une durée de 30 minutes (10 mn de présentation, 20 mn de questions/débat).

DC 3.1. Journal d'Étude Clinique. Proposition de méthodologie

Avant d'en venir à l'aspect méthodologique de cette épreuve, il convient de noter que chaque institut de formation se saisit des attendus généraux pour formuler une consigne précise. Plusieurs cas de figure peuvent ainsi être observés d'une institution à l'autre :
- l'écrit doit présenter les trois stages du processus de formation ;

4. Arrêté du 20 juin 2007 relatif au diplôme d'éducateur spécialisé (NOR : MTSA0755916A).

– l'écrit ne comporte qu'une situation ayant eu lieu à l'occasion d'un stage déterminé ;
– l'élaboration doit partir d'une situation rencontrée avec une personne accueillie.

Le jury évaluera le candidat *au regard de la consigne* de l'institut de formation, il s'agit donc de la suivre au plus près. La méthodologie proposée ici est par conséquent générale, elle ne prend pas en compte les spécificités proposées par chaque établissement de formation.

Étape 1 – Le recueil de données

L'étude des termes employés dans la dénomination de cette épreuve donne des indications précises sur les attendus de celle-ci. Nous allons tenter de démontrer en quoi l'appellation même de l'épreuve peut servir la compréhension du candidat.

Le « Journal... » : vocable tiré du latin *diurnalus*, il évoque une action qui est effectuée chaque jour ; sa déclinaison en est d'ailleurs le terme « journalier ». Il y a donc ici l'idée de recueillir, observer, relever des éléments de manière régulière.

« ... d'étude clinique » : « clinique » est un terme qui provient du grec *klinos* et désigne « être au chevet du malade ». Dans le cadre du travail social, il ne s'agit pas d'être au chevet mais d'être « auprès de », « pris dans la relation avec l'autre ». Il y a là l'idée d'une implication de l'éducateur spécialisé dans la relation à l'usager mais également dans les interactions d'équipe. « L'étude clinique » vient dire la place du candidat, en tant qu'il est pris dans les enjeux de la relation, quelle qu'elle soit.

Qu'en conclure ? À partir de ces postulats, nous pouvons tenter de définir le Journal d'Étude Clinique comme la mise en œuvre d'**un travail quotidien déclinable en plusieurs volets :**
– *l'observation fine des interactions ;*
– *l'implication de fait dans ces interactions ;*
– *l'élaboration théorique des interactions observées,* nécessitant par conséquent un effort de distanciation.

Comme dans l'ensemble des épreuves du DEES, l'étudiant est dans une **position constructiviste** et c'est par sa démarche de travail qu'il la met en pratique. Partons du principe qu'il n'existe pas de réel observable mais une construction de la réalité qui repose sur des représentations sociales, des schèmes socioculturels, des identités professionnelles, etc. L'implication crée de fait une interprétation de la réalité ; il ne s'agit pas de nier ce mécanisme légitime et naturel mais de pouvoir l'identifier pour le mettre au service de l'accompagnement. Ainsi, un outil apparaît essentiel à la mise en œuvre du Journal d'Étude Clinique : **le carnet de bord ou journal d'observation**.

Lors des périodes de stage, il est fortement conseillé aux étudiants de se munir d'un carnet de bord afin de garder une trace de leur vécu professionnel. En effet, il est fort à parier qu'à l'issue des trois années de formation, l'étudiant ait oublié certains détails de sa pratique quotidienne, détails qui revêtent une importance capitale pour la prise en compte singulière des situations.

Dans une démarche d'objectivation, nous proposons **l'organisation du journal d'observation en deux colonnes/parties :**
– *le récit factuel des évènements ;*
– *les ressentis et l'interprétation du stagiaire.*

Cet effort de présentation permet la distanciation du candidat puisqu'il l'oblige à se questionner sur ses propres interprétations.

Que la consigne réfère à un stage en particulier ou à plusieurs, il s'agira pour le candidat de reprendre les éléments journaliers de sa pratique au moment opportun afin de réaliser une analyse des mécanismes interactionnels.

Étape 2 – L'analyse des données

Au regard des éléments repérés au quotidien, le candidat est appelé à porter un regard analytique sur les mécanismes identifiés dans l'équipe. Il n'existe pas de méthode type, aussi nous nous appuierons sur les objectifs énoncés par le référentiel de certification pour illustrer les points d'analyse.

La place de l'équipe dans l'organisation

Au lieu d'« organisation », terme employé par les textes, nous parlerons d'« institution » pour désigner l'espace au sein duquel évoluent les membres d'une équipe. D'un usage plus courant dans le travail social, nous préférons en l'occurrence institution qui rend davantage présentes les personnes la constituant.

➤ *La notion d'institution : définitions*

De manière brève, on peut dire que la notion d'institution recouvre une large signification mais qu'elle se décline en deux définitions complémentaires :

1. L'institution est une forme sociale établie, c'est ce qu'on nomme **l'institué**. Soit tout ce qui régule l'ordre social et qui se présente de manière stable ; l'institué normalise et organise les rapports sociaux (par exemple, la hiérarchie) ;

2. L'institution est constamment soumise à des processus et mouvements, placés dans la catégorie de **l'instituant** (par exemple, l'arrivée d'un nouveau membre peut modifier certains aspects organisationnels).

➤ *Quels éléments observer ?*

Il s'agit ici d'étudier les dynamiques institutionnelles pour identifier la place de l'équipe dans l'organisation de l'intervention socio-éducative. Plusieurs éléments peuvent être observés :

1. Les dynamiques hiérarchiques : l'étude des places de chacun dans l'institution permet en effet d'interroger les espaces d'autonomie ou de restriction des professionnels, la place laissée à la participation des usagers, les liens entre les différents services...
2. Les aspects historiques peuvent amener des constats intéressants sur des phénomènes repérés au moment du stage ; par exemple, une influence religieuse passée qui aurait des conséquences sur le sens porté par les intervenants.
3. Les modes de management (cf. encadré ci-dessous).
4. Les pratiques vis-à-vis des stagiaires : quel accueil ? quelles modalités d'accompagnement ? quelles marges d'autonomie ?

LES MODES DE MANAGEMENT SELON KURT LEWIN

Kurt Lewin, psychologue américain (1890-1987), a été un des pionniers dans l'étude des dynamiques de groupe. Entre autres élaborations théoriques, il a repéré trois formes de *leadership* au sein des institutions :
1. Le *leadership* autoritaire (paternalisme) : la personne se tient à distance du groupe et est dans une position directive (ordres).
2. Le *leadership* démocratique (animation) : méthodes semi-directives qui visent à encourager les membres du groupe à participer, suggérer, créer.
3. Le *leadership* du laisser-faire (surveillance) : pas d'implication dans la vie du groupe.

D'après WHITE Ralph K., LIPPITT Ronald, *Autocracy and democraty,* Harper & Brothers, New York, 1960.

S'interroger sur le vécu de l'équipe

Dans cette partie de l'analyse, il s'agit aussi de définir l'équipe de manière générale, d'abord par **l'identification de ses membres**, ensuite par **le repérage des dynamiques internes**. Cela revient à se poser un certain nombre de questions sur le vécu de l'équipe :
– *quels sont le statut, le rôle et la fonction de chacun ?* (cf. encadré « Rôle, statut, fonction », page 180)
– *existe-t-il des relations hiérarchiques* au sein même de l'équipe étudiée ? lesquelles ? Sont-elles fondées sur des éléments formels ?
- s'il n'y a pas de hiérarchie, *comment se définissent les rôles de chacun ?*
- les membres de l'équipe sont-ils plutôt dans un *mode de relation fusionnel ?* ou se montrent-ils au contraire *attachés à leurs individualités ?* Que peut-on en dire ?

Repérer les espaces de communication

L'étudiant pourra également repérer les espaces de communication à la disposition des professionnels. Existe-t-il des moments de supervision ou d'analyse des pratiques ? Comment s'articulent ces différents moments ?

SUPERVISION ET ANALYSE DES PRATIQUES

Il n'est pas rare d'observer une confusion dans l'appréhension des deux termes.

La supervision, selon Joseph Rouzel, est un *« dispositif de parole animé par un tiers, généralement extérieur à l'institution qui réunit un groupe d'éducateurs et a pour objet de permettre à chacun d'exprimer ce qu'il met en jeu dans sa relation clinique aux enfants ou adultes pris en charge. La direction [...] est absente de cet espace. Il s'agit d'un temps où le fonctionnement institutionnel est suspendu »*. Guy Dréano complète cette définition : la supervision met en place les conditions pour qu'ait lieu une *« réflexion, à travers l'interrogation très concrète, de situations éducatives, auxquelles l'éducateur est mêlé et exposé ; et dont à plusieurs, y compris par la confrontation d'expériences, par échange du procédé, on cherche à ouvrir le champ d'autres possibles »*.

L'analyse des pratiques, ou réflexion collective sur les pratiques selon Guy Dréano, désigne un lieu moins fermé au sein duquel une équipe, si besoin en présence de sa hiérarchie, interroge les enjeux institutionnels : *« instance de débat, d'élaboration (non de décision), un laboratoire d'éthique où il est possible d'interroger toutes choses, qu'elles soient individuelles et/ou collectives, dans le sens de la recherche des meilleures réponses pour l'usager. »*

D'après ROUZEL Joseph, *Le travail d'éducateur spécialisé. Éthique et pratique*, Dunod, Paris, 2007 (2e édition), p. 140.
DRÉANO Guy, *Guide de l'éducation spécialisée*, Dunod, Paris, 2009 (4e édition), pp. 364-366.

Les apports de l'équipe dans l'intervention

Les éléments généraux sur l'institution et l'équipe étant identifiés, le candidat choisira une situation en fonction de la consigne et des objectifs visés.

Repérage des apports distincts

Le candidat doit être en mesure d'identifier le rôle joué par chaque intervenant dans la situation énoncée. La dimension narrative sera ici complétée par une analyse des positions, des écarts et des interactions. Selon les équipes, se pose la question de **la multiréférentialité**, telle que la nomme Jacques Ardoino dans nombre de ses travaux : *« L'approche multiréférentielle se propose une lecture plurielle de ses objets, sous différents angles, [...] en fonction de systèmes de références distincts, [...] non réductibles les uns aux autres, c'est-à-dire hétérogènes [...]*[5] *»*

Il convient de **clarifier les positions de chacun** et de les mettre en tension avec les éléments formels de leur profession ou de leur fonction dans l'institution. Le candidat pourra reprendre à cet effet les questions de statut, de fonction et de rôle mais il devra dépasser leur aspect théorique pour en tirer des conclusions objectivées.

Attention. Veiller à bien faire apparaître la place de l'éducateur spécialisé et en particulier, celle du candidat.

5. ARDOINO Jacques, « L'approche multiréférentielle (plurielle) des situations éducatives et formatives », in : *Pratiques de Formation-Analyses, Université Paris 8, Formation permanente,* n° 25-26, 1993.

Exemple. Les positions prises par les membres de l'équipe ont-elles un lien avec leur statut ? Existe-t-il des systèmes de pensée repérables en fonction des professions représentées ?

RÔLE, STATUT, FONCTION

Le statut est juridiquement défini par l'intitulé qui figure sur le contrat de travail en fonction du Code du travail ou de la convention collective.
On peut désigner **la fonction** par les missions qui sont données en interne de l'organisation et conformément à la fiche de poste.
Le rôle constitue la façon dont chacun vit son poste dans la dynamique groupale de l'équipe. Il est plus difficilement repérable puisqu'il touche aux dispositions personnelles et aux enjeux de pouvoir existant dans l'organisation.

D'après RULLAC Stéphane, *Je prépare le DEES,* Dunod, Paris, 2009.

➤ *Étude des modalités de communication*

Le candidat aura à observer les mécanismes à l'œuvre dans la communication des intervenants. Des stratégies sont-elles mises en place pour faire passer des idées ? Des filtres ou interférences ont-ils des influences sur la situation ? Quelle place pour l'écoute de chacun ? Peut-on repérer des messages induits par la communication non verbale ?

LE SCHÉMA GÉNÉRAL DE COMMUNICATION SELON JAKOBSON

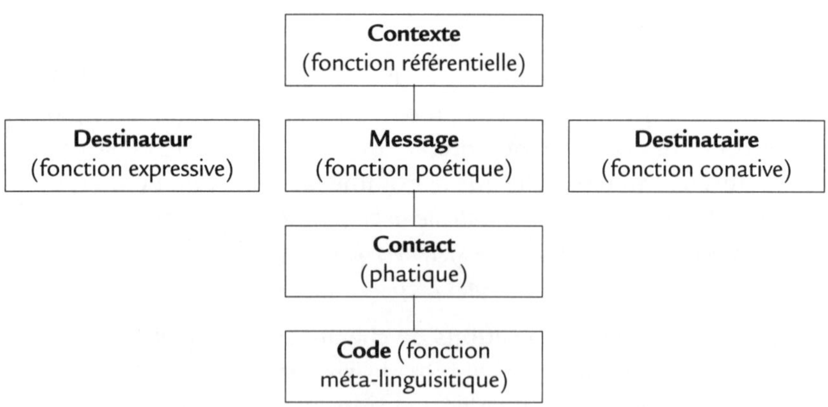

JAKOBSON Roman, « Linguistique et poétique », In : *Essais de linguistique générale,* Éditions de Minuit, Paris, 1969, pp. 209-248.

Il s'agit d'**identifier les composants de la situation de communication** et d'**analyser les liens existant entre eux**. La communication s'inscrit dans un contexte particulier qu'il convient de définir. De même, le message est soumis à l'interaction qui s'établit à ce moment-là entre « destinateur » et destinataire, et notamment à « la manière de dire » du « destinateur ». Par quel moyen le « destinateur » choisit-il de transmettre son message au destinataire ? (Écrit formel ou informel, oral formel ou informel, *via* un intermédiaire ou porte-parole, etc.) Qu'est-ce que cela implique dans la situation ?

Le rôle de l'éducateur spécialisé au sein de l'équipe

L'attendu de cette épreuve est que le candidat se définisse en tant qu'éducateur spécialisé apte à l'exercice professionnel. Aussi le jury portera-t-il une attention particulière à l'appréhension par ce dernier de **son identité de futur professionnel**. Tout le cheminement intellectuel produit dans les étapes précédentes devra aboutir à la clarification du positionnement du candidat au regard de son parcours. À noter toutefois qu'il ne s'agit pas de dessiner le profil type de l'éducateur spécialisé mais de tirer des conclusions singulières, en fonction d'éléments institutionnels aussi bien que d'éléments issus du vécu professionnel.

Dans cette partie de la réflexion, le candidat devra évoquer :
– *le contenu et la teneur de son positionnement ;*
– *les raisons objectivées de son positionnement ;*
– *les apports de l'expérience dans la définition de son futur métier* (savoirs, savoir-être, savoir-faire).

Étape 3 – Le passage à l'écrit[6]

Quel que soit le moment choisi pour le passage à l'écrit, il est conseillé de commencer par construire **un plan détaillé**. D'abord parce qu'il permettra de veiller au respect des contraintes (nombre de pages, chapitres obligatoires...), ensuite parce que l'étudiant pourra vérifier la pertinence de son cheminement et le modifier si nécessaire. Il ne sera pas proposé de plan unique. Celui-ci dépendra des consignes données par l'institut de formation. En outre, le degré de liberté laissé au candidat est à prendre comme un gage de créativité et l'offre d'un espace d'autonomie.

RÈGLES DE BASE

✓ Proposer un sommaire ou une table des matières pour guider le lecteur.
✓ Introduire et conclure le dossier.
✓ Rédiger entre cinq et dix pages hors page de garde, sommaire et annexes.
✓ Indiquer la signification des sigles la première fois que le terme est utilisé.
✓ Référencer toutes les données venues de sources extérieures.
✓ Respecter l'anonymat des personnes citées.

6. Une fiche pratique est proposée en fin d'ouvrage : Conseils transversaux aux épreuves écrites du DEES (p. 311).

Étape 4 – L'épreuve orale[7]

L'épreuve dure 30 minutes, elle est divisée comme suit :
– *une présentation par l'étudiant* (10 mn) ;
– *un échange entre le jury et le candidat* (20 mn).

Les deux personnes composant le jury auront déjà lu le Journal d'Étude Clinique rendu par le candidat quelque temps avant l'épreuve orale. Avant toute chose, il convient de prendre conscience de l'aspect rébarbatif que pourrait revêtir ce type d'épreuve pour le jury. En effet, si le candidat structure son oral de la même manière que l'a été son écrit, les membres du jury risquent fort de ne tirer que très peu d'intérêt de ces 30 minutes d'échange.

À noter. Cette épreuve est à voir comme complémentaire au dossier écrit.

Ainsi, nous conseillons au candidat de s'extraire de ses travaux écrits pour exposer à l'oral une vision distanciée de son expérience de stage, au regard des attendus du DC 3. **Quatre points** peuvent être abordés :
1. Ce que le candidat n'a pas pu placer dans le dossier : au cours de la rédaction, la contrainte liée au nombre de pages amène le rédacteur à se limiter à l'essentiel. L'oral peut être le moment pour évoquer ces détails qui n'en sont pas moins importants pour la compréhension du dossier.
2. Une analyse distanciée des difficultés rencontrées : une fois le stage achevé et le dossier rendu à l'institut de formation, des constats non entrevus auparavant peuvent émerger dans l'esprit de l'étudiant. Ainsi, ce qui aurait été vécu de manière difficile pendant le stage sera analysé avec plus de distance et servira la vision objective du candidat.
3. Les transferts que l'étudiant effectuera lorsqu'il sera professionnel : l'expérience de terrain aura certainement été instructive pour l'exercice de son futur métier, il s'agira de le démontrer à travers des exemples concrets.
4. Autres éléments vus comme importants par le candidat.

Enfin il est conseillé à l'étudiant de préparer un plan de présentation. Celui-ci est à la guise du candidat et nous ne saurions donner de « recette » à appliquer, tant l'ensemble des épreuves du DEES invite les candidats à être inventifs.

DC 3.1. Journal d'Étude Clinique. Entraînement

Avertissement. Les exemples qui suivent constituent des propositions. En effet, il n'existe pas une réponse unique à une problématique mais des éléments de réponses soumis à la complexité du métier d'éducateur spécialisé.

---

7. Une fiche pratique est proposée en fin d'ouvrage : Conseils transversaux aux épreuves orales (p. 319).

Le Journal d'Étude Clinique, bien qu'il puisse être interprété singulièrement par les instituts de formation, reste ciblé sur les enjeux du travail en équipe. Deux exemples réels nous permettront de démontrer certains mécanismes réflexifs ; il n'en reste pas moins que cet exercice exige que le candidat s'approprie la situation qu'il aura choisie. Le jury évalue effectivement la capacité d'autonomie dans **l'élaboration d'une posture professionnelle singulière.**

JEC. 1er exemple commenté : *Centre d'accueil thérapeutique à temps partiel* – IRTESS Dijon

Diplôme d'État d'Éducateur Spécialisé
JOURNAL D'ÉTUDE CLINIQUE DC 3.1
Promotion 2007-2010
IRTESS Dijon

Contexte. Chary est étudiante en troisième année de la formation d'éducatrice spécialisée, au sein de l'IRTESS de Dijon. Elle a effectué son stage de deuxième année dans un Centre d'Accueil Thérapeutique à Temps Partiel (CATTP). Rattaché à un centre hospitalier, cet espace a pour mission de « *maintenir, favoriser et développer l'existence autonome des personnes qu'il reçoit, par le biais d'une écoute et d'un soutien dans le travail de reconstruction de cette autonomie, par le réapprentissage des gestes usuels et par le développement de divers modes d'expression et de création* ». L'établissement a pour vocation première le soin par les thérapies à médiations expressives. Il est également un lieu d'accueil, d'échange et d'écoute pour les patients. Après une hospitalisation, les personnes en souffrance psychique peuvent y reprendre progressivement contact avec la vie courante et le monde extérieur.
Chary a choisi d'interroger la dimension pluridisciplinaire du travail en ce lieu de stage, car cette question s'est révélée primordiale dans l'élaboration de son positionnement.
Notons que la consigne de l'établissement de formation préconisait de partir d'observations cliniques et d'une problématique éducative pour identifier les enjeux du travail en équipe.

Étapes 1 et 2 – Le recueil et l'analyse des données

Le carnet de bord

Chary s'est munie d'un carnet de bord pour les trois stages de sa formation. Par la prise de notes régulières, elle a recueilli ce qu'elle nomme du « matériel clinique » ; il s'agit de situations concrètes vécues dans l'interaction entre personnes et/ou professionnels, sur lesquelles l'étudiante s'appuiera pour élaborer une réflexion généralisable à sa future profession. Elle a également eu recours à ses souvenirs.

On retrouve, dans les données rassemblées, **une double dimension :**
– *une dimension factuelle,* soit les faits rapportés par ses notes ;
– *une dimension subjective,* issue de souvenirs, de notes qui n'ont pas été nécessairement consignées dans le détail.

Le propos n'est pas de valoriser le matériel factuel plutôt que le matériel subjectif ; c'est effectivement dans l'articulation de ces deux dimensions que va se construire le positionnement de l'étudiante. La singularité de sa réflexion s'inscrit dans cet entre-deux, entre effort d'objectivité et vision réflexive de ses ressentis. De là peut éventuellement émerger un nouveau savoir.

➛ *Quel matériel a-t-elle recueilli ?*

Les éléments que Chary a rassemblés couvrent **quatre champs :**
– *le cadre institutionnel* (statut, missions, cadre d'intervention...) ;
– *les statuts, fonctions et rôles des intervenants ;*
– *l'existence ou non d'outils de communication* (écrit, oral) ;
– *son ressenti personnel.*

Son analyse s'orientera vers **la notion de professionnalité**. Une professionnalité que Joël Azémar définit comme un espace d'intellectualité collective, « *institué du fait de la mise en œuvre par les travailleurs sociaux de leurs compétences et qualifications en dehors de tout corporatisme, mais dans un partage de sens au niveau de l'action. [...] Cela nécessite de la part des professionnels qu'ils prennent parti, qu'ils sortent de la neutralité techniciste dans laquelle le rapport de subordination les enferment, occultant leur potentiel créatif*[8] ». Chary s'interrogera en particulier sur les conditions nécessaires à l'exercice de la professionnalité.

➛ *La place de l'équipe dans l'organisation*

Structure extra-hospitalière, le CATTP se situe à la fois dans la rupture et dans la continuité vis-à-vis des services intrahospitaliers. Son projet s'inscrit dans la politique d'ouverture de l'institution psychiatrique : rapprocher les patients de la vie de la cité tout en maintenant un suivi médical à leur égard. Chary notera d'ailleurs la prédominance de métiers médicaux et paramédicaux au sein de l'équipe.

Chary a d'abord étudié **la place de chaque métier au sein de l'organisation**, ce qui l'a amenée à s'interroger sur les spécificités de chacun : en particulier celles de l'éducateur spécialisé. Elle a questionné ensuite la pluridisciplinarité, notamment dans la nécessité qu'a chaque professionnel, vu les cultures distinctes, d'apprendre de l'autre et de démontrer sa fonction.

---

8. AZEMAR Joël, *Travail social : d'un impossible consensus à un espace de professionnalité,* avril 2002, consultable sur www.iscra.org

Les apports de l'équipe dans l'intervention

Au terme de plusieurs semaines de stage, Chary a pu repérer **deux points clés :**

1. La tradition orale et la culture informelle. Chary remarque dès le début du stage l'absence d'écrits pouvant éclairer sa pratique, mais elle note aussi que de nombreux échanges informels assurent l'efficience des accompagnements. On peut parler de culture informelle, en ce sens où il s'agit d'une manière d'être dans la relation qui semble régie par des valeurs, normes et habitudes non formalisées dans un texte.

2. Les espaces d'élaboration. Les éléments constituant cette culture informelle orale se transmettent toutefois dans des espaces de réunion formels, destinés à échanger aussi bien sur l'accompagnement des patients que sur les fonctionnements institutionnels. Rien de ce qui s'y dit n'est transcrit, aussi Chary proposera de réaliser des comptes-rendus au cours de son stage.

Le rôle de l'éducateur spécialisé au sein de l'équipe

En débutant son stage de deuxième année, Chary rencontre une certaine difficulté à distinguer les spécificités des professionnels. Ainsi, plusieurs semaines lui seront nécessaires pour déduire que l'éducateur spécialisé inscrit sa démarche dans une dimension sociale, en complémentarité avec les autres professionnels qui assurent, eux, une fonction soignante.

En la présence d'un seul éducateur spécialisé, Chary a dû **élaborer sa position dans l'équipe de manière expérientielle**. Elle repère que dans cette élaboration sont à l'œuvre deux processus :
– *proposer de nouvelles manières de fonctionner* (processus actif) ;
– *s'adapter aux habitudes mises en place* (processus réceptif).

Ce double mouvement a contribué à l'impliquer dans le travail d'équipe.

À cet effet, **plusieurs modes de prises d'information** ont été utilisés : modes spontanés, délibérés ou non conscients, notamment l'observation discrète, la participation aux différents ateliers, les questionnements, le mimétisme. Elle s'aperçoit que la construction de sa position sociale dans l'équipe s'est faite en plusieurs étapes au fil d'un remaniement permanent des interactions.

L'acquisition nécessairement progressive d'une certaine professionnalité est au cœur de la problématique de Chary. Il s'agit pour elle de **questionner les aptitudes ou compétences à développer** pour pouvoir se positionner en tant qu'éducatrice spécialisée, forte de son identité professionnelle. Or, l'expérience de ce stage lui a montré que plusieurs dimensions entraient en ligne de compte pour ce faire :
– *ses aptitudes et compétences ;*
– *les interactions* avec les autres professionnels mais aussi avec les personnes accueillies.

Elle conclut que s'inscrire dans une équipe avec ses propres spécificités exige **un véritable processus de transformation d'un savoir acquis**. Cette démarche est transférable à tous les lieux professionnels au sein desquels l'éducateur spécialisé est amené à exercer.

Étape 3 – Le passage à l'écrit

Voici, à titre d'exemple, le plan que Chary a élaboré.

PLAN DU JEC DE CHARY

Introduction
- Présentation du contexte
- Justification du choix de stage
- Annonce du plan

I. L'intervention socio-éducative au sein d'une structure médico-sociale

I.1. Présentation du cadre de mon intervention : le CATTP B
Présentation de l'institution, de ses missions

I.2. La composition et le fonctionnement de l'équipe
I.2.a. Une équipe pluridisciplinaire
- Description statutaire de l'équipe
- Contextualisation : description des rôles pris par chacun en fonction de leurs compétences artistiques.

I.2.b. Le fonctionnement et les apports du travail en équipe
- Difficulté de saisir les missions de chacun, en particulier celles de l'éducateur spécialisé au sein d'une équipe soignante (psychiatrie)
- Clarification de la fonction de l'éducateur spécialisé (dimension sociale)
- Nécessité d'échanges et de connaissance du monde psychiatrique
- Définition personnelle de la pluridisciplinarité

II. La place des écrits professionnels au CATTP B

II.1. Une absence d'écrits formels compensée par des échanges informels
- Absence de projet, de comptes-rendus
- Importance de la tradition orale, efficience dans l'informel s'expliquant par la part active des usagers dans leur projet personnalisé

II.2. Une absence d'écrits parfois contraire à la dynamique de la fonction d'éducateur spécialisé, au sein d'une équipe pluridisciplinaire
- Pour l'éducateur spécialisé, l'absence de projet semblait empêcher la prise en compte globale de la personne
- Implication de Chary dans un double mouvement (actif et réceptif)

III. Ma place de stagiaire éducatrice au sein de l'équipe
- Étapes de l'implication : observation, participation aux différents ateliers, attitude discrète et questionnements

III.1. L'atelier d'écriture
- Présentation d'un atelier pour lequel Chary est missionnée par l'équipe

III.2. Les apports de l'équipe dans ma démarche de préparation de l'atelier d'écriture
- Mécanismes d'autonomie : mimétisme, échanges puis construction de nouvelles propositions
- Outil de reconnaissance au sein de l'équipe et de définition du métier d'éducateur spécialisé dans une telle équipe
- Élaboration de compétences ciblées servant la clarification du rôle de Chary : écoute, patience, disponibilité, empathie, fonction « socialisante »

III.3. Ma participation dans la transmission de l'information au CATTP

III.3.a. La synthèse
- Nécessité de transmission aux autres membres de l'équipe
- Construction de la légitimité et de la professionnalité

III.3.b. La réunion d'équipe
- Lieu pour aborder les aspects techniques de l'implication et le degré d'investissement de Chary

Conclusion
- Apports du Journal d'Étude Clinique sur les compétences professionnelles de Chary
- Regard critique sur son investissement
- Mise en avant des interactions avec les personnes accueillies et avec les professionnels dans son élaboration professionnelle

JEC. 2e exemple commenté : *Institut Médico-Éducatif* – EPSS Cergy

Diplôme d'État d'Éducateur Spécialisé
JOURNAL D'ÉTUDE CLINIQUE DC 3.1
Promotion 2007-2010
EPSS Cergy

Contexte. Aude est étudiante à l'EPSS de Cergy, en dernière année de formation d'éducatrice spécialisée. Voici la consigne qui lui a été délivrée :

Consigne

Au sens psychosociologique du terme, la démarche clinique peut être entendue comme une démarche de compréhension. Celle-ci part de l'observation directe et impliquée de faits singuliers relevant de situations groupales. L'approche sous un angle qualitatif permet de saisir les faits dans la globalité qui leur donne sens, à travers un travail d'analyse.

Il s'agira de rendre compte par écrit d'une suite d'observations concernant le travail en équipe pluriprofessionnelle ou du moins plusieurs professionnels de l'équipe, à partir d'une situation socio-éducative définie.

Les situations rapportées doivent tendre à l'observation de faits, de dires, d'écrits professionnels. Les séquences seront présentées dans leur chronologie. La traduction écrite des observations doit être la plus objective possible. L'étudiant doit montrer son implication dans l'intervention rapportée.

En outre, les situations doivent être analysées en faisant apparaître le rôle au sein de l'équipe du stagiaire ou de l'éducateur en formation, dans la transmission de l'information, les coordinations avec les différents interlocuteurs, les actions de soutien et d'accompagnement en fonction des orientations de l'équipe.

Aude a réalisé son stage professionnel en Institut Médico-Éducatif (IME), établissement qui a pour mission « *d'assurer une prise en charge qualitative aux niveaux éducatif, pédagogique et thérapeutique dans un processus d'accompagnement et de soutien personnalisé au sein de groupes à effectifs réduits pour permettre aux enfants, adolescents et jeunes adultes : de bénéficier d'une prise en charge le plus tôt possible et de les aider pour les gestes de la vie quotidienne ; d'optimiser leurs potentialités intellectuelles et manuelles ; d'accéder à une autonomie sociale variable selon chacun*[9]. »

L'étudiante a choisi la situation d'un enfant entré à l'IME au moment de son stage, qui présente de grands écarts de comportement avec les autres enfants. À travers son observation clinique, elle a souhaité montrer l'intérêt de la transversalité entre des services d'ordinaire cloisonnés.

Étapes 1 et 2 – Le recueil et l'analyse des données

Hormis l'utilisation d'un journal de bord sur lequel elle a retranscrit son vécu professionnel, Aude a eu recours à différentes sources d'informations pour mettre en œuvre sa réflexion : d'une part, ses échanges avec d'autres professionnels, d'autre part, la lecture de deux ouvrages.

Papay Jacques, *DC 3. Communication professionnelle en travail social DEES,* **Vuibert, Paris, 2008 ;**
Barreyre Jean-Yves, Bouquet Brigitte, *Nouveau dictionnaire critique d'action sociale,* **Bayard Centurion, Paris, 2006.**

➤ *La place de l'équipe dans l'organisation*

Constatant des défaillances dans certains fonctionnements pourtant formalisés, Aude s'interroge sur l'existence d'une culture formelle et/ou informelle au sein des différents groupes de professionnels. Elle a recours à **deux notions** pour « découper » le réel observé :

1. L'institué, qui est constitué de protocoles institutionnels, de pratiques codifiées et normalisées. Lors de l'admission et du suivi d'Adrien, Aude s'appuie sur ces supports pour envisager l'accompagnement.

2. L'instituant, qui vient prendre une place importante dans cette situation, sous la forme de mécanismes informels. La singularité de l'enfant accueilli, en effet,

9. Extrait du Livret d'accueil de l'IME lieu de stage.

modifie les manières de faire et d'être de chacun sans que cela ne soit dans un premier temps formalisé.

En parallèle, Aude note que l'IME est constitué de groupes accueillant des enfants en fonction de leur âge. Alors qu'un éducateur spécialisé prend en charge un groupe défini dont il est en quelque sorte référent pendant les temps du quotidien, d'autres professionnels interviennent ponctuellement auprès d'un enfant, de façon individuelle : éducateur sportif, orthophoniste, psychomotricienne, pédiatre, psychologue. Après quelques semaines au sein de l'IME, l'étudiante détermine **deux modes de lecture** possibles de l'institution :

1. Une lecture hiérarchique. Aude s'aperçoit que la décision d'admission d'Adrien a été prise sans le regard des professionnels de terrain et en conclut que les niveaux hiérarchiques sont particulièrement marqués au sein de l'institution. En résultent des incohérences dans l'accompagnement d'Adrien, repérables dans les temps du quotidien où l'équipe a des difficultés à le canaliser.

2. Une lecture par processus. Elle note en effet que les professionnels sont répartis selon deux paramètres : selon le groupe d'enfants dont ils ont la charge et selon la nature de leur profession. Par exemple, les orthophonistes ne participent pas aux réunions de supervision alors que leur présence lui semblerait pertinente.

Aude repère néanmoins **trois espaces de réunion** et d'échange :

– *la réunion de projet* où les différents intervenants définissent et/ou évaluent les axes des projets individualisés ;

– *la réunion de supervision* à laquelle assistent tous les professionnels, sauf les orthophonistes qui se réunissent entre eux sur le même créneau horaire ;

– *des temps informels,* ayant souvent lieu au moment du repas ou lors des récréations.

Aude a également pu préciser la place qui lui a été confiée sur sa période de stage. Dès son entrée, elle a eu le **rôle de coréférente** du groupe d'enfants, au côté de sa tutrice de stage. Ainsi, Aude a été directement impliquée dans l'accueil et l'accompagnement du jeune Adrien.

Les apports de l'équipe dans l'intervention

La situation d'Adrien a fortement questionné Aude car l'équipe, immobilisée par les dissensions, n'a pas élaboré de projet pour l'enfant. En effet, on peut supposer que la multiplication des informations ou des points de vue a fini par figer l'accompagnement.

Repérage des apports distincts. *Dans les temps d'échanges officiels,* il n'y a d'abord eu que des *positionnements divergents* sur l'accueil d'Adrien. Les uns souhaitaient une réorientation de l'enfant, les autres un accompagnement individuel, et d'autres encore préconisaient son intégration progressive au groupe. En l'absence d'un accord entre les différents intervenants, chacun a pris *un rôle spécifique et ce, de façon spontanée* :

- Aude et sa tutrice de stage ont été les référentes pendant les temps du quotidien ;

- les éducateurs spécialisés des autres groupes sont intervenus en tant que personnes tierces lors des récréations et repas ;
- les personnels des services généraux ont veillé à ce qu'Adrien puisse se déplacer en fonction de ses besoins sans déranger les autres enfants.

Après une réunion de projet qui a permis d'officialiser certaines positions, *des décisions ont été prises sur l'implication* de chaque professionnel :
- chacun conserve et renforce la place qu'il a prise ;
- l'équipe thérapeutique propose des séances individuelles à Adrien ;
- la direction contacte la Maison Départementale des Personnes Handicapées (MDPH) pour réévaluer la situation d'Adrien ;
- l'orthophoniste intervient auprès d'Adrien deux demi-heures par semaine au sein du groupe ;
- la psychologue entre en contact avec les parents d'Adrien pour expliciter la position de l'IME.

C'est bien l'espace de liberté créé par certains intervenants qui, dans un premier temps, a modifié les positionnements des uns et des autres, avant, dans un second temps, de les faire entrer dans ce qu'on nommait plus haut l'institué. Il s'agit donc selon Aude de se saisir de ces espaces informels et de l'intérêt qu'ils présentent pour répondre au mieux aux besoins singuliers des enfants accueillis en opérant avec une certaine souplesse.

Étude des modalités de communication. Comme il a été indiqué plus haut, le journal de bord d'Aude consigne au début de la prise en charge les divergences existant entre les différents professionnels, qui sont venues figer l'accompagnement en empêchant toute décision. Au regard de l'évolution décrite ci-dessus, on peut noter *deux temps majeurs dans les interactions* des intervenants :
1. *Dans une première phase* (temps d'échanges officiels), chacun a eu besoin de faire part de ses ressentis en réunion : difficultés pour les uns, incompréhensions pour les autres, remise en cause directe de l'admission du jeune Adrien pour d'autres encore. Ces échanges se sont faits sur un mode défensif, en ce sens où la situation est venue interroger la position sociale de chaque professionnel dans l'institution. Ces modalités renseignent sans doute sur la nécessité pour chacun de protéger des intérêts personnels et de maintenir des places spécifiques.
2. *Dans une deuxième phase* (réunion spécifique de projet pour Adrien), les difficultés de chacun ont été prises en compte avec l'objectif de trouver des solutions. On peut faire l'hypothèse que cette écoute a été rendue possible par le fait que les intervenants ont auparavant exprimé leurs ressentis et divergences. Cette attitude empathique a facilité la recherche de solutions.

➤ *Le rôle de l'éducateur spécialisé au sein de l'équipe*

Aude a été particulièrement interpellée par l'émergence de mouvements de rejet ou de défense au sein d'une équipe en difficulté. Elle a éprouvé un certain désarroi face à cette confusion, ainsi qu'un sentiment d'impuissance devant la complexité de la situation.

Coréférente du groupe auquel appartenait Adrien, elle a dû se positionner et élaborer son identité professionnelle dans ce contexte particulier. L'étudiante s'est référée pour cela aux **missions spécifiques de l'éducateur spécialisé**, à savoir, l'émergence de la personne singulière (autonomie) et son inscription dans la société (socialisation). Elle a repéré qu'à côté de ces deux axes majeurs, l'éducateur spécialisé dans cet IME avait aussi **un rôle de coordination**. Rôle auquel correspond la capacité à réaliser un accompagnement global au moyen de la sollicitation effective des personnes et professionnels ressources. Pour exercer ce rôle, elle s'est positionnée en collaboratrice active lors des rencontres entre professionnels et a émis des propositions sans cesser pour autant d'étayer ses interventions sur le professionnalisme de sa tutrice de stage.

Bien que la situation d'Adrien demeure singulière, il s'agissait pour Aude d'en tirer des conclusions utiles à l'exercice futur de sa profession. Elle a ainsi isolé **trois dimensions professionnelles** qui seront développées dans son écrit :
– *la dimension informelle* lui est apparue essentielle pour supporter et entretenir les « allants de soi[10] » propres à l'institution ;
– *la dimension collaborative* a pris un sens nouveau pour l'étudiante, en ce sens où celle-ci ne se décrète pas mais s'élabore en fonction des aspirations professionnelles et des « freins » de chacun. Elle nécessite du professionnel centralisateur une attitude d'empathie et une capacité de propositions ;
– *la dimension temporelle* constitue un élément clé dans la prise de décision et le travail en équipe en général. Il s'agit de donner à chacun le temps qui lui est nécessaire pour recevoir l'information, l'interpréter, repérer ses propres codes normatifs, puis adapter en conséquence sa pratique, ce qui peut demander d'infléchir ses codes personnels.

Étape 3 – Le passage à l'écrit

Aude a envisagé la rédaction comme moyen de distanciation avec la situation éducative de stage. Pour cela, l'étudiante a commencé par analyser la situation en fonction de ses propres représentations. Une pause a ensuite été nécessaire pour identifier et préciser les enjeux pour chacun dans l'équipe et pour elle-même. La réflexion et l'élaboration de cet écrit ont été ainsi menées sur quatre mois.

Aucune forme de plan n'étant imposée, Aude a choisi de mettre en œuvre un plan chronologique pour témoigner de sa propre perception temporelle.

10. On nomme « allants de soi » les codes normatifs implicites observables dans un système donné.

PLAN DU JEC D'AUDE

Introduction

- Présentation de l'intérêt du travail en équipe
- Définitions circonstanciées de « pluriprofessionnalité » et « équipe »
- Choix d'une situation vécue au cours du stage long
- Annonce et justification du plan

1. Présentation de l'institution

- Présentation du lieu de stage
- Description du public accueilli
- Missions de l'établissement
- Définition du cadre d'intervention d'Aude

2. D'une admission type au projet personnalisé

Description générale des procédures d'admission officielles au sein de l'IME

3. L'intervention socio-éducative

- Récit de l'admission d'Adrien, celle-ci ne correspondant pas au protocole prévu par l'établissement
- L'équipe du groupe d'Aude étant en difficulté face au comportement de l'enfant, soutien de professionnels exerçant sur d'autres groupes lors de moments informels
- Transformation de l'informel en « règles formelles » : modification des objectifs de l'accompagnement, signifiés au cours d'une réunion de fonctionnement et incluant les professionnels d'autres groupes sur les temps communs

4. La communication professionnelle dans l'équipe

- Détail des moments de communication autour d'Adrien (types et fréquences des réunions)
- Les réunions comme espaces ayant permis de verbaliser les difficultés des professionnels
- Les objectifs institutionnels rappelés pour recadrer la prise en charge d'Adrien
- En raison des difficultés rencontrées dans l'accompagnement d'Adrien, pas de mise en place de projet individualisé dans un premier temps

5. Analyse

- Admission faite par les membres de la direction, en l'absence de consultation de l'équipe : nécessité d'un point de vue pluridisciplinaire dès l'admission
- Conditions pour une meilleure coordination : intervention des professionnels de terrain dans la prise de décision, transversalité des services (pour assurer la globalité de l'accompagnement), utilisation des temps informels comme renforcement des temps éducatifs
- Implication d'Aude : statut de coréférente l'ayant mise en situation d'intégrer les différents modes de communication et de s'inscrire dans les habitudes des équipes
- Définition d'un binôme formé avec une autre éducatrice spécialisée

Conclusion

- Rappel de la situation
- Intérêts de développer, au côté de l'institué, une culture informelle palliant aux carences de la circulation formelle de l'information

DC 3.2. *Les écrits professionnels. L'épreuve*

Selon Ermitas Ejzenberg, un écrit professionnel est :

> *« tout type d'écrit concernant directement les usagers accueillis dans les institutions, rédigé intégralement ou partiellement par les travailleurs sociaux dans l'exercice de leur fonction*[11]. »

La mise en œuvre d'écrits professionnels dans le secteur social et médico-social mérite une attention particulière. En effet, l'homme construit, à partir de ce que nous convenons d'appeler *la* réalité mais à partir aussi de ses dispositions personnelles, sociales et culturelles, *une* réalité. Ce qu'il dit, pense ou écrit est **une interprétation d'un réel insaisissable**. Aussi convient-il de prendre conscience du pouvoir que détient un travailleur social quand il retranscrit le vécu d'une personne et formalise des projets en évoquant le futur de cette dernière.

Une part d'interprétation est inévitable et inhérente au travail d'écriture, en particulier dans le champ du social. Les écrits professionnels viennent ponctuer le parcours de la personne et qualifier certains éléments de sa vie au regard de repères nécessairement normatifs ; ils rendent compte des potentialités mais également des difficultés ou des inadaptations de l'individu. Réaliser un écrit professionnel n'est donc certainement pas une simple formalité. Cela implique au contraire d'interroger la dimension éthique de cette écriture dans une démarche, pourrions-nous dire, constructiviste.

Si l'on part du principe que l'éthique est un construit permanent constitué des valeurs auxquelles l'éducateur spécialisé se réfère dans sa pratique, **une écriture éthique** répond à quatre exigences principales :

1. La résistance à la tranquillité : Pierre Roche, dans un article intitulé « Les défis de la proximité dans le champ professionnel », tente de définir l'éthique et montre que l'être humain est ainsi fait qu'il aspire à la *« tranquillité, la défense [sociale] de ses intérêts propres [...]*[12] ». L'éthique résiderait donc dans la mise au travail permanente de cette réflexion. Dans l'écrit professionnel, il s'agit de prendre le temps de reformuler, recommencer, comparer pour ne pas tomber dans un travers d'interprétation abusif.

2. La mise en critique : il convient de rappeler que le parcours institutionnel de la personne s'inscrit dans un travail d'équipe ; il est donc essentiel qu'un acte, un écrit soient vus et critiqués dans le sens littéral du terme. En outre, l'écrit est soumis à l'appréciation de la personne concernée.

3. L'inscription légale : l'écrit professionnel relève de la législation qui vise à garantir le respect des droits des usagers. Respect de la vie privée, confidentialité, participation de la personne... autant de principes à intégrer à la pratique des écrits.

---

11. Ejzenberg Ermitas, *Les écrits professionnels dans le secteur social et médico-social,* Vuibert, Paris, 2010 (3e édition), p. 7.

12. Roche Pierre, « Les défis de la proximité dans le champ professionnel », in : *Nouvelle revue de psychosociologie,* 2007/1, pp. 63-82.

4. L'exigence de singularité et la prise de risque « subversive » : même s'il existe des trames méthodologiques pour chaque type d'écrit professionnel, aucun rapport, aucun compte-rendu n'est semblable à un autre ; l'éducateur spécialisé se doit *« d'être utilement subversif par la mise en question d'un certain ordre établi*[13] ».

C'est à partir de ces quelques principes que sera pensée la question des écrits professionnels.

Dans le processus de formation de l'éducateur spécialisé, cette partie de la certification est particulière : elle ne fait l'objet d'aucune autre validation que celle des lieux de stage.

Compétences repérées[14]

- Élaborer et partager une information adaptée aux différents interlocuteurs.
- Assurer en équipe la cohérence de l'action socio-éducative.

Déroulement de l'épreuve

Le candidat doit faire valider au moins **trois écrits professionnels** par les sites qualifiants au cours du processus global de formation. Seule exigence : ces écrits doivent être de natures différentes, élaborés à l'attention de tiers et transmissibles en l'état. Lors de la transmission des écrits à l'institut de formation, il est toutefois préférable de rendre les éléments identitaires anonymes.

En fin de formation, l'établissement de formation transmet les écrits professionnels au jury mais leur validation par les sites qualifiants suffit à la réussite de la deuxième partie du DC 3.

DC 3.2. Écrits professionnels. Proposition de méthodologie

Seront abordés en détail trois types d'écrits professionnels. Notons toutefois l'ensemble des écrits que peuvent proposer les étudiants lors de leur certification :
- Projet individualisé.
- Contrat (contrat éducatif, contrat d'insertion RSA ou Revenu de Solidarité Active, contrat jeune majeur...).
- Rapport d'enquête sociale.
- Rapport d'Investigation à Orientation Éducative (IOE).
- Rapport d'évolution.

---

13. Dréano Guy, *Guide de l'éducation spécialisée,* Dunod, Paris, 2009 (4e édition), p. 275.
14. Arrêté du 20 juin 2007 relatif au diplôme d'éducateur spécialisé (NOR : MTSA0755916A).

- Compte-rendu de réunion d'équipe.
- Compte-rendu de synthèse.
- Cahier de liaison.
- Lettre administrative (orientation MDPH, orientation en CHRS...).
- Compte-rendu d'une rencontre avec la famille.
- Rapport d'observation.

Étape 1 – Le recueil de données

Quelle que soit la nature de l'écrit professionnel, une première étape consiste à recueillir un certain nombre de données. Elles peuvent être de deux types :
1. Les données brutes concernent les discours et les paroles échangées qui font l'objet de prises de notes à un moment donné (réunion, entretien, signature de contrat...).
2. Les données construites sont celles qui existent déjà et sur lesquelles le rédacteur s'appuie pour élaborer un nouvel écrit (par exemple, pour rédiger un rapport de situation).

On peut avoir recours à ces deux types de données dans un même écrit professionnel. Pensons au projet individualisé qui exige un retour sur des éléments antérieurs et la prise en compte de la parole présente de la personne accompagnée.

La prise de notes

Joseph Rouzel, dans son ouvrage *La pratique des écrits professionnels en éducation spécialisée*, propose **six techniques de prise de notes**[15] :
1. La méthode linéaire et chronologique consiste à noter les discours dans l'ordre de leur apparition.
2. La méthode par arborescence amène à construire une cartographie mentale des liens entre les différentes idées abordées.
3. La méthode en sept questions : quoi ? qui ? où ? quand ? comment ? combien ? pourquoi ?
4. La méthode des points de vue est utilisable en réunion où plusieurs opinions se confrontent : il s'agit de croiser les noms et fonctions des interlocuteurs avec les sujets qu'ils abordent.
5. La méthode SPRI, inspirée des travaux de Louis Timbal-Duclaux[16], consiste à retranscrire ce qui se dit en découpant la feuille en quatre zones (situation, problème, résolution, informations) ; cette méthode est utilisable pour la résolution de problèmes simples.

15. Le lecteur trouvera davantage d'informations dans la partie réservée au mémoire professionnel, p. 122.
16. Timbal-Duclaux Louis, *La méthode SPRI. Organiser ses idées, bien rédiger*, Retz, Paris, 1983.

6. La méthode des zonages (distinction entre faits observés et interprétation/ressentis/émotions…).

La recherche de l'existant

Avant d'être admise dans une institution ou un service, la personne a pu être amenée à rencontrer d'autres interlocuteurs. Il convient donc de s'enquérir de ces éléments afin de prendre en compte son parcours global.

Cette démarche est toutefois soumise à la réglementation concernant le droit des usagers ; il ne s'agit pas d'aller « fouiller » le passé de la personne mais d'envisager ce recueil de données comme une construction objectivée autour et avec l'accord de la personne.

Deux principes peuvent être adoptés dans cette perspective :
– *associer la personne* à cette phase du travail ;
– *identifier les éléments relevant du secret professionnel et du secret professionnel partagé.*

À PROPOS DU SECRET PROFESSIONNEL

Le secret professionnel est énoncé par l'article 226-13 du Code pénal. Il est une mesure de contraintes qui garantit le respect de la liberté individuelle. Il concerne un certain nombre de professionnels du fait de leur profession (par exemple, assistants de service social) ou du fait de leur mission (par exemple, les téléopérateurs au 119). Dans des cas d'**assistance à personne en danger**, cette modalité est soumise à l'exception et l'obligation de rendre compte devient la règle (par exemple, l'enfance en danger, transmission d'information préoccupante).
L'article L. 1110-4 alinéa 7 du Code de la santé publique instaure toutefois **le secret partagé** pour les professionnels de santé. Il sera réaffirmé dans le travail social par la loi du 5 mars 2007 réformant la protection de l'enfance. Le secret partagé vaut dans le cas où trois conditions sont réunies : la poursuite des mêmes objectifs par les professionnels, la limitation du partage à ce qui est nécessaire pour atteindre ces objectifs et l'accord de la personne concernée.

Étape 2 – La phase d'écriture

La retranscription dépend de l'objectif poursuivi par l'écrit professionnel. En effet, certains ont pour finalité de rendre compte de manière fidèle du contenu d'une rencontre, d'autres de poser par écrit l'analyse et le point de vue de l'équipe éducative. Nous verrons de manière concrète comment distinguer les uns des autres. Auparavant, présentons quelques principes incontournables.

Le respect des droits de l'usager

Comme nous l'avons déjà indiqué, produire un écrit au sujet d'une personne, c'est l'inscrire dans une réalité forcément soumise à l'interprétation. Un des premiers principes est donc de **veiller à l'application rigoureuse des textes de lois et du code de déontologie** le cas échéant.

CODE DE DÉONTOLOGIE, MORALE ET ÉTHIQUE

Le code de déontologie est un document qui régit les principes règlementaires d'une profession. La profession des assistants de service social dispose d'un code de déontologie, celle d'éducateur spécialisé non.

La morale désigne, selon Christophe Niewiadomski, un ensemble de règles et de conduites d'action. Dans son article « Accompagnement, travail social, postures cliniques et enjeux éthiques[17] », il reprend une définition d'Émile Durkheim : *« Système de règles d'action qui prédéterminent la conduite. Elles disent comment il faut obéir dans des cas donnés ; et bien agir, c'est bien obéir. »* (1963) On peut avancer que la morale vise à identifier les bonnes et les mauvaises conduites chez un individu.

L'éthique est constituée, selon Francis Imbert[18], de l'ensemble des interrogations qu'un individu va formuler face à certains principes établis. L'éthique va au-delà de la morale puisqu'elle suppose un positionnement singulier par rapport à un système normatif et « normatisé » notamment par la morale.

Rappelons que la loi du 2 janvier 2002 rénovant l'action sociale et médico-sociale pose **sept principes liés aux droits des usagers :**

1. Respect de la dignité, l'intégrité, la vie privée, l'intimité et la sécurité de la personne.
2. Libre choix dans l'offre de prestations.
3. Accompagnement individualisé s'assurant le consentement éclairé de la personne.
4. Confidentialité des données.
5. Accès de l'usager à l'information, à son dossier, aux écrits le concernant.
6. Information sur les droits fondamentaux et les voies de recours.
7. Participation directe au projet d'accueil et d'accompagnement.

L'usager est placé au centre des dispositifs. Cette position est pleinement reconnue par sa participation à l'élaboration et à la mise en œuvre de son projet de vie. Ces principes s'appliquent dans l'action éducative et jusque dans l'exercice de l'écrit professionnel (choix des modalités de rédaction et des modalités d'implication de la personne dans cette rédaction, choix des mots, choix des informations à transmettre, etc.)

La prise en compte des éléments formels

Le choix des informations avancées et de la formulation dépendent d'un certain nombre de données à repérer de façon préliminaire.

---

17. Newiadomski Christophe, « Accompagnement, travail social, postures cliniques et enjeux éthiques », in : *Éducation permanente*, n° 153, 2002, pp. 167-176.
18. Imbert François, *La question de l'éthique dans le champ éducatif*, Matrice, Vigneux, 2001.

Qu'est-ce qui amène l'écrit ? Demande d'une famille, commande hiérarchique, modalité du travail en équipe...

Pour quoi cet écrit ? Quelles en sont les finalités, les objectifs ? À quoi sert-il ? (compte-rendu, aide à la prise de décision, transmission...). Se pose alors la question du tri des informations : dois-je trier ? Quelles informations mettre en avant pour quelle finalité ? Ermitas Ejzenberg précise qu'il s'agit de *« n'écrire que le nécessaire [...] mais écrire tout le nécessaire »*.

Qui est le rédacteur ? Le fait d'occuper telle ou telle fonction dans l'institution instaure un niveau de légitimité qui aura des conséquences sur la manière qu'aura le destinataire de recevoir et d'intégrer l'information.

Qui est le destinataire ? Nous écrivons pour être lu, c'est une évidence. La place et la fonction du destinataire est déterminante dans la manière de formuler l'écrit. Un courrier adressé à la direction (argumenter pour obtenir un financement, par exemple) ne sera pas de la même teneur qu'un compte-rendu de réunion destiné à l'équipe (où il s'agit d'être fidèle à ce qui a été dit).

La distinction entre les faits et l'interprétation

Quand la finalité de l'écrit professionnel appelle le rédacteur à expliciter et analyser une situation, la retranscription doit distinguer les éléments qui proviennent de l'observation et les éléments issus de l'analyse faite par une équipe. Cette distinction n'est pas aisée à faire. Par exemple, dire « ce jeune est agressif » ou dire « ce jeune a commis un acte violent et s'est montré agressif dans une situation donnée » ne revêt pas la même signification. Dans un cas, c'est le jeune qui est visé, **une interprétation** arbitraire est plaquée sur sa personne. Dans l'autre cas, c'est **une information** sur un acte posé par le jeune, acte que le rédacteur décrira ensuite dans le détail pour aller au-delà de l'effet de jugement, d'émotion ou subjectivité *a priori* occasionné.

Étape 3 – La transmission

Au vu des principes évoqués précédemment, il va de soi que la transmission de l'information mérite un certain nombre de précautions de la part du professionnel.

Les modes de transmission

L'avènement des nouveaux moyens technologiques pose de façon différente la question de la transmission des informations concernant un usager. Peut-on envoyer un écrit professionnel par courrier électronique et garantir **la confidentialité** de celui-ci ? La loi du 10 juillet 1991 relative au secret des correspondances émises par la voie des communications électroniques interdit l'interception de mails et le Code pénal condamne la violation des informations confidentielles. Malgré tout, les multiples failles de la sphère virtuelle rendent l'application de la législation inefficiente dans certaines situations.

À qui transmettre ?

Selon la finalité de l'écrit professionnel, sa transmission sera plus ou moins limitée. Tout document concernant une personne doit en premier lieu lui être soumis : en main propre, par le biais de son dossier, au cours d'un entretien individuel... Autant de manières à la disposition du professionnel pour permettre à la personne concernée de se positionner comme acteur dans la rédaction et l'éventuelle transmission de son écrit : les propos ont-ils été assez fidèlement retranscrits selon lui ? Des éléments ont-ils été omis ? Souhaite-t-il modifier un élément de l'écrit ?

Les interlocuteurs auxquels transmettre l'écrit seront déterminés en concertation avec la personne et dans la pleine considération de son intérêt. Est-il opportun de donner un exemplaire à :
- la famille ?
- d'autres membres de l'équipe ? lesquels ?
- des partenaires extérieurs ? lesquels ?

Précision. Dans le cadre de notre réflexion, trois types d'écrit seront proposés à titre d'illustration de nos propos : le compte-rendu de synthèse, le rapport d'évolution et le compte-rendu d'une rencontre avec la famille. Avant chaque exemple d'écrit réel nous exposerons quelques principes de rédaction.

DC 3.2. Écrits professionnels. Entraînement

Avertissement. Les exemples qui suivent constituent des propositions. En effet, il n'existe pas une réponse unique à une problématique mais des éléments de réponses soumis à la complexité du métier d'éducateur spécialisé.

Écrits professionnels. 1er exemple commenté : *le compte-rendu de synthèse (Maison d'Enfants à Caractère Social)*

Selon le Petit Larousse, la **synthèse** est :

> *l'« opération intellectuelle par laquelle on réunit en un tout cohérent, structuré et homogène divers éléments de connaissance concernant un domaine particulier[19]. »*

La **réunion de synthèse** peut être organisée dans le cadre de l'obligation[20] faite aux institutions de se réunir au moins une fois par an pour faire un bilan de l'accom-

19. *Le Petit Larousse*, 2011.
20. Voir la loi 2002-2 du 2 janvier 2002 rénovant l'action sociale et médico-sociale.

pagnement de la personne (évaluation du projet individualisé). Il peut aussi arriver qu'une équipe décide d'une réunion de synthèse pour pallier à des incertitudes qui font problème dans le suivi des personnes.

Les objectifs de la réunion de synthèse

Nous considérerons trois objectifs principaux :

1. Réunir les professionnels qui interviennent auprès de la personne pour mener une lecture multiréférentielle de la situation.

2. Assurer une cohérence optimale à l'accompagnement. À ce propos, la cohérence ne désigne pas nécessairement un positionnement unique face à la personne mais plutôt une articulation des points de vue disciplinaires. La cohérence ne nie pas la complexité, elle la met à l'épreuve d'une recherche de sens. La réunion de synthèse débouchera, avec la participation active de la personne ou de son représentant légal le cas échéant, sur des axes de travail argumentés. De plus, elle mettra en lumière le travail effectué auprès de la personne et réaffirmera dans le même temps l'existence d'un travail d'équipe.

3. Évaluer et se projeter : en particulier si cette instance vise la réactualisation du projet individualisé, elle permet de déterminer les effets des différents accompagnements, du point de vue de la personne et/ou de son représentant légal, ainsi que des différents professionnels. Les éléments qui ressortent de cette évaluation constituent des bases de travail pour l'actualisation du projet. Guy Dréano, dans un de ses ouvrages, propose de préciser le projet *« tant du point de vue des intentions que des méthodes et des intervenants »*.

Le déroulement d'une réunion de synthèse

Chaque institution présente des singularités dans la manière d'aménager ses temps de réunion. Cependant, trois principes fondamentaux doivent être adoptés :

1. La participation de la personne. Réaffirmée par la loi 2002-2 du 2 janvier 2002 rénovant l'action sociale et médico-sociale, la participation peut s'effectuer à différents niveaux :
- préparation par la personne de son bilan personnel, avec l'accompagnement éventuel d'un référent éducatif ;
- présence physique pendant l'intégralité de la synthèse ;
- présence pendant une partie définie (par exemple, à la fin) ;
- présence de la famille.

2. La participation des intervenants internes à l'établissement et partenaires de celui-ci. Ne pas oublier que la personne accompagnée a des personnes et institutions ressources en dehors de l'institution. La réunion de synthèse est ainsi l'occasion d'alimenter un travail de réseau. Cela peut être mené de différentes manières : par exemple, lors de la préparation avec le référent éducatif, demander à la personne accompagnée d'inviter les personnes de son choix.

3. La participation des divers professionnels de l'institution qui « *exercent des responsabilités directes à l'égard des personnes*[21] ». Le nombre de participants est ainsi restreint par respect de son intimité : la personne dépose en effet des éléments qui ont trait à sa vie personnelle (développement, évolution...).

Au-delà de ces trois grands principes, différents facteurs modulent la pratique de ces réunions : l'âge des personnes, la capacité d'expression et de communication de la personne, la culture de l'institution, les méthodes éducatives et de management utilisées...

Quelques conseils méthodologiques de rédaction

Le compte-rendu de synthèse est un document de travail pour la personne et pour les professionnels qui l'entourent. Selon Ermitas Ejzenberg, « *cette trace écrite représente un document de référence [...]. Cet écrit est de ce fait un témoin et un garant de la continuité de l'action* ».

Il existe deux manières de rédiger un compte-rendu de synthèse :
– *par ordre chronologique,* soit retranscrire les dires des interlocuteurs de manière linéaire ;
– *par discipline,* en précisant les différentes catégories d'intervention.

Quelle que soit la méthode utilisée, faire apparaître :
1. Les éléments repères essentiels (date, lieu de la réunion, personnes en présence...).
2. Le plan de la réunion.
3. Le contenu des discours de chacun.
4. Les pistes de travail.

Retranscrire la parole des intervenants en utilisant les verbes appropriés : *dire, indiquer, souligner, exprimer, souhaiter, désirer, questionner, demander...*

À ne pas oublier. La synthèse est l'inverse de l'analyse : ne pas opérer de sélection des informations même si certaines paraissent peu utiles.

Exemple de compte-rendu de synthèse (Maison d'Enfants à Caractère Social)

Contexte. Une éducatrice spécialisée exerce sa profession au sein d'une Maison d'Enfants à Caractère Social (MECS) qui détient une habilitation « justice ». En d'autres termes, elle accueille des enfants et adolescents au titre des articles 375 et suivants du Code civil et de l'ordonnance du 2 février 1945 relative à l'enfance délinquante.

21. *Ibidem.*

Dans ce cadre, l'éducatrice spécialisée a en référence le jeune Kaïs, 17 ans, accueilli depuis environ six mois et qui bénéficie en parallèle d'un accompagnement en hôpital de jour. Face à ses comportements, l'équipe éducative de la MECS se sent désarmée et décide d'organiser une réunion de synthèse, avec la présence des représentants de l'hôpital de jour. Cette réunion aura lieu dans leurs locaux.

Bien que cette réunion de synthèse n'ait pas été identifiée comme espace où actualiser le projet individualisé de Kaïs, elle formalise des axes de travail intermédiaires, dans l'attente de la formalisation finale du projet individualisé de Kaïs (prévu quelques mois après).

<table>
<tr><td>COMPTE-RENDU</td><td>16 janvier 2010</td><td>15 h 00</td><td>Hôpital de jour</td></tr>
<tr><td>PARTICIPANTS</td><td colspan="3">- Kaïs
- Iris G., éducatrice spécialisée référente (MECS)
- Céline F., éducatrice spécialisée stagiaire (MECS)
- Charlotte P., psychologue (MECS)
- Nicolas F., pédopsychiatre (hôpital de jour)
- Amandine L., infirmière (hôpital de jour)
- Jérôme S., éducateur de l'équipe mobile (hôpital de jour)</td></tr>
<tr><td>Personnes excusées</td><td colspan="3">Catherine B., éducatrice assurant une mesure d'AEMO auprès du frère de Kaïs.</td></tr>
<tr><td colspan="4">QUOTIDIEN (hôpital de jour)</td></tr>
<tr><td colspan="4">À l'hôpital de jour, l'équipe trouve que la prise en charge se déroule plutôt bien. Kaïs s'entend bien avec les autres jeunes même s'il lui arrive d'être pris dans certains conflits. Amandine L. indique que Kaïs s'exprime fréquemment pendant les groupes de parole.</td></tr>
<tr><td colspan="4">SANTÉ</td></tr>
<tr><td colspan="4">Difficultés pour Kaïs à se lever le matin, se plaint souvent de douleurs au ventre.
Bilan de santé prévu pour le 3 février 2011.</td></tr>
<tr><td colspan="4">Pistes de travail
– Prise du traitement avant le repas.
– Prise de sang à programmer à jeun (ordonnance médicale dans son dossier).</td></tr>
<tr><td colspan="4">INSERTION SCOLAIRE OU PROFESSIONNELLE</td></tr>
<tr><td colspan="4">Kaïs dit qu'il ne souhaite plus venir à l'hôpital de jour mais préfère travailler avec des animaux ou dans les espaces verts. Lorsque Nicolas F. le questionne sur ses activités de la matinée (randonnée, volley), le jeune dit qu'il a apprécié.
L'éducateur de l'hôpital de jour souligne l'existence d'un Centre de Formation d'Apprentis Spécialisé (CFAS) qui permet l'apprentissage du métier de palefrenier soigneur. Kaïs dit être intéressé par cette alternative.</td></tr>
</table>

Pistes de travail   *– Bilan scolaire le 18 janvier 2011 à 9 h 30 à l'hôpital de jour.*   *– Rencontre avec le CFAS.*
SPORT
L'ensemble des professionnels s'accorde à dire que Kaïs a beaucoup d'énergie et que des activités sportives lui feraient du bien. À Châteauroux, Kaïs connaît un club de boxe où il souhaiterait aller.
Piste de travail   *– Recherche d'un club de boxe à proximité de la MECS (éloignement du domicile familial[22]).*
HÉBERGEMENT
L'équipe a abordé les modalités d'hébergement de Kaïs. Il apparaît que les séjours trop longs au domicile ne sont pas conseillés.   Iris G. indique à l'équipe de l'hôpital de jour l'existence d'une mesure en milieu ouvert, exercée par Mme B. qui travaille en lien avec la famille.
Piste de travail   *Accueil séquentiel en famille d'accueil pendant les congés de fin de semaine (cf. contacts donnés par l'hôpital de jour).*

Écrits professionnels – 2e exemple commenté : *le rapport d'évolution (Foyer d'Action Éducative)*

Le rapport d'évolution est souvent utilisé au sein de l'Aide Sociale à l'Enfance (ASE) ou de la Protection Judiciaire de la Jeunesse (PJJ) à l'attention du Juge des enfants afin de l'informer du déroulement du placement et des éléments contextuels. Le rapport est **une aide à la décision judiciaire :**

1. Dans le cadre de l'assistance éducative (articles 375 et suivants du Code civil) : au regard de l'accompagnement mis en place, l'enfant peut-il réintégrer sa famille ? Doit-on prolonger le placement ? Doit-on réaménager les temps familiaux ?

2. Dans le cadre de la protection de l'enfance « délinquante » (loi du 2 février 1945 relative à l'enfance délinquante), le rapport d'évolution peut être rédigé avant ou après le jugement. L'équipe éducative préconise-t-elle un renouvellement ou une mainlevée du placement ? Un retour en famille ? Une modalité alternée ? Un suivi en milieu ouvert ?

22. Bien que Kaïs connaisse un club sur sa ville d'origine, il a été rappelé que le placement avait été pensé dans le but de l'éloigner du domicile familial. L'équipe s'est donc positionnée en accord avec lui sur le fait de rechercher un club près de la MECS.

Les objectifs du rapport d'évolution

Nous considérerons deux objectifs principaux :

1. Effectuer un bilan du parcours du jeune accueilli ainsi que du déroulement du placement et évoquer des perspectives socio-éducatives.

2. Donner des repères temporels à l'enfant/adolescent et à sa famille. Le fait d'informer quotidiennement le jeune sur les échéances importantes du placement lui permet de se projeter dans un avenir proche connu.

L'élaboration d'un rapport d'évolution

Rédiger un rapport d'évolution demande de suivre une méthodologie rigoureuse, en respectant les trois grandes étapes suivantes :

– *synthétiser* les informations à la disposition de l'éducateur spécialisé ;
– *analyser* le parcours du jeune en équipe et le retranscrire avec ces éléments d'analyse ;
– *proposer* des axes de travail.

Chaque professionnel peut avoir une manière différente de procéder pour réaliser cet écrit. De même, la forme finale de l'écrit diffère selon les établissements.

Les éléments formels communs

Citons **sept éléments figurant systématiquement dans un rapport d'évolution :**

1. Le destinataire.
2. L'expéditeur (nom de l'établissement, identité et statut du professionnel).
3. La date.
4. Les références du dossier, de l'affaire et tout élément permettant d'identifier facilement la personne visée.
5. L'objet du rapport : rapport de début de placement, de mi-placement, ou de fin de placement.
6. Les parties distinctives.
7. La signature du rédacteur, éventuellement sous couvert de celle du chef de service.

Les éléments de fond

Quatre principes majeurs sont à observer :

1. La participation de l'équipe : il arrive souvent que ce soit le référent éducatif qui rédige l'écrit. Cela dit, son élaboration provient d'un travail d'équipe entretenu par des réunions ou rencontres régulières et c'est bien au regard d'une cohérence d'équipe que s'écrira le rapport d'évolution.

2. La distinction entre faits et interprétation : il apparaît ici primordial d'être vigilant, au moment d'interpréter les faits, à distinguer ce qui relève de la pure projection, et ce qui relève d'une analyse rationnelle et circonstanciée. Le Juge des enfants ne connaît pas l'enfant en question de manière concrète ; il va donc étayer

sa décision sur les propos développés dans le rapport ; autant dire que cet écrit se doit d'être pensé. Il ne s'agit pas de nier la part d'analyse nécessaire à l'exercice mais de garder à l'esprit que la retranscription de faits rend compte d'une perception et d'une construction d'un réel insaisissable. Ermitas Ejzerberg[23] fait la distinction entre les faits que l'on prélève directement et ceux qui nous sont rapportés ; la manière de les introduire et la mise en lumière du contexte devront permettre de discerner les uns des autres. L'analyse est une part importante de cet écrit puisque le Juge des enfants attend un positionnement clair et précis d'une équipe. Il ne s'agit pas de livrer l'interprétation d'un seul professionnel mais bien le résultat d'une réflexion commune qui a commencé dès l'accueil du jeune. Le rapport d'évolution répond à un objectif de recherche de sens ; le rédacteur doit donc faire apparaître les marges d'incertitude pour ne pas enfermer la personne dans une vision définitive de son avenir.
3. Les propositions, entre désir du sujet et positionnement de l'équipe éducative : il s'agit de faire exister la demande de la personne en la confrontant à une réalité sociale. Le rapport d'évolution synthétise en effet un travail de concertation entre la personne accueillie et l'équipe.
4. La participation du jeune : il n'existe pas en la matière de réponse universelle ; une question plutôt : « En quoi sa participation peut-elle être éducative ? »

Exemple. Le rapport d'évolution présenté ci-après a été présenté à l'adolescent avec l'idée, non de le modifier avec lui mais de récapituler un positionnement commun. À la fin de sa lecture, le jeune dit à l'éducateur : « Je préfère pas que tu dises que ma mère m'a maltraité car le juge ne voudra plus que je la voie, et moi je ne veux pas. » La lecture a donc constitué le point de départ d'une question singulière et a mis en avant une problématique essentielle. Cependant, l'équipe éducative a rendu cet écrit non négociable, non modifiable, en ce sens où il s'agit d'un élément judiciaire. Encore une fois, il n'y a pas une manière de procéder mais bien des positionnements argumentés et traversés par des questions éthiques.

➤ *Proposition de démarche pratique*

En ce qui concerne l'élaboration pratique, chaque professionnel utilise les moyens qui lui conviennent. Voici une proposition succincte de **méthode en six étapes** :
1. Recueil et lecture de toutes les informations disponibles (dossiers, rapports, bilans psychologiques, courriers, ordonnances de justice, etc.).
2. Tri et classement des informations : chronologie, vie familiale, scolarité, vie sociale, loisirs, comportement, etc.
3. Rédaction d'une première mouture.
4. Soumission de cet écrit à d'autres membres de l'équipe.
5. Rédaction finale.
6. Envoi au(x) destinataire(s).

---

23. *Ibidem*, p. 136.

Exemple de rapport d'évolution (Foyer d'Action Éducative)

Contexte. Sébastien, 17 ans et demi, est accueilli depuis presque six mois au Foyer d'Action Éducative (FAE) l'Élan au titre de l'ordonnance du 2 février 1945 relative à l'enfance délinquante après des faits de violence sur sa mère. Trois référents ont été désignés pour accompagner l'adolescent : c'est un éducateur parmi eux qui se charge de l'écriture du rapport d'évolution. En effet, le Juge des enfants a souhaité attendre six mois pour prendre une décision définitive. L'équipe éducative doit donc formuler des propositions et c'est lors d'une audience en cabinet que Sébastien connaîtra la sanction définitive.

Étape 1 – Recueil et lecture de toutes les informations disponibles

L'éducateur spécialisé dispose d'informations variées auxquelles il consacre environ une semaine sur ses temps de travail de manière ponctuelle (lecture et prise de notes) :
- 9/03/09, notification de décision d'orientation CDAPH[24] pour un placement en ITEP du 14/02/09 au 20/08/11 ;
- 14/05/10, rapport psychologique qui invite au placement de l'adolescent ;
- 15/05/10, bilan social dans le cadre d'une enquête sociale qui préconise l'éloignement du domicile ;
- 21/06/10, note de situation à l'attention du Tribunal pour enfants (IOE[25]) qui préconise une prise en charge spécialisée ;
- 31/07/10, Ordonnance de Placement Provisoire (OPP) au FAE l'Élan ;
- quelques jours après, Document Individuel de Prise en Charge (DIPC) ;
- 3/09/10, demande d'accueil séquentiel à l'hôpital de jour H. ;
- 21/09/10, notification d'accueil séquentiel à l'hôpital de jour H. ;
- 15/10/10 et 7/12/10, extraits de deux notes d'incident rédigées par un éducateur à l'attention du Juge des enfants (dégradations matérielles, menaces envers le personnel...).

Étape 2 – Phase d'écriture du rapport d'évolution

Voici deux propositions de plan :

Proposition A

1. Mineur concerné
2. Identification de la décision judiciaire
3. Identification des rapports antérieurs
4. Éléments d'identification du mineur et de sa famille
5. Actions menées par les professionnels depuis l'accueil de l'adolescent

24. CDAPH : Commission des Droits et de l'Autonomie des Personnes Handicapées.
25. IOE : Investigation à Orientation Éducative (mesure d'investigation qui permet d'étayer la décision du Juge des enfants).

6. Description et analyse de l'évolution de la situation
7. Perspectives argumentées d'action

Proposition B

1. Rappel de la décision judiciaire
2. Vie familiale
3. Santé
4. Insertion sociale, professionnelle, scolaire
5. Déroulement du placement
6. Conclusion et propositions

Nous avons choisi de développer la proposition B pour étudier les aspects concrets de sa rédaction.

Ministère de la Justice
Direction Départementale de la PJJ
FAE L'Élan

Arnaud B.
Éducateur spécialisé

S/C M. Le Directeur

à

Monsieur J.
Juge des enfants
TPE ...

Affaire : ...
Parquet : ...
Nos réf : ... *(la date apparaît ici)*
Objet : Rapport d'évolution concernant Sébastien A., né le 3 novembre 1993 à ...

Sébastien A. est accueilli au FAE l'Élan depuis le 31 juillet 2010 suite à des faits de violence sur sa mère Mme A., son ascendant légitime. Depuis le 9 juillet 2010, il bénéficie également d'une mesure de Liberté Surveillée Préjudicielle (LSP) exercée par l'Unité Éducative de Milieu Ouvert (UEMO) de ...

VIE FAMILIALE

Sébastien, 17 ans, est issu d'une fratrie de quatre enfants. Dorian, né de père différent, est l'aîné de la famille. Âgé de 24 ans, il est le père d'un petit garçon d'un an et demi dont il n'a pas le droit de garde. Séparé de la maman, il vit actuellement au domicile maternel et est sans emploi. Julie, 22 ans, est scolarisée en troisième d'insertion au lycée ... Quant à Mélanie, 13 ans, elle réside au domicile maternel et est scolarisée en Classe d'Intégration Scolaire (CLIS) à l'école ... Elle bénéficie également d'une mesure d'Action Éducative en Milieu Ouvert (AEMO) exercée par ...
Les parents de Sébastien sont divorcés depuis le 11 décembre 2005 et sont tous deux sans emploi. La mère, Mme A., vit à ... avec Dorian, Julie et Mélanie et détient l'exercice exclusif de l'autorité parentale sur ses enfants mineurs. Le père, M. A., réside dans un Centre d'Hébergement et de Réinsertion Sociale (CHRS) depuis 2005, non loin du domicile de Mme A. À partir de février 2011, M. A. percevra une pension de retraite.

Avant son arrivée au FAE l'Élan, Sébastien demeurait chez sa mère au sein de la cité ... dans un appartement HLM. Les travailleurs sociaux chargés d'accompagner la famille avaient déjà repéré l'existence de négligences et de maltraitances de la part de Mme A. L'existence de conflits entre Sébastien et sa mère a été à l'origine du placement du jeune au FAE l'Élan.
Au regard de ces éléments, l'équipe éducative du FAE l'Élan, en collaboration avec l'UEMO de ..., a souhaité mettre en place un travail progressif avec les membres de la famille afin de réduire les violences intrafamiliales. À l'heure actuelle, Sébastien se rend chez Mme A. pendant les congés de fin de semaine et les vacances scolaires. Malgré un maintien des conversations téléphoniques pendant la semaine, la relation entre Mme A. et son fils semble rester conflictuelle dès que celui-ci se rend au domicile.
Les rapports antérieurs ont en revanche mis en avant la relation bénéfique que Sébastien entretient avec son père. À l'occasion de la venue de celui-ci au FAE l'Élan, l'équipe a pu confirmer cette impression et a remarqué que Sébastien était plus apaisé en présence de son père. En accord avec l'UEMO de ..., l'équipe éducative tente de maintenir et de renforcer les liens entre M. A. et son fils. Après avoir passé le congé de fin de semaine des 4 et 5 décembre 2010 auprès de son père, Sébastien est revenu satisfait et souhaite renouveler cette expérience à d'autres moments.

SANTÉ

Dans le bilan psychologique effectué le 14 mai 2010 par le docteur S., Sébastien est décrit comme montrant *« une altération du développement intellectuel qui fait qu'aujourd'hui, il présente un retard intellectuel, des troubles du comportement avec des agirs pulsionnels assez violents »*. Selon ce bilan, cet état serait consécutif aux maltraitances, violences familiales et aux carences affectives subies par l'adolescent.
Le parcours de Sébastien démontre une prise en charge précoce de ses difficultés puisqu'il a été accueilli dès septembre 2000 dans un Institut Thérapeutique, Éducatif et Pédagogique (ITEP) avant de rejoindre le Centre Départemental de l'Enfance de ... en 2005.
De septembre 2005 à février 2009, Sébastien a pu évoluer au sein d'un Institut Médico-Éducatif (IME) avant d'en être exclu définitivement suite à des actes de violence.
Le 15 juillet 2009, Sébastien a été placé en famille d'accueil dans le département de ... mais a fugué après trois jours d'hébergement. Il a rejoint le domicile maternel.
Une hospitalisation de dix jours a eu lieu le 20 juillet 2009 à l'hôpital pour adolescents... Le jeune homme a subi une nouvelle hospitalisation en septembre 2009. Il a fait l'objet pendant cette période d'un traitement médicamenteux conséquent et de « piqûres retards ».
Dès son arrivée au FAE l'Élan le 31 juillet 2010, Sébastien bénéficiait d'un traitement médical moins fort qui a été poursuivi jusqu'à ce jour.
Afin d'assurer la continuité des soins, l'adolescent est accueilli de manière séquentielle à l'hôpital de jour pour adolescents H., à raison de trois demi-journées par semaine. Depuis le 21 septembre 2010, Sébastien bénéficie de ce fait d'un suivi psychiatrique assuré par le pédopsychiatre M. L. ainsi que d'activités adaptées à sa problématique.
Afin de réduire les phases de grande fatigue physique liées au traitement médical, le Docteur L. a récemment diminué les quantités médicamenteuses.

Au regard des besoins particuliers du jeune homme et en vertu d'une notification de la Maison Départementale des Personnes Handicapées (MDPH), une orientation vers un établissement plus adapté a été envisagée dès son arrivée mais n'a pas pu aboutir à ce jour. Son âge avancé, le fait d'être considéré comme « délinquant » ainsi que son exclusion de plusieurs établissements semblent empêcher la réalisation de ce projet.

INSERTION SOCIALE, PROFESSIONNELLE, SCOLAIRE

Dans le cadre de l'accueil séquentiel à l'hôpital de jour H., Sébastien bénéficie d'un accompagnement scolaire et sportif adapté à ses potentialités. Cette prise en charge permet également à l'adolescent d'évoluer au sein d'un groupe de jeunes hors du FAE l'Élan et de trouver des centres d'intérêts personnels.

Sébastien a récemment manifesté son désir de travailler auprès d'animaux. Un bilan scolaire ainsi qu'un stage en entreprise sont donc envisagés par l'équipe de l'hôpital H. Une synthèse aura lieu le 25 janvier 2011 entre les différents services chargés de l'accompagnement de Sébastien (milieu ouvert, équipe de l'hôpital H., équipe du FAE l'Élan) afin d'articuler les diverses démarches entreprises.

DÉROULEMENT DU PLACEMENT

Après une période d'adaptation pendant laquelle Sébastien a tenté de trouver sa place au sein du groupe de jeunes, il semblerait qu'il ait aujourd'hui trouvé une certaine stabilité au FAE l'Élan.

Les autres adolescents ont parfois tendance à l'infantiliser ou à le stigmatiser. Ainsi, Sébastien adopte un comportement différent selon qu'il se trouve en relation duelle ou en groupe ; la présence des autres jeunes peut parfois l'amener à se mettre en scène dans des comportements violents et impulsifs. L'équipe éducative a d'ailleurs pu en faire le constat à plusieurs reprises (cf. notes d'incident du 15 octobre 2010 et du 7 décembre 2010).

À d'autres moments, il sait se montrer agréable et serviable. Sa participation active à la vie du foyer témoigne d'une certaine appropriation de son « lieu de vie ». Aussi, la prise régulière et consentante de son traitement démontre l'adhésion de Sébastien à sa prise en charge.

Pour les sorties, la surveillance de ses affaires, la gestion de son hygiène ou encore son rythme de vie au quotidien, Sébastien semble avoir besoin de l'aide des adultes. Il est ainsi proche des éducateurs et les sollicite en fonction de ses besoins.

CONCLUSION ET PROPOSITIONS

À son arrivée, l'état de santé de Sébastien semblait ne pas convenir au cadre proposé par le FAE l'Élan. Grâce à un travail de concertation et de collaboration avec l'UEMO de ... et l'intervention de l'hôpital de jour H., Sébastien a trouvé un certain équilibre.

Le FAE l'Élan a pu offrir au jeune homme un cadre structurant et contenant et travailler autour de la violence et de la relation aux autres.

L'existence occasionnelle de « crises » nécessite toutefois une surveillance et un accompagnement adaptés. C'est pourquoi il apparaît primordial de maintenir le lien avec le docteur L. et l'hôpital de jour. À ce jour, les recherches d'établissements de type « Institut Thérapeutique, Éducatif et Pédagogique » sont poursuivies par l'équipe éducative mais l'approche de sa majorité rend difficilement probable cette

éventualité. Si ces démarches n'aboutissent pas, il est donc envisagé de renforcer la prise en charge par l'hôpital de jour H. et/ou de mettre en place un accueil séquentiel en famille d'accueil (week-ends, vacances scolaires...).
Afin de préparer sa majorité, l'UEMO de ... a effectué une demande de reclassement professionnel à la Maison Départementale des Personnes Handicapées (MDPH) en vue d'une inscription en Établissement et Service d'Aide par le Travail (ESAT) et d'un hébergement en internat. Cela permettrait à Sébastien d'initier un processus d'insertion sociale et professionnelle en tant que majeur.
En parallèle, l'UEMO de ... a négocié avec le directeur du CHRS dans lequel est hébergé M. A. pour que Sébastien puisse être aux côtés de son père pendant les congés de fin de semaine et les vacances scolaires afin que tous deux puissent maintenir et entretenir les liens familiaux. Ces modalités d'hébergement permettraient d'atténuer les conséquences néfastes de la relation de Sébastien avec sa mère.
Au regard des difficultés de Sébastien dans la gestion de son quotidien, un juge des tutelles du Tribunal de ... va être saisi afin de demander une mise sous curatelle renforcée.
Compte tenu de ces éléments, nous pensons qu'il serait souhaitable de prolonger le placement de Sébastien au FAE l'Élan jusqu'à sa majorité afin que les démarches engagées depuis le 31 juillet 2010 puissent être poursuivies.
Nous ne manquerons pas de vous tenir informé de l'évolution de la situation.

Arnaud B. — **Jacques L.**
Éducateur spécialisé — **Directeur**

(signature) — *(signature)*

Écrits professionnels – 3e exemple commenté : *le compte-rendu d'une rencontre avec une famille (Institut Médico-Éducatif)*

Selon les établissements et/ou services et les problématiques des personnes accueillies, les modalités de prise en compte de la place réservée à la famille varient. Nombre de travaux ont été réalisés à ce sujet, mettant en garde contre la culpabilisation des familles et prônant leur considération comme ressource dans l'accompagnement. Les pratiques de terrain démontrent la difficulté de ce volet éducatif et la nécessité d'engager une réflexion commune sur la question du rôle de chaque acteur autour de la personne accueillie.

Les objectifs des rencontres avec la famille

Les objectifs peuvent être multiples. Citons-en trois :
1. Faire un bilan de l'accompagnement auprès de la famille. Il s'agit de rendre transparentes les pratiques des professionnels pour donner à voir l'évolution de l'enfant tout en soumettant celles-ci à l'évaluation des parents.
2. Élaborer autour d'un problème ponctuel. Face à une difficulté de la famille ou de l'équipe éducative, une des deux instances peut demander la rencontre pour aborder un problème particulier, une inquiétude...

3. Préparer l'actualisation du projet individualisé. Dans certains établissements, le référent éducatif rencontre les parents pour élaborer avec eux leurs attentes.

Le déroulement d'une rencontre avec la famille

Parce que chaque rencontre peut répondre à des objectifs différents, il n'y a pas de trame unique. Il importe en tous les cas de considérer trois points :
1. La participation de la personne : selon les attendus de cette rencontre, la personne peut être conviée pendant toute la durée de la rencontre, au début ou à la fin. Par exemple, si des parents souhaitent aborder les difficultés qu'ils rencontrent face au handicap de leur enfant, il sera souhaitable de ne pas inclure l'enfant pour que puisse émerger un discours sincère. Pourra être réfléchie, en complément, la manière de faire participer l'enfant sur un autre temps de rencontre (par exemple, dans un cadre de médiation).
2. La participation des professionnels : ceux qui interviennent de manière régulière auprès de l'enfant et dont la présence peut répondre aux objectifs de la rencontre.
3. Préparer la rencontre ? Encore une fois, il s'agit d'évaluer les objectifs de la rencontre. Si son objet est essentiellement de faire un point sur l'accompagnement, ce sera sans doute moins nécessaire que s'il s'agit de rencontrer les parents en ayant quelque soupçon de maltraitance.

Exemple de compte-rendu de rencontre avec la famille (Institut Médico-Éducatif)

Contexte. Naïa, 12 ans, est accueillie à l'Institut Médico-Éducatif (IME) Les Alouettes depuis quelques mois. L'éducatrice spécialisée, référente de la préadolescente, souhaite rencontrer ses parents pour dresser un bilan global de l'accompagnement après la mise en place de son projet individualisé.

Une prise de notes est effectuée afin de constituer un document commun de travail qui fait l'objet ce jour d'un compte-rendu. Il s'agit, selon Ermitas Ejzenberg, de « *restituer fidèlement une information après une réalité entendue ou observée*[26] ». Il n'y a donc ici *aucun* élément d'analyse, comme pour le compte-rendu de la synthèse.

26. *Ibidem*, p. 63.

RENCONTRE FAMILLE **Compte-rendu** 12 février 2010 10 h 30/11 h 30	
Réunion organisée à la demande de	Mme Natacha N. (éducatrice spécialisée de l'Unité 1)
Concernant	**Naïa J.**
Participants	M. J., père de Naïa J. M. Marcel V., psychologue Mme Florence A., directrice de l'école Mme Natacha N., éducatrice spécialisée
Sont excusés	Mme J., mère de Naïa M. Cédric F., chef de service M. Nathaniels G., enseignant Mme Valérie L., psychomotricienne Mme Viviane E., orthophoniste

OBJECTIF *Première année à l'IME Les Alouettes pour Naïa J. : dresser un bilan global sur son accompagnement et se mettre en lien avec la famille après la mise en place du projet individualisé de l'enfant.*	
Famille	Au sein de la famille, la mère occupe un poste d'assistante maternelle. Naïa a un frère jumeau, Bertrand, qui est actuellement en classe de 6e et pour qui la scolarité se déroule relativement bien. M. J. informe l'équipe que Naïa bénéficie d'un suivi général (orthophonie, psychomotricité, psychologue...) depuis l'âge de 3 ans environ. M. J. précise par ailleurs que l'autorité est davantage représentée par la maman qui passe plus de temps avec ses enfants que lui-même ; cela dit, ils ont des moments familiaux privilégiés, notamment le week-end (sorties). Il confirme également les dires de l'équipe, quant à la résistance de Naïa face aux demandes des adultes ; en famille, il faut la stopper avec fermeté pour qu'elle ne se laisse pas aller au plaisir immédiat. Le père de famille a remarqué que Naïa disait de plus en plus de gros mots, les parents se montrent très vigilants par rapport à ça et la sanctionnent dès qu'elle se montre trop têtue. De manière générale, Naïa est contente de venir aux Alouettes mais se plaint parfois de coups donnés par d'autres enfants.
Groupe éducatif	En début d'année, Naïa avait des difficultés à obéir et se montrait têtue. Elle considérait les autres enfants du groupe comme des « objets » sans forcément prendre conscience qu'elle leur faisait mal. Son comportement à cet égard est en amélioration et l'équipe éducative reste vigilante en travaillant notamment sur l'acceptation des règles. Le bilan global s'avère toutefois positif puisque Naïa s'est bien adaptée au groupe et participe volontiers aux activités.

	Demande de M. J. : - rester vigilant face aux gros mots ou aux comportements inadaptés de Naïa (sanctions) ; - travailler sur la propreté, notamment pendant les moments du repas.
Psycho-motricité	M. Marcel V. a informé M. J. des conclusions faites par Valérie L. lors du dernier projet individualisé. En effet, Naïa est prise en charge une fois par semaine de manière individuelle ; le bilan est positif puisqu'elle a une conscience correcte de son schéma corporel et présente une bonne aisance générale. Cela dit, Naïa a des difficultés pour canaliser son énergie. Il a donc été décidé de travailler sur l'appréhension des limites en passant par le jeu.
École	Mme A. précise également à M. J. les difficultés de Naïa à se mettre seule au travail, dans le cadre de sa scolarité. En effet, le dernier projet individualisé a mis en évidence la nécessité de la présence d'un adulte auprès de Naïa pour qu'elle parvienne à effectuer une tâche donnée. La directrice de l'école précise toutefois les potentialités encourageantes que présente l'enfant.
	Demande de M. J. : - donner des devoirs à Naïa pour que les parents puissent travailler avec elle certains aspects de son apprentissage ; - informer la famille, par le biais du cahier, de ce qui s'est passé dans la semaine.
Orthophonie	M. Marcel V. informe M. J. du bilan d'orthophonie : expression assez bonne, difficultés de concentration, mémorisation de petites phrases, bonne volonté, potentialités évidentes.

Ce compte-rendu sera fourni aux parents de Naïa afin qu'une trame commune soutienne le partenariat entre l'équipe éducative et la famille. Il servira de support lors d'une prochaine rencontre.

DC 4

Implication dans les dynamiques partenariales, institutionnelles et interinstitutionnelles

Le cadre, « terrain du Je » des éducateurs spécialisés

« Dis, on a le droit d'avoir le choix ? »

A., enfant accompagné au cours d'un stage, Marseille, 2008.

Les enjeux du DC 4.
Éducateur spécialisé, une professionnalité complexe

Le domaine de compétences 4 est celui dans lequel les étudiants semblent le moins à l'aise, eu égard à son aspect de prime abord fastidieux, complexe et déconnecté de leur pratique. Cette complexité, inhérente aujourd'hui au travail social, s'avère nécessaire pour assurer une action éducative prenant en compte la globalité des situations. Nous allons donc tenter de démontrer en quoi la prise en compte des enjeux du DC 4 a un impact direct sur les missions actuelles de l'éducateur spécialisé et le public qu'il accompagne.

Le cadre juridique à l'épreuve de la Loi

« Nul n'est censé ignorer la loi », précepte romain, est un adage qui prévaut encore aujourd'hui dans notre système juridique occidental. « Et surtout pas l'éducateur spécialisé », pourrions-nous ajouter en guise d'introduction. Cet adage pourra décourager l'éducateur spécialisé en formation ; comment, en effet, comprendre toute la complexité des textes juridiques, décrets, circulaires, etc. ? Qui donc est capable d'assimiler l'intégralité des lois françaises et européennes ? Ces questions viennent provoquer à dessein le lecteur en l'amenant dans le même temps aux notions de loi réelle et de Loi (symbolique) qui semblent sous-tendre le précepte historique.

Proposons pour commencer la définition de la **loi nationale, civile**, dans son sens le plus strict. Il s'agit d'un ensemble de textes provenant d'une autorité souveraine qui soumet l'ensemble des ressortissants du pays ou des personnes vivant sur le territoire à des obligations. En cas de non-respect de ces obligations, un certain nombre de sanctions est prévu. Ces textes sont inscrits officiellement dans le droit national et valent pour tous. La mise en place de lois, décrets, circulaires, règlements écrits constitue le socle juridique de la cohésion sociale et a pour objectif d'assurer les rapports entre les personnes, les institutions...

Au-delà de cette notion clairement délimitée, à laquelle l'éducateur spécialisé et les personnes qu'il accompagne sont soumis au quotidien, il est une autre signification de la loi : celle que l'on nomme « loi symbolique » et qu'on a coutume d'écrire avec un L majuscule, pour signifier son universalité et son importance capitale dans l'émergence de l'être social. Selon Philippe Candiago, la **loi symbolique** est :

> *« la mise en forme sociale des lois du langage et de la parole [...]. Pour fonctionner cette loi n'a recours à aucun moyen de coercition, elle ne s'appréhende pas directement, elle est plutôt un cadre qui s'impose de lui-même*[1]. »

1. CANDAGIO Philippe, « Quelques remarques à propos de l'autorité et du commandement », in *Psychanalyse et travail social*, Association Lacanienne Internationale, avril 2010.

Nous la considérerons comme étant d'ordre psychique et moral. Selon la théorie psychanalytique, la loi se construit chez l'enfant à partir de l'intériorisation des trois grands principes que sont l'**interdit** de l'inceste, de la dévoration et du meurtre et de sa renonciation à la toute-puissance. Nous pouvons avancer que la loi symbolique reconnaît l'individu comme sujet, et l'insère dans un ordre préétabli. Elle donne à voir à l'individu, être psychique, qu'il est aussi être social. Prenons l'exemple de l'interdit de l'inceste : il aura fallu attendre le 8 février 2010 pour que la société française se prononce en faveur d'une loi « *tendant à inscrire l'inceste commis sur les mineurs dans le Code pénal* ». Où figurait cet interdit spécifique jusqu'en 2010 ? Dans des écrits immatériels d'un ordre supérieur, moral ? C'est en cela que nous pouvons dire que la Loi symbolique vient donner des grands principes au vivre ensemble bien qu'elle ne soit pas écrite. En revanche, c'est cette même Loi qui influence le socle juridique d'une nation, d'une communauté, d'un État... Avant toutefois de parvenir à l'écriture effective d'un texte de loi, la Loi symbolique influence également les normes informelles qui régissent les rapports sociaux.

La **norme sociale** peut être définie par « *l'ensemble des règles élaborées par un groupe humain [...] qui énonce comment vivre ensemble et dicte les interdits à respecter. Elle est évolutive et variable selon les cultures*[2] ». Howard S. Becker définit ainsi ces systèmes normatifs comme des systèmes de référence pour des groupes sociaux spécifiques. Pourquoi ces précisions sur lois et normes, quelque peu absconses ? Pour démontrer que nul domaine de compétences n'est coupé des missions globales et concrètes de l'éducateur spécialisé ; c'est bien dans un objectif éducatif et en référence à l'exercice du métier qu'il s'agit de se saisir de ces notions.

Exemple. Comment traiter la transgression de la loi ? L'éducateur spécialisé est-il garant de la loi ? En quoi la loi est-elle liée à l'autonomie, notion tant de fois rappelée dans la mise en place des projets individualisés ?

Un simple détour par l'étymologie du terme **autonomie** finira de démontrer les liens qui existent entre le domaine de compétences 4 et l'exercice du métier. Autonomie est un vocable grec composé de *auto* et *nomos*. *Nomos* désigne les lois et *auto* signifie « soi-même ». Il apparaît clairement que ce que l'éducateur spécialisé brandit comme finalité de l'accompagnement, l'autonomie, repose sur l'intériorisation de la loi réelle et symbolique, ensemble de règles écrites et de normes sociales. Une personne peut se comporter de façon autonome selon ses propres critères, et par là-même transgresser selon les critères normatifs sociaux et selon la loi ; en effet on ne parle de **transgression** qu'à partir du moment où l'individu qui l'effectue a pleinement intériorisé les interdits symboliques et également pris connaissance de la loi réelle. Par conséquent, il s'agit moins pour l'éducateur spécialisé d'être garant de la loi que de favoriser chez la personne accompagnée l'émergence de sa singularité dans l'espace réel et symbolique.

---

2. Becker Howard-Saul, *Outsiders. Étude de sociologie de la déviance*, Métailié, Paris, 1985.

Un contexte politique et social incontournable

Si le lecteur s'est laissé convaincre par la nécessaire considération de la loi par l'éducateur spécialisé, il comprendra aisément que la **contextualisation** demeure incontournable dans sa pratique éducative au quotidien.

Au côté des lois européennes et nationales, elles-mêmes inspirées par la Loi symbolique, et qui délimitent les droits et obligations de tous, existent d'autres dimensions politiques et sociales venant complexifier la pratique de l'éducateur spécialisé. Dans les années 1970/1980, les travailleurs sociaux ont en effet connu les mutations des politiques publiques qui ont mené à la **territorialisation** de leur action. Cette territorialisation touche les différents secteurs :
– *en psychiatrie, la politique de sectorisation* (1960 et 1970) a territorialisé l'accompagnement de la maladie mentale afin de soigner les patients dans la cité, mettant fin à la période dite asilaire ;
– *dans le domaine du handicap,* la loi du 11 février 2005 pour l'égalité des droits et des chances, la participation et la citoyenneté des personnes handicapées recommande une prise en charge situationnelle du handicap pour éviter l'éloignement des personnes touchées ;
– *la politique de la ville* agit sur des territoires urbains définis afin de réduire les inégalités sociales.

Autant d'exemples parmi les nombreux changements décidés par les politiques publiques qui ont des répercussions directes sur le métier d'éducateur spécialisé et donc sur son référentiel de compétences. Ainsi, les travailleurs sociaux sont devenus des acteurs de premier niveau, intervenant activement dans la mise en œuvre de ces politiques publiques depuis quelques décennies. Retraçons rapidement les mouvements importants ayant influé sur les pratiques sociales.

Après la Seconde Guerre mondiale, la France et une grande partie des pays développés connaissent une période de prospérité économique nommée les Trente Glorieuses (de 1945 à 1973), due en partie aux avancées technologiques. Pour répondre à la pénurie de main-d'œuvre, la France vit d'abord un exode rural massif puis a recours à l'immigration de masse. En 1973, un « choc » pétrolier signe « le début de la fin » des Trente Glorieuses : il faudra plusieurs années pour en constater les conséquences à la fois économiques et humaines. Dans le même mouvement, l'État Providence[3] commence à s'affaiblir dès la fin des années 1970. Le désengagement progressif de l'État et l'option politique prise pour une gestion plus libérale de la société se traduiront notamment par les lois de décentralisation de 1982-1983

---

3. L'État Providence désigne la démarche interventionniste d'un État à l'égard de ses populations dans le domaine économique et social. Cela se traduit après 1945 par la mise en place de la protection sociale dans une logique assurantielle et d'assistance. On parle de crise de l'État Providence pour désigner le désengagement des pouvoirs publics.

et de 2003, qui consisteront à transférer certaines des compétences de l'État aux collectivités territoriales (régions, départements, villes).

Quelles incidences sur le travail social et les métiers qui le caractérisent ? La crise d'après le choc pétrolier de 1973 aura de graves conséquences sur l'économie nationale et par là-même, sur l'insertion :
- ce qui était vu comme solution à la pénurie de main-d'œuvre mais aussi d'habitats après-guerre (immigration de masse, construction de logements sociaux à tout va) révèle son envers ; la crise met par exemple en lumière l'isolation de certaines populations vivant en périphérie des grandes villes dans des habitats précaires et impersonnels ;
- la montée du chômage, et ce jusqu'à aujourd'hui, est un des fléaux majeurs ;
- la hausse des prix modifie les habitudes de consommation avec un impact immédiat sur la croissance économique.

À l'ensemble de ces conséquences directes, il convient d'ajouter ce qu'on pourrait nommer, à l'instar de Charles Melman, la **nouvelle économie psychique**[4]. Il se produit, selon cet auteur, une modification des repères collectifs qui suscite un sentiment de désarroi généralisé et génère de nouveaux fonctionnements individuels : virtualisation du réel, raréfaction des rapports humains, montée de l'individualisme, baisse de l'estime de soi et perte de confiance, déclin de l'autorité, dépression...

C'est dans cette **dialectique individuel-collectif, citoyen-société, sujet-groupe,** que le travailleur social intervient, et ce de manière plus complexe depuis le début des années 1980 ; d'abord parce qu'on a assisté à une massification des problématiques sociales et individuelles, ensuite parce que l'économie libérale a amené un désengagement de l'État au niveau local que doivent nécessairement pallier les initiatives issues de la démocratie de proximité. Ainsi l'éducateur est-il devenu un acteur de son territoire.

Dans ce contexte de récession économique, la réduction des dépenses publiques nationales a aussi été un facteur favorisant la territorialisation du travail social. Par exemple, dans le domaine de la psychiatrie, la politique de secteur a pu être accusée de viser à une prise en charge à moindre coût de la maladie mentale.

Construire son positionnement professionnel et élaborer son action éducative implique de savoir porter **un regard critique sur la dimension historique des politiques sociales**. En d'autres termes, il s'agit de s'appuyer sur les connaissances historiques, politiques, économiques et sociales pour comprendre la société d'aujourd'hui et y intervenir de façon fondée.

---

4. MELMAN Charles, *La nouvelle économie psychique, la façon de penser et de jouir aujourd'hui*, Érès, Ramonville Saint-Agne, 2009.

Resserrons à présent la focale pour approcher le cadre contextuel plus étroit dans lequel intervient l'éducateur : l'institution. À partir de l'instant où le professionnel intègre une institution, qu'elle soit en milieu fermé ou en milieu ouvert, il est soumis comme l'usager à un certain nombre de lois implicites et explicites.

L'institution, le cadre d'intervention de l'éducateur spécialisé

Au sein d'un territoire donné, l'institution constitue un acteur au service d'une personne, acteur soumis à une organisation interne et externe. *Interne*, parce que selon sa dénomination, l'institution répond à un certain nombre de missions et d'objectifs. *Externe*, parce qu'elle est en interaction nécessaire avec des acteurs extérieurs.

François Dubet, sociologue français, définit **l'institution** comme *« organisations et [les] mécanismes relationnels chargés d'instituer les individus et de produire un type social de subjectivité*[5] ». Ajoutons que l'institution est une entité qui **organise et structure les rapports sociaux** en attribuant une position sociale à chacun. Le cadre institutionnel est donc le socle de l'accompagnement social et éducatif spécialisé en ce sens où il permet et justifie l'existence d'une relation éducative entre un accompagné et un accompagnant, confère des positions sociales distinctes d'usager et de professionnel. Notons le lien étroit existant entre les quatre domaines de compétences : la connaissance du cadre institutionnel a effectivement pour objectif de servir l'accompagnement. Qu'est-ce qu'une institution ? Qu'est-ce qui la définit ? Pour quelles missions est-elle mandatée ? Par qui est-elle mandatée ? Financée ? Autant de questions qui amènent le professionnel à repérer le cadre délimitant sa pratique et la relation avec les usagers, puis à l'intégrer.

De ce fait, **l'institution fait tiers dans la relation entre le professionnel et la personne accueillie**. En effet, les éléments réels constitutifs de l'institution (règlements, présence de hiérarchies, contrats...) viennent empêcher la satisfaction immédiate par le rappel concret de la réalité (cf. Freud, moi-plaisir et moi-réalité). Avançons ici que l'institution assure une fonction symbolique puisqu'elle porte une loi, pose des limites et favorise l'intégration de ces limites par le sujet.

Enfin, nous ne pouvons considérer l'institution sans la situer dans un contexte territorial et interinstitutionnel. Issue de l'histoire sociopolitique que nous avons tracée à grands traits, la dynamique interinstitutionnelle a pour finalité de prendre en compte la personne accueillie dans son environnement et de lutter contre les différentes formes d'exclusion. Parce que la précarisation est devenue ces dernières décennies un phénomène massif, les réponses sociales apportées ont dû s'adapter.

---

5. Dubet François, *Déclin de l'institution ou nouveaux cadres moraux ? Sens critique, sens de la justice parmi les jeunes*, Association française de sociologie, Association internationale des sociologues de langue française, INPR, 2007.

L'intervention auprès de personnes cumulant fréquemment différentes formes d'exclusion nécessite à présent d'**unir les compétences distinctes** que des institutions complémentaires détiennent. Cette conjugaison de problématiques diverses chez une même personne, à laquelle les institutions cherchent à s'adapter, fait que le découpage des diverses institutions sociales et médico-sociales et la définition de leurs habilitations respectives n'est pas si évident aujourd'hui.

Exemple. Une personne en situation de handicap pourra également être touchée par la précarité sociale et économique ; un mineur malentendant peut connaître une situation de danger au sein du foyer familial...

Autant de situations singulières qui exigent la **mutualisation des compétences institutionnelles**. Aussi, il ne s'agit plus de partir de la difficulté de la personne pour puiser dans les ressources de l'institution mais, dans un renversement stratégique, de partir des ressources présentes dans l'environnement pour répondre aux besoins d'une personne et de sa famille.

Exemple. Si un enfant trisomique a besoin d'une prise en charge, le professionnel cherchera à identifier les moyens disponibles au sein du territoire où réside l'enfant, afin que celui-ci ne pâtisse pas d'un éloignement de son milieu de vie habituel du fait de son handicap. Centre Médico-Psychologique (CMP), Service d'Éducation Spécialisée et de Soins à Domicile (SESSAD), intégration scolaire en milieu ordinaire avec l'aide d'un(e) Auxiliaire à la Vie Scolaire (AVS)... autant de solutions à envisager pour proposer à l'enfant une meilleure intégration dans la cité.

Ce préambule a permis de situer l'éducateur spécialisé au cœur de l'accompagnement et des politiques sociales lui servant de cadre. Il n'est donc plus à prouver que l'éducateur spécialisé a une mission primordiale à remplir dans ces dynamiques interinstitutionnelles.

Bibliographie. Pour étudier les différentes composantes du domaine de compétences 4, le candidat pourra se reporter à l'ouvrage suivant : Dubéchot Patrick, Rolland Marie, *DC 4. Implication dans les dynamiques partenariales, institutionnelles et interinstitutionnelles DEES,* Vuibert, Paris, 2008.

Les dynamiques partenariales, institutionnelles et interinstitutionnelles dans la formation d'éducateur spécialisé

Dans le cadre de la certification au DEES, le DC 4 se décline en deux épreuves :

1. Une épreuve écrite sur table (DC 4.1).

2. La réalisation d'un dossier d'une quinzaine de pages sur les réseaux et le partenariat (DC 4.2).

DOMAINE DE COMPÉTENCES 4 Implication dans les dynamiques partenariales, institutionnelles et interinstitutionnelles	
COMPÉTENCES	**INDICATEURS DE COMPÉTENCES**
Implication dans les dynamiques institutionnelles **Établir une relation professionnelle avec les partenaires**	– Savoir représenter son service. – Savoir accueillir. – Savoir adapter son mode de communication aux partenaires.
Situer son action dans le cadre des missions de l'institution et de son projet	– Savoir négocier avec les personnes, les institutions. – Savoir contribuer à l'élaboration du projet institutionnel. – Savoir intégrer son action dans le cadre du projet institutionnel.
Veille professionnelle : s'informer et se former pour faire évoluer ses pratiques	– Savoir prendre en compte les évolutions des problèmes sociaux. – Savoir actualiser ses connaissances professionnelles. – Savoir capitaliser les expériences professionnelles. – Savoir prendre de la distance par rapport à ses pratiques professionnelles.
Travail en partenariat et en réseau **Développer des activités en partenariat et en réseau et contribuer à des pratiques de développement social territorialisé**	– Savoir identifier les partenaires institutionnels de son environnement et connaître leur culture. – Savoir établir des relations avec l'ensemble des acteurs. – Savoir conduire des actions conjointes avec les partenaires de l'intervention sociale, sanitaire, scolaire et culturelle. – Savoir argumenter des propositions dans le cadre de l'élaboration de projets territoriaux de politique sociale. – Savoir animer un réseau de professionnels. – Savoir décoder les positionnements et les stratégies de l'ensemble des acteurs.
Développer et transférer ses connaissances professionnelles	– Savoir conceptualiser ses pratiques professionnelles. – Savoir s'autoévaluer. – Savoir appliquer les méthodologies de recherche. – Savoir assurer une fonction de tutorat pour la formation des futurs professionnels. – Savoir transmettre des valeurs, connaissances et méthodes professionnelles et les traduire dans les pratiques.

DC 4.1. Les dynamiques institutionnelles et interinstitutionnelles. L'épreuve écrite

> *« Nous passerons cette épreuve au mois de mai 2010. Depuis la deuxième année, nous faisons des entraînements grâce à des sujets (dossiers) composés par les formateurs, et qui touchent les trois champs de l'éducation spécialisée. Face à cette épreuve difficile qui focalise l'attention (et le stress) des étudiants, il me semble que se raccrocher à une bonne méthodologie est une piste intéressante. »*
>
> *Lucille, EPSS Cergy, Promotion 2009-2010.*

> *« Le plus difficile au début était de se détacher des consignes de l'épreuve du DC 2.1. Ici il nous est demandé de bien repérer les intervenants, professionnels, dispositifs ainsi que les missions et les rôles de ceux-ci. Il faut donc pouvoir s'appuyer sur les documents fournis, mais également sur nos propres connaissances des différents dispositifs : handicap, aide sociale, insertion, santé mentale... Il est aussi important de savoir faire une synthèse des documents ! »*
>
> *Camille, IRTS Montpellier, Promotion 2009-2010.*

Compétences repérées[6]

- Établir une relation professionnelle avec les partenaires.
- Situer son action dans le cadre des missions de l'institution et de son projet.
- Veille professionnelle : s'informer et se former pour faire évoluer ses pratiques.

Déroulement de l'épreuve

Cet examen est organisé en centre d'examen à l'initiative du recteur d'académie. La certification se déroule en 4 h. Elle est d'un coefficient 2 pour l'ensemble du DC 4.

Détails de l'épreuve

À partir d'une situation concernant les politiques sociales et les cadres juridiques et institutionnels (dix pages maximum), le candidat synthétise la compréhension qu'il a de la situation. Il en analyse les différents paramètres au regard des difficultés, contraintes et contradictions qu'il relève en s'appuyant sur ses connaissances et les documents fournis.

En termes méthodologiques, la consigne amène le candidat à :
– *réaliser une synthèse de documents* en « exposant les cadres réglementaires, partenaires identifiés, incidences financières et buts poursuivis » ;

6. Les éléments fonctionnels proviennent de l'arrêté du 20 juin 2007 relatif au diplôme d'éducateur spécialisé (NOR : MTSA0755916A).

– *analyser la situation au regard des contraintes ou paradoxes* concernant les politiques sociales et la situation présentée ;
– *faire acte d'un positionnement professionnel* à travers une réflexion argumentée.

L'étude de situation du DC 4.1 vise à **évaluer les connaissances du candidat sur les éléments contextuels** de l'exercice du métier d'éducateur spécialisé. En effet, la pratique de la relation éducative implique nécessairement la prise en compte des politiques sociales, institutionnelles ou partenariales ; le candidat est donc amené à se positionner clairement sur ces questions afin de démontrer sa capacité à se projeter dans une organisation sociale codifiée.

DC 4.1 : LES THÉMATIQUES À CONNAÎTRE

L'exercice de la profession :
- loi du 2 janvier 2002 rénovant l'action sociale et médico-sociale ;
- le secret professionnel.

La protection de l'enfance :
- articles 375 et suivants du Code civil ;
- loi du 4 mars 2002 relative à l'autorité parentale ;
- loi du 5 mars 2007 réformant la protection de l'enfance ;
- Convention Internationale des Droits de l'Enfant du 20 novembre 1989 (CIDE).

La délinquance des mineurs :
- ordonnance du 2 février 1945 relative à l'enfance délinquante ;
- lois Perben (9 septembre 2002 et 9 mars 2004) ;
- loi du 5 mars 2007 relative à la prévention de la délinquance ;
- loi du 10 août 2007 renforçant la lutte contre la récidive des majeurs et des mineurs.

Le handicap :
- loi du 30 juin 1975 en faveur des personnes handicapées ;
- annexes XXIV (1989) au décret du 9 mars 1956 ;
- loi du 11 février 2005 pour l'égalité des droits et des chances, la participation et la citoyenneté des personnes handicapées ;
- loi du 5 mars 2007 portant réforme de la protection juridique des majeurs.

L'insertion :
- loi du 29 juillet 1998 relative à la lutte contre les exclusions ;
- la question du RMI, le RSA ;
- éléments de protection sociale.

La santé :
- loi du 4 mars 2002 relative aux droits des malades et à la qualité du système de santé ;
- loi du 21 juillet 2009 portant réforme de l'Hôpital et relative aux Patients, à la Santé et aux Territoires (HPST).

Parce qu'une société ne reste pas figée sur des lois établies, il convient de rester curieux des actualités sociales et politiques afin de s'inscrire dans une réalité constamment actualisée.

DC 4.1. Épreuve écrite sur les dynamiques institutionnelles et interinstitutionnelles. Proposition de méthodologie

Au moment de cette épreuve, le candidat se verra remettre un dossier contenant une consigne, un éventuel résumé de situation et une série de documents destinés à la compréhension des enjeux propres à la situation. Il peut s'agir d'extraits de textes de loi (lois, décrets, circulaires...), de documents internes à l'institution concernée, d'extraits d'articles de presse ou d'ouvrages...

Étape 1 – La lecture des documents et de la situation (45 mn)

Avant de commencer la lecture détaillée, parcourir les documents présentés permettra déjà à l'étudiant de se rendre compte de la teneur du dossier. Tout au long de la lecture, le candidat pourra se munir de quatre feuillets distincts qui l'aideront à opérer une prise de notes organisée.

Nous proposerons **une lecture en quatre temps.**
1. Noter dans un tableau le titre de chaque document, son auteur, sa date, sa nature (cf. feuillet 1, synthèse de documents).
2. Identifier des thématiques et surligner le titre de chaque document en fonction de son appartenance à telle ou telle thématique (par exemple, en rouge tous les documents qui concernent la législation, en bleu les documents qui appartiennent au fonctionnement institutionnel et en jaune, tous les documents inhérents à la personne). Il est fort à parier que dès cette étape le candidat aura une idée du sujet à traiter, et ce avant même d'avoir lu les documents dans le détail ; il notera les mots, les thèmes, les lois qui lui viennent en tête en regard de chaque document.
3. Lire de manière globale et rapide chaque document.
4. Si besoin, approfondir la lecture de certaines parties du dossier.

Le candidat pensera également, dès cette première étape, à **définir les termes clés** utilisés. Par exemple, si la situation a lieu dans une Maison d'Enfants à Caractère Social (MECS), il s'agira de définir ses missions, statuts, financements, finalités, objectifs, etc.

Feuillet 1 : la synthèse de documents

Le tableau présenté ci-contre n'est qu'un exemple de grille à mettre en œuvre pour faciliter la compréhension et le tri des informations contenues dans les documents annexés. L'idée générale est d'identifier les points essentiels, document par document.

Une fois le tableau rempli, il est conseillé de relever les idées récurrentes, les idées divergentes et les contradictions qui serviront par la suite à problématiser.

	INTITULÉ - AUTEUR - DATE	IDÉES ESSENTIELLES, MOTS-CLÉS
Doc. 1		
Doc. 2		
Doc. 3		
Doc. 4		
Paradoxes, convergences/divergences, éléments manquants		

Feuillet 2 : les acteurs

À l'instar de la réalité du travail social et médico-social, les situations présentées comportent souvent des aspects complexes, C'est pourquoi la clarification des éléments objectifs est vivement conseillée pour commencer.

On pourra notamment lister les différents acteurs de la situation au fil de la lecture :
– *les personnes physiques ;*
– *les personnes morales ;*
– *les liens* entre les différents acteurs ;
– *la nature des liens.*

RÉSEAU ET PARTENARIAT

■ Le réseau

Pour le travailleur social, on peut dire qu'il s'agit de l'ensemble des personnes, services ou établissements qu'une équipe ou une personne peut solliciter de manière formelle ou non afin de répondre aux besoins des personnes accueillies. Dans un de ses ouvrages, Philippe Dumoulin propose cinq formes d'utilisation du réseau :

1. Le pairage désigne la technique du relais : *« Le travailleur social va orienter son "client" vers une personne capable de l'aider, par la mise en action de son propre réseau de ressources. On vise ici [...] la juste adéquation entre un besoin repéré et une offre existante*[7]*.* »

2. L'intervention de réseau : le travailleur social intervient sur le réseau primaire (famille, entourage, amis, voisins, collègues de travail...) afin que celui-ci constitue une ressource pour la personne.

3. La mise en réseau de groupes d'aide réciproque : le travailleur social développe des compétences de mise en liaison et, éventuellement, crée de nouveaux réseaux sur une base collective.

4. L'initiation de synergies nouvelles : création de nouveaux réseaux d'action autour de projets ciblés au sein de l'organisation.

---

7. Dumoulin Philippe [et al.], *Travailler en réseau. Méthodes et pratiques en intervention sociale*, Dunod, Paris, 2006.

5. Le réseau de professionnels ou d'institutions : création de réseaux secondaires formels ou informels (acteurs extérieurs au réseau primaire sollicités par la personne ou existant institutionnellement) autour d'une personne ou d'une problématique. Le réseau professionnel se justifie par la présence de trois facteurs : un problème commun aux institutions, un système d'action concret, la présence de l'incertitude.

■ **Le partenariat**

C'est une *« méthode d'action coopérative fondée sur un engagement libre, mutuel et contractuel d'acteurs différents mais égaux, qui constituent un acteur collectif dans la perspective d'un changement des modalités de l'action [...] et élaborent à cette fin un cadre d'action adapté au projet qui les rassemble, pour agir ensemble à partir de ce cadre*[8] ».

On peut dire que le partenariat vient contractualiser des pratiques de réseau par des conventions ou chartes de partenariat. Philippe Dumoulin[9] propose la typologie suivante :

1. Le partenariat d'initiative : volonté commune des responsables de mutualiser leurs compétences.

2. Le partenariat « imposé » : à la demande d'un organisme gestionnaire.

3. Le partenariat autour de dispositifs légaux : élaboré à partir de la législation (ex : protection de l'enfance).

D'après Dumoulin Philippe [et al.], *Travailler en réseau. Méthodes et pratiques en intervention sociale,* Dunod, Paris, 2006.
Dhume Fabrice, *Du travail social au travail ensemble*, Éditions ASH, Paris, 2001.

Feuillet 3 : la chronologie

Afin de faciliter la compréhension globale, le candidat pourra également dresser une chronologie présentant l'évolution de la situation. Pour cela, il identifiera tous les éléments temporels, y compris en se positionnant dans une période donnée (ce positionnement est parfois indiqué par la consigne, et parfois à déduire d'indices présents dans le dossier).

Feuillet 4 : le résumé de la situation

Pour clôturer cette étape de recueil d'informations, l'étudiant pourra rédiger un court résumé de la situation, dans un objectif de compréhension et de synthèse, mais aussi pour préparer la rédaction de l'introduction de l'écrit final. Ce bref résumé permettra également de **faire ressortir la problématique** amenée par le dossier.

Étape 2 – L'analyse de la situation et la problématisation (30 mn)

La première étape a permis au candidat d'établir des constats à partir de documents existants dans lesquels sa subjectivité ne se trouve donc pas mêlée. À présent,

---

8. Dhume Fabrice, *Du travail social au travail ensemble*, Éditions ASH, Paris, 2001, p. 108.
9. *Ibidem.*

il s'agit d'élaborer des liens entre le récit objectif d'une situation et ses connaissances.

Le candidat doit ici interpréter la situation, donner son avis en s'appuyant toutefois sur des éléments du réel, à savoir les politiques sociales, les missions de l'établissement ou du service concerné, la législation européenne ou nationale... Il s'agira également d'expliciter les contradictions ou les paradoxes observés.

Exemple. La situation concerne une personne sans domicile fixe qui refuse d'intégrer un hébergement d'urgence[10]. Le candidat peut orienter son analyse sur l'observation de deux éléments paradoxaux :
- le libre choix et le consentement éclairé des usagers (loi 2002-2) ;
- la non-assistance à personne en danger (articles 223-5 et 223-6 du Code pénal).

Une telle situation pose au professionnel des questions éthiques, ce qui justifie qu'il maintienne une veille quant aux politiques entourant sa pratique. Il lui est demandé de s'en saisir à des fins d'analyse, de positionnement et d'interprétation. Il s'agit moins de résoudre la situation que de mesurer la complexité de l'action sociale avec une situation illustrant la pratique de l'éducateur spécialisé.

Étape 3 – La formulation du positionnement professionnel (30 mn)

La consigne de l'épreuve varie selon les établissements de formation. Certains demandent de rédiger une troisième partie pour exposer des propositions, d'autres ne mentionnent pas cette exigence. Dans tous les cas, il est conseillé au candidat de démontrer au jury qu'il est capable de se projeter en tant que futur professionnel ; ainsi, il présentera son positionnement dans une troisième partie si cela est demandé, et dans la conclusion le cas échéant.

Ces principes posés, rappelons qu'il n'existe pas de « recettes ». L'intervention sociale et médico-sociale est pavée de contradictions et c'est avec celles-ci que le travailleur social doit œuvrer au quotidien. Il s'agit donc de démontrer cela en exposant questionnements, doutes et incertitudes.

Quelles que soient les propositions d'intervention élaborées, quatre types d'éléments devront nécessairement figurer :
1. **Les finalités et objectifs.**
2. **Le contenu.**
3. **La temporalité** (fréquence, durée, étapes).
4. **Les acteurs sollicités pour la mise en œuvre.**

---

10. Ce même exemple a été utilisé dans le cadre de la méthodologie du DC 2.1 ; il permet d'illustrer les différents attendus au regard des domaines de compétences du DEES.

Étape 4 – La construction du plan (15 mn)

Avant de passer à la rédaction (phase finale si on omet la relecture de son écrit), nous préconisons la mise en œuvre d'un plan détaillé au brouillon. Nous reprenons ici des éléments exposés pour le DC 2.1 ; au niveau formel, on peut effectivement appliquer certains principes similaires.

Guide

Introduction

- Position du candidat.
- Bref résumé de la situation.
- Problématique.
- Annonce du plan.

1. Synthèse des documents

En s'appuyant sur le feuillet 1 utilisé lors de la lecture, le candidat doit dégager les idées principales. Il ne s'agit pas de paraphraser ou de produire une suite linéaire des annexes mais de faire ressortir la compréhension que l'on en a. Le candidat pourra imaginer qu'il décrit la situation à un interlocuteur qui n'a aucune information. Cette astuce forcera la neutralité puisqu'aucun élément d'analyse ne doit apparaître dans cette partie.

Ne pas oublier de définir les termes utilisés.

Plusieurs types d'organisation des éléments sont possibles, en fonction des éléments à la disposition du candidat :

– *thématique* (par exemple, potentiels et difficultés de la personne/relations sociales/relations familiales/situation professionnelle...) ;
– *chronologique ;*
– *par opposition ;*
– *par entonnoir,* soit du général au particulier.

2. Analyse de la situation

Le candidat doit analyser les éléments objectifs relevés plus haut, mettre la situation professionnelle en lien avec ses connaissances et développer des hypothèses sur lesquelles il s'appuiera pour formuler son positionnement professionnel.

Là aussi, le candidat peut choisir différents types d'organisation des éléments :

– *thématique* (par exemple : Le libre choix des usagers en question.../... soumis à l'obligation d'assistance à personne en danger...) ;
– *analytique,* soit problème(s), causes, conséquences ;
– *dialectique*, soit thèse, antithèse, synthèse.

3. Formulation du positionnement professionnel

Troisième partie à concevoir uniquement si la consigne l'exige. Dans le cas contraire, le candidat synthétisera ses préconisations lors de la conclusion.

Rappelons l'importance de démontrer la viabilité de chaque proposition d'intervention en s'appuyant sur des éléments concrets.

Conclusion

- Rappeler la situation et les propositions (si l'écrit ne comprend pas de troisième partie, porter une attention particulière à la présentation de ces propositions).
- Évoquer la question de l'adhésion de la personne et des limites éventuelles de l'intervention.
- Ouvrir sur un questionnement.

Étape 5 – La rédaction (1 h 45)

Il s'agit de formaliser le travail de réflexion par une mise en forme écrite structurée. Chaque candidat se positionnera selon l'éthique acquise par l'expérience et la formation mais il ne manquera pas de faire apparaître sa connaissance législative et institutionnelle. De manière générale, il faudra retranscrire les attendus de la consigne au cœur de l'écrit. Le document final ne doit pas comporter de titres ou de sous-titres : c'est dans la présentation visuelle du texte que son organisation devra se percevoir (au moyen de sauts de lignes, alinéas, paragraphes, transitions, etc.).

MÉMO

✓ **Définir les termes utilisés.**
✓ **Toute référence théorique doit être mise en lien avec la situation.**
✓ **Imaginer être en situation réelle peut aider à formuler des idées.**
✓ **Utiliser le « Je » si la situation s'y prête.**
✓ **Afin de formuler des hypothèses, employer des verbes d'état :** sembler, paraître, avoir l'air.
✓ **Pour citer les documents, utiliser une méthode qui restera la même tout au long du devoir (indiquer le numéro ou bien citer type et date).**

Étape 6 – La relecture (15 mn)

Cette étape est indispensable pour repérer les fautes d'orthographe et d'inattention, les oublis, les erreurs de syntaxe... Il convient aussi de soigner la présentation de sa copie : cela joue indéniablement sur l'attitude, consciente ou inconsciente, du correcteur.

DC 4.1. Épreuve écrite sur les dynamiques interinstitutionnelles. Entraînement

Avertissement. Les réponses apportées aux deux sujets qui suivent constituent des propositions. En effet, il n'existe pas une réponse unique à une problématique mais toujours des éléments de réponse soumis à la complexité du métier d'éducateur spécialisé.

Dynamiques institutionnelles. 1re épreuve commentée

Diplôme d'État d'Éducateur Spécialisé
ÉPREUVE ÉCRITE SUR LES DYNAMIQUES INSTITUTIONNELLES - DC 4.1
Sujet du 19 mai 2010
Épreuve écrite d'une durée de 4 h – Coefficient 2 – EPSS Cergy

Documents fournis

1. Petits boulots et précarité, le parcours chaotique de Sonia (extrait du journal *Le Monde* du 30 septembre 2009)
2. Taux de personnes vivant sous le seuil de pauvreté selon l'âge (source INSEE – DGI – enquêtes revenus fiscaux 2005)
3. Un partenariat autour de l'insertion (extrait du rapport d'activités 2008 de l'association de prévention spécialisée X de la ville de R.)
4. Emploi et développement économique (extrait du Contrat Urbain de Cohésion Sociale 2007, ville de R.)
5. L'ambition d'une réussite Atou's Jeunes pour le département du Nord (extrait du schéma départemental du Nord – Politique Jeunesse 2007-2011)
6. Un accompagnement pour le parcours d'insertion sociale et professionnelle des jeunes (extrait du schéma départemental du Nord – Politique Jeunesse 2007-2011)
7. Un partenariat externe actif (extrait du schéma départemental du Nord – Politique Jeunesse 2007-2011)
8. Fond Départemental d'Aide aux Jeunes (FDAJ) Actions collectives (conseil général département du Nord)
9. Groupes socio-éducatifs, cahier des charges technique et déontologique (conseil général département du Nord)
10. Le nouveau plan pour préserver les jeunes de la précarité sociale (extrait du journal *Le Monde* du 30 septembre 2009)
11. Le socle législatif de la prévention spécialisée
12. Tranche de vie (extrait d'un entretien réalisé par une éducatrice spécialisée travaillant dans le champ de la prévention spécialisée)
13. Les postures éducatives dans le champ de la prévention spécialisée (extrait du projet associatif de l'association de prévention spécialisée X de la ville de R.).

Travail

– Quels éléments essentiels et pertinents pouvez-vous extraire à partir des documents autour du thème « Insertion professionnelle des jeunes en difficulté » (travail de synthèse) ? Présentez de manière cohérente et construite les éléments repérés.
– Quelle(s) analyse(s) pouvez-vous réaliser à partir du travail précédent ?
À partir de ce travail, quelle(s) réflexion(s) professionnelle(s) pouvez-vous développer ?

DOCUMENT N° 1

Le Monde.fr

AVEC LE RSA JEUNES, M. SARKOZY BRISE UN TABOU À DROITE

Petits boulots et précarité, le parcours chaotique de Sonia

Article paru dans l'édition du 30-09-09

Titulaire d'un BEP, la jeune fille ne parvient pas à décrocher un emploi stable dans son secteur

« J'enchaîne, j'enchaîne... et au final rien. » Quand elle se retourne sur son parcours professionnel, Sonia, 22 ans, ressent une véritable impression d'échec. Depuis l'obtention de son BEP Carrières sanitaires et sociales, il y a cinq ans, la jeune fille a multiplié les contrats de courte durée et les missions en tout genre. Ce n'est pas faute d'avoir cherché, mais sans le bac, difficile de décrocher un emploi dans son domaine : « Pour être aide-soignante par exemple, il aurait fallu que je suive une formation complémentaire payante. »

Sans moyens, elle est contrainte d'accepter des postes sans rapport avec sa formation. Oublié le secteur médical, ce sera la restauration et l'hôtellerie. Tour à tour femme de chambre, serveuse ou réceptionniste, elle n'a jamais été indemnisée au chômage. « Le temps de m'inscrire, j'avais déjà trouvé un autre boulot », explique-t-elle.

Il y a deux ans, lassée de cette vie professionnelle chaotique, elle postule à un « emploi-jeune » de la gendarmerie. Après une brève formation, elle est affectée en banlieue. L'expérience aurait pu durer cinq ans, elle s'achèvera au bout d'un an et demi. « Les effectifs ont été réduits. J'ai compris que mon contrat ne serait pas renouvelé », raconte la jeune fille. Elle rempile alors dans la restauration. « Un employeur m'a fait miroiter monts et merveilles », explique Sonia. Au rang des promesses, figure ce Contrat à Durée Indéterminée (CDI) si attendu. Le poste est en banlieue parisienne, bien loin de Nîmes, sa ville natale.

Lasse, elle décide d'accepter la proposition. L'euphorie sera de courte durée. Avec ses 1 300 euros net par mois, difficile de louer un studio. « J'ai essayé de trouver une place dans un foyer de jeunes travailleurs, mais il n'y avait rien. Quant aux agences immobilières, elles me demandaient de justifier d'un revenu équivalent à trois mois de loyer », explique-t-elle. L'embauche n'est pas à la clé au terme de sa période d'essai. Retour à la case départ.

« Je vis dans la précarité depuis des années », analyse Sonia. « Je perds confiance en moi. À chaque fois que je commence à me sentir à l'aise dans un travail, il faut le quitter. » Le Revenu de Solidarité Active (RSA), elle savait qu'elle n'y avait pas droit. Avec l'extension du dispositif au moins de 25 ans, elle pourra avoir un revenu complémentaire. « Pourquoi pas ? Mais l'idée c'est quand même d'avoir un vrai emploi... un jour. »

Catherine Rollot

DOCUMENT N° 2

Taux de personnes vivant sous le seuil de pauvreté selon l'âge

Taux (en %)	Femmes		Hommes	
	Seuil 60 %	Seuil 50 %	Seuil 60 %	Seuil 50 %
Moins de 18 ans	15,8	8,3	15,2	7,7
18 à 24 ans	10,4	5,6	9,0	5,3
25 à 34 ans	10,4	5,6	9,0	5,3
Ensemble de la population	12,6	6,6	11,5	6,0

Seuil de pauvreté 2005, en euros par mois

Seuil à 60 %	817
Seuil à 50 %	681

Le seuil de pauvreté est déterminé par rapport à la distribution des niveaux de vie de l'ensemble de la population. Eurostat et les pays européens utilisent en général un seuil à 60 % de la médiane des niveaux de vie. La France privilégie également ce seuil, mais utilise aussi très largement un seuil à 50 %, seuil de référence jusque récemment.

DOCUMENT N° 3

Un partenariat autour de l'insertion

La Mission locale a instauré des Groupes Emploi Solidarité à partir des territoires des mairies de quartier. Nous participons aux GES avec les acteurs d'insertion des publics âgés de 16 à 25 ans (référents Mission locale de secteurs, animateurs AILE des centres sociaux et éducateurs des clubs de prévention) et du public adulte (CCAS).

Ces temps de travail ont lieu tous les deux mois et permettent :
– de croiser les regards sur les difficultés d'insertion professionnelle et les situations de chômage ;
– de discuter sur les demandes et les besoins des habitants en termes de formation, d'emploi et de difficultés administratives liées à ces recherches ;
– d'initier des expériences locales mettant en lien les demandeurs d'emploi et la MIE. Par exemple, une action pour aider les personnes cherchant un emploi saisonnier s'est mise en place (cf. accompagnement collectif). Des présentations de métiers porteurs ont eu lieu dans les associations de quartier afin de favoriser l'intérêt et le déplacement des habitants ; il s'agissait de les sensibiliser en amont des forums thématiques pour l'emploi à la MIE.

DOCUMENT N° 4

Emploi et développement économique

Un constat d'ordre général :

Roubaix, un territoire en mutation économique

Depuis plusieurs années, Roubaix et son agglomération connaissent une forte désindustrialisation. Les gains dans la construction et le secteur tertiaire parviennent difficilement à compenser les pertes du secteur industriel.

Cependant cette mutation économique est largement engagée au moins en ce qui concerne la situation de l'emploi. Puisque le bassin roubaisien est le deuxième pôle d'emploi de la métropole lilloise, avec environ 45 000 emplois sur le seul territoire de Roubaix et que la population active de Roubaix est de 33 000 personnes.

Paradoxe, cet emploi ne profite pas aux habitants de Roubaix, comme nous le montrent les statistiques du chômage qui suivent.

Une situation de l'emploi toujours en décalage avec les autres territoires

Même si le nombre de demandeurs d'emploi a diminué d'un tiers depuis 1998, le taux de chômage à Roubaix (20,9 % au 31 décembre 2006) demeure très supérieur à celui du bassin d'emploi (12,7 %) et à celui de la région (11,1 %).

Cet état de fait renvoie invariablement à la relative sous-qualification des demandeurs d'emploi roubaisiens en terme de formation, constat focalisé sur les territoires ZUS (2/3 du territoire roubaisien), par exemple :

☞ Les niveaux supérieurs au bac représentent seulement 29 % des demandeurs d'emploi de la zone.

Cette sous-qualification s'aggrave de l'absence de mobilité, de phénomènes discriminatoires et de difficultés sociales.

DOCUMENT N° 5

I. L'ambition d'une politique Atou's Jeunes pour le département du Nord

La jeunesse nordiste est à la fois un atout essentiel et un enjeu fort pour le département. L'atout réside dans le dynamisme qu'elle génère sur le territoire, l'enjeu est qu'elle puisse trouver des réponses adaptées à ses attentes. C'est pour marquer fortement son attention envers les jeunes de 11 à 25 ans de notre département et soutenir leurs projets et leurs initiatives que le conseil général a décidé de mener une politique volontariste pour soutenir, responsabiliser, valoriser les jeunes nordistes. La politique jeunesse est un engagement pour l'avenir envers ceux qui, demain, seront à leur tour porteurs de ces mêmes valeurs de solidarité et de partage qui caractérisent les habitants du Nord.

II. Les jeunes du Nord : un atout

Dans une France qui vieillit, la jeunesse de la population est un atout incomparable, facteur de développement et d'avenir qu'il faut pouvoir encourager, dynamiser, accompagner et maintenir sur le territoire départemental. Notre département se caractérise par une représentation importante de la population jeune. La part relative des moins de 25 ans est de 36 % contre 31 % en moyenne au plan national. Cette jeunesse en constitue la première richesse.

DOCUMENT N° 6

Atouts jeunes Solidarité

Dans le contexte marqué par la précarité des situations sociales, il est nécessaire de développer des actions plus coordonnées, de fédérer les moyens afin de construire de réels parcours d'insertion. Cette stratégie doit prendre en compte les nouveaux enjeux du département définis au niveau des différents plans et programmes, ainsi que les nouvelles compétences liées aux lois de décentralisation. Dans cette perspective, le renforcement, l'amélioration du suivi des jeunes et leur accès aux droits doivent aussi être privilégiés.

I. Un accompagnement dans le parcours d'insertion sociale et professionnelle des jeunes

A. Un soutien dans un parcours d'insertion sociale

LES CENTRES SOCIAUX ET LES POSTES AILE

Afin d'intervenir auprès des jeunes et de porter une attention particulière à leurs difficultés d'insertion, le département développe des logiques de complémentarité entre les clubs et les centres sociaux, les postes de prévention jeunesse, les Animateurs d'Insertion et Lutte contre les Exclusions (AILE). Leurs actions visent à favoriser le lien social et l'insertion des jeunes non intégrés dans le centre social ou dans les structures de droit commun. Ils apportent des réponses aux besoins identifiés des jeunes par le biais de réalisation d'actions collectives ou d'accompagnement individuel.

La promotion du partenariat local et la coordination des interventions des différents acteurs de liaisons sociales sont très largement mises en avant.

B. Un soutien dans un parcours professionnalisant

LE FDAJ

La loi du 13 août 2004 relative aux libertés et aux responsabilités locales a transféré au 1er janvier 2005 la gestion administrative et financière du Fonds d'Aide aux Jeunes (FDAJ) au département.

Le département vient en aide aux jeunes qui ont besoin d'une aide ponctuelle afin de leur donner un coup de pouce dans leur insertion sociale et professionnelle. Le Fonds Départemental d'Aide aux Jeunes vise à réaliser cet objectif pour tous les

jeunes de 16 à 25 ans du Nord. Afin d'assurer une plus grande réussite de cette politique, une attention particulière a été portée à la coordination avec les autres dispositifs mis en place par d'autres collectivités.
Si le FDAJ permet de délivrer des prestations financières, il représente avant tout pour le jeune une aide à la concrétisation d'un projet d'insertion sociale et/ou professionnelle dans le cadre d'un suivi partenarial personnalisé.
Le département a profité de ce dispositif pour intégrer dans le volet FDAJ un soutien affirmé envers les jeunes les plus marginalisés, connaissant des difficultés sociales et/ou professionnelles.
Ainsi, est-il apparu opportun d'intégrer le contrat d'accès à l'autonomie au FDAJ sous l'appellation de « FDAJ renforcé ».

LES ACTIONS COLLECTIVES

La refonte du règlement intérieur du FDAJ a été l'occasion d'y intégrer les prestations visant à accompagner les projets collectifs d'insertion. Les actions collectives et les crédits spécifiques dont les objectifs et le public visé étaient semblables ont été regroupés dans les « actions collectives du FDAJ ».
Le projet doit être constitué à partir des besoins spécifiques repérés d'un groupe de jeunes fortement impliqués dans son élaboration et leur apporter une plus-value dans leur parcours d'insertion sociale et/ou professionnelle.

C. Un soutien dans un parcours logement

LE FSL

Soutenir l'entrée des jeunes dans leur propre logement constitue la première pierre dans la construction de leur avenir. En prenant en compte la diversité des problématiques du logement des jeunes, le département du Nord a décidé de mobiliser les différents moyens existants en matière de logement afin de trouver des réponses adaptées au parcours des jeunes.
Le Fonds Solidarité Logement a pour objectif principal de solvabiliser les publics les plus démunis. Il permet aux personnes en difficulté d'accéder ou de se maintenir dans un logement autonome, stable et adapté à leurs ressources. Le département du Nord participe à cette action en finançant les frais d'installation dans un logement (caution, premier loyer, garantie…) ou en prenant en charge d'éventuels impayés de loyers et des frais de procédure.

LE PDALPD

Néanmoins, le département doit prendre en compte le problème du logement à une échelle bien plus importante pour faire face aux difficultés des jeunes. Le Plan Départemental d'Action pour le Logement des Personnes Défavorisées (PDALPD) répond à cet objectif. Élaboré en concertation avec l'ensemble des partenaires institutionnels et associatifs de l'habitat, plusieurs objectifs sont visés :
✓ contribuer au développement de l'offre de logement ;
✓ lutter contre l'habitat indigne ;
✓ favoriser le maintien dans les lieux et prévenir les expulsions.

En agissant directement sur les causes de rupture du lien social, la multiplication des situations d'exclusion sur le territoire est limitée. Un dispositif de prévention ne pouvant suffire à prévenir l'ensemble des risques, le département du Nord travaille également sur d'autres besoins quotidiens des jeunes afin de prévenir la marginalisation de ses jeunes.

Afin de prévenir ces risques, il est nécessaire d'aller à la rencontre du public, d'engager une relation éducative, afin de faire évoluer positivement les situations difficiles.

LES CLUBS DE PRÉVENTION

Le département du Nord finance les clubs de prévention dans la mise en œuvre de soutien de proximité aux jeunes des quartiers. La prévention spécialisée se distingue des autres modes d'intervention sociale par le fait que ce sont les éducateurs qui vont à la rencontre des jeunes : la « rue » est considérée comme un espace de socialisation. Différents modes d'intervention ont été développés : actions individuelles, collectives. Les actions d'insertion ou de logement seront retravaillées au regard des nouveaux dispositifs existants.

DOCUMENT N° 7

Un partenariat externe actif

La recherche d'une dynamique partenariale est un gage de réussite d'une telle politique, l'examen des compétences en matière de jeunesse montre en effet, non seulement l'importance du nombre de partenaires impliqués dans cette politique, mais aussi la diversité des modes d'interventions aussi bien publics que privés et associatifs. On peut parfois constater une superposition de dispositifs (insertion, éducation, accès aux loisirs) qui, faute d'une impulsion clairement identifiée, peut nuire à la lisibilité des interventions : c'est pour cette raison qu'il est proposé d'agir en réseau et de développer une contractualisation autour de la jeunesse. Dans ces conditions, serait recherchée la meilleure coordination au plan local entre les institutions, les collectivités locales et les associations.

Agir en réseau

Le département est aussi reconnu comme acteur de proximité qui sait se coordonner avec des partenaires localement et requérir des énergies multiples pour répondre aux besoins exprimés.

« Agir en réseau » est sur ces thématiques transversales un principe qui doit guider l'action des partenaires publics ou privés. Des partenaires multiples portent également des politiques « Jeunesse » d'où une nécessité de coordination et de mise en cohérence afin de pouvoir proposer aux jeunes une offre de services en lien avec leurs besoins mais aussi claire, lisible et coordonnée. Des collectivités locales (villes, régions...) mais aussi des partenaires institutionnels (Direction

Régionale et Départementale Jeunesse et Sport, CAF…) et associatifs (centres sociaux, Maison de la Jeunesse et de la Culture, Missions locales…) portent eux aussi des politiques « Jeunesse » et agissent en proximité. Ils représentent un potentiel de partenariat auquel le département souhaite s'associer pour rendre les actions plus efficaces encore.
Le réseau associatif du département du Nord contribue, lui aussi, par sa diversité et son niveau d'implication, à la cohésion recherchée dans les perspectives de partenariat institutionnel au plan départemental comme au plan local.
Pour mieux organiser ces différentes réponses partenariales, mais aussi mieux mobiliser localement les politiques départementales en faveur de la jeunesse, il est proposé de conclure, à titre expérimental, sur 3 territoires des Contrats Atou's Jeunes.

DOCUMENT N° 8

FDAJ
Actions collectives

Structure support

Nom : Association
Adresse : …

Le public

Zone de recrutement : …
Nombre de jeunes : 7 jeunes connus des équipes
Âge : jeunes majeurs (18/21 ans)

Le parcours vers l'insertion

■ **Décrire les difficultés des jeunes relatives à leur insertion avant le démarrage du projet :**

☐ Absence de dynamique personnelle d'insertion (absence de projet professionnel)
☐ Manque de confiance sur leur capacité à trouver et garder un emploi, même de courte durée ou saisonnier (pas d'expérience professionnelle et sans formation)
☐ Méconnaissance du monde des adultes et du travail (repli sur soi)

■ **Parcours déjà engagé par le groupe de jeunes vers l'insertion :**

☐ Démarches administratives préalables (Mission locale, Pôle emploi…)
☐ Pour certains, ce projet est la première étape d'un projet d'insertion à construire

■ **Implication du groupe dans l'élaboration du projet :**

☐ Démarches administratives préalables (Sécurité sociale…)
☐ Réunion du groupe sur l'organisation du cadre du séjour (règles de vie, budget…)
☐ Entretien individuel/motivation/attentes (amorce du projet d'accompagnement…)

■ **Plus-value apportée par le projet au parcours d'insertion :**
□ Permettre à la personne de vivre une expérience professionnelle en situation réelle
□ Acquérir une plus grande confiance en soi par une expérience professionnelle personnelle positive et valorisante
□ (Re)trouver une dynamique personnelle

Objectifs de l'action
■ Remettre chaque personne dans une dynamique d'insertion personnelle, de projet professionnel.
■ Valoriser les capacités des personnes dans le travail pour permettre d'aborder l'insertion de façon plus autonome et plus sereine.
L'association engage une action collective basée sur le travail saisonnier (vendanges) avec un groupe de jeunes adultes.

DOCUMENT N° 9

Groupes Socio-Éducatifs
Cahier des charges technique et déontologique

I. Objectifs

Face à la nécessité d'organiser des réponses sociales et médico-sociales adaptées en direction des populations fragiles et en grande difficulté, les acteurs sociaux, médico-sociaux et éducatifs agissant dans les quartiers de la ville conviennent de la nécessité d'**un travail préventif, partenarial et collégial, autour de situations individuelles et/ou familiales particulières, et ce dans le respect des règles techniques et déontologiques reprises dans le titre II.**
Pour ce faire, les services de la Direction Territoriale de Prévention et d'Action Sociale de Métropole Roubaix-Tourcoing, en collaboration avec les partenaires associatifs et institutionnels, animent et coordonnent des **Groupes Socio-Éducatifs** (GSE).

Ces groupes se fixent pour objectifs :
■ D'identifier les situations pour lesquelles un risque important de désinsertion sociale (ou scolaire) est patent ou affirmé, sans que des réponses adaptées aient pu être mises en œuvre.
■ De rechercher la coordination des prises en charge socio-éducatives individuelles et familiales dans la complémentarité des compétences et des missions de chaque professionnel.
■ De préconiser des réponses individuelles et/ou collectives adaptées aux problèmes identifiés.
■ D'être un groupe-ressources et un relais cohérent et complémentaire aux acteurs sociaux mandatés dans le cadre de l'assistance éducative par le juge des enfants.

Ce groupe technique n'a pour vocation que la mise en œuvre de ces objectifs et ne se substitue pas à l'exercice habituel des acteurs au regard de leurs missions et de leurs compétences propres.

II. Garanties idéologiques

Au-delà des règles professionnelles appliquées en travail social (adhésion de la personne aux démarches proposées, respect de son intimité, de sa vie privée, recherche de son autonomie, respect de ses rythmes) et qui sont un gage de résolution durable des problématiques rencontrées, la loi s'applique aux intervenants sociaux et médico-sociaux :

– Loi 2002-2 rénovant l'action sociale et médico-sociale et déterminant le droit des usagers.

– Art. L. 311-2 du Code de l'action sociale et de la famille décrivant la charte « Éthique et Déontologie » des opérateurs sociaux.

– Art. L. 311-3 du Code de l'action sociale et de la famille traitant du respect de la dignité des êtres humains, de leur libre choix et la recherche de leur consentement éclairé.

– Art. 411-3 du Code de l'action sociale et de la famille et art. 226-13 du Nouveau Code pénal délimitant les responsabilités en termes de secret professionnel.

Aussi, dans le respect des intéressés et de leur responsabilité, les personnes dont les situations seront examinées lors des réunions de ces groupes en seront informées préalablement au regard des modalités évoquées ci-dessus.

III. Organisation

Institutions et Personnels mandatés

Département	Travailleur social ou médico-social des UTPAS du secteur
Ville	Travailleur social dédié à un dispositif
CCAS	Référent généraliste de parcours
Club de prévention	Éducateur spécialisé
Mission locale	Agent d'insertion
Éducation nationale	Assistante sociale/Infirmière/Médecin scolaire
Centres sociaux	Animateur pour l'insertion et la lutte contre l'exclusion (AILE)/Référent généraliste de parcours/Référent social CLFSL
Structures	Poste de Prévention Jeunesse

NB : d'autres intervenants sociaux peuvent être invités selon les situations évoquées. Ceci se fait à l'initiative du membre du GSE en charge de la situation et implique l'application des mêmes règles déontologiques. Particulièrement, les contacts avec les services d'AEMO s'effectuent par le biais des services du département dans le cadre du développement du Schéma Enfance-Famille.

DOCUMENT N° 10

AVEC LE RSA JEUNES, M. SARKOZY BRISE UN TABOU À DROITE

Le président de la République a mis des garde-fous pour rassurer ceux qui craignent la généralisation de l'assistanat

LE NOUVEAU PLAN POUR PRÉSERVER LES JEUNES DE LA PRÉCARITÉ SOCIALE

Article paru dans l'édition du 30-09-09

Nicolas Sarkozy a dû convaincre la droite de la nécessité d'instaurer un RSA pour aider les 18-25 ans. Qui est concerné ? Quels sont les montants ? Le détail des mesures annoncées mardi 29 septembre

Coûteux, contraire à la vision traditionnelle de la famille et porteur de l'idée d'assistanat pour la jeunesse, alors que la droite voulait réhabiliter le travail : tels sont les trois griefs potentiels auxquels s'exposait le plan pour les jeunes que Nicolas Sarkozy devait présenter mardi 29 septembre à Avignon. « Notre société s'est figée au détriment de la jeunesse », devait déplorer le président de la République en annonçant une série de mesures largement concoctées par le haut-commissaire à la Jeunesse, Martin Hirsch, pour un montant potentiel de 650 millions d'euros.

« Mon projet pour la jeunesse, c'est l'autonomie », devait annoncer M. Sarkozy. Ainsi, les jeunes de moins de 25 ans ayant travaillé à temps plein pendant deux ans (ou à deux tiers de temps pendant trois ans) et qui se retrouveront au chômage ou réduiront leur activité auront droit au revenu de solidarité active (RSA), soit 450 euros par mois, lorsqu'ils auront épuisé leurs droits aux assurances chômage. Coût prévu : 250 millions d'euros, pour 160 000 personnes, dont 120 000 ayant un emploi.

Des dotations seront expérimentées pour favoriser l'autonomie des jeunes. S'y ajoutent toute une série de mesures pour mieux organiser l'orientation. Les jeunes de 16 à 18 ans se verront obligatoirement proposer un emploi ou une formation. « Aucun jeune en difficulté ne doit être laissé à son sort », devait poursuivre M. Sarkozy. Il s'agit de soutenir l'insertion d'une classe d'âge plus pessimiste en France que dans le reste de l'Europe, particulièrement frappée par le chômage, mais aussi de reconquérir un électorat rétif, selon les enquêtes d'opinion. « Je vais faire ce que la gauche aurait dû faire depuis longtemps », a récemment dit M. Sarkozy. Il surveille toujours avec inquiétude les mouvements de jeunesse, qui auraient pu lui coûter son élection après les manifestations, à l'hiver 2006, contre le contrat première embauche (CPE) du Premier ministre, Dominique de Villepin. Élu président, M. Sarkozy avait vite fait machine arrière fin 2008 lors de la contestation des lycéens contre la réforme du ministre de l'Éducation, Xavier Darcos.

DOCUMENT N° 11

Le socle législatif de la prévention spécialisée

A) L'arrêté du 04 juillet 1972, article 5, extrait :
Peuvent être agréés les organismes qui, implantés dans un milieu où les phénomènes d'inadaptation sociale sont particulièrement développés, ont pour objet de mener une action éducative tendant à faciliter une meilleure insertion sociale des jeunes, par des moyens spécifiques supposant notamment leur libre adhésion.

B) Est précisé dans les articles L. 121-2 et L. 221-2 du Code de l'action sociale et des familles que le département a « une mission de prévention de la marginalisation et d'aide à l'insertion dans les lieux où se manifestent des risques d'inadaptation sociale ».

C) L'ordonnance du 1er décembre 2005 relative aux procédures d'admission à l'aide sociale et aux établissements sociaux et médico-sociaux qui assimile les structures de prévention spécialisée à des établissements sociaux et médico-sociaux relevant désormais de la loi du 2 janvier 2002, réformant l'action sociale.

La prévention spécialisée s'inscrit donc dans la politique de protection de l'enfance. Elle s'inscrit aussi bien dans le domaine de la prévention des inadaptations sociales que dans la prévention de la maltraitance que dans celui de la délinquance et des conduites à risque.

DOCUMENT N° 12

Tranche de vie

Franchement, tu veux quoi, que je refasse un stage ? Des stages, j'en ai déjà fait et derrière rien, toi tu ferais quoi à ma place ? Moi, je ne dis pas, avant un boulot, ça m'intéressait mais tu vois un vrai boulot, correct et bien payé, c'est normal, non ? [...]
Et aujourd'hui ça fait trois ans que je suis au chômage, les seuls petits contrats que j'ai pu trouver, c'est en Belgique et en intérim. En plus, maintenant, il n'y a plus rien, même là-bas. Alors tu es bien gentil de venir me parler de travail mais tu n'as rien à me proposer d'intéressant, alors ce n'est pas la peine [...].
Franchement, je vais te dire, on se débrouille entre nous, même si c'est pas honnête, ça ramène de l'argent et moi ça me va comme ça, parce que les potes ils sont dans la même galère que moi et je sais que je peux compter sur eux [...]
Alors même si je dois avoir de nouveaux ennuis avec la justice, à la rigueur je m'en fous parce qu'entre temps je vis au moins et je préfère cela que d'attendre en galérant de toucher le RMI [...].

Et puis je vais te dire, que tu fasses ton boulot, moi je trouve que tu as raison, au moins t'es payé mais viens pas me dire que c'est pour trouver des solutions parce que là tu me mentirais, parce que des solutions il n'y en a pas [...].

DOCUMENT N° 13

Les postures éducatives dans le champ de la prévention spécialisée

L'absence de mandat nominatif est le principe cardinal d'où découlent tous les autres. En effet, c'est parce que la population n'est pas désignée nominativement, parce qu'elle est désignée globalement comme marginalisée, en rupture avec son milieu, que le mode d'approche devra en tenir compte et ce à tous les niveaux (administratif, gestion, pédagogie, modes d'action). Cette locution « absence de mandat » exprime très fortement le décalage avec une approche judiciaire ou administrative et ne veut pas dire absence de commande sociale, ni de repérage dans le temps et dans l'espace.

La libre adhésion donne le choix à la personne d'accepter de travailler avec l'équipe de prévention spécialisée. Elle implique le respect de la personne dans sa capacité entre autres à faire ses choix. Cela veut dire aussi que l'éducateur doit argumenter afin de persuader la personne qu'il est intéressant de travailler avec lui. Il ne fait aucun doute que c'est par la nature de son engagement, sa proximité, sa capacité à aller « au devant », donc dans la confiance qu'il a en ses propres capacités, qu'il pourra y parvenir.

La « non-institutionnalisation » de notre intervention s'inscrit dans un mouvement perpétuel où l'adaptation permanente s'impose, seule possibilité de pouvoir aller, avec les personnes accompagnées, dans le sens de solutions les plus adéquates possibles quant à leur situation.

Le respect de l'anonymat ou faudrait-il dire plus exactement le respect de la confidentialité est une autre posture éducative. Conséquence directe de l'absence de mandat et de la libre adhésion, l'absence de mandat nominatif implique qu'il est indispensable de recueillir l'adhésion de la personne. Celle-ci garde l'initiative de l'élaboration et du maintien, ou non, de cette relation.

Étape 1 – Lecture des documents et de la situation (45 mn)

Ce dossier est particulier puisqu'il ne concerne pas une personne mais un problème social ; un certain nombre de personnes touchées par ce problème sont identifiées. Beaucoup de documents sont mis à la disposition du candidat, une méthodologie rigoureuse est donc de mise.

Feuillet 1 : la synthèse de documents

Le candidat dressera dans la première partie de sa copie une synthèse claire des documents présentés. Il sera également nécessaire de définir certains termes afin de préciser les éléments mis en avant.

Le RSA est venu remplacer le Revenu Minimum d'Insertion (RMI) par la loi du 1er décembre 2008 générant le Revenu de Solidarité Active et réformant les politiques d'insertion. Il a été mis en œuvre dès le 1er juillet 2009 et se donne pour objectif d'*« assurer à ses bénéficiaires des moyens convenables d'existence, lutter contre la pauvreté, encourager le retour à l'emploi, l'insertion sociale des bénéficiaires »* (article 1). La loi instaure trois formes de RSA sous conditions :
- *RSA socle* (ou de base), minimum social pour ceux qui ne travaillent pas ;
- *RSA d'activité* (ou chapeau), complément de revenus pour ceux qui travaillent ;
- *RSA majoré*, remplaçant l'Allocation de Parent Isolé (API).

Le versement du RSA se fait en parallèle d'un accompagnement social et d'un accompagnement à l'emploi.

Un an après sa mise en place, l'Union Nationale des Centres Communaux d'Action Sociale (UNCCAS) dressait un bilan contrasté de son application qui accusait un retard certain dans les procédures malgré une dynamique partenariale positive.

Le réseau peut être défini de plusieurs manières. Pour le travailleur social, on peut dire qu'il s'agit de l'ensemble des personnes, services ou établissements qu'une équipe ou une personne peut solliciter de manière formelle ou non afin de répondre aux besoins des personnes accueillies. Dans un de ses ouvrages, Philippe Demoulin décline cinq formes d'utilisation du réseau :

1. *Le pairage, technique du relais : « Le travailleur social va orienter son "client" vers une personne capable de l'aider, par la mise en action de son propre réseau de ressources. On vise ici [...] la juste adéquation entre un besoin repéré et une offre existante*[11]. »

2. *L'intervention de réseau :* le travailleur social intervient sur le réseau primaire (famille, entourage, amis, voisins, collègues de travail...) afin que celui-ci constitue une ressource pour la personne.

3. *La mise en réseau de groupes d'aide réciproque :* le travailleur social développe des

---

11. DUMOULIN Philippe [et al.], *Travailler en réseau. Méthodes et pratiques en intervention sociale*, Dunod, Paris, 2006.

compétences de mise en liaison et éventuellement, crée de nouveaux réseaux sur une base collective.
4. *L'initiation de synergies nouvelles :* création de nouveaux réseaux d'action autour de projets ciblés au sein de l'organisation.
5. *Le réseau de professionnels ou d'institutions :* création de réseaux secondaires formels ou informels (acteurs extérieurs au réseau primaire sollicités par la personne ou existant institutionnellement) autour d'une personne ou d'une problématique. La mise en œuvre d'un réseau de professionnels se justifie par la présence de trois facteurs : un problème commun aux institutions, un système d'action concret, la présence de l'incertitude.

Le partenariat est :

> *une « méthode d'action coopérative fondée sur un engagement libre, mutuel et contractuel d'acteurs différents mais égaux, qui constituent un acteur collectif dans la perspective d'un changement des modalités de l'action [...] et élaborent à cette fin un cadre d'action adapté au projet qui les rassemble, pour agir ensemble à partir de ce cadre[12]. »*

On peut dire que le partenariat vient contractualiser des pratiques de réseau par des conventions ou chartes de partenariat.

Philippe Dumoulin[13] propose la typologie suivante :
1. *Le partenariat d'initiative,* volonté commune des responsables de mutualiser leurs compétences.
2. *Le partenariat « imposé »,* à la demande d'un organisme gestionnaire.
3. *Le partenariat autour de dispositifs légaux,* élaboré à partir de la législation (ex : protection de l'enfance).

Le taux de chômage est défini par l'INSEE comme le pourcentage de chômeurs dans la population active. Il est à distinguer de la part de chômage qui mesure la proportion de chômeurs dans la population totale.

La précarité est un terme apparu avec ce qu'on nomme aujourd'hui « la nouvelle pauvreté ». Le Haut Conseil de la Santé Publique l'a définie comme un *« processus de fragilisation conduisant à une plus grande vulnérabilité devant un certain nombre de handicaps sociaux, coûteux pour l'individu et susceptibles d'entraîner un glissement vers des situations plus durables et plus dramatiques, proches de la grande pauvreté et de l'exclusion »* (1998). L'arrêté du 20 juillet 1992 indique également cinq catégories de personnes en situation de précarité (article 2) :
- chômeurs ;
- bénéficiaires du RMI[14] ;
- titulaires d'un contrat emploi solidarité ;

---

12. Dhume Fabrice, *Du travail social au travail ensemble*, Éditions ASH, Paris, 2001, p. 108.
13. *Ibidem.*
14. Aujourd'hui appelé RSA, Revenu de Solidarité Active.

- personnes sans domicile fixe ;
- jeunes âgés de 16 à 25 ans exclus du milieu scolaire et engagés dans un processus d'insertion professionnelle.

Le conseil général administre le département pour lequel il est mandaté. Il est composé d'un président et de conseillers généraux élus au suffrage universel direct pour 6 ans.

Les Contrats Urbains de Cohésion Sociale (CUCS) ont succédé aux contrats de ville en 2007, suite à la circulaire du 24 mai 2006 de la ministre déléguée à la cohésion sociale et à la parité. Il s'agit d'un contrat conclu entre l'État et les collectivités territoriales afin de mettre en œuvre des actions concertées visant à améliorer les conditions de vie des populations les plus en difficulté.

Le Plan Départemental d'Action pour le Logement des Personnes Défavorisées (PDALPD) a été instauré par la loi du 31 mai 1990, appelée loi Besson, visant la mise en œuvre du droit au logement. Il s'agit d'une modalité de concertation et d'élaboration entre les partenaires concernés par la question du logement (État, département, communes, bailleurs publics et privés, collecteurs du 1 % logement, Caisse d'Allocations Familiales, distributeurs d'eau et d'énergie, opérateurs de téléphonie...). Il a une durée minimale de 3 ans et dresse une évaluation des besoins en termes d'insertion sociale. Il détermine ensuite les objectifs, les personnes bénéficiaires, les modalités d'application, les moyens à mettre en œuvre, etc.

Le Fonds de Solidarité pour le Logement (FSL) est institué par le PDALPD et permet aux personnes en difficulté dans l'accès au logement de bénéficier de prestations financières et/ou d'un accompagnement social. En général financé par le conseil général, le FSL est mis en œuvre par les services sociaux ou associations.

Les clubs de prévention s'inscrivent dans une intervention sociale relevant de l'Aide Sociale à l'Enfance (ASE). Des équipes de travailleurs sociaux ont pour mission de mener des actions éducatives individuelles et collectives dans l'environnement des personnes. Deux principes existent dans l'ensemble des équipes : la libre adhésion et l'anonymat. (Des informations complémentaires sont données dans les documents.)

La loi du 2 janvier 2002 rénovant l'action sociale et médico-sociale a un impact important sur le travail social puisqu'elle est venue répondre à la nécessité de redéfinir les missions des établissements et services ainsi que la place des usagers. Elle s'appuie sur plusieurs principes :
- redéfinition de la place de l'usager ;
- diversification des modes d'accompagnement ;
- amélioration du pilotage (évaluation) ;
- amélioration des partenariats entre décideurs et acteurs.

Pour cela, elle se munit de sept outils :
1. *Le livret d'accueil.*

2. *Le projet individualisé* ou contrat de séjour, qui précise la nature et les objectifs de l'accompagnement.
3. *La charte des droits et libertés* de la personne accueillie.
4. *Le règlement de fonctionnement* qui fixe les droits et obligations de chacun.
5. *La conciliation et le recours à un médiateur* en cas de litige.
6. *Le Conseil de la Vie Sociale* (CVS).
7. *Le projet d'établissement*, élaboré pour 5 ans, qui présente les objectifs de l'établissement en terme de coordination, d'évaluation ou encore d'organisation et de fonctionnement.

Ces définitions étant posées, voici **le feuillet 1** complété.

INTITULÉ - AUTEUR - DATE	IDÉES ESSENTIELLES
■ Doc. 1 Petits boulots et précarité *30 septembre 2009* **Extrait journal *Le Monde***	- Précarité des jeunes (ex. de Sonia). - Accumulation des difficultés : contrats de travail précaires, difficultés à trouver un logement, perte de confiance dans le marché du travail, précarisation. - Arrivée du RSA Jeunes.
■ Doc. 2 Taux de personnes vivant sous le seuil de pauvreté selon l'âge *2005* **INSEE**	Les femmes sont légèrement plus touchées par la pauvreté que les hommes, avec une prédominance pour les moins de 18 ans.
■ Doc. 3 Un partenariat autour de l'insertion *2008* **Rapport d'activité du club de prévention X**	- Création de GES (Groupes Emploi Solidarité), groupes de réflexion pour les 16-25 ans. Travail en partenariat entre : Mission locale, centres sociaux, éducateurs de prévention, public du CCAS. Diagnostic, propositions d'actions sur le territoire. - Développement social local.
■ Doc. 4 Emploi et développement économique *2007* **Extrait du CUCS**	- Roubaix : population active de 33 000 personnes/deuxième pôle d'emploi sur la métropole lilloise (45 000 emplois sur Roubaix). - La modernisation de l'industrie entraîne des suppressions d'emploi. Taux de chômage à Roubaix (2006) : 20,9 %, très supérieur au bassin d'emploi et à la région. S'explique par la sous-qualification des Roubaisiens (peu de formation). Profite aux habitants d'autres villes.
■ Doc. 5 L'ambition d'une réussite Atou's Jeunes pour le département du Nord *2007-2011* **Extrait schéma départemental du Nord**	- Politique Jeunesse mise en place par le conseil général : Atou's Jeunes. - Constat : part relative des moins de 25 ans, 36 %. - Finalités : coordonner les actions et fédérer les actions/mettre en place de réels parcours d'insertion. - Objectifs : renforcement, amélioration du suivi des jeunes/accès aux droits. - Moyens : programmes du département, outils des lois de décentralisation.

■ Doc. 6 Un accompagnement dans le parcours d'insertion sociale et professionnelle des jeunes *2007-2011* **Extrait schéma départemental du Nord**	Atou's Jeunes - Insertion sociale : centres sociaux, Animateurs d'Insertion et Lutte contre les Exclusions (AILE), prévention jeunesse en partenariat local pour mener des actions individuelles et collectives. - Objectif : amener les jeunes vers l'insertion dans le droit commun. - Professionnalisation : le Fonds Départemental d'Aide aux Jeunes (16-25 ans) délivre des prestations financières et accompagne les projets d'insertion (FDAJ renforcé : contrat d'accès à l'autonomie). Encourage les projets collectifs. - Logement : niveau individuel (Fonds Solidarité Logement) et niveau collectif (PDALPD). - Prévention : financement des clubs de prévention.
■ Doc. 7 Un partenariat externe actif *2007-2011* **Extrait schéma départemental du Nord**	- Nécessité d'une action en réseau et de partenariat : coordination, cohérence des acteurs pour une lisibilité des actions. - Action : trois territoires en contrat Atou's Jeunes pour expérimentation.
■ Doc. 8 FDAJ, actions collectives *Pas de date* **Conseil général du Nord**	- Projet d'actions collectives FDAJ du Nord à l'attention de 7 jeunes majeurs (18-21 ans). Diagnostic élaboré en groupe grâce à leur expérience. Évaluation des parcours d'insertion des jeunes et mise en lumière des parcours individuels. - Intervention Sociale d'Intérêt Collectif (ISIC).
■ Doc. 9 Groupes Socio-Éducatifs, cahier des charges technique et déontologique *Pas de date* **Conseil général du Nord**	- Groupes Socio-Éducatifs entre la direction territoriale de prévention et d'action sociale de Roubaix et les partenaires institutionnels et associatifs. - Objectifs : diagnostic des situations individuelles de désinsertion, mise en lumière des réseaux secondaires formels ou informels existant autour des personnes, propositions au regard des compétences du GSE. - Principes : adhésion de la personne, respect de son intimité et de sa vie privée, autonomie, temporalité (référence à la législation). - Organisation : un ou plusieurs représentants des institutions mandatées. - Partenariat d'initiative.
■ Doc. 10 Le nouveau plan pour préserver les jeunes de la précarité sociale *30 septembre 2009* **Extrait journal *Le Monde***	- RSA pour les 18-25 ans. - Conditions : avoir travaillé à temps plein pendant 2 ans, être au chômage ou avoir réduit son activité. - Montant : 450 euros par mois. - Propositions de formation ou d'emploi. - Positionnement du journaliste : enjeux politiques et électoraux.
■ Doc. 11 Le socle législatif de la prévention spécialisée **Extraits de loi**	- Prévention : mission du département selon le Code de l'action sociale et des familles (CASF)/la protection de l'enfance. - Mission : mener une action éducative dans les lieux d'inadaptation par l'adhésion.

■ Doc. 12 Tranche de vie *Pas de date* **Extrait d'entretien**	Discours d'une personne envers un professionnel. Pas d'informations sur son âge/sexe. Évocation de l'accumulation des contrats précaires (stages, intérim...) et de solutions moins honnêtes mais préférables pour lui/elle. Pense qu'il n'y a pas de solutions.
■ Doc. 13 Les postures éducatives dans le champ de la prévention spécialisée *Pas de date* **Projet associatif du club de prévention X**	Principes de la prévention spécialisée : absence de mandat nominatif (anonymat, confidentialité), libre adhésion, relation de confiance et de proximité, élaboration et maintien de la relation par la personne elle-même.

Paradoxes, convergences/divergences, éléments manquants

Au vu du nombre important de documents, il peut être intéressant de les classer par genre.

Par exemple :

- niveau national : doc. 1, doc. 2, doc. 10, doc. 11, doc. 12 ;
- niveau régional/départemental - objectifs : doc. 4, doc. 5, doc. 6, doc. 7, doc. 8 ;
- niveau régional départemental - exemples et mise en pratique : doc. 3, doc. 9, doc. 13.

Légende

■ Articles de presse
■ Éléments nationaux
■ Éléments du département du Nord
■ Éléments du club de prévention X

On peut remarquer que de nombreuses initiatives sont menées sur différents plans par des collectivités territoriales et/ou des associations et institutions privées. La mise en évidence des documents par couleur permet toutefois de noter la prééminence du département dans les actions proposées ou mises en place. Il conviendra d'en tirer des conclusions lors de l'analyse.

Le sentiment de pessimisme semble être toujours dominant chez les jeunes de 18 à 25 ans.

Feuillet 2 : les acteurs

Dresser la liste des acteurs.

- Sonia, jeunes (16-25 ans) et jeunes majeurs (18-21 ans).
- Femmes et hommes.
- Groupes Emploi Solidarité (GES) : partenariat entre Mission locale, centres sociaux, club de prévention et public adulte (développement social local : démarche participative sur la base d'un diagnostic partagé et de projets concertés).
- Acteurs institutionnels et associatifs du territoire du Nord (centres sociaux, Missions locales, acteurs du logement, Fonds Départemental d'Aide aux Jeunes, clubs de prévention...) et Direction territoriale de prévention et d'action sociale de Roubaix : partenariat d'initiative s'appuyant sur des préconisations départementales.
- Collectivités locales.
- Travailleurs sociaux, personnels médicaux et médico-sociaux.
- Ville de Roubaix : ses habitants.
- Conseil général du département du Nord.

- FDAJ et jeunes (ISIC) : action des travailleurs sociaux auprès de personnes constituées en groupe, sur un territoire ou dans une institution, ayant pour objectif de :
1) créer des réponses collectives à des problèmes collectifs ;
2) faciliter l'accès aux ressources existantes et/ou en créer des nouvelles ;
3) développer l'autonomie personnelle et sociale par la participation citoyenne à la vie sociale locale[15].

Feuillet 3 : la chronologie

DATE	ÉVÈNEMENT
2002	Loi du 2002-2 rénovant l'action sociale et médico-sociale
2005	Enquête INSEE : taux de personnes vivant sous le seuil de pauvreté
2007-2011	Signature du CUCS de Roubaix Atou's Jeunes
2009	Article *Le Monde* : témoignage d'une jeune « précaire »
2009	Mise en place du Revenu de Solidarité Active (RSA) Jeunes
?	Création d'un GSE à Roubaix + Actions collectives FDAJ

Feuillet 4 : le résumé de la situation

Les documents annexés aux trois grandes consignes de cette épreuve de situation amènent une réflexion autour d'un thème majeur de l'actualité : la précarité des jeunes entre 18 et 25 ans. Ce dossier met en tension quelques témoignages de jeunes concernés et les initiatives prises par les collectivités territoriales en termes d'emploi, de logement et d'insertion sociale. En parallèle, on peut voir que les clubs de prévention, lieux où exercent, entre autres professionnels, des éducateurs spécialisés, jouent un rôle prépondérant dans l'accès aux droits des jeunes. L'exemple est d'ailleurs donné à Roubaix où un Groupe Socio-Éducatif s'est constitué afin d'améliorer la situation des jeunes en difficulté, GSE auquel s'est associé un club de prévention spécialisée.

Afin d'éclairer la situation, nous classerons les dispositifs existants selon des échelles territoriales :
- au niveau national, le RSA Jeunes ;
- au niveau départemental, le FDAJ, GES ;
- au niveau local, prévention spécialisée, Groupes Socio-Éducatifs, actions collectives de type ISIC, autres interventions (centres sociaux, associations...).

15. Source : Association Nationale des Assistants de Service Social (ANAS).

On peut éventuellement s'interroger sur la place de l'éducateur spécialisé dans ce type d'interventions. Notamment : comment ce professionnel peut-il considérer les individualités en intervenant dans le cadre d'une problématique sociale ?

Étape 2 – Analyse de la situation et problématisation (30 mn)

Le candidat doit à présent interroger le contenu de ce dossier, au regard des difficultés, contraintes et contradictions qui en émergent. Il pourra s'appuyer sur les documents, ses connaissances ou expériences pour mettre en avant le pessimisme des jeunes face à un contexte de crise que les collectivités ont des difficultés à enrayer.

Bien entendu, chaque étudiant lira cette situation avec les concepts ou notions qui lui sont familiers ou avec lesquels il se sent en adéquation. Les analyses suivantes sont essentiellement des propositions destinées à expliciter la forme de l'écrit attendu.

De manière générale, il semblerait que l'exposé des différents dispositifs de politique sociale vient souligner la complexité de l'insertion des jeunes. Aussi avons-nous choisi d'analyser cette problématique au regard d'enjeux sociaux.

Les jeunes, une population fragilisée, des enjeux d'avenir

Les jeunes ayant entre 18 et 25 ans recueillent depuis longtemps l'attention des pouvoirs publics, conscients du potentiel qu'ils représentent pour l'avenir économique, politique et social du territoire. Dans cette perspective, ils appréhendent leurs difficultés (protection de l'enfance, prévention, solutions jeunes majeurs...) au travers de diverses politiques.

De plus, et nous ne pouvons passer à côté de cette évidence, les jeunes constituent une véritable force de contestation et d'initiative dans la société. Par leurs mouvements de révolte à certains moments cruciaux de l'actualité, par la création de nouveaux mouvements idéologiques ou d'action, par toutes sortes de modes de revendication afin d'avoir une place dans le monde des actifs et dans l'espace social en général, les hommes et les femmes adolescents et jeunes adultes ont obtenu d'être considérés par les pouvoirs publics comme une catégorie importante et influente de la société actuelle.

À côté de cela, depuis quelques décennies règne un climat d'incertitude liée à l'instabilité économique correspondant à la fin des Trente Glorieuses (1975) qui fragilise la population française et européenne. Et en particulier les jeunes adultes chez lesquels le contexte socio-économique défavorable a sans doute plus d'impact compte tenu de la complexité de leurs problématiques :
– *entrée dans l'âge adulte* moins balisée (allongement de la durée des études, difficulté d'accès au logement, repères traditionnels ébranlés, difficulté à se projeter sur le moyen terme) ;

– *société qui valorise l'immédiateté* (satisfaction immédiate du plaisir vantée par le modèle de réussite et de bonheur de la société de consommation) malgré les difficultés d'accès aux droits, au logement, à un emploi stable ;
– *dégradation du monde du travail,* climat d'austérité faisant suite à la crise de 2009 ;
– *peu d'expériences à valoriser* sur le marché du travail, difficulté à valoriser ses compétences.

La population des jeunes est d'autant plus touchée par la précarité que jusqu'en 2009, elle ne pouvait bénéficier des minima sociaux avant 25 ans. Si aujourd'hui le RSA ne pose plus ce critère restrictif, il importe de relativiser son impact : le **RSA Jeunes** touche une minorité de jeunes puisqu'il leur faut avoir exercé un emploi pendant au moins deux ans pour y prétendre. Qu'en est-il des autres ?

« Mon projet pour la jeunesse, c'est l'autonomie », scandait le président de la République en 2009. L'assertion est séduisante, mais nous ne pouvons ignorer la dégradation générale des conditions de vie, de travail et d'hébergement et, par conséquent, la dépendance dans laquelle se trouvent captives les populations concernées.

Des inégalités sociales

Le document 12 évoque très rapidement la perte d'espoir dont souffrent certains jeunes confrontés aux inégalités d'accès à l'emploi. Cet extrait d'entretien n'est pas nécessairement représentatif de la majorité mais il est un exemple sur lequel nous pouvons nous appuyer pour analyser ce problème au prime abord social. De nombreux auteurs ont démontré l'effet des inégalités sociales sur la construction de l'individu. Lieu de vie (urbain/rural, centre ville/périphérie...), capital culturel, économique et social, niveau d'instruction, accès aux biens de consommation sont autant d'éléments liés globalement au degré d'insertion de l'individu. On retrouve les effets de cette dynamique sociale dans l'étude des trajectoires scolaires. Pierre Bourdieu (1970) et Jean-Claude Passeron (1964) ont démontré que, dans notre société, l'école appartient à une culture bourgeoise savante qui vise son autoreproduction et qui, de fait, marginalise l'élève qui provient d'une classe dite défavorisée. C'est ce que Pierre Bourdieu nomme « **la reproduction sociale** » ; on peut imaginer que ces mêmes processus amènent une inégalité face à l'emploi, certes due à la sous-qualification des publics mais également à un manque de confiance en leurs capacités et un manque de conviction en leur droit au travail.

LE CAPITAL SELON PIERRE BOURDIEU

Pierre Bourdieu, sociologue français, a avancé l'idée que chaque individu hérite d'un capital économique, d'un capital social et d'un capital culturel au cours de sa construction individuelle :
- **le capital économique** consiste en patrimoine et revenus ;
- **le capital social** est le réseau de relations personnelles que l'individu peut solliciter ;
- **le capital culturel**, ce sont les ressources culturelles (langage, outils artistiques...).

Bien entendu, nous ne pouvons pas considérer ce processus comme systématique mais, en contexte de crise, l'ascension sociale demeure rare. Ainsi, on peut trouver étonnant que cet état de fait ne soit pas pris en compte ni évoqué, au vu de ce dossier, par les initiatives départementales du Nord ni les grands projets étatiques.

La décentralisation, une redéfinition des compétences

Face à la nécessité de répondre aux difficultés des jeunes, les départements sont donc tenus de prendre un certain nombre de mesures, comme nous pouvons le voir dans le département du Nord. Cela nous amène à évoquer les politiques de décentralisation qui ont modifié le paysage politique dans les années 1980.

Cette dynamique politico-administrative, qui consiste à déléguer certaines compétences de l'État aux collectivités territoriales, a débuté avec la **loi Deferre** relative aux droits et libertés des communes, départements et régions en 1981 pour se concrétiser avec les **lois de 1982 et 1983**[16] qui finissent de déterminer la manière dont seront réparties les compétences des collectivités territoriales. La décentralisation poursuit trois grands objectifs :
– *rapprocher les citoyens des centres de décision ;*
– *responsabiliser les autorités* en leur octroyant de nouvelles compétences ;
– *favoriser les initiatives locales.*

À l'heure actuelle, **les départements détiennent les compétences suivantes :**
– *l'action sociale et sanitaire* (enfance, personnes en situation de handicap, personnes âgées, insertion sociale et professionnelle, logement, Protection Judiciaire de la Jeunesse) ;
– *aménagement de l'espace et équipement ;*
– *éducation, culture et patrimoine ;*
– *actions économiques.*

On comprend donc, d'une part, la responsabilité des départements dans l'insertion professionnelle des jeunes et, d'autre part, la position non interventionniste de l'État. On peut supposer que ce découpage de compétences mette parfois à jour les divergences entre l'État et certains départements.

De fait, la multiplication des acteurs et des intermédiaires entre les décideurs et le citoyen complexifie les procédures, d'où la nécessité d'**améliorer le pilotage des actions et d'avoir recours au partenariat** des acteurs utiles. On remarque d'ailleurs dans l'extrait du CUCS (document 4) qu'il est urgent d'organiser de façon plus cohérente les actions menées autour de l'insertion sociale et professionnelle des jeunes.

---

16. Loi 82-213 du 2 mars 1982 relative aux droits et libertés des communes, des départements et des régions et loi 83-8 du 7 janvier 1983, relative à la répartition des compétences entre les communes, les départements, les régions et l'État.

Si nous faisons le lien avec ce qui a été évoqué précédemment au sujet des inégalités sociales, on s'aperçoit qu'au dessus des compétences des départements, existe une responsabilité nationale qui est celle de la lutte contre les exclusions et les inégalités sociales. On peut voir dans le creusement de ces inégalités sociales une des raisons des difficultés d'insertion des jeunes.

Les intérêts et les limites du partenariat

Nous l'avons vu lors de la synthèse de documents, de nombreuses initiatives partenariales s'organisent dans le département du Nord, initiatives qui démontrent encore une fois l'importance accordée à la problématique des adolescents et jeunes adultes.

Quelles que soient les modalités des partenariats ou du travail en réseau, il apparaît utile d'en saisir les enjeux. Parmi ceux-ci, on peut citer les intérêts du partenariat, lequel représente **une opportunité de mutualiser les compétences pour une meilleure efficacité de l'action** : efficacité dans la proximité et la mise en sens des réponses sociales. Dans la lutte contre les exclusions, le partenariat est une pratique qui s'impose puisqu'elle permet d'envisager le problème dans sa globalité en réduisant les zones d'incertitudes.

En revanche, ces pratiques collectives peuvent être sources de problèmes nouveaux liés aux travers de la coopération : il s'agit d'être vigilant contre les dérives possibles, et notamment de déployer un important travail d'articulation des individualités et des intérêts collectifs. Dans *Travailler en réseau*, Philippe Dumoulin cite six risques à éviter :
- *forme abusive de contrôle social* sur l'usager ;
- *sélectivité des relations au détriment* d'autres entités ;
- *personnalisation des relations enfermant* le groupe sur lui-même ;
- *stratégies de colonisation du réseau, avec domination* d'une entité sur les autres ;
- *autolégitimation,* mise en œuvre d'actions sans prendre en compte l'existant ;
- *affaiblissement des réseaux primaires* des personnes (famille, entourage, voisins...).

Il convient, au regard de ces éléments, de considérer le partenariat dans son utilité mais aussi de considérer les risques qui l'entourent pour donner du sens aux actions entreprises.

À présent, on pourra s'intéresser plus précisément à la fonction de l'éducateur spécialisé : quel est son rôle dans l'insertion des jeunes et les actions qui y concourent ?

Étape 3 – Formulation du positionnement professionnel (30 mn)

Le sujet proposé vient interroger le candidat sur ses fonctions et missions ; aussi avons-nous choisi de questionner la place de l'éducateur spécialisé dans ces problématiques qui sont au cœur de l'actualité sociale.

De l'individuel au social

S'il y a deux volets d'intervention chez l'éducateur spécialisé, individuel et social, ils se trouvent étroitement imbriqués. En effet, on peut dire de l'éducateur spécialisé qu'il est un médiateur, **un passeur entre une réalité psychique individuelle et une réalité sociale**. Par l'émergence de la singularité de l'individu accompagné, il vise également son insertion dans la vie sociale. Il convient toutefois de rester vigilant : la relation duelle peut enfermer l'usager dans une vision unique et nécessairement restrictive du monde ; la volonté « d'insérer à tout prix » peut être porteuse de valeurs normatives qui nient l'individualité.

Ainsi l'éducateur spécialisé, en club de prévention ou ailleurs, doit veiller sans cesse à questionner sa pratique et à repérer les modifications qu'elle a tendance à induire chez l'autre.

Compte tenu de ces éléments essentiels au positionnement de l'éducateur, comment peut-il intervenir dans le type de situations évoquées dans ce dossier ?

L'accès aux informations

Le travailleur social n'est pas garant de l'application de la loi bien qu'il intervienne dans un cadre délimité par la loi et qu'il s'y réfère au quotidien. Pour reprendre l'expression employée précédemment, il est plus spécifiquement un médiateur entre deux réalités dont l'aire intermédiaire constitue un espace d'action pour l'usager.

Pour illustrer ce propos par la situation présente, on peut dire que l'éducateur spécialisé, par sa connaissance des politiques sociales et des dispositifs propres à son terrain d'intervention, a pour mission de donner accès à l'information aux personnes qu'il accompagne. Il ne s'agit pas de faire pour la personne en l'intégrant dans un dispositif mais de mettre à sa disposition des alternatives afin qu'elle trouve elle-même un sens à l'accompagnement proposé. C'est bien là que s'articulent les volets individu et société. La finalité de l'intervention éducative réside en fait dans la mise à disposition d'**un espace-choix** au sein duquel la singularité de la personne pourra émerger.

À Roubaix, le programme du CUCS est en partie orienté sur l'insertion des jeunes et la première des conséquences en est certainement le financement par les collectivités des projets en lien avec cette thématique. On remarque à ce propos la multitude des initiatives. Ainsi, il en va de la mission de l'éducateur spécialisé d'opérer à un repérage des besoins des personnes accompagnées *(diagnostic)* pour leur proposer une orientation ciblée *(projet)*, toujours soumise à l'adhésion de la personne et requérant sa participation.

Un accompagnement global

On l'a vu, les nombreuses initiatives ne suffisent parfois pas pour enrayer le phénomène de la désinsertion des jeunes. C'est dans cette faille des politiques existantes qu'intervient l'éducateur spécialisé, conscient des enjeux qui se dissimulent derrière la question de l'insertion. L'éducateur spécialisé va donc au-delà de cette question pour travailler avec la personne en prenant en compte la globalité de son parcours et de ce qu'elle est.

L'éducateur, acteur du réseau

Plus que jamais au cœur de l'actualité sociale, l'éducateur spécialisé intervient de manière active au sein des réseaux professionnels. En effet, outre le surcroît d'efficacité escompté, c'est l'occasion pour lui de sensibiliser des acteurs décideurs à la dimension individuelle des publics qu'ils administrent et, dans le même temps, d'appréhender les dynamiques interinstitutionnelles qui sous-tendent les projets.

Étape 4 – Construction du plan (15 mn)

Plan – 1re épreuve commentée

Introduction

Le Haut Comité de la Santé Publique définissait en 1998 la précarité comme un *« processus de fragilisation conduisant à une plus grande vulnérabilité devant un certain nombre de handicaps sociaux, coûteux pour l'individu et susceptibles d'entraîner un glissement vers des situations plus durables et plus dramatiques, proches de la grande pauvreté et de l'exclusion »*. Avec la crise survenue en 2009, cette question de la précarisation a été plus que jamais au cœur de l'actualité politique, sociale, médiatique.

Le dossier à notre disposition met en tension quelques témoignages de jeunes concernés par la précarité et les initiatives prises par les collectivités territoriales en termes d'emploi, de logement et d'insertion sociale. En parallèle, on peut voir que les clubs de prévention, lieux où exercent entre autres des éducateurs spécialisés, jouent un rôle prépondérant dans l'accès aux droits des jeunes. L'exemple est d'ailleurs donné à Roubaix où un Groupe Socio-Éducatif s'est constitué afin d'améliorer la situation des jeunes en difficulté, GSE auquel s'est associé un club de prévention spécialisée.

On peut s'interroger sur la place de l'éducateur spécialisé dans ce type d'interventions. Avec en particulier cette question : comment ce professionnel peut-il considérer les individualités en intervenant dans le cadre d'une problématique sociale ?

Afin de mener cette réflexion, nous commencerons par synthétiser les informations dont nous disposons, avant d'interroger la question de l'insertion des jeunes dans la société actuelle. Pour finir, nous proposerons un questionnement sur le rôle que peut avoir un éducateur spécialisé dans cette insertion.

1. Synthèse des documents

1.1. Présentation du contexte de crise en France chez les jeunes (Doc. 1, 2, 12)

1.2. Plans d'action proposés par l'État... (Doc. 10)

1.3. ...déclinés dans les départements : exemple du Nord (Doc. 3, 4, 5, 6, 7, 8, 9)

- Présentation du contexte roubaisien
- Projet GES (finalités, objectifs, moyens, réseau et partenariat)

1.4. La place des clubs de prévention spécialisée (Doc. 11, 13)

2. Analyse de la situation
2.1. La jeunesse, porteuse d'avenir...
2.2. ... mais soumise à des difficultés sociales majeures
2.3. Le département à l'épreuve du partenariat pour l'insertion des jeunes : quels obstacles ? quels atouts ?

3. Positionnement professionnel au regard du métier d'éducateur spécialisé
3.1. L'intervention individualisée
3.2. L'intervention collective
3.3. L'intervention de réseau et de partenariat

Conclusion

Le dossier que nous avons eu à notre disposition traite une problématique actuelle, particulièrement en lien avec les missions des travailleurs sociaux.

Son étude a fait émerger des points que nous avons analysés à travers le prisme des collectivités territoriales et de leurs compétences. C'est ce qui nous a amené en définitive à présenter la légitimité de l'éducateur spécialisé dans les interventions conçues autour de cet enjeu sociétal, notamment par l'adoption de pratiques partenariales.

Pour ouvrir un tel débat, nous pourrions mettre en avant la loi du 29 juillet 1998 relative à la lutte contre les exclusions qui propose un panel d'initiatives liées à l'emploi, le logement, les soins, l'éducation et la culture.

Dynamiques institutionnelles. 2e épreuve commentée : *Discrimination et responsabilité en Maison d'Accueil Spécialisé* – ITSRA Auvergne

Diplôme d'État d'Éducateur Spécialisé
ÉPREUVE ÉCRITE SUR LES DYNAMIQUES INSTITUTIONNELLES
DC 4.1 – Sujet du 19 mai 2010 – Groupement inter-académique
Épreuve écrite d'une durée de 4 h – Coefficient 2

SUJET :

1. Au vu des documents joints et de vos connaissances, vous élaborerez une partie synthétique exposant :
– la ou les politiques sociales dans laquelle la situation s'inscrit ;
– les aspects juridiques soulevés par la situation de Désirée V. ;
– les cadres institutionnels, légaux et réglementaires de l'établissement ;
– la coopération avec les différents professionnels au sein de l'établissement ;
– les partenaires identifiés du champ d'intervention en lien avec la situation, en précisant leurs compétences et champs et limites d'intervention ;
– les buts poursuivis et leurs incidences...

2. Puis, au regard des éléments exposés ci-dessus, vous procéderez, de la place d'un éducateur spécialisé et en situant le rôle de celui-ci, à l'analyse de la situation de Désirée V. en présentant notamment :
– les difficultés rencontrées ;
– les contraintes ;
– les contradictions...

DOCUMENT N° 1

FICHE SIGNALÉTIQUE D'ÉVÈNEMENT INDÉSIRABLE, D'INCIDENT ET D'ACCIDENT
MAS

Déclaration n° : *Nom du déclarant :* D. *Fonction :* éducatrice spécialisée *Groupe :* 2 *Chef de service :* Mr S. *Date de la déclaration :* 11.06.2008	**Personne concernée** ☒ Résident ☒ Famille ☒ Personnel de l'établissement ☒ Autre (préciser) : centre hospitalier
	☐ Accident du travail
	Quand et où l'incident ou l'accident s'est-il produit ? *Date :* 11.06.2008 *Heure :* 15 h 30 *Lieu :* salle de vie groupe 2

Description succincte de l'incident ou accident :

DV, résidente du groupe 2, a fait une crise de grand mal épileptique sans signes avant-coureurs repérés, provoquant sa chute. Cela fait deux ans que cela ne s'est pas produit et nous la pensions stabilisée grâce au dernier traitement médicamenteux.

Compte tenu de l'absence sur le site de l'infirmière (en rendez-vous en consultation privée avec un dentiste pour deux usagers sur l'extérieur) et me référant au protocole nominatif de DV dans le cadre de la survenue d'une crise de grand mal épileptique (élaboré par le service infirmier et validé par son médecin traitant), j'appelle une infirmière libérale pour procéder rapidement à l'injection prescrite. Je fais prévenir le chef de service. Lors de son intervention, cette dernière nous indique que si malgré l'injection, DV fait une autre crise, il faudra recourir au service des urgences de l'hôpital. DV n'arrive pas réellement à émerger et une autre crise survient. Le chef de service parti en réunion est à nouveau prévenu et me demande de contacter les urgences.

Mesures immédiates prises/Personnes prévenues :

1. J'appelle les urgences. On me met en ligne avec le médecin coordinateur des urgences à qui je présente la situation et la première intervention de l'IDE libérale. Il me répond qu'elle ne relève pas des urgences, que nous sommes un établissement où il y a un service infirmier et qu'il faut prendre rendez-vous avec son neurologue.

J'insiste en reprécisant non seulement la nouvelle crise malgré l'injection et que son neurologue travaille à l'hôpital. Je lui explique que je suis personnel éducatif, que l'IDE de l'établissement n'est pas actuellement sur le site, que nous sommes un établissement médico-social et pas sanitaire. Il ne veut rien entendre et me répond, soit d'attendre l'infirmière du site, soit de rappeler l'IDE libérale, soit d'appeler son médecin traitant.

2. Je fais prévenir le chef de service qui rappelle le médecin coordinateur et qui obtient la même réponse. Il prévient alors la direction qui téléphone immédiatement à la tutelle de DV (sa sœur). Elles conviennent ensemble que c'est cette dernière qui joindra le médecin coordinateur pour le menacer de porter plainte si il ne fait pas son travail. Il finira par envoyer le SAMU.

Gravité estimée/Fréquence (échelle de 1 à 4 par ordre croissant de faible (1) à très important (4))

Gravité ☐ 1 ☐ 2 ☐ 3 ☒ 4 **Fréquence** ☐ 1 ☒ 2 ☐ 3 ☐ 4

DOCUMENT N° 2

Extraits du projet d'établissement de la Maison d'Accueil Spécialisé (2005-2010)

« **PRÉAMBULE**

La Maison d'Accueil Spécialisé est un établissement de l'association X.

À ce titre, son projet d'établissement est interdépendant non seulement du projet associatif et de l'évolution des orientations politiques associatives mais aussi des politiques nationales relatives aux personnes majeures souffrant de handicaps et des politiques d'action médico-sociale déclinées au niveau régional et départemental.

Ce premier projet d'établissement, élaboré conformément aux exigences de l'article L. 311-8 du Code de l'action sociale et des familles, s'articule avec le projet associatif et les orientations stratégiques de l'association en ce qu'elles visent le repérage et la prise en compte de l'évolution des besoins et attentes des personnes handicapées du département et de leur entourage, ainsi que la mise en œuvre dans ses établissements de l'évolution de la législation applicable au secteur.

L'association fait partie intégrante du Collectif Partenariat Handicap du département regroupant l'ensemble des représentants des associations œuvrant dans le domaine du handicap (psychique, mental, moteur, sensoriel). Ce collectif a pour but de faire entendre la voix des personnes qu'il représente dans le département, d'être force de proposition et de promouvoir des projets.

Ainsi, la Maison d'Accueil Spécialisé, par l'élaboration de son projet d'établissement, inscrit son action et les modalités de son organisation dans une dynamique d'amélioration continue, et dans un processus global de changement en termes d'anticipation et de projection lui permettant de définir ses objectifs. Néanmoins, la parution tardive (et pour certains encore attendue) des textes règlementaires d'application de la loi du 2 janvier 2002 a quelque peu retardé l'élaboration de ces outils et ainsi leur mise en œuvre.

L'exigence évaluative (évaluation interne dans un 1er temps) faite à notre établissement ne prendra son sens que lorsque ce projet, auquel tous les professionnels ont contribué, sera largement approprié et les outils prévus par la loi mis en place. »

[...]

« **Les missions**

La Maison d'Accueil Spécialisé reçoit, sur décision de la MDPH, des personnes adultes qu'un handicap intellectuel, moteur ou somatique grave ou une association de handicaps intellectuels, moteurs ou sensoriels rendent incapables de se suffire à elles-mêmes dans les actes essentiels de l'existence et tributaires d'une surveillance médicale et de soins constants (décret n° 78-1211 du 26 décembre 1978 et décret n° 83-262 du 31 mars 1983).

Les missions de la Maison d'Accueil Spécialisé sont d'assurer de manière permanente aux **72 personnes handicapées mentales** qu'elle accueille :
– [...]
– La garantie des soins médicaux et paramédicaux nécessités par l'état des personnes handicapées. »
[...]

« **Objectifs généraux**
[...]
3. Maintenir ou améliorer la santé physique, psychique et morale des résidents dans les soins médicaux, para-médicaux et de confort. »
[...]

« **Les professionnels de la MAS**
La **Convention collective nationale des établissements et services pour personnes inadaptées et handicapées** du 15 mars 1966 leur est applicable. Ils relèvent respectivement de quatre services : service éducatif (un titulaire du DEES par unité de vie soit 8 ES, des titulaires du DEAMP, des auxiliaires de vie), service infirmier et paramédical (IDE, psychomotricienne, ergothérapeute, psychologue), services généraux, service administratif.
L'équipe d'encadrement est composée de deux chefs de service éducatif, un directeur et un directeur général d'association. »

DOCUMENT N° 3

Extraits du préambule de la Constitution de 1946

« **1.** Au lendemain de la victoire remportée par les peuples libres sur les régimes qui ont tenté d'asservir et de dégrader la personne humaine, le peuple français proclame à nouveau que tout être humain, sans distinction de race, de religion ni de croyance, possède des droits inaliénables et sacrés. Il réaffirme solennellement les droits et libertés de l'homme et du citoyen consacrés par la Déclaration des droits de 1789 et les principes fondamentaux reconnus par les lois de la république. »

« **2.** Il proclame, en outre, comme particulièrement nécessaires à notre temps, les principes politiques, économiques et sociaux ci-après : [...]
Elle garantit à tous, notamment à l'enfant, à la mère et aux vieux travailleurs, la protection de la santé, la sécurité matérielle, le repos et les loisirs. Tout être humain qui, en raison de son âge, de son état physique ou mental, de la situation économique, se trouve dans l'incapacité de travailler a le droit d'obtenir de la collectivité des moyens convenables d'existence [...]. »

DOCUMENT N° 4

Extraits : annexe de l'arrêté du 8 septembre 2003 relatif à la Charte des droits et libertés de la personne accueillie, mentionnée à l'article L. 311-4 du Code de l'action sociale et des familles

« **Article 1er : Principe de non-discrimination**

Dans le respect des conditions particulières de prise en charge et d'accompagnement, prévues par la loi, nul ne peut faire l'objet d'une discrimination à raison de son origine, notamment ethnique ou sociale, de son apparence physique, de ses caractéristiques génétiques, de son orientation sexuelle, de son handicap, de son âge, de ses opinions et convictions, notamment politiques ou religieuses, lors d'une prise en charge ou d'un accompagnement, social ou médico-social.

Article 2 : Droit à une prise en charge ou à un accompagnement adapté

La personne doit se voir proposer une prise en charge ou un accompagnement, individualisé et le plus adapté possible à ses besoins, dans la continuité des interventions.

Article 3 : Droit à l'information

La personne bénéficiaire de prestations ou de services a droit à une information claire, compréhensible et adaptée sur la prise en charge et l'accompagnement demandés ou dont elle bénéficie ainsi que sur ses droits et sur l'organisation et le fonctionnement de l'établissement, du service ou de la forme de prise en charge ou d'accompagnement. [...]

Article 4 : Principe du libre choix, du consentement éclairé et de la participation de la personne

Dans le respect des dispositions légales, des décisions de justice ou des mesures de protection judiciaire ainsi que des décisions d'orientation :

1. La personne dispose du libre choix entre les prestations adaptées qui lui sont offertes [...] ;

2. Le consentement éclairé de la personne doit être recherché en l'informant, [...] en veillant à sa compréhension.

3. Le droit à la participation directe, ou avec l'aide de son représentant légal, à la conception et à la mise en œuvre du projet d'accueil et d'accompagnement qui la concerne lui est garanti.

[...] Ce choix ou ce consentement est également effectué par le représentant légal lorsque l'état de la personne ne lui permet pas de l'exercer directement. Pour ce qui concerne les prestations de soins délivrées par les établissements ou services médico-sociaux, la personne bénéficie des conditions d'expression et de représentation qui figurent au Code de la santé publique.

La personne peut être accompagnée de la personne de son choix lors des démarches nécessitées par la prise en charge ou l'accompagnement. [...]

Article 7 : Droit à la protection
[…] Il lui est également garanti le droit à la protection, le droit à la sécurité, y compris sanitaire et alimentaire, le droit à la santé et aux soins, le droit à un suivi médical adapté. […]

Article 9 : Principe de prévention et de soutien
[…] Le rôle des familles, des représentants légaux ou des proches qui entourent de leurs soins la personne accueillie doit être facilité avec son accord par l'institution, dans le respect du projet d'accueil et d'accompagnement individualisé et des décisions de justice. […]

Article 12 : Respect de la dignité de la personne et de son intimité
Le respect de la dignité et de l'intégrité de la personne est garanti. Hors la nécessité exclusive et objective de la réalisation de la prise en charge ou de l'accompagnement, le droit à l'intimité doit être préservé. »

DOCUMENT N° 5

Extraits du schéma d'organisation de l'offre de services aux personnes handicapées (2008-2012)

« **Introduction**
Le département élabore son premier schéma pour les personnes handicapées et ce dans une période toute particulière, marquée par au moins trois nouveautés : l'adoption de la nouvelle « Classification Internationale du Fonctionnement du handicap et de la santé » (CIF) qui fait évoluer les conceptions relatives au handicap. Prenant la suite de la CIDIH (Classification Internationale du Handicap, – déficiences, incapacités, désavantages), la nouvelle version de la classification met davantage en relief le rôle que les conditions environnementales jouent pour aggraver ou minimiser le handicap des personnes qui connaissent des déficiences. En effet, selon que ces conditions représentent des obstacles ou, au contraire, des facilitateurs de la participation sociale des personnes, le handicap sera plus ou moins important. Ces nouvelles conceptions mettent aussi davantage l'accent sur l'importance de l'intégration des personnes qui présentent des déficiences chroniques de différents types, dans la vie de la cité.
Au niveau national, le long processus de la révision de la loi de 1975, qui avait fondé en France le secteur médico-social, arrive à son aboutissement avec la loi n° 2005-102 du 11 février 2005 […].
La lutte contre la maltraitance constitue aussi une priorité du présent schéma ; elle sera prise en compte en particulier dans le cadre de la mise en place du comité départemental de prévention et de lutte contre la maltraitance et elle représente nécessairement la préoccupation première de l'ensemble des acteurs concernés par la mise en œuvre du schéma : administrations, établissements et services.

Sur le plan opérationnel, la préparation d'un schéma départemental repose sur trois étapes :
– l'établissement d'un diagnostic de situation ;
– l'élaboration de préconisations dans le cadre d'un processus participatif ;
– la préparation technique du schéma proprement dit. »

DOCUMENT N° 6

Extraits de la loi n° 2002-303 du 4 mars 2002 relative aux droits des malades et à la qualité du système de santé

« **Article 3 :**
Dans le titre Ier du livre Ier de la première partie du Code de la santé publique, il est inséré un chapitre préliminaire ainsi rédigé :
« *Chapitre préliminaire*
« **Droits de la personne**
« **Art. L. 1110-1.** Le droit fondamental à la protection de la santé doit être mis en œuvre par tous moyens disponibles au bénéfice de toute personne. Les professionnels, les établissements et réseaux de santé, les organismes d'assurance maladie ou tous autres organismes participant à la prévention et aux soins, et les autorités sanitaires contribuent, avec les usagers, à développer la prévention, garantir l'égal accès de chaque personne aux soins nécessités par son état de santé et assurer la continuité des soins et la meilleure sécurité sanitaire possible.
« **Art. L. 1110-2.** La personne malade a droit au respect de sa dignité.
« **Art. L. 1110-3.** Aucune personne ne peut faire l'objet de discriminations dans l'accès à la prévention ou aux soins. »

DOCUMENT N° 7

Extraits du décret n° 2009-322 du 20 mars 2009 relatif aux obligations des établissements et services accueillant ou accompagnant des personnes handicapées adultes n'ayant pu acquérir un minimum d'autonomie

« **Art. D. 344-5-1.** Les dispositions de la présente section sont applicables aux maisons d'accueil spécialisées, [...] lorsqu'ils accueillent ou accompagnent des personnes handicapées adultes mentionnées à l'article L. 344-1-1. Ces personnes présentent une situation complexe de handicap, avec altération de leurs capacités de décision et d'action dans les actes essentiels de la vie quotidienne.

Art. D. 344-5-3. Pour les personnes qu'ils accueillent ou accompagnent, les établissements et services mentionnés à l'article D. 344-5-1 :
[...] 4° Portent une attention permanente à toute expression d'une souffrance physique ou psychique [...] ;

7° Assurent un accompagnement médical coordonné garantissant la qualité des soins [...].

Art. D. 344-5-6. Pour répondre aux situations nécessitant une intervention d'urgence, les établissements mentionnés à l'article D. 344-5-1 : [...]
2° Passent une convention avec un établissement de santé ayant pour objet de définir les conditions et les modalités de transfert et de prise en charge des personnes.

Art. D. 344-5-8. Lorsque la personne accueillie ou accompagnée consulte un professionnel de santé ou [...] est accueillie de façon provisoire dans un établissement ou service de santé, social ou médico-social [...], les établissements et services [...] transmettent à l'établissement, au service ou au centre un dossier contenant :
1° Une fiche exposant de façon simple les principales caractéristiques et les précautions à prévoir pour le type de handicap présenté par la personne ;
2° Une fiche, à l'intention d'un médecin, présentant les informations médicales relatives à la personne ;
3° Une fiche de liaison paramédicale indiquant les soins quotidiens et les éventuelles aides techniques dont la personne a besoin ;
4° Une fiche sur les habitudes de vie et les conduites à tenir propres à la personne.

Art. D. 344-5-9. Lorsque la personne est amenée à se déplacer en consultation médicale, paramédicale ou liée à la compensation de son handicap, l'établissement ou le service assure la présence à ses côtés d'une tierce personne la connaissant.

Art. D. 344-5-11. La composition et le fonctionnement de l'équipe pluridisciplinaire permettent la réalisation de chaque accompagnement individualisé défini dans les contrats de séjour, en cohérence avec le projet d'établissement ou de service.
À ce titre, l'équipe pluridisciplinaire :
1° Dresse dès l'admission un bilan pluridisciplinaire de l'état général et de la situation de la personne ;
2° Veille à l'actualisation de ce bilan dont un exemplaire est adressé chaque année à la famille ou au représentant légal par le directeur ;
3° Assure une fonction générale de prévention et de surveillance de la santé physique et psychique ; [...]

Art. D. 344-5-12. L'établissement ou le service s'assure le concours d'une équipe pluridisciplinaire disposant de compétences dans les domaines médical, paramédical, psychologique, éducatif et social, de la rééducation et de la réadaptation.
L'organisation et la composition de l'équipe pluridisciplinaire intervenant auprès des personnes adultes handicapées n'ayant pu acquérir un minimum d'autonomie garantissent :

1° Un accompagnement au quotidien dans les actes essentiels de la vie quotidienne et les activités éducatives, sociales, culturelles et sportives ;
2° La cohérence et la continuité des soins de toute nature que nécessite l'état de la personne, par la coordination des intervenants ;
3° Un encadrement des professionnels dans les conditions prévues à l'article D. 344-5-13 [...].

Art. D. 344-5-13. Pour la mise en œuvre des articles D. 344-5-11 et D. 344-5-12, l'équipe pluridisciplinaire comprend ou associe :
1° Au moins un membre de chacune des professions suivantes :
a) Médecin généraliste ; b) Éducateur spécialisé ; c) Moniteur-éducateur ; d) Assistant de service social ; e) Psychologue ; f) Infirmier ; g) Aide-soignant ; h) Aide médico-psychologique ; i) Auxiliaire de vie sociale ; [...].

Dispositions transitoires
« Les dispositions du présent décret s'appliquent aux établissements et services mentionnés à l'article D. 344-5-1 autorisés à la date d'entrée en vigueur du présent décret dans les conditions suivantes : dans un délai de cinq ans à compter de cette entrée en vigueur et dans le respect des articles L. 313-13 à L. 313-20 du même code, l'autorité qui a délivré l'autorisation s'assure que l'établissement ou le service satisfait aux dispositions de la présente section. L'autorité précise, le cas échéant, par écrit, à la personne physique ou morale gestionnaire de l'établissement ou du service les mesures de nature à garantir la qualité de l'accueil ou de l'accompagnement des personnes concernées. »

Fait à Paris, le 20 mars 2009.
François Fillon
Par le Premier ministre :
Le ministre du Travail, des Relations sociales, de la Famille, de la Solidarité et de la Ville, Brice Hortefeux
La secrétaire d'État chargée de la Solidarité, Valérie Létard

DOCUMENT N° 8

Extraits du rapport (23.01.2009) de la commission d'audition relatif à l'audition publique des 22 et 23.10.2008 sur l'accès aux soins des personnes en situation de handicap, avec le soutien méthodologique et financier de la Haute Autorité de Santé

« **1. Introduction**
On compte aujourd'hui en France quelques 3 millions de personnes en situation de handicap.
Une partie d'entre elles s'est vue reconnaître la qualité de personne handicapée. [...]

Par delà les soins ou prises en charge rendus nécessaires par leur handicap, toutes ces personnes sont sujettes, comme quiconque, à différentes sortes de pathologies. Ces dernières peuvent être sans rapport direct avec le ou les handicaps repérés, même si les handicaps sont fréquemment la source d'une vulnérabilité singulière. Ces personnes ont besoin de soins. Elles éprouvent des difficultés plus ou moins considérables, parfois insurmontables, pour accéder à ces soins. L'expérience en atteste, encore que les études et statistiques disponibles pour le confirmer de façon rigoureuse fassent largement défaut.

Il était devenu indispensable de procéder à l'inventaire de ces difficultés, celles communes à l'ensemble des intéressés et celles propres à certaines personnes en situation de handicap, selon qu'elles sont ou non accueillies en établissement, selon leur handicap, selon les soins recherchés, le sexe, l'âge et la situation financière.

À la lumière de cet inventaire il incombait à la commission d'audition, aux termes de son mandat, de formuler des recommandations ou préconisations. C'est l'objet du présent rapport.

[...], il entend proposer aux pouvoirs publics et à la société dans son ensemble une démarche permettant de faire droit aux attentes des personnes handicapées. Cela en tenant compte de la diversité des situations, de celle des ressources disponibles selon les territoires, ainsi que de l'exigence d'assurer le respect et la mise en œuvre concrète des règles de droit positif ou de bon usage énoncées. [...]

La personne en situation de handicap est une personne, un(e) citoyen(ne) à part entière, le handicap n'est pas son identité, il est dû au hasard de la vie. Elle doit être écoutée, entendue, respectée dans ses différentes demandes. Elle est le premier moteur et l'acteur principal de sa vie.

La représentation sociale du handicap renvoie au manque, à la perte, aussi bien pour les handicaps visibles et évidents qui génèrent le mal-être et l'agressivité que pour les handicaps invisibles qui déclenchent l'incompréhension et le rejet, voire le déni. La méconnaissance de la personne handicapée suscite la peur, l'angoisse, la fuite, les attitudes discriminatoires. Le handicap est une violence tant pour la personne handicapée que pour son interlocuteur. La personne handicapée est prise dans la mouvance réductrice d'un double statut : « oui, c'est une personne » ; « non, elle est handicapée ». Cela implique, de part et d'autre, le temps de la reconnaissance. Aussi bien le rapport met-il l'accent de façon déterminée sur les problèmes de regard, d'information, de formation, de médiation.

Le défaut de réponse aux besoins des personnes handicapées doit, quant au reste, être interprété comme une discrimination directe ou indirecte, prohibée tant par la Constitution qui prescrit l'égal traitement que par les engagements internationaux de la France ainsi qu'un certain nombre de textes législatifs qui les déclinent (en particulier les articles L. 1110-3 et L. 6112-2 du Code de la santé publique). Il est à ce titre nécessaire de s'interroger sur ce qu'il faut entendre par traitement égal, non discriminatoire. La réponse à cette question gouverne clairement plusieurs choix stratégiques, notamment entre réponses dites de droit commun et réponses dites spécifiques. Ces choix ne doivent pas méconnaître que la discrimination peut tout autant résulter d'un traitement différent inutile, inapproprié, arbitraire et stigmatisant que d'un défaut de traitement spécifique, nécessaire et approprié.

2. Obstacles

2.1. Obstacles généraux

2.1.1. Obstacles liés à la personne [...]

2.1.2. Défaut de compétence ou de disponibilité des professionnels

Le manque de temps disponible des soignants (médecins, infirmiers, aides-soignants...) constitue un des obstacles majeurs pour l'accès aux soins des personnes en situation de handicap.

2.1.2.1. L'ignorance des problèmes du handicap

Toutes les observations font état de la pauvreté de la formation médicale concernant le champ du handicap, tant au niveau universitaire que post-universitaire. En l'absence de données statistiques, on peut quand même avancer un chiffre de 1 à 2 % du cursus universitaire des médecins qui couvrirait ce domaine. [...] On comprend alors toutes les difficultés pour un médecin, qu'il soit généraliste ou spécialiste, à aborder les problèmes de santé non seulement spécifiques au handicap de la personne dont il aura la charge mais également relevant de tous les autres soins courants qui peuvent être totalement ignorés ou tardivement diagnostiqués. La formation nécessaire fait également défaut au personnel soignant et au personnel d'accueil de la personne en situation de handicap dans les différents secteurs hospitaliers (rapport de Danielle Sainte Rose, gynécologue) [...].

2.1.2.2. L'absence d'intérêt et de capacité pour le dialogue avec les patients, les familles et les aidants

Dans l'enquête PACA rapportée par Pierre Verger, certains médecins du panel ont exprimé un malaise dans la prise en charge des personnes handicapées, les réponses étant significativement différentes selon qu'il s'agisse de personnes handicapées physiques ou mentales. Vis-à-vis des personnes présentant un handicap physique, une majorité des médecins du panel (51,7 %) se sent plutôt à l'aise ou très à l'aise dans la prise en charge, seuls 8,2 % déclarant être mal à l'aise. Concernant la prise en charge des personnes présentant un handicap mental, la proportion de médecins se sentant mal à l'aise est nettement plus élevée puisqu'elle atteint 21,6 %.

Cette enquête relate aussi que les médecins sont fréquemment confrontés à des problèmes de communication avec les patients handicapés : difficultés de compréhension du médecin ou du patient, difficultés pour obtenir auprès du patient toute l'information nécessaire sur son histoire, manque de coopération du patient.

Ceci accroît les difficultés de la démarche diagnostique ou thérapeutique pour le médecin et peut, au moins pour une part, expliquer le malaise exprimé par près d'un médecin sur cinq. Le malaise et l'incapacité des médecins au dialogue sont

aggravés par leur indisponibilité. Ils manquent objectivement de temps pour écouter et comprendre le patient handicapé.
Dans ce registre de la communication, l'expression de la douleur prend une place tout à fait capitale. En effet, la douleur constitue dans la population générale le premier motif de recours à une consultation. Or, des difficultés d'interprétation ou d'expression de la douleur concernent de nombreux groupes de personnes handicapées. Montrer si l'on a mal et où l'on a mal implique que l'on ait appris et que l'on ait les compétences cognitives et motrices pour le faire.
Ainsi, la douleur ne peut être identifiée ni pour les personnes qui n'ont pas de communication verbale, ni pour celles pour lesquelles des modifications du tonus musculaire ou de l'influx nerveux peuvent masquer l'expression des sensations et des émotions, et en particulier celles de l'inconfort ou de la douleur. [...]

2.1.2.3. Le déficit en matière d'actions de prévention [...]

2.2. Obstacles particuliers

2.2.1. La personne en situation de handicap vivant à domicile ou en établissement [...]

2.2.1.2. La vie en établissement

Elle pourrait laisser imaginer une globalité d'approche. Mais bien souvent la structure se polarise sur le handicap dont il entre dans sa mission de prendre soin et gomme tout ce qui est autour. [...]

2.2.2 Obstacles particuliers par type de handicap

2.2.2.1 Handicap d'origine mentale, psychique ou cognitive

[...] Pour toutes ces personnes, le handicap dit mental, psychique ou cognitif peut masquer aux yeux des professionnels de santé comme de leur entourage en général, des problèmes compromettant gravement leur état général voire mettant leur vie en danger.
À cet égard, les indicateurs de mortalité sont des signaux d'alarme qui doivent retenir l'attention [...].
À ces pathologies s'ajoutent les effets négatifs des traitements, notamment ceux des médicaments psychotropes et antiépileptiques lorsqu'ils sont surdosés.
Au regard de cette problématique de santé, quatre facteurs de difficulté particulière ou particulièrement grave se conjuguent pour freiner l'accès aux soins de ces personnes :

- La stigmatisation sociale et culturelle [...]
- Le déficit d'identification et d'expression du besoin de soins par les personnes et un moindre recours aux services de santé [...]
- Le déficit de connaissances, d'attention et de savoir-faire des professionnels.
- La méconnaissance par les professionnels de santé des modes de pensée, d'expression et de communication des personnes handicapées mentales et psychiques engendre des difficultés en cascade pour l'accès aux soins et leur compréhension ainsi que pour la réalisation des soins nécessaires à ces personnes.

Le handicap peut être totalement sous-estimé, voire ignoré des professionnels dans le cas où il est peu visible, ou même « invisible », par exemple dans le cas d'un traumatisme crânien sans séquelle apparente. [...]

2.2.3. Les différents types de soins [...]

2.2.3.6. Urgences

Les objectifs de la médecine d'urgence sont clairement énoncés dans la charte établie par la société francophone de médecine d'urgence : « *Toute personne, sans sélection, confrontée à un problème de santé inopiné peut 24 heures sur 24 accéder aux compétences des professionnels de la médecine d'urgence.* »

Pour tout un chacun, aller aux urgences est déjà synonyme de stress. On comprend alors toute la dimension que cela va prendre pour une personne en situation de handicap qui, dans la plupart des cas, ne fera appel à ce type de service qu'en cas d'extrême nécessité.

Deux types d'obstacles apparaissent lorsqu'une personne en situation de handicap se présente dans un service d'urgence :

– ceux émanant de la personne elle-même ou de ce qu'elle engendre : [...]

– ceux émanant du service des urgences :

• File de patients plus ou moins longue au même moment (14 millions de passages annuels, moyenne de 3 mn par patient lors de l'accueil des patients par l'infirmier d'accueil et d'orientation (IAO)).

• Locaux inadaptés pour l'attente, tous les usagers étant la plupart du temps dans une même salle (surcroît de stress pour la personne en situation de handicap, engendré par le bruit, le regard des autres, etc.).

• Non prise en compte des aidants habituels familiaux ou professionnels qui ne sont parfois pas acceptés lors des soins, alors que leur connaissance de la personne en situation de handicap et leur médiation seraient rassurantes.

• Surcharge de travail du personnel des urgences qui ne peut passer le temps suffisant auprès de la personne en situation de handicap (pour expliquer les soins, l'attente engendrée par la demande de divers examens complémentaires comme la radiologie ou les résultats de biologie, etc.).

L'hospitalisation présente ses propres obstacles, qu'elle fasse ou non suite à un passage par un service d'urgence. »

Étape 1 – Lecture des documents et de la situation (45 mn)

Feuillet 1 : la synthèse de documents

La situation proposée au sein de ce dossier apparaît moins complexe que la précédente mais mérite tout de même qu'on accorde une attention particulière à l'exposé des politiques sociales, institutionnelles et partenariales. Au fil de la lecture des documents on commencera à relever les points essentiels, de manière neutre et non sélective.

INTITULÉ - AUTEUR - DATE	IDÉES ESSENTIELLES
■ Doc. 1 Fiche signalétique d'évènement indésirable *11 juin 2008* **D., éducatrice spécialisée**	Document rempli par l'éducatrice spécialisée D. pour décrire une succession de crises d'épilepsie d'une résidente du groupe 2 (MAS), DV, pour qui ça ne s'était pas produit depuis 2 ans. Pendant les crises, pas de personnel médical dans l'institution (infirmière), l'éducatrice spécialisée joint une infirmière libérale, selon protocole. Son intervention ne suffit pas à calmer les crises. Appel des urgences qui refusent de prendre en charge DV malgré l'insistance de plusieurs professionnels (éducatrice, chef de service...). Après avoir menacé de porter plainte, la tutrice (sa sœur) parvient à faire venir le SAMU.
■ Doc. 2 Extraits du **projet d'établissement de la MAS** *2005-2010*	- Association X : acteur du Collectif Partenariat Handicap du département. - MAS : dépend de l'association X, son projet d'établissement est donc lié aux orientations associatives/Convention collective des établissements et services pour personnes inadaptées et handicapées (15 mars 1966). - Projet d'établissement récent, évaluation à prévoir à moyen terme. - Missions de la MAS : 1. Accueil de personnes adultes en situation de handicap intellectuel, moteur ou sensoriel et nécessitant une surveillance médicale et une aide dans les actes de la vie quotidienne (décrets du 26 décembre 1978 et du 31 mars 1983). 2. Maintien ou amélioration de la santé en général par la garantie des soins, quels qu'ils soient. - Équipe pluridisciplinaire : personnels d'encadrement, éducatifs, médicaux et paramédicaux, administratifs...
■ Doc. 3 Extraits du préambule de la **Constitution** de *1946*	Rappel des droits fondamentaux issus de la Déclaration des droits de 1789 : droit à toute personne vulnérable de bénéficier de *« moyens convenables d'existence »*.
■ Doc. 4 Extraits de l'annexe de l'arrêté du *8 septembre 2003* (**Charte des droits et des libertés de la personne accueillie**)	Principe de non-discrimination, droit à un accompagnement individualisé : prise en compte des besoins, droit à l'information, principe de la participation des usagers (libre choix, consentement éclairé, participation directe), droit d'être protégé (sécurité, santé, alimentation...), participation des personnes proches de l'usager, respect de la dignité de la personne.
■ Doc. 5 Extraits du **schéma d'organisation de l'offre de service aux personnes handicapées du département** *2008-2012*	Schéma départemental en phase d'élaboration dans le département : - importance de la prise en compte des facteurs environnementaux (participation sociale), enjeu d'insertion dans la cité pour les personnes en situation de handicap ; - évolution législative : loi 1975 >> loi 2005-102 ; - prévention de la maltraitance.

■ Doc. 6 **Extraits de la loi** n° 2002-303 du *4 mars 2002* (droits des malades et qualité du système de santé)	Droits de la personne (Code de la santé publique) : droit à la santé pour tous et par tous les moyens, droit à la continuité des soins.
■ Doc. 7 **Extraits du décret** n° 2009-322 du *20 mars 2009* (obligations des établissements et services accueillant ou accompagnant des personnes handicapées adultes n'ayant pu acquérir un minimum d'autonomie)	Texte applicable aux MAS dans les 5 ans (2014) : - mission de gestion de la souffrance physique et psychique ; - nécessité de signer une convention avec un établissement de santé pour les interventions d'urgence ; - mise en place de documents de transmission sur la personne aux autres établissements ; - prise en charge pluridisciplinaire de la personne pour bilan global et interventions.
■ Doc. 8 Extraits du rapport de la commission/Audition publique des 22 et 23.10.08 (accès aux soins des personnes en situation de handicap) *23 janvier 2009* **Haute Autorité de Santé**	- France : 3 millions de personnes en situation de handicap. - Handicap : source de vulnérabilité nécessitant des soins. - Constat : difficulté d'accès aux soins. Le rapport réclame aux pouvoirs publics de nouveaux moyens pour faciliter l'accès aux soins des personnes en situation de handicap. - Handicap : source de représentations négatives et de discrimination.
	Manques ciblés : - moyens humains (trop peu de professionnels) ; - manque de formation et d'information des personnels médicaux d'autres secteurs ; - chez le patient difficultés de communication ou d'expression de la douleur du fait du handicap ; stigmatisation... Urgences : toute personne peut y accéder, 24 h sur 24 (charte).

Paradoxes, convergences/divergences, éléments manquants
- DV : quel handicap ?
- Peu d'informations sur la présence éventuelle d'autres professionnels de la MAS lors de l'incident.
- Peu d'informations sur la MAS et ses éventuels partenaires.

Légende
■ Situation
■ Éléments institutionnels
■ Législation générale
■ Éléments liés à la question du handicap

Lors de la rédaction de la synthèse de documents (1re partie de l'épreuve), seule une description des faits et des informations est demandée. Afin de dresser le contexte de la situation, il est toutefois nécessaire de définir succinctement les termes utilisés. Ce n'est que dans la phase d'analyse (2e partie de l'épreuve) que le candidat pourra se positionner au regard des sujets abordés lors de la première partie.

Voici quelques **définitions de termes et notions clés** figurant dans les documents proposés ou appelés par ces derniers.

Épilepsie[17] : « *maladie caractérisée par des crises d'activité excessive des neurones dans le cortex cérébral, généralisées ou partielles, pouvant provoquer notamment une perte de conscience ou des convulsions.* »

Maison d'Accueil Spécialisé (MAS) : hormis les informations données par le document 2, voici une définition proposée par Action sociale[18] : « *une MAS est un établissement médico-social destiné à accueillir des personnes adultes atteintes d'un handicap intellectuel, moteur ou somatique grave, ou gravement polyhandicapées, qui nécessitent une surveillance médicale et des soins constants. Les MAS proposent trois modalités d'accueil : l'accueil permanent, l'accueil de jour et l'accueil temporaire. Elles assurent l'hébergement et les besoins de la vie quotidienne, l'aide et l'assistance constante nécessaires, les soins médicaux et paramédicaux, les activités occupationnelles d'éveil, d'épanouissement et d'animation ainsi que l'ouverture à la vie sociale et culturelle. Le financement des MAS est apporté par la Sécurité sociale.* »

Classification Internationale du Fonctionnement du handicap et de la santé (CIF) : succédant à une classification différenciant les déficiences, incapacités et désavantages publiée par l'Organisation Mondiale de la Santé (OMS) en 1980, la CIF propose « *un langage uniformisé et normalisé ainsi qu'un cadre de travail pour la description des états de santé* ». Elle couvre les domaines de la santé ou liés à la santé et s'attache à donner deux axes de définition : 1. les structures et fonctions organiques ; 2. les activités et la participation. Elle prend aussi en compte les facteurs environnementaux et définit le terme handicap comme l'ensemble des déficiences, limitations d'activités et restrictions de participation. La CIF est divisée en quatre parties :

1. *Les fonctions organiques.*
2. *Les structures anatomiques.*
3. *Activités et participation.*
4. *Facteurs environnementaux.*

Handicap : l'article 2 de la loi du 11 février 2005 pour l'égalité des droits et des chances, la participation et la citoyenneté des personnes handicapées définit le handicap comme « *toute limitation d'activité ou restriction de participation à la vie en société subie dans son environnement par une personne en raison d'une altération substantielle, durable ou définitive d'une ou plusieurs fonctions physiques, sensorielles, mentales, cognitives ou psychiques, d'un polyhandicap ou d'un trouble de santé invalidant* ».

Polyhandicap et multihandicap : les documents annexés amènent, sans les nommer, les notions de polyhandicap, multihandicap. Il convient d'être au clair

---

17. *Le Petit Larousse*, 2006.
18. Annuaire des établissements de l'action sociale : www.action-sociale.org/

avec ces termes proches mais distincts. Alors que le multihandicap désigne l'association de plusieurs déficiences ayant à peu près le même degré de gravité, le polyhandicap est défini dans l'Annexe XXIV ter comme un *« handicap grave à expressions multiples avec déficience motrice et déficience mentale sévère et profonde, entraînant une restriction extrême de l'autonomie et des possibilités de perception, d'expression et de relation »*.

Santé : selon l'OMS, la santé est un *« état de complet bien-être physique, mental et social et ne consiste pas seulement en une absence de maladie ou d'infirmité*[19] *»*.

Projet associatif et projet d'établissement : le projet associatif est porté par l'organisme gestionnaire d'un établissement pour présenter les grandes finalités de tous les établissements et services qu'il administre. Le projet d'établissement, comme son nom l'indique, concerne chaque établissement indépendamment des autres mais découle directement du projet associatif. Bien que certaines institutions travaillaient déjà depuis de nombreuses années avec cet outil, la loi 2002-2 du 2 janvier 2002 rénovant l'action sociale et médico-sociale en a fait une obligation pour assurer une meilleure visibilité de l'action. Le projet d'établissement est valable cinq ans et doit comporter les objectifs de l'établissement en termes de coordination, d'évaluation ou encore d'organisation et de fonctionnement. Il doit également présenter les éléments relatifs à l'animation, la vie collective et la socialisation des personnes accueillies.

Charte des droits et des libertés de la personne accueillie : afin de garantir les droits fondamentaux des personnes accueillies dans les établissements et services sociaux et médico-sociaux, la loi 2002-2 met en place cet outil composé de douze articles. Elle doit être jointe au livret d'accueil avec le règlement de fonctionnement.

Loi de 1975. On parle souvent de la loi du 30 juin 1975 mais il s'agit en réalité de deux lois composées comme suit :
- loi 75-534 proposant des dispositifs généraux pour les personnes handicapées, rénovée par la loi 2005-102 ;
- loi 75-735 définissant les structures spécialisées du champ social et médico-social, rénovée par la loi 2002-2.

Loi du 11 février 2005 : ce texte de loi vient par conséquent réformer la loi 75-534 concernant les dispositifs généraux pour les personnes handicapées. Elle pose une définition claire du handicap en prenant davantage en compte la participation sociale des personnes et met en place trois grandes orientations :
1. *La simplification du dispositif par la création d'un guichet unique* pour les enfants et les adultes, la Maison Départementale des Personnes Handicapées (MDPH).

---

19. Préambule à la Constitution de l'Organisation Mondiale de la Santé, Conférence internationale sur la santé, New York, 19-22 juin 1946 (Actes officiels de l'OMS, n° 2, p. 100), entrée en vigueur le 7 avril 1948.

2. *La compensation du handicap par la mise en place de la Prestation Compensatoire du Handicap* (PCH). Elle permet de recevoir une aide humaine, matérielle ou financière en fonction des besoins et du projet de vie de la personne.
3. *Le renforcement de l'accessibilité :* des délais sont imposés aux institutions pour adapter leurs infrastructures ou leurs dispositifs aux personnes en situation de handicap (milieu scolaire, milieu du travail, cadre bâti, transports et nouvelles technologies).

Constitution : *« ensemble des textes fondamentaux qui établissent la forme d'un gouvernement, règlent les rapports entre gouvernants et gouvernés, et déterminent l'organisation des pouvoirs publics*[20]. » Il s'agit d'une instance juridique suprême qui guide les orientations d'un État, les modalités de pouvoir de celui-ci et les libertés fondamentales. Actuellement, la France est régie par la Constitution de 1958 qui a instauré la Ve République.

Discrimination : le principe de discrimination n'existe qu'en conséquence du principe d'égalité de tous, présent dans la Constitution. Il s'agit d'un traitement inégal et défavorable appliqué à certaines personnes au regard de critères prohibés par plusieurs directives européennes (origine, sexe, situation de famille, grossesse, apparence physique, patronyme, état de santé, handicap, caractéristiques génétiques, mœurs, orientation sexuelle, âge, opinions politiques, activités syndicales, appartenance ou non-appartenance, vraie ou supposée, à une ethnie, une nation, une race ou une religion déterminée). Le délit de discrimination est inscrit au Code pénal (articles 225-1 et 225-2) et celui qui s'y soumet encourt une peine de trois ans d'emprisonnement et 45 000 euros d'amende.

Protection juridique des majeurs : dispositif régi par la loi du 5 mars portant réforme de la protection juridique des majeurs, il propose différents régimes pour protéger les majeurs dont les facultés mentales ou corporelles ne leur permettent pas de pourvoir seuls à leurs intérêts. Le Juge des tutelles délègue l'exercice de la mesure à un organisme de tutelle ou à une personne physique proche du majeur (Mesure d'Accompagnement Social Personnalisé ou MASP, Mesure d'Accompagnement Judiciaire ou MAJ, sauvegarde de justice, tutelle, curatelle, mandat de protection future).

Feuillet 2 : les acteurs

Bien que nous ne disposons pas de tous les éléments contextuels de la situation, nous pouvons identifier un certain nombre de personnes, professionnels ou institutions.

---

20. *Le Petit Larousse*, 2011.

<table>
<tr><th colspan="4">Dans l'institution</th><th colspan="2">Hors institution (personnes mobilisées)</th></tr>
<tr><td colspan="4">Directeur de la MAS
Chef de service (Mr S.)</td><td colspan="2"></td></tr>
<tr><td>Pôle éducatif (D., éducatrice spécialisée)</td><td>Pôle médical (Infirmière)</td><td>Pôle paramédical</td><td>Pôle administratif</td><td>Sœur (tutrice)</td><td>Infirmière libérale</td></tr>
<tr><td colspan="4">Groupe 2/Personne accueillie : DV</td><td>Urgences (médecin coordinateur)</td><td>SAMU</td></tr>
</table>

Feuillet 3 : la chronologie

Concernant la seule situation de l'usager, il n'y a pas véritablement de chronologie à établir puisque les informations à ce sujet figurent toutes dans le document 1. En revanche, identifier les dates clés sur la totalité du dossier permet de se rendre compte que le droit des malades, notamment lorsque leur situation les handicape, est un sujet actuel qui fait l'objet de débats nationaux et de textes officiels.

Date	Évènement
1946	Constitution.
1975	Lois du 30 juin 1975 concernant les dispositifs généraux pour les personnes handicapées et les modalités d'accueil en établissement médico-social.
4 mars 2002	Loi n° 2002-303 relative aux droits des malades et à la qualité du système de santé.
8 septembre 2003	Arrêté mettant en vigueur la charte des droits et des libertés de la personne accueillie.
11 février 2005	Loi n° 2005-102 pour l'égalité des droits et des chances, la participation et la citoyenneté des personnes handicapées.
11 juin 2008	Incident au sein de la MAS.
2008-2012	Schéma départemental de l'offre de service aux personnes handicapées.
23 janvier 2009	Rapport faisant suite à une audition publique soutenue par la Haute Autorité de Santé pour l'accès aux soins des personnes handicapées.

20 mars 2009	Décret n° 2009-322 relatif aux obligations des établissements et services accueillant ou accompagnant des personnes handicapées adultes n'ayant pu acquérir un minimum d'autonomie.
2014	Échéance de mise en place des modalités du décret n° 2009-322.

Feuillet 4 : le résumé de la situation

Le dossier fourni au candidat présente une situation d'incident qui a lieu au sein d'une MAS. DV, résidente du groupe 2 et considérée comme épileptique stabilisée depuis deux ans, a subi deux crises à répétition le 11 juin 2008, malgré l'injection effectuée par une infirmière libérale après la première crise. En effet, on apprend que l'infirmière de la MAS était absente au moment de l'incident ; après la deuxième crise, l'éducatrice spécialisée et d'autres professionnels de la MAS tentent de joindre les urgences qui refusent de prendre en charge DV, arguant que l'établissement est habilité pour cela. Il faudra un appel de la sœur de DV et sa menace de porter plainte pour que le SAMU intervienne.

Cette situation s'inscrit dans un contexte légiféré et institutionnalisé puisqu'elle concerne un évènement qui a lieu au sein d'un établissement médico-social. En effet un établissement habilité MAS œuvre dans le cadre du droit français mais aussi des orientations de la Constitution.

Au niveau national, cet établissement est régi par les principes de la loi 2005-102 et de la loi 2002-2. La MAS tire également les principes de son intervention des orientations prises par le département en matière de handicap ; en l'occurrence, le schéma départemental actuellement en élaboration place la question de l'insertion sociale et de la prévention de la maltraitance au cœur de son action.

En outre, comme tout établissement social ou médico-social, la MAS légitime ses actions par l'existence de projets et en particulier, d'un projet d'établissement. Celui de la MAS en question insiste sur la nécessité de maintenir ou améliorer la santé en général en garantissant les soins, quels qu'ils soient.

En termes intra-institutionnels et interinstitutionnels, on a identifié à la lecture du dossier un certain nombre de mouvements :
- la MAS, au cours de l'incident, a été en contact avec un hôpital, et plus précisément avec le service des urgences et le SAMU afin de demander la prise en charge de DV ; le dernier document précise que le service des urgences est habilité à recevoir *« toute personne, sans sélection, confrontée à un problème de santé inopiné [...], 24 heures sur 24 »* ;
- la MAS s'était auparavant mise en relation avec une infirmière libérale ; elle contacte en dernier recours la tutrice de DV, qui a permis de débloquer la situation ;
- au sein de l'institution même, l'éducatrice spécialisée n'a pas semblé en lien avec d'autres professionnels que le chef de service ; nous ne savons pas, en conséquence, si les autres pôles d'intervention étaient disponibles pour gérer l'urgence d'un tel incident.

Au vu des nombreuses modalités législatives, institutionnelles, associatives qui entourent le fonctionnement de la MAS, on peut s'interroger sur les facteurs qui ont contribué à cette situation de crise, avec refus de soins du SAMU. En effet, qu'est-ce qui aurait pu permettre d'éviter sinon l'incident, son aggravation ?

Étape 2 – Analyse de la situation et problématisation (30 mn)

Le recueil d'informations qui servira à rédiger la synthèse (1re partie) étant terminé, il revient au candidat de repérer les difficultés rencontrées, contraintes et contradictions pour constituer la 2e partie de son devoir. Rappelons à ce sujet que la consigne pose deux exigences :
- description et réflexion sur les place et rôle de l'éducateur spécialisé ;
- analyse de la situation présentée.

L'éducateur spécialisé

L'éducateur spécialisé fait partie du fonctionnement de l'institution, en ce sens où il apparaît dans les effectifs énoncés par le projet d'établissement : la MAS en compte huit, à savoir un dans chaque unité de vie. Tout professionnel est avant tout soumis aux missions définies par les orientations associatives ou institutionnelles, il s'inscrit donc dans l'accueil et l'accompagnement des personnes accueillies pour leur procurer une aide dans les actes de la vie quotidienne. À cet effet, la spécificité de la profession lui confère un certain nombre d'outils visant à maintenir ou améliorer les capacités individuelles et sociales des usagers. Il intervient de manière individualisée et sur un mode collectif à d'autres moments.

Sans détenir les compétences du personnel médical, l'éducateur spécialisé est tenu de connaître les spécificités des personnes accueillies et les protocoles à appliquer lors de situations particulières. En outre, il est en constante communication avec les autres professionnels (réunions, communication informelle...) pour répondre aux besoins globaux des personnes.

En l'occurrence, la situation présentée au candidat cible cette complémentarité des compétences puisque l'éducatrice spécialisée D., au moment où DV a une crise d'épilepsie, semble connaître la démarche à suivre, applique une procédure donnée par le service infirmier et validée par le médecin traitant. De plus, elle informe son supérieur direct, à savoir le chef de service et ne prend pas de décision sans en avoir référé à ce dernier. Toutes ces transmissions d'informations sont primordiales pour valider ou invalider la démarche de « maintenir ou améliorer la santé physique, psychique et morale des résidents dans les soins médicaux, paramédicaux et de confort » (mission précisée en ces termes par le projet d'établissement).

Nous reviendrons sur le rôle de l'éducateur spécialisé lors de la présentation des préconisations.

Dans l'institution, un manque de cohérence ?

Les extraits du projet d'établissement laissent apparaître la présence de compétences complémentaires puisqu'on retrouve au sein de la MAS un pôle éducatif, un pôle médical, un pôle paramédical et un pôle administratif. Ainsi, peut-on se demander si seule l'infirmière pouvait secourir DV.

Le décret n° 2009-322 relatif aux obligations des établissements et services accueillant ou accompagnant des personnes handicapées adultes n'ayant pu acquérir un minimum d'autonomie donne à ce sujet des directives assez claires. En effet, il préconise la mise en place d'une convention avec un établissement de santé pour la gestion des urgences (article D. 344-5-6) ou encore l'organisation de l'équipe pluridisciplinaire de manière à assurer « la cohérence et la continuité des soins de toute nature que nécessite l'état de la personne, par la coordination des intervenants ». Bien que ce décret pose 2014 comme échéance maximale de mise en place, il paraît étonnant que ces dispositions n'aient pas été pensées par la MAS, compte tenu des difficultés pouvant être rencontrées par les usagers.

Hors de l'institution, la discrimination

Dans ce dossier, se pose aussi la question de l'existence ou non d'une discrimination lors de la demande d'admission de DV au service des urgences. Le médecin coordinateur indique à l'éducatrice spécialisée qu'il ne peut recevoir DV car la situation ne relève pas de son service. Pourtant, nous l'avons vu, les urgences doivent recevoir toute personne ayant besoin de soins, 24 heures sur 24, sans sélection. Afin de déterminer si une discrimination a eu lieu, il convient de revenir sur les définitions juridiques du terme. Selon l'article 225-1 du Code pénal, *« constitue une discrimination toute distinction opérée entre les personnes physiques »*, à raison d'un ou de plusieurs critères prohibés par la loi. Selon l'article 225-2 du même code, la personne à l'origine d'une discrimination s'expose à des sanctions s'il refuse la fourniture d'un bien ou d'un service. Ici, il est difficile de comprendre la raison du refus d'admission, si ce n'est le fait que DV se trouve dans un établissement médico-social qui dispose d'un service infirmier. La MAS accueillant des personnes porteuses de handicap, on peut faire l'hypothèse qu'il s'agit bien d'une différence de traitement entre personne non porteuse de handicap et personne porteuse de handicap, en l'occurrence DV. Le handicap étant considéré comme un critère de discrimination prohibé par la loi, nous pouvons effectivement reconnaître l'existence d'une discrimination indirecte.

En outre, cette pratique va à l'encontre des principes énoncés par les textes fondateurs qui garantissent à tous la protection de la santé (Constitution, 1946), la non-discrimination (Charte des droits et des libertés de la personne accueillie, article 1), le droit à la protection (Charte des droits et des libertés de la personne accueillie, article 7), l'égal accès aux soins et la mobilisation des moyens nécessaires à la protection de la santé (Code de la santé publique, article L. 1110-1).

Ces pratiques de discrimination peuvent s'expliquer par les difficultés rencontrées par les professionnels non formés aux questions de la souffrance chez les personnes handicapées, comme l'indique le rapport de la commission d'audition des 22 et 23 octobre 2008. Il semblerait en tout cas que le service des urgences contacté lors de l'incident ne se soit pas senti habilité à recevoir une personne porteuse d'un handicap. Il ne s'agit pas de nommer un coupable qui serait désigné responsable de la situation subie par DV le 11 juin 2008. De même que le manque de moyens pourrait expliquer le refus de certains médecins hospitaliers de prendre en charge des patients handicapés, le manque de personnel médical au sein de la MAS sur ce temps précis de la crise a pu favoriser l'aggravation de l'incident de santé. L'éducateur spécialisé est ici appelé à se positionner en fonction des missions qui lui sont conférées, autrement dit veiller en premier lieu au respect de l'intégrité, à la sécurité et au bien-être des personnes accueillies. C'est par une réflexion prenant en compte tous les facteurs de cette situation complexe qu'il pourra faire valoir la parole de DV et la place de la personne vivant une situation de handicap en général.

Étape 3 – Formulation du positionnement professionnel (30 mn)

La consigne n'impose pas de réaliser une troisième partie consacrée au positionnement professionnel. Il sera toutefois intéressant de formuler un positionnement dans la conclusion.

Avertissement. Les préconisations proposées ci-après ne constituent en aucun cas une réponse absolue ; le candidat doit se positionner en s'appuyant sur ses connaissances et éventuellement sur sa pratique. Le jury évaluera, certes le contenu des propositions, mais également son argumentation et les moyens mis en œuvre pour y parvenir.

Comme l'indique le décret n° 2009-322 du 20 mars 2009, les établissements visés ont pour obligation d'assurer *« la cohérence et la continuité des soins de toute nature que nécessite l'état de la personne, par la coordination des intervenants »*. L'éducateur spécialisé inscrit ses interventions dans le contexte législatif et a donc une mission d'articulation des intervenants pour assurer l'insertion des personnes dans la vie sociale de manière égalitaire.

Aussi proposons-nous de nous appuyer sur la situation particulière de DV pour d'une part, mettre en place des modalités de gestion de la crise dans une visée de protection des personnes accueillies, d'autre part entreprendre une action d'information à visée préventive. Il s'agira également d'accompagner individuellement DV au-delà de cet incident : information sur ses droits, etc.

L'amélioration du protocole institutionnel

Il s'agirait de réunir l'équipe pluridisciplinaire sous la direction du chef de service afin de construire sinon un protocole, une démarche dynamique pour gérer les situations de crise comme celle de ce 11 juin 2008. L'idée n'est pas d'éradiquer le risque puisqu'il fait partie intégrante de la vie ordinaire et de la pratique des professionnels mais d'assurer la sécurité des personnes par la mise en œuvre effective de la pluridisciplinarité.

Par exemple, prévoir sur tous les temps de plannings la présence d'au moins un professionnel de chaque groupe de la MAS pour intervenir en cas de besoin. En l'absence de l'infirmière, il peut être convenu qu'un médecin demeure sur les lieux. Bien entendu, certaines situations requérant des soins médicaux ne peuvent être prises en charge au sein de l'établissement et c'est en ce cas qu'interviennent les établissements de santé.

▾ *L'information de DV et son accompagnement dans ses démarches éventuelles*

Face à la discrimination subie, DV souhaite-t-elle mener une quelconque action à l'encontre du service des urgences ? Si tel est le cas, la MAS doit lui fournir les informations nécessaires. En l'occurrence, elle a la possibilité de s'adresser à la Haute Autorité de Lutte contre les Discriminations et pour l'Égalité (HALDE) afin d'identifier l'existence ou non d'une discrimination et de se saisir de la solution la plus adaptée. Auparavant, si DV le souhaite, des représentants de la MAS peuvent initier une rencontre avec le médecin coordinateur dans un objectif d'amélioration de la prise en charge et de valorisation des droits de la personne.

▾ *La signature d'un partenariat avec un établissement de santé*

Le refus initial d'admission de DV au service des urgences impose de se concerter en équipe afin de déterminer à quel niveau l'institution pourrait intervenir en faveur de l'accès aux soins des personnes en situation de handicap.

Il pourra déjà être proposé une rencontre avec le médecin coordinateur afin d'identifier les freins à l'admission de DV. Rappelons que dans sa mission d'accompagnement, l'éducateur spécialisé est appelé à transmettre une information complète sur les publics accueillis si cela peut favoriser leur insertion dans la vie quotidienne. Aussi, si cela n'a pas déjà été envisagé par l'institution, **l'information et la prévention** peuvent devenir des axes d'intervention de l'équipe pluridisciplinaire.

On pourrait ainsi concevoir un programme d'information des différents acteurs, notamment hospitaliers, susceptibles de rencontrer les usagers de la MAS.

Il s'agirait d'un travail pouvant courir sur moyen et long termes, visant à sensibiliser les professionnels de santé aux questions du handicap. Une première rencontre serait organisée dans le cadre du Collectif Partenariat Handicap entre des représentants des services hospitaliers et des représentants du collectif. L'objectif serait double : d'une part, apporter une information neutre, notamment sur la communication avec les personnes porteuses de handicap, les types de handicap, les difficultés y afférents et, d'autre part, proposer des pistes de travail pour améliorer la prise en charge des personnes concernées. Cette première rencontre pourrait initier le principe d'une réunion régulière, tous les deux mois par exemple. Pour ce faire, une salle de réunion sera mise à disposition et des invitations seront envoyées à chaque participant par le biais des outils habituels de communication (messagerie électronique, téléphone, courrier). Il ne s'agit pas de tenir aux professionnels de santé un discours moralisateur mais de s'enquérir des difficultés qu'ils rencontrent et de proposer de mener une réflexion commune sur la question de l'accès au droit commun. Cette dynamique interinstitutionnelle s'inscrirait dans une démarche générale élargie en vue d'une prise en compte plus citoyenne des personnes handicapées. Au-delà de l'intervention auprès de la personne, l'éducateur spécialisé agit aussi sur l'environnement puisqu'ici, c'est ce dernier qui est considéré comme défaillant. Si cela peut présenter un intérêt pour les personnes accompagnées dans le cadre de leur projet individualisé, il leur sera proposé de participer à ces rencontres.

Sur un plan plus organisationnel, il conviendra de rapprocher le projet d'établissement des textes de loi en instaurant un partenariat conventionné avec un établissement de santé de la ville afin de gérer les urgences de manière efficiente. Cette convention, signée par la MAS et le médecin coordinateur des urgences de l'hôpital le plus proche, permettra de définir les modalités d'accueil en cas d'une urgence médicale semblable à celle que DV a récemment connue.

Étape 4 – Construction du plan (15 mn)

Plan – 2e épreuve commentée

Introduction

La question des droits des personnes handicapées est d'actualité en France, notamment depuis la loi du 11 février 2005 pour l'égalité des droits et des chances, la participation et la citoyenneté des personnes handicapées. Une volonté générale est effectivement à l'œuvre pour promouvoir le principe selon lequel c'est l'environnement qui est inadapté, non la personne.
D. est éducatrice spécialisée dans une Maison d'Accueil Spécialisé (MAS) et est donc particulièrement concernée par ces questions. Ainsi le 11 juin 2008, DV, résidente du groupe 2, s'est vu refuser l'entrée au service des urgences après deux crises successives d'épilepsie sous prétexte que l'établissement était équipé d'un service infirmier. Exposer dans une première partie le contexte législatif et institutionnel dans lequel évolue la MAS nous permettra de traiter dans une deuxième partie les questions de la discrimination et de la cohérence institutionnelle.

1. Synthèse des documents
1.1. La question de l'égalité dans la société [Doc. 3, 6, 8]
1.2. Définition et contexte de l'intervention de la MAS [Doc. 2, 4, 5, 7]
1.3. La situation de DV le 11 juin 2008 [Doc. 1]

2. Analyse de la situation
2.1. La place de l'éducateur spécialisé dans une MAS
2.2. Dans l'institution, un manque de cohérence ?
2.3. Hors de l'institution, la discrimination

Conclusion
L'étude des différents documents mis à notre disposition nous a permis de repérer certaines dynamiques de société et dynamiques institutionnelles liées à la question très actuelle du handicap. Nous avons pu voir que le respect des droits de la personne handicapée est un champ du travail social au sein duquel l'éducateur spécialisé a un rôle important à jouer, tant auprès des personnes qu'il accompagne qu'à l'égard de la société.
Nous avons établi l'existence d'un dysfonctionnement institutionnel dans l'établissement d'accueil spécialisé, non moins important que la discrimination subie par la résidente de la part de l'hôpital. C'est pourquoi nous proposerons pour clôturer cette réflexion deux axes de travail, soumis à l'adhésion de l'équipe pluridisciplinaire :
- soutien de DV dans sa démarche, quelle qu'elle soit ;
- travail de partenariat avec les professionnels de santé.

DC 4.2. Le dossier Partenariat et réseau. L'épreuve

> *« Nous avons été sensibilisés en première et deuxième années au sujet par un travail de groupe nommé "Territoire et population", qui* in fine *nous amenait à prendre en compte et rencontrer les partenaires autour d'une certaine population. Ces travaux m'ont captivé, n'ayant pas mesuré l'importance du partenariat avant mon entrée en formation. Cependant il y a autant de regards sur le sujet que d'éducateurs et de relations partenariales différentes, malgré la standardisation que l'on essaye de donner par le référentiel métier. Je m'égare sûrement, tout comme certains vieux loups de l'éducation spécialisée ne comprenant pas la place de ce module dans leur nouveau référentiel métier. »*
>
> *Jude, IFRAMES Angers, Promotion 2009-2010.*

Compétences repérées[21]

- Développer des actions en partenariat et en réseau et contribuer à des pratiques de développement social territorialisé.
- Développer et transférer ses connaissances professionnelles.

Déroulement de l'épreuve

Cet examen est organisé à l'initiative de l'institut de formation. Certains établissements préfèrent le proposer en deuxième année quand d'autres attendent le stage professionnel de troisième année. Le jury est composé d'un formateur et d'un professionnel qui n'ont pas de lien direct avec l'établissement de formation ou le candidat. L'épreuve comprend deux volets : **un dossier écrit** et **une prestation orale**, de coefficient 1 pour chacun d'entre eux.

21. Les éléments fonctionnels proviennent de l'arrêté du 20 juin 2007 relatif au diplôme d'éducateur spécialisé (NOR : MTSA0755916A).

Détails de l'épreuve

Dans un premier temps, l'étudiant élabore un dossier d'une quinzaine de pages qui sera délivré au jury avec les évaluations des sites qualifiants[22]. Ce dossier sera effectué à l'occasion d'un stage. Il fera dans un deuxième temps l'objet d'une épreuve orale de 30 minutes pendant laquelle le candidat exposera son positionnement au regard des problématiques institutionnelles et interinstitutionnelles.

La méthode est assez libre et dépend essentiellement des orientations données par l'institut de formation. Cela dit, il convient de faire apparaître les éléments suivants :
– *la compréhension que le candidat a des questions de réseau et partenariat*[23] ;
– *un diagnostic institutionnel, territorial et partenarial ;* il s'agit de *« rassembler et choisir les éléments d'information qui permettront de produire un jugement » ;*
– *des propositions de dynamiques interinstitutionnelles et territoriales* au regard des missions de l'éducateur spécialisé.

DC 4.2. Dossier Partenariat et réseau. Proposition de méthodologie

L'élaboration de cette partie de la certification du DEES se fait à l'occasion d'un stage. Il s'agit donc pour le candidat d'une mise en situation lui permettant d'adopter une conduite active et méthodologique. En effet, ce volet de la formation exige une rigueur et une ingénierie de l'intervention, en ce sens où il fait appel aux facultés d'observation, d'analyse et de gestion de la complexité.

Quelle que soit la durée du stage, il convient de **dresser un calendrier** établissant les étapes de la démarche de travail. Voici une proposition :
– *recueil des données,* 1/3 du temps ;
– *analyse des données,* 1/3 du temps ;
– *élaboration et/ou mise en place de propositions,* 1/3 du temps.

Le travail d'écriture peut commencer dès le début du stage : d'abord vaste et générale, la rédaction s'affinera au cours du travail. Chaque étudiant trouvera la technique qui lui convient mais il est toutefois conseillé de débuter l'écriture dès que les premiers éléments d'analyse apparaissent.

---

22. L'appellation « site qualifiant » est utilisée pour désigner les lieux de stage et traduit la dynamique de professionnalisation qui est demandée à l'institution lors de l'accueil de stagiaires.
23. Le lecteur trouvera des informations plus précises au sein de l'encart théorique « Réseau et partenariat » p. 227.

Étape 1 – Le recueil des données

Comme pour toute démarche investigatrice, le professionnel est dans une position d'observateur. Il ne s'agit pas de se mettre en retrait au niveau de la pratique, puisque le stage est une occasion d'explorer toutes les composantes de l'accompagnement. Il s'agit d'être *aussi* capable de porter un regard extérieur, objectivant, sur une organisation territoriale et institutionnelle. Rappelons néanmoins que vivre un stage, c'est avant tout interagir avec le public accueilli ; des modalités subjectives sont donc de fait en jeu à la fois chez les usagers et chez les professionnels.

La recherche de l'objectivation est nécessaire dès les premiers jours d'exercice. En effet, face à un réel non maîtrisable, l'individu construit une réalité en fonction de son système de pensée, de ses représentations sociales ou encore de son appartenance à un groupe social spécifique. L'exercice d'une profession en prise directe avec la complexité de la nature humaine soumet de fait le professionnel à cette interprétation du réel. Sans prétendre que l'objectivité est possible à atteindre, il convient de se rapprocher de la réalité sociale en repérant les biais présents dans la démarche méthodologique. On l'aura compris, il ne s'agit pas de nier la subjectivité du candidat mais de savoir l'identifier comme telle et la confronter à des éléments plus objectivés, recueillis notamment lors de la phase d'observation.

Observation participante, participative, active[24]... autant de termes qui témoignent de cette bascule constante entre observation et action ainsi que de la nécessité de n'être ni trop près, ni trop loin lors de cette première étape de recueil de données. À cet effet, plusieurs techniques pourront être adoptées, qui sont présentées dans leurs grandes lignes ci-après.

L'utilisation d'un carnet de bord, notamment, est primordiale pour ce type de travail. Quelle que soit la forme des prises de notes, ce carnet restituera la trace d'une réalité vécue et témoignera d'un cheminement intellectuel. Deux dimensions devront être mises en œuvre dans ces notes :
– *la description des faits, l'observation factuelle ;*
– *l'interprétation, le ressenti.*

Ce découpage des événements oblige l'étudiant à une élucidation des mécanismes subjectifs qui se trouvent intriqués à ses observations. Il y a là l'idée de mettre à l'œuvre *un double mouvement :* l'observation d'un milieu professionnel *et* l'observation de soi-même dans ce milieu.

Qu'observe-t-on ?

Plusieurs sphères se trouvent liées à l'institution et à son fonctionnement. Nous découperons le champ d'observation en quatre volets.

---

24. La notion d'observation active est développée dans la partie consacrée au mémoire de fin de formation (p. 120).

Le cadre d'intervention

S'intéresser au cadre d'intervention permet de poser les bases du travail : ce sera le premier volet de cette observation-recherche. En effet, ce sont les éléments définissant ce cadre qui justifient les démarches institutionnelles mises en place. Pour cela, plusieurs documents sont à la disposition de l'étudiant : projet d'établissement, rapports internes, organigramme, textes législatifs, compte-rendu de réunions de fonctionnement... Dans **un objectif de contextualisation des interventions**, il s'agira d'y repérer les éléments suivants :
– *l'historique de l'établissement ;*
– *ses finalités, ses objectifs généraux ;*
– *ses axes d'intervention.*

Les réseaux et partenariats

Deuxième volet : repérer l'existence de réseaux et/ou de partenariats. Pour cela, le candidat s'enquerra des conventions ou chartes de partenariat, des éventuels carnets d'adresses utilisés dans l'institution, des relations informelles établies...

Cette investigation exige du candidat une réflexion approfondie sur les notions de réseau et de partenariat. Il n'existe pas une définition univoque de chacun de ces termes qui fasse consensus. Il convient donc d'**opter pour une définition**, d'argumenter son choix et de l'utiliser comme grille de lecture pour l'élaboration de ce dossier.

À noter. En l'absence de références sur ces notions, le candidat pourra s'appuyer sur deux ouvrages :

Dumoulin Philippe [et al.], *Travailler en réseau. Méthodes et pratiques en intervention sociale,* Dunod, Paris, 2006.
Dhume Fabrice, *Du travail social au travail ensemble,* Éditions ASH, Paris, 2001.

Le territoire

L'institution ou le service évolue dans un territoire que l'éducateur spécialisé doit inclure dans son observation. Il s'agira, pour ce troisième volet de l'observation, de **répondre aux questions suivantes :**
1. Comment délimiter le territoire ? Arrondissement, quartier, ville ? (Ce choix doit pouvoir s'argumenter, il n'est pas aléatoire.)
2. Quelles sont les caractéristiques objectives de ce territoire (éléments statistiques) ? (Caractéristiques historiques, économiques, politiques et géographiques intéressantes à prendre à compte pour dresser une vision réaliste du contexte territorial.)
3. Existe-t-il des structures associatives, institutionnelles, médico-sociales sur ce territoire ? Quelles prédominances sont visibles ?

4. Comment se situe le site qualifiant dans ce tissu professionnel ? Existe-t-il des relations avec les institutions ? Avec les particuliers ? De quelle nature sont ces relations ?
5. Comment le public accueilli évolue-t-il dans ce territoire ?

Cette liste de questions, non exhaustive, démontre la richesse que peut recouvrir un territoire délimité pour l'accompagnement d'un public donné.

De nombreux supports peuvent être utilisés pour ce volet de la recherche :
- internet (INSEE[25], CRÉDOC[26], site gouvernemental de la politique de la ville, portails de revues comme Cairn, Persée...) ;
- documents papier (contrats de ville ou Contrat Urbain de Cohésion Sociale, ouvrages, revues, publications professionnelles, dictionnaires, encyclopédies...) ;
- autres supports (vidéo, enregistrements sonores, œuvres cinématographiques...).

Les besoins du public accueilli

Enfin, et c'est ce qui justifie l'intervention de l'éducateur spécialisé, le professionnel aura à observer et définir les besoins du public accueilli : quatrième volet de l'observation. En effet, l'idée n'est pas de mener des actions partenariales parce que l'époque le veut mais parce qu'elles répondent à **un besoin repéré et vérifié** chez les usagers.

Ici, nous ne proposerons pas de liste de questions ou d'axes de recherche puisqu'il s'agit avant tout de laisser parler les personnes afin d'appréhender la perception qu'elles ont de la réalité.

L'étudiant notera ses observations sur un carnet de bord et pourra s'appuyer sur différents autres supports : dossier des personnes accueillies, projet individualisé, notes et rapports...

Si la situation s'y prête, **une observation fine des réseaux entourant l'usager** sera effectuée. Il s'agit pour cela d'identifier les personnes physiques et/ou morales qui interviennent dans la vie de la personne, et de qualifier leur degré d'intervention.

Bilan intermédiaire des observations

Une étape intermédiaire consistera à faire le point sur les différentes dimensions observées. Voici un schéma les figurant page suivante.

Ce bilan à mi-parcours permettra au candidat de repérer les informations manquantes et d'écarter ce qui apparaît tout compte fait inutile. En effet, il est fort à parier que des premiers questionnements ou paradoxes auront émergé de ce travail.

---

25. INSEE : Institut National de la Statistique et des Études Économiques.
26. CRÉDOC : Centre de Recherche pour l'Étude des Conditions de Vie.

Le territoire Ses caractéristiques Le paysage institutionnel

L'institution site qualifiant Son cadre d'intervention Les relations entretenues avec l'extérieur (personnes physiques, personnes morales) - caractéristiques de ces relations

Le public accueilli Ses caractéristiques Les besoins repérés

Des outils pour compléter et affiner les données

La rigueur méthodologique exigée par ce type de travail ne peut laisser de côté les incertitudes, paradoxes, interrogations qui auraient surgi... Il s'agira donc, si besoin, d'avoir recours à des outils complémentaires. L'idée n'est pas d'utiliser tous les outils proposés mais de sélectionner et adapter ceux qui paraissent appropriés à l'objectif visé.

MÉMO

- ✓ **Échantillon[27] : groupe restreint qui reproduit les caractéristiques dans les mêmes proportions que le groupe de référence.**
- ✓ **Sondé : personne interrogée dans le cadre d'une enquête.**
- ✓ **Question ouverte : le sondé est appelé à s'exprimer librement sur une question donnée.**
- ✓ **Question fermée : le sondé a le choix entre plusieurs items.**

La méthode quantitative

Cette méthode est utilisée dans le cas où le professionnel recherche une régularité statistique qui permettrait de décrire un fait social : fréquences, proportions, variations... Il s'agit d'une méthode complexe à mettre en œuvre, qui demande du temps, et de la rigueur.

27. Rullac Stéphane, Soris Cécile, *DC 2. Conception et conduite de projet éducatif spécialisé DEES*, Vuibert, Paris, 2008, p. 78.

Les principales techniques sont :
– *les sondages* (questionnaires, sondages d'opinion...) ;
– *les études statistiques* ;
– *l'analyse factorielle* (technique d'analyse qui permet de dégager des facteurs communs à des variables observées).

Dans le cadre de l'épreuve du DC 4.2, **la technique utilisée la plus fréquemment est celle du questionnaire**. Nous en détaillons donc les cinq étapes :
1. La clarification des objectifs visés : que cherche-t-on à savoir ? Quels sont les thèmes qui délimitent la recherche ?
2. La rédaction des questions : après avoir identifié les thèmes, le candidat devra élaborer une série de questions ouvertes et/ou fermées destinées à recueillir des éléments correspondant aux indicateurs qui auront été définis auparavant. Dans l'ouvrage *DC 4 Implication dans les dynamiques partenariales, institutionnelles et interinstitutionnelles,* Patrick Dubéchot et Marie Rolland proposent une typologie d'indicateurs :
- indicateurs factuels : participation à une activité, présence dans un lieu...
- indicateurs formels : fonction professionnelle, appartenance à une organisation...
- indicateurs subjectifs : opinions, représentations sociales...
3. La construction d'un échantillon : elle est obligatoire dans le cadre d'une démarche quantitative. Plusieurs techniques existent : la méthode par quotas, le tirage au sort dans le groupe de référence...
4. La passation du questionnaire.
5. Le traitement des réponses : il se fait en général à l'aide d'un logiciel adapté permettant de croiser des données ou d'observer des tendances.

Attention. Le questionnaire est une technique qu'il convient de maîtriser pour obtenir des résultats représentatifs.

La méthode qualitative

Les méthodes qualitatives sont destinées à entendre un discours, un contexte ; elles mettent en évidence des représentations ou des idées portées par les individus interrogés. Plusieurs techniques existent :
– *l'observation participante ;*
– *l'histoire de vie ;*
– *les tests projectifs* (outils utilisés par les psychologues et qui observent les réactions spontanées d'un individu face à un stimuli spécifique) ;
– *l'entretien.*

L'entretien est la technique susceptible d'être la plus utilisée dans le cadre de cette épreuve. Il permet en effet de recueillir un discours argumenté et contextualisé. On distingue trois types d'entretien :
1. Entretien non directif. Cette forme peut être utile dans le cas où aucune hypothèse n'a encore été formée lors des premières observations. Le discours des personnes interrogées guidera l'étudiant vers des problématiques non entrevues auparavant.

2. Entretien semi-directif. Cette technique permet d'interroger une personne sur des thèmes préalablement choisis tout en lui réservant la possibilité d'aborder des thèmes nouveaux.
3. Entretien directif. Cette méthode permet de valider une hypothèse construite lors des premières observations.

L'entretien se fait en cinq étapes :
1. La clarification des objectifs visés : que cherche-t-on à savoir ? Quels sont les thèmes qui délimitent la recherche ?
2. La construction du guide d'entretien : il s'agit des questions que le professionnel posera à la personne interviewée, organisées par thèmes.
3. Le recueil de la parole : selon les situations, enregistrement de la voix, prise de notes pendant l'entretien…
4. La retranscription des entretiens.
5. L'analyse de contenu (résumé ou interprétation).

Les résultats obtenus grâce aux outils complémentaires doivent permettre au candidat d'affiner les trois dimensions citées plus haut, à savoir : le territoire, l'institution et le public accueilli.

Étape 2 – L'analyse des données

Après avoir finalisé la première étape de recueil de données, le candidat parvient à une étape qui fait appel à ses capacités d'analyse.

Le Petit Larousse (2010) définit l'analyse comme une *« étude faite en vue de discerner les différentes parties d'un tout, de déterminer ou d'expliquer les rapports qu'elles entretiennent les unes avec les autres »*.

Nous pouvons donc proposer une évolution du schéma de base présenté plus haut :

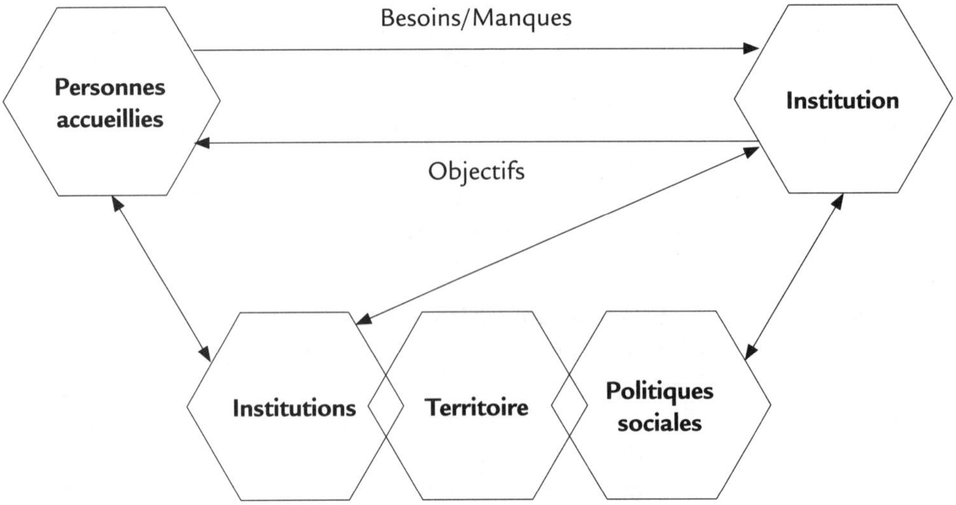

Il s'agit de **mettre en tension les différents éléments repérés** lors du recueil de données. Plutôt que de considérer les entités étudiées comme indépendantes, séparées, le candidat doit les appréhender dans la complexité du système auxquelles elles appartiennent pour en tirer des conclusions.

Pour cela, le candidat fera appel à des connaissances théoriques en lien avec le public accueilli ou le type d'institution. En effet, il ne suffit pas de présenter des résultats de statistiques ou de sondages pour expliquer une situation : le candidat doit se positionner en choisissant **une grille de lecture adaptée**.

Exemple. Un étudiant a repéré que, dans l'institution où il effectue son stage de dernière année, beaucoup de partenariats prétendent exister alors qu'ils n'existent pas réellement. Lors d'entretiens, il a noté que chaque acteur avait des difficultés à partager son travail avec d'autres acteurs. Il choisit alors de s'intéresser aux théories psychosociologiques et à la sociologie des organisations pour mettre en avant les enjeux narcissiques et les enjeux de places et de pouvoir qui se profilent dans ce type d'interactions.

Dans la première étape, lors du recueil de données, le candidat aura repéré des mécanismes interactionnels entre :
- les personnes accueillies et leur environnement ;
- l'institution et son environnement institutionnel ;
- la mise en œuvre des missions de l'institution et la mise en œuvre des politiques territoriales.

Il convient à présent qu'il qualifie ces relations au regard de concepts théoriques précis et qu'il en interroge les enjeux. Les questions suivantes pourront lui servir de guide :
- Ce que les institutions nomment « partenariat » correspond-il réellement à la définition choisie et argumentée par le candidat ?
- Des professionnels parlent de partenariat avec les familles : qu'en est-il ? Que signifie l'idée de considérer les familles comme partenaire ? Existe-t-il des conventions de partenariat avec celles-ci ?
- Quels sont les enjeux politiques dans les partenariats existants ?
- Quels en sont les intérêts pour le site qualifiant ? Pour les personnes accueillies ?
- Remarque-t-on des incidences des partenariats sur les pratiques professionnelles ?
- Existe-t-il des difficultés dans la mise en place opératoire de réseaux de professionnels ou de partenariats ? Pourquoi ?
- Existe-t-il des réseaux actifs et passifs ? Comment les expliquer ?

Cette liste est sans fin tant les questions interinstitutionnelles revêtent de complexité. L'idée est ici d'identifier et analyser les mécanismes les plus significatifs au regard des missions de l'éducateur spécialisé.

Étape 3 – Les propositions

Après avoir produit un effort d'objectivation et d'interrogation de la réalité sociale, le candidat devra élaborer une ou plusieurs propositions en regard des axes qu'il aura développés tout au long de ce travail.

Selon les instituts de formation, il sera demandé à l'étudiant de mettre en œuvre ou non les propositions effectuées. Dans tous les cas, celui-ci doit être capable d'**inscrire ses projections dans des conditions de viabilité satisfaisantes et de formuler des indicateurs d'évaluation**.

Cinq éléments devront nécessairement figurer dans ces préconisations pour en asseoir la viabilité :
– *le repérage des finalités et des objectifs ;*
– *les actions mises en place pour rendre opératoires ces objectifs ;*
– *les éléments temporels* (durée, fréquence, étapes...) ;
– *les acteurs sollicités* dans le cadre de ces actions ;
– *les indicateurs d'évaluation* (ceux-ci sont construits en fonction des objectifs visés).

Étape 4 – Le passage à l'écrit[28]

Quel que soit le moment choisi pour passer à l'écriture, il est conseillé de commencer par construire un plan détaillé. D'abord, parce que ce plan permettra de veiller au respect des contraintes (nombre de pages, chapitres devant obligatoirement figurer...), ensuite, parce que l'étudiant pourra ainsi vérifier la pertinence de son cheminement et le modifier si nécessaire.

Il ne sera pas proposé ici une forme unique de plan : celui-ci dépendra des consignes données par l'institut de formation. En outre, le degré de liberté laissé au candidat est à prendre comme un gage de créativité et un espace d'autonomie.

RÈGLES DE BASE

✓ **Proposer un sommaire ou une table des matières pour guider le lecteur.**
✓ **Introduire et conclure le dossier.**
✓ **Rédiger une quinzaine de pages hors page de garde, sommaire et annexes.**
✓ **Indiquer la signification des sigles la première fois que le terme est utilisé.**
✓ **Référencer toutes les données venues de sources extérieures.**
✓ **Respecter l'anonymat des personnes citées.**

28. Une fiche pratique est proposée en fin d'ouvrage : Conseils transversaux aux épreuves écrites du DEES (p. 311).

Étape 5 – L'épreuve orale[29]

Cette étape de l'épreuve est organisée par l'établissement de formation et c'est devant un jury de deux correcteurs que l'étudiant devra exposer ses réflexions.

L'épreuve dure 30 minutes, elle est divisée comme suit :
– *une présentation par l'étudiant* (10 mn) ;
– *un échange entre le jury et le candidat* (20 mn).

Les deux personnes composant le jury auront déjà lu le dossier écrit de quinze pages remis par le candidat quelque temps avant l'épreuve orale. Avant toute chose, il convient donc de prendre conscience de l'aspect rébarbatif que peut revêtir ce type d'épreuve pour le jury. En effet, si le candidat structure son oral de la même manière que l'a été son écrit, le jury risque fort de ne tirer que très peu d'intérêt de ces 30 minutes d'échange.

À noter. Cette épreuve est à voir comme complémentaire au dossier de 15 pages.

Aussi, conseillons-nous au candidat de s'extraire de ses travaux écrits pour produire à l'oral une vision distanciée de son expérience de stage. **Quatre points** peuvent ainsi être abordés :

1. Ce que le candidat n'a pas pu placer dans le dossier : au cours de la rédaction, la contrainte du nombre de pages a pu amener le rédacteur à se limiter à l'essentiel. L'oral est peut-être le moment pour évoquer ces détails qui n'en sont pas moins importants pour la compréhension du dossier.

2. Une analyse distanciée des difficultés rencontrées : une fois le stage achevé et le dossier rendu à l'institut de formation, des constats non entrevus auparavant peuvent émerger dans l'esprit de l'étudiant. Ainsi, ce qui pouvait être vécu de manière difficile pendant le stage peut être analysé avec plus de distance et servir la vision objective du candidat.

3. Les effets des propositions avancées : d'aucuns ont pu s'apercevoir qu'une équipe peut accepter les propositions de stagiaires motivés sans en assurer la continuité après leur départ. Il ne s'agit pas d'accuser l'équipe du lieu de stage mais d'identifier l'état actuel de réalisation des préconisations et d'expliquer ce qui a pu contribuer ou au contraire défavoriser leur application. Cette vision permet d'avoir un regard sur l'institution et ses capacités à gérer le changement mais surtout d'analyser les modalités d'interaction du candidat. Qu'est-ce qui, dans l'individualité d'un professionnel, peut favoriser ou non la mise en place de réseaux ou de partenariats ?

4. Autres éléments vus comme importants par le candidat.

De manière concrète, il est conseillé au candidat de préparer un plan de présentation. Celui-ci est à la guise du candidat et nous ne saurions donner un plan

29. Une fiche pratique est proposée en fin d'ouvrage : Conseils transversaux aux épreuves orales du DEES (p. 319).

modèle à reproduire, tant la créativité du candidat est appelée lors de l'ensemble des épreuves du DEES.

DC 4.2. Dossier Partenariat et réseau. Entraînement

Avertissement. L'exemple qui suit constitue une proposition. En effet, il n'existe pas une réponse unique à une problématique mais des éléments de réponses soumis à la complexité du métier d'éducateur spécialisé.

Afin d'illustrer les éléments méthodologiques présentés précédemment, nous nous appuierons sur les travaux de Célia (présentés notamment au sujet du DC 1, Dossier de Pratiques Professionnelles, p. 33). La décomposition de sa démarche servira à donner un exemple ni exhaustif ni exclusif. Rappelons que chaque institut de formation se saisit de cette épreuve selon ses propres orientations et que d'une école à l'autre, la consigne peut évoluer. L'exemple qui suit est donc donné à titre indicatif et ne constitue pas un « mode d'emploi » pour la réussite de cette épreuve.

Contexte. Célia est étudiante en deuxième année de la formation d'éducatrice spécialisée, au sein de l'Institut Méditerranéen de Formation en travail social (IMF) de Marseille. Le stage de deuxième année se nomme dans cet institut de formation « Action sociale et développement », et se déroule sur une durée de trois mois entrecoupée par de brefs retours en formation. Cette expérience pratique fait l'objet de la certification du DC 4.2, en ce sens où Célia devra élaborer un dossier de quinze pages sur les questions du réseau et du partenariat et devra soutenir ensuite cet écrit devant un jury de deux personnes. Célia a choisi d'effectuer ce stage dans un Foyer d'Action Éducative (FAE) accueillant une quinzaine d'adolescents de 16 à 18 ans, au titre de l'ordonnance du 2 février 1945 relative à l'enfance délinquante.

Dossier Partenariat et réseau. Exemple commenté : *Foyer d'Action Éducative* – IMF Marseille

Voici la consigne qui est donnée aux étudiants lors de leur entrée en stage :

> Diplôme d'État d'Éducateur Spécialisé
> Dossier Partenariat et réseau DC 4.2
> Promotion 2008-2011 – IMF Marseille
>
> À l'issue du stage ASD, vous rédigerez un dossier d'environ une quinzaine de pages qui traduit votre implication dans les dynamiques interinstitutionnelles. Pour cela, vous montrerez à la fois votre compréhension des enjeux d'un travail en réseau et en partenariat pour le lieu de stage et votre contribution à des pratiques de développement social territorialisé répondant à ces enjeux.

Ici, le candidat peut d'ores et déjà repérer deux axes de travail :
1. Le diagnostic des dynamiques interinstitutionnelles.
2. La mise en œuvre de propositions.

La consigne est complétée par les points suivants :
- Identification du réseau auquel appartient le site qualifiant, des rapports entretenus avec l'environnement et des partenariats éventuellement construits en fonction des secteurs (social, scolaire, sanitaire, culturel, administratif).
- Qualification de ces rapports au regard des missions de l'institution.
- Analyse des enjeux portés par cette dynamique interinstitutionnelle, pour les usagers, l'institution et l'environnement.
- Développement d'une ou plusieurs proposition(s) axée(s) sur le travail en réseau et partenariat, en lien avec les constats et l'analyse effectués antérieurement.
- Présentation d'un plan d'action circonstancié pour démontrer l'implication du candidat et les moyens engagés pour mettre en œuvre les propositions avancées.

Organisation du travail

Par le biais de son projet de stage, Célia a conçu **un planning** pour la mise en œuvre de ses travaux. Celui-ci se voulait flexible et susceptible d'aménagements si besoin. Après coup, elle décrit **quatre temps dans le déroulé effectif du stage :**
1. L'observation générale : l'étudiante est dans une position de retrait et d'écoute, elle prend connaissance des documents internes et externes, assiste aux différentes réunions, accompagne son référent de stage dans ses rencontres avec l'environnement extérieur, commence à identifier les rapports de l'institution avec l'extérieur.
2. L'observation participative : quelque peu immergée dans la culture de l'institution, Célia devient actrice dans l'équipe, continue à observer mais participe, donne son avis, se positionne. Elle rencontre elle-même des partenaires et commence à mettre en œuvre des outils de recueil de données.
3. La participation : Célia a analysé les données recueillies et formule des propositions à l'équipe par le biais de supports écrits et oraux, elle entre dans une phase de négociation avec les membres de l'équipe et les acteurs sollicités pour adapter ses propositions aux besoins de chacun.
4. La sortie de stage : l'étudiante élabore et met en place une partie de ses propositions avec l'appui de quelques membres de l'équipe. Elle prépare également leur continuité après son départ.

Étapes 1 et 2 – Le recueil et l'analyse des données

Dans le cas de ce stage, Célia a imbriqué les étapes de recueil de données et d'analyse de ces données afin de mieux gérer la complexité du matériel et du travail. Elle a ainsi alterné des temps de recueil/analyse et des temps de questionnements/recueil ciblé/conclusions. C'est en cheminant ainsi dans son travail qu'elle a pu concevoir des propositions pour son lieu de stage.

Recueil et analyse des données se sont déroulées en deux phases.

Phase 1

Célia a commencé par repérer les **enjeux propres au territoire** dans lequel son stage se déroulait. Elle a choisi de se limiter à l'arrondissement de ville concerné, puis au quartier puisque tel était le cas au sein des politiques de la ville. Elle a utilisé pour cela un certain nombre d'outils et eu recours à des démarches :
- un agrandissement papier de l'arrondissement en question et des gommettes de couleur pour identifier la concentration des acteurs sociaux, médico-sociaux, associatifs, administratifs du territoire ;
- une recherche documentaire (INSEE, contrats de ville, Contrat Urbain de Cohésion Sociale ou CUCS, schéma départemental de l'enfance et l'adolescence, centre de ressources pour la politique de la ville PACA[30], Système d'Information Géographique de la Politique de la Ville, agence d'urbanisme de l'agglomération marseillaise) ;
- un carnet de bord pour noter ses ressentis subjectifs à l'égard du territoire ;
- des rencontres avec des acteurs clés du territoire (agent de développement territorial, directeur d'un centre de loisirs influent).

Le temps imparti au stage ne permettait pas à Célia de dresser un diagnostic territorial exhaustif mais elle a néanmoins pu effectuer des constats généraux. Par exemple, elle a remarqué que l'arrondissement, qui compte 73 000 habitants, était peu urbanisé et de nature contrastée : habitations résidentielles et noyaux villageois à forte précarité. Elle a noté que le FAE est au sein d'un quartier dit prioritaire, il bénéficie donc de la présence opérationnelle de la politique de la ville dans un contexte lourd en enjeux : insertion sociale, citoyenneté, prévention de la délinquance.

Célia a également pris note du réseau de transports en commun et remarqué que l'arrondissement faisait preuve d'un dynamisme certain, porté par un important tissu associatif et par des structures médico-sociales.

Après ce bref détour par l'étude du territoire, l'étudiante a amené des éléments clés concernant **le cadre d'intervention de l'institution et ses relations avec l'extérieur**.

Pour ce faire, elle a eu recours à :
- une recherche documentaire : ouvrages publiés, rapports de la Protection Judiciaire de la Jeunesse (PJJ) et de la Direction Départementale de la PJJ (DDPJJ), conventions ou chartes de partenariat existant à chaque niveau territorial, projet d'établissement, carnet d'adresses de l'équipe ;
- un carnet de bord pour recueillir les observations effectuées lors des temps de travail.

30. Région Provence-Alpes-Côte d'Azur.

Un long travail de tri a ensuite été nécessaire pour ordonner ces différentes données. Afin de saisir la complexité du système de la PJJ, Célia s'est munie d'une feuille de format A2 qu'elle a épinglée au mur ; elle a ainsi pu dessiner **une cartographie du réseau et partenariat existant**.

Avant d'établir des schémas, Célia a commencé par **rechercher des définitions du réseau et du partenariat**. Notons qu'il n'existe pas une vérité absolue en la matière ; de nombreux travaux ont été effectués sur les questions interinstitutionnelles. Il appartient au candidat de choisir sa grille de lecture et de la spécifier ensuite dans son dossier écrit. Les définitions qui ont servi de base au travail de Célia sont les suivantes :

Le réseau

Dans le cas d'un établissement tel que le FAE, le réseau est constitué de toutes les personnes, services ou établissements que l'équipe peut solliciter de manière formelle ou non afin de répondre aux besoins des jeunes accueillis. On peut parler de réseau actif ou de réseau passif, nous le verrons avec des exemples concrets.

La pratique du travail en réseau se caractérise par « l'horizontalité des relations sociales » : aucun des acteurs n'occupe une place centrale et il s'agit de répondre à un besoin du public concerné. Il n'existe pas nécessairement de réciprocité entre les acteurs.

Par souci d'homogénéité des données, nous considérons dans le cadre de cette réflexion que le réseau actif est celui qui a été mobilisé au moins une fois pendant la période de stage. Il est important de préciser qu'un réseau considéré comme passif sur la base de ce critère a pu être actif six mois auparavant. En effet, le caractère parfois urgent de l'accompagnement suppose que le FAE ait une capacité d'adaptation et de flexibilité.

Le partenariat

Nous retiendrons une partie de la définition proposée par le chercheur Fabrice Dhume (sociologue) : « *Méthode d'action coopérative fondée sur un engagement libre, mutuel et contractuel d'acteurs différents mais égaux, qui constituent un acteur collectif dans la perspective d'un changement des modalités de l'action [...] et élaborent à cette fin un cadre d'action adapté au projet qui les rassemble, pour agir ensemble à partir de ce cadre*[31]. »

Voici le résultat de son travail : voir le schéma page 299.

Face à la complexité d'un tel système, Célia a choisi de ne pas viser l'exhaustivité en sachant qu'elle devrait justifier ce choix à l'écrit : elle s'est arrêtée aux partenariats ou relations à des niveaux territoriaux, État, région, département, ville. Ces éléments, estimait-elle, suffisaient à appréhender la dimension partenariale qui existait dans le secteur de la PJJ. Nous remarquerons toutefois qu'elle s'est arrêtée ici aux partenariats ou relations à des niveaux territoriaux : État, région, département, ville.

---

31. Dhume Fabrice, *Du travail social au travail ensemble*, Éditions ASH, Paris, 2001, p. 108.

Elle a ensuite conçu un autre schéma pour figurer les relations du FAE à proprement parler (page 300).

Cette représentation graphique a été complétée par **un tableau indiquant les missions respectives des institutions et la nature de leurs relations avec le FAE** (nous ne le reproduisons pas ici).

Dans cette longue étape de travail que représente la recherche de données objectives, vient enfin **l'étude du public accueilli**. Pour cela, Célia a employé là aussi :
- son carnet de bord, comme lieu d'écriture des instants éducatifs vécus avec les jeunes accueillis ;
- sa présence effective sur les différents temps d'internat ;
- des accompagnements d'adolescents au tribunal, à la Mission locale, chez le médecin, qu'elle a elle-même effectués.

Célia s'est notamment interrogée assez tôt sur des passages à l'acte d'adolescents. Selon l'étudiante, ceux-ci pouvaient être liés à une certaine inertie qu'elle percevait au sein du FAE. Elle remarqua aussi dès les débuts du stage que les jeunes accueillis, disposant d'un droit de sortie dans la journée, regagnaient leur lieu de vie initial ; n'était-ce pas en contradiction avec une des missions du FAE qui est de permettre l'éloignement de ces jeunes de leur milieu vie naturel, considéré parfois comme pathogène ?

Les questionnements de ce genre ont été notés sur le carnet de bord mais ils ne pouvaient en aucun cas être restitués en l'état ; en effet, ils appartiennent à la subjectivité du candidat et méritent d'être explorés et analysés.

Afin de faire le point sur cette phase du travail, Célia commence à **rédiger de manière libre les résultats** de ses premières recherches.

À noter. Le recueil de données inhérentes aux trois sphères que sont territoire, institution et public accueilli, a été mené conjointement tout au long de la période d'observation.

La Protection Judiciaire de la Jeunesse, une organisation complexe

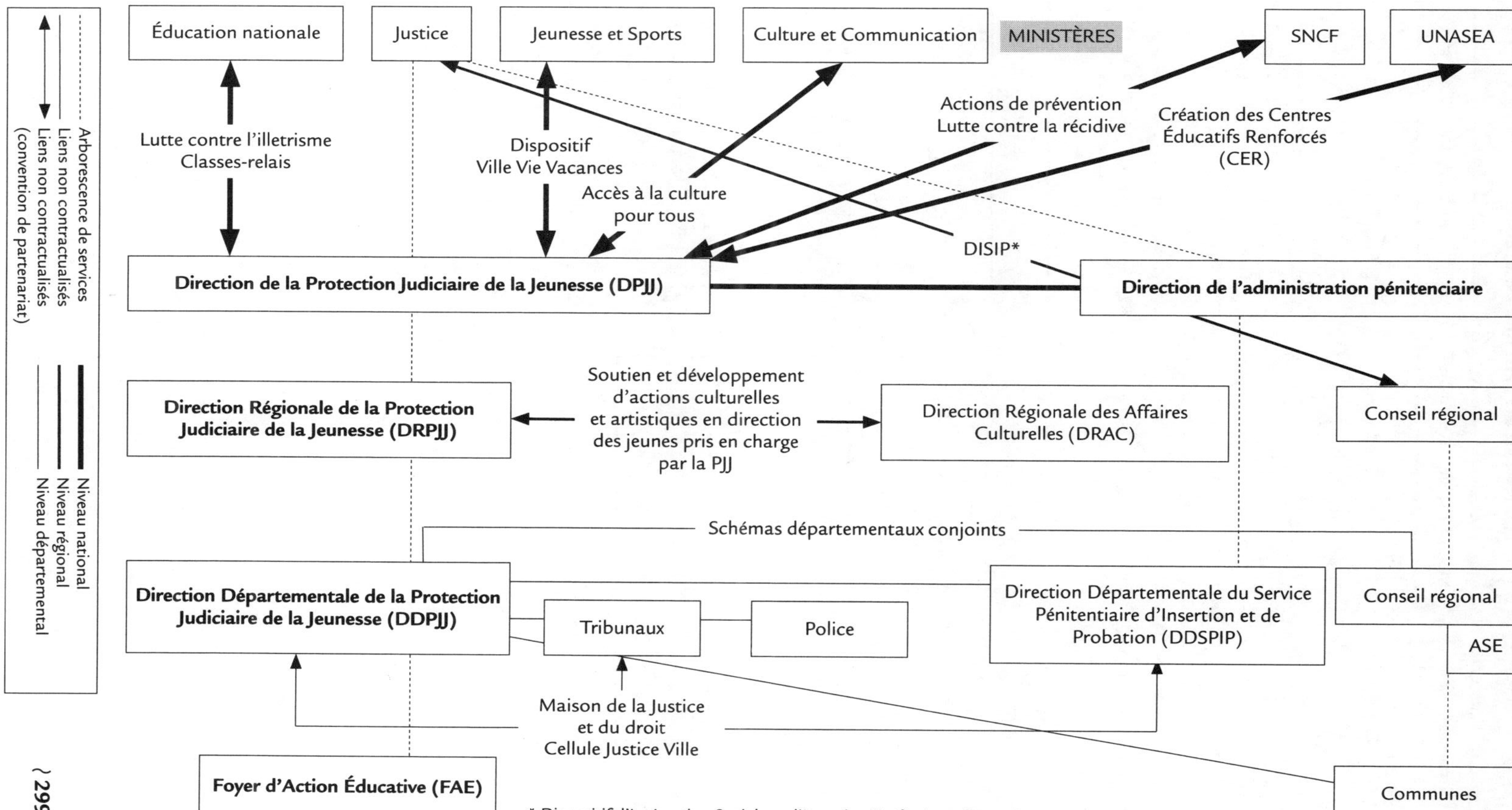

* Dispositif d'Intégration Sociale et d'Insertion Professionnelle

Le réseau du FAE lieu de stage

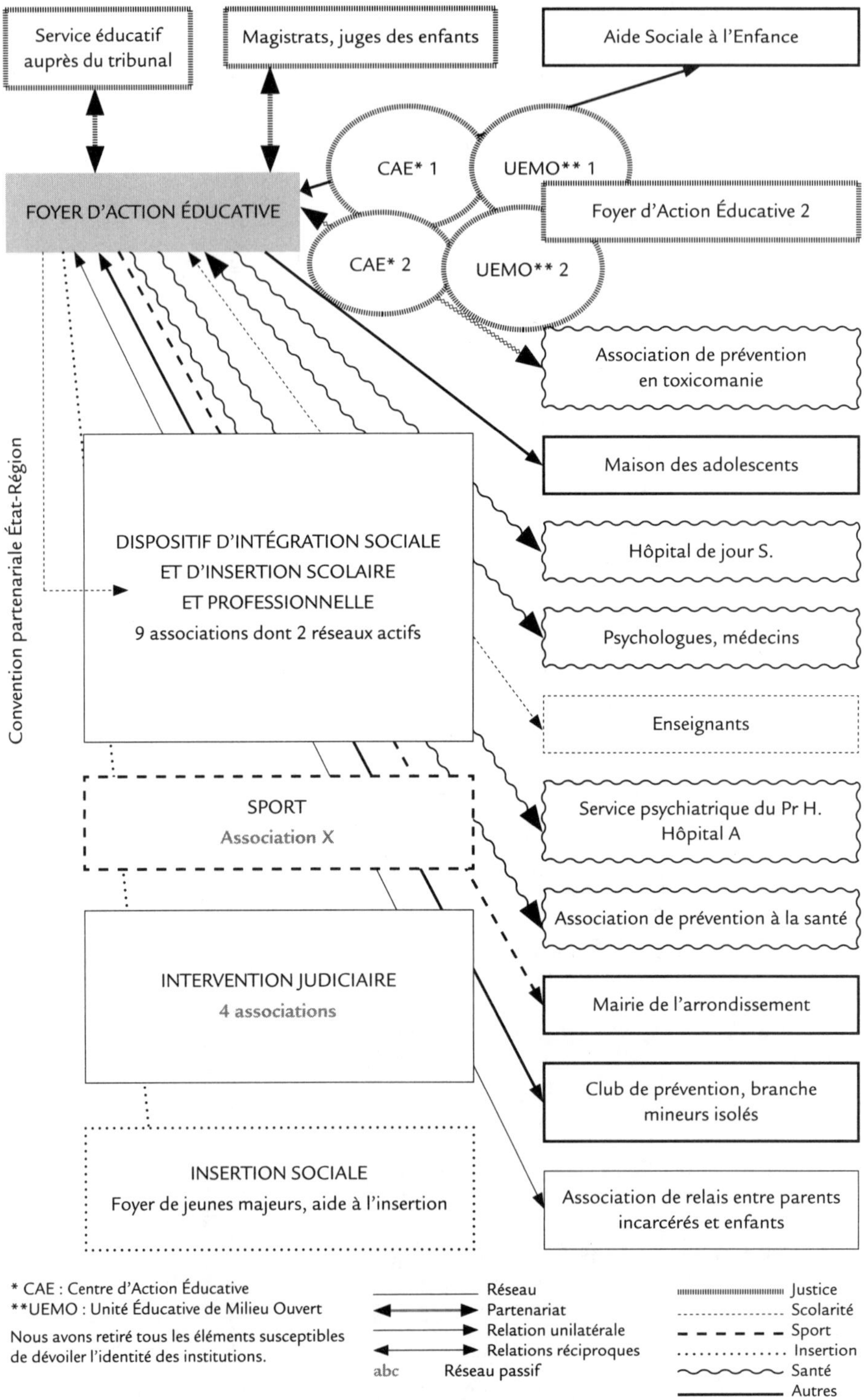

▾ *Phase 2*

Voici, présentées de manière synthétique, les informations qui semblaient manquer à Célia pour la mise en œuvre de son diagnostic.

INSTANCE OBSERVÉE	QUESTIONS EN SUSPENS	MOYEN DE RECUEIL
Jeunes accueillis	- Perceptions de l'environnement. - Perceptions du FAE et du placement. - Perceptions des rôles des professionnels internes et externes au FAE.	Entretien semi-directif.
Institution (professionnels)	- Perceptions de l'environnement en termes professionnels. - Degré de connaissance du territoire et d'implication dans celui-ci. - Perception du FAE dans le territoire. - Définitions et appréhension du réseau et du partenariat.	Entretien semi-directif.

Célia a donc décidé d'utiliser une technique issue de la méthode qualitative : **l'entretien semi-directif**. Effectivement, l'étudiante souhaitait obtenir des informations précises tout en se ménageant la possibilité de recueillir des propos nouveaux auprès des sondés.

Voici les deux guides d'entretien construits et utilisés dans le cadre de cette recherche. Une précision : les questions précédées d'une puce constituent des relances que Célia a utilisées lorsque le sondé ne parvenait pas à répondre.

À l'attention des jeunes accueillis

Représentations de l'environnement

1. Avant d'arriver sur le foyer, connaissais-tu le [...] arrondissement ?
2. À l'heure d'aujourd'hui, que peux-tu en dire ?
   - T'est-il arrivé de t'y balader ?
   - Qu'est-ce que tu en penses ?
3. Peux-tu me citer trois mots qui, selon toi, décrivent cet arrondissement ?

Représentations du FAE

4. Que pourrais-tu dire à propos du foyer ?
   - Comment t'y sens-tu ?
   - Si tu devais le décrire à quelqu'un de l'extérieur (un ami par exemple), qu'est-ce que tu dirais ?
5. Qu'est-ce qui te plaît le plus ici ?

6. À l'inverse, qu'est-ce qui te plaît moins ?
   - À ton avis, qu'est-ce qui pourrait améliorer le quotidien ?

Représentations des professionnels

7. De ton point de vue, ça sert à quoi, un éducateur ?

8. Et une psychologue, comme celle du foyer ?

9. Il me semble que tu as deux ou trois référents. C'est quoi des référents pour toi ?

Situation actuelle et relations extérieures

10. Est-ce qu'il t'arrive de rencontrer d'autres professionnels à l'extérieur de l'établissement ?
    - Dans quel cadre ?
    - Quelques exemples ?

11. Pendant tes heures libres, t'arrive-t-il de voir tes amis ?

Connaissances des besoins/désirs

12. Qu'attends-tu de ce placement ?

13. Pour toi, qu'est-ce qui est le plus difficile dans le placement ?

14. Comment imagines-tu la sortie ?

FICHE SIGNALÉTIQUE

Âge : ....

Durée du placement : ....

Situation actuelle : ....

Distance du quartier d'origine : ....

À l'attention des professionnels

Connaissance du professionnel

1. Peux-tu, en termes professionnels, te présenter brièvement ?
   - Quel est ton parcours professionnel ?
   - Depuis combien de temps travailles-tu dans la PJJ ? au FAE ?

2. De manière générale, comment définirais-tu le rôle d'un éducateur en PJJ ?

3. Qu'est-ce que tu trouves le plus plaisant dans ton métier ?

4. À l'inverse, y a-t-il des choses que tu n'apprécies pas dans le métier d'éducateur PJJ ?

Connaissance du FAE et de son environnement proche

5. Si tu devais présenter le foyer, en quels termes le ferais-tu ?
   - Comment est-ce que tu te le représentes ?

6. Quelle est sa place dans le quartier ? Dans l'arrondissement ?
   - Est-il connu du voisinage ?
   - Quels types de relations ?

7. Est-ce que des activités/sorties sont organisées dans l'arrondissement/le quartier ?

Connaissance des pratiques professionnelles

8. Lors de l'accompagnement d'un jeune, t'arrive-t-il de faire appel à des professionnels extérieurs ?

- Qui ?

9. Sur que(s) critère(s) choisis-tu d'orienter un adolescent vers tel ou tel service/association/établissement ?

10. Est-ce que les relations extérieures sont contractualisées par un document ?

- Conventions
- Protocoles d'accord
- Contrats

11. Selon toi, quel peut être l'intérêt de faire appel à des professionnels extérieurs ?

12. Quelles en sont les limites ?

Réseau et partenariat

13. Comment définirais-tu le réseau ? Et le partenariat ?

Pour mettre en œuvre ces guides d'entretien, Célia a choisi de ne pas utiliser d'échantillon mais d'interroger le maximum de personnes de passage dans l'institution.

Elle a pu ainsi réaliser huit entretiens d'adolescents et sept entretiens de professionnels. Pour les adolescents, l'enregistrement n'a pas été possible car il semblait pouvoir mettre à mal la relation de confiance ; Célia a donc pris le parti de prendre des notes. Pour les professionnels en revanche, elle a pu enregistrer leur propos et ainsi les retranscrire avec exactitude. Cette méthode est bien entendu à favoriser dans la mesure où les personnes sondées donnent leur accord.

C'est parfois lors de la retranscription que Célia a pu identifier des éléments qu'elle n'avait pas entrevus lors de l'échange. Les éléments recueillis lors de ces entretiens lui ont permis de dresser des constats plus clairs.

	JEUNES ACCUEILLIS	PROFESSIONNELS	CÉLIA
Vision du territoire	- Calme, bourgeois, paumé. - Ne se sentent pas à l'aise, préfèrent partir.	- Ne connaissent pas la vie du quartier. - Connaissent peu de structures.	- Territoire attractif. - Volontés innovantes.
Vision de l'institution	- Peu d'activités, ennui. - Foyer en mauvais état, délabré.	- Emplacement favorisant la rupture avec le milieu naturel. - Délabré, manque de moyens. - Cadrant.	- Peu d'activités. - Isolée sur le territoire.

Réseau et partenariat	- Relations avec secteur médico-social, milieu ouvert, justice et insertion professionnelle.	- Réseau personnel à chaque professionnel. - Beaucoup de partenaires.	- Beaucoup de travail en réseau. - Une seule convention de partenariat direct avec le FAE.

Étape 3 – La mise en œuvre de propositions

Les étapes de travail précédentes ont permis à Célia de repérer des contradictions entre les missions de l'établissement et l'état des relations du FAE avec son environnement. Alors que le placement en FAE est vu comme un moyen d'éloigner l'adolescent de son environnement jugé pathogène, ses modalités au FAE amènent les jeunes à pouvoir quitter, peu de temps après leur entrée, le foyer pour rejoindre dans la journée leur quartier d'origine. Or le territoire autour du FAE est riche en opportunités ; il peut constituer un outil éducatif pour les professionnels. C'est pourquoi Célia a choisi de dynamiser l'implication territoriale du FAE.

Afin de répondre aux finalités du stage Action Sociale et Développement qui étaient de « *prendre en compte la personne accueillie dans son environnement* » et « *favoriser son insertion* », Célia a choisi de s'appuyer sur un document rédigé par l'ANESM[32]. Ce rapport présente des recommandations sur la thématique « *Ouverture de l'établissement à et sur son environnement*[33] ».

Voici la démarche qu'elle a conçue, présentée dans ses grandes lignes.

Objectifs généraux de la démarche

- Devenir une ressource pour l'environnement.
- S'appuyer sur les ressources présentes dans l'environnement.

Objectifs intermédiaires

- Impulser une dynamique d'ouverture et de dialogue social pour que les jeunes et les professionnels prennent conscience de l'opportunité territoriale.
- Sensibiliser les professionnels à de nouvelles pratiques.
- Construire un réseau commun à tous les membres de l'institution : sans nier les réseaux personnels, il s'agit d'offrir un carnet d'adresses actualisé à tous les professionnels, y compris les débutants.
- Impliquer les jeunes et les valoriser.

32. ANESM : Agence Nationale de l'Évaluation et de la qualité des Établissements Sociaux et Médico-Sociaux.
33. *Recommandations de bonnes pratiques professionnelles*, « Ouverture de l'établissement à et sur son environnement », ANESM, décembre 2008.

De manière opérationnelle

Planifier un rendez-vous régulier (une fois par mois) dans les locaux du FAE, organisé par les jeunes accueillis avec l'aide des professionnels, sous forme d'apéritif dînatoire entre 18 h 00 et 21 h 30. Célia a mis en place la première rencontre. Peu d'éléments furent préparés afin de laisser s'exprimer la spontanéité de chacun. Voici les moyens auxquels elle a eu recours, avec la participation systématique des jeunes, et qui ont permis de mener cet évènement à bien :
- rédaction du projet destiné aux jeunes et aux professionnels ;
- utilisation du courrier postal et électronique pour faire parvenir des invitations ;
- atelier cuisine le jour de l'apéritif afin de préparer le buffet ;
- distribution d'une « fiche d'identité » aux invités extérieurs pour constituer un carnet d'adresses.

L'évaluation

Afin de mesurer l'impact de ce type de rencontres, Célia a prévu **un guide d'entretien** destiné aux structures du territoire, dont la passation se ferait dans les six mois, puis dans les douze mois, avec pour objectif principal de connaître le degré d'identification du foyer au sein du territoire.

À chaque rencontre, le référent désigné devra noter :
- le nombre de structures représentées ;
- le nombre de professionnels du FAE ayant participé ;
- le degré d'implication des jeunes ;
- le discours des uns et des autres quant à la soirée passée.

Il s'agira enfin d'identifier les nouvelles relations éventuelles qui auront découlé de ces rencontres, les projets conçus ou menés en commun, etc.

Ces différents constats permettront de poser un nouveau diagnostic à un an d'intervalle, par exemple.

À ce premier rendez-vous, Célia a repéré plusieurs éléments :
- la participation active des jeunes (préparation du buffet, accueil, visite des locaux...) ;
- la participation d'une dizaine de salariés sur quatorze, du directeur de l'établissement et du directeur départemental ;
- la participation de sept associations/institutions sur quinze invitées.

Célia a clôturé son stage par l'**envoi d'un compte-rendu de la rencontre** aux personnes invitées, présentes ou non, aux professionnels du FAE, aux jeunes... Le relais a ensuite été passé à une éducatrice salariée. Quelque temps après la fin du stage, Célia a tenté de joindre celle-ci pour s'enquérir de la poursuite du projet ; l'éducatrice en question lui a indiqué que des évènements récents avaient empêché d'organiser une deuxième rencontre mais que cela était prévu dans les temps à venir.

Étape 4 – La rédaction du dossier

Au vu des différentes étapes, Célia a choisi de mettre en place un plan de type : Constats et observations/Diagnostic/Propositions.

PLAN DU DOSSIER PARTENARIAT ET RÉSEAU DE CÉLIA

Remerciements

Avant-propos/Introduction

- Présentation du contexte institutionnel
- Mise en perspective d'un paradoxe
- Problématique
- Annonce du plan.

1. Une exploration transversale du FAE

1.1. La politique partenariale de la Protection Judiciaire de la Jeunesse

1.2. Le foyer au sein de l'arrondissement X

1.3. Les relations du foyer avec son environnement

- Le secteur public de la PJJ, un réseau professionnel « obligé »
- Le secteur associatif habilité par le ministère de la Justice
- Un réseau hors PJJ, réseau spontané
- Un partenaire, l'A.

2. Le FAE : lieu de rupture, lieu d'ouverture ?

2. 1. L'institution au cœur de l'action

- La contrainte, une difficulté réelle pour les jeunes accueillis
- Un manque d'activités

2.2. L'opportunité territoriale non exploitée

- L'arrondissement X, un quartier duquel les jeunes s'éloignent
- Un territoire méconnu par les jeunes et les professionnels
- Un territoire dynamique

2.3. La prévalence d'une pratique de réseau pour des besoins ponctuels

- Le réseau, des pratiques individualisées
- Le partenariat, une pratique hiérarchisée.

3. Un projet d'ouverture

3.1. « Les invités du foyer », un projet révélateur de possibles

- Les objectifs généraux du projet
- Un apéritif dînatoire intitulé « Les invités de X »
- L'évaluation du projet

3.2. Et après ?

Conclusion

- Rappel de la démarche
- Ouverture sur l'avenir
- Positionnement sur la politique pénale menée à l'encontre des mineurs dans la société actuelle/Lien avec les missions de l'éducateur spécialisé.

Bibliographie

Annexes

1. Le réseau et le partenariat de la Protection Judiciaire de la Jeunesse

2. Le réseau et le partenariat du FAE
3. Nature du réseau et du partenariat du FAE
4. Guide d'entretien à l'attention des jeunes
5. Analyse de contenu des entretiens
6. Les évaluations des sites qualifiants (exigence de l'institut de formation).

Il est conseillé au candidat de respecter le nombre de pages demandé dans la consigne et d'assurer un certain équilibre entre les parties. Le candidat pourra profiter de l'espace de liberté qui lui est laissé pour rédiger des titres significatifs et originaux.

Étape 5 – L'épreuve orale

Un peu moins d'un mois a séparé le rendu du dossier de quinze pages et la soutenance de Célia. Ainsi, elle a commencé par ne plus consulter son dossier pendant une quinzaine de jours afin de prendre la **distance nécessaire à la soutenance** orale.

Après cela, l'étudiante a repris connaissance de son dossier et plusieurs constats sont naturellement venus à elle. Par exemple, elle s'est interrogée sur le fait que l'apéritif dînatoire ne s'était pour l'instant pas renouvelé, malgré l'engagement du nouveau référent.

Après réflexion, elle s'est souvenue que lors de son stage, elle avait effectué les démarches seule ou avec les jeunes mais qu'en aucun cas, les professionnels n'avaient été réellement impliqués dans la préparation. Aurait-elle dû travailler en binôme pour favoriser la poursuite de cette dynamique ?

Distance prise, voici le plan que Célia a préparé pour la soutenance orale :

PLAN DE LA SOUTENANCE ORALE DE CÉLIA

Introduction

- Présentation du candidat
- Présentation du lieu de stage et du public accueilli
- Définition rapide de la PJJ
- Rappel des textes concernés (ordonnance du 2 février 1945 et articles 375 et suivants du Code civil)
- Explication du choix de stage
- Annonce de plan.

1. Rappel de l'implication du candidat

- Rappel des constats
- Rappel des grands objectifs
- Bref récit de l'apéritif dînatoire.

2. Bilan du projet

- Réflexion sur la complexité d'une telle démarche et sur la nécessité de la rigueur méthodologique

- Bilan de la vision de Célia quant au réseau et au partenariat
- Retour sur des erreurs qu'elle n'aurait pas reproduites.

3. Réflexion sur la rencontre entre l'éducateur spécialisé et l'éducateur de la PJJ

- Impact des mandats judiciaires sur l'action éducative
- Différences de culture professionnelle.

Conclusion

- Rôle de l'éducateur spécialisé dans le contexte de ce stage
- Lien avec les questions interinstitutionnelles.

Annexes

FICHE PRATIQUE 1

Conseils transversaux aux épreuves écrites du DEES

> *« [...] écrire pour survivre, pour ne pas perdre la tête, pour conserver un minimum de sens et de cohérence dans les actes éducatifs. Écrire pour faire face au morcellement, pour tisser sans cesse du lien social. Écrire pour se battre, dénoncer les conditions d'existence inhumaines où sont acculés certains de nos contemporains, écrire pour bousculer. Mais aussi écrire pour n'être pas seul. »*
>
> ROUZEL Joseph, *La pratique des écrits professionnels en éducation spécialisée. Méthode et cas concrets*, Dunod, 2005.

Dans le cadre de la validation du DEES, les candidats ont à charge de fournir un nombre conséquent d'écrits. À l'inverse d'une écriture d'urgence, il s'agit pendant ces trois années de construire une posture professionnelle grâce une démarche d'extériorité. Écrire, c'est en effet « sortir de soi » une réalité vécue et la faire exister en tant qu'objet construit et servant la clinique éducative.

Les travaux des éducateurs spécialisés constituent un matériel qui participe véritablement à la construction de leur identité professionnelle. Pourtant, il semblerait que nombre d'étudiants éprouvent de grandes difficultés à organiser, élaborer, formaliser les commandes de leur institut de formation. On peut effectivement imaginer que l'exercice de l'écriture dans le champ des relations humaines soit une pratique sensible et complexe. Mais il faut dire aussi qu'on observe de fait des dispositions inégales à cet égard entre les étudiants : les promotions d'éducateurs spécialisés comptent des personnes d'horizons parfois très différents ; alors que certains connaissent les codes de l'écrit, d'autres se sentent désorientés face à des contraintes vécues comme trop normatives.

Parce que le contenu des écrits de la formation revêt une importance capitale pour l'élaboration de la posture professionnelle, cette fiche pratique se donne pour objectif d'en **clarifier les aspects formels**, et d'alléger ainsi les étudiants de cette dimension contraignante.

De manière concrète, le candidat au DEES aura à **travailler sur la rédaction des écrits suivants :**
DC 1 : *Dossier de Pratiques Professionnelles* (DPP) comprenant 15 pages.
DC 2 : *Épreuve sur table* de 4 heures (DC 2.1) et *mémoire de fin de formation* (50 pages).
DC 3 : *Journal d'Étude Clinique* (JEC) comptant 5 à 10 pages et *écrits professionnels*.
DC 4 : *Épreuve sur table* d'une durée de 4 heures (DC 4.1) et *dossier sur les questions de réseau et partenariat* (15 pages).

Les règles que nous proposons ci-après s'appliquent principalement aux travaux que le candidat élabore à son domicile. Certains éléments doivent y apparaître :
- La page de garde
- Les remerciements (facultatif)

- Le sommaire
- La liste des abréviations ou des sigles (facultatif)
- Introduction, développement et conclusion
- Une bibliographie
- Des annexes si nécessaire et une table les listant le cas échéant.

La page de titre

La page de titre sera le premier élément vu par le jury. Il s'agit d'y faire apparaître les items les plus importants de façon à ce qu'ils soient lisibles d'un seul coup d'œil.

> Intitulé de l'institut de formation
> Adresse (siège)
> Ville
>
> Nom de l'épreuve
>
> TITRE
>
> Sous-titre
>
> Présenté par [Nom, Prénom] pour l'obtention du DEES
>
> Illustration facultative
>
> Session [Année de début de formation – Année de fin de formation]

Le candidat veillera à utiliser une police de caractères lisible et privilégiera la clarté du document, non les effets visuels. La présence d'une illustration est laissée au choix de l'étudiant.

Les remerciements

Rédiger des remerciements est une démarche très personnelle : il appartient à l'étudiant de désirer exprimer ou non sa gratitude à des personnes ou acteurs ayant soutenu sa pratique ou gravité autour d'elle de façon plus informelle. En tous les cas, cette partie ne doit pas dépasser une page. Voici quelques formules pouvant être utilisées :

> **Merci à...**
> **Je souhaiterais remercier...**
> **Mes remerciements s'adressent en outre à...**

Un grand merci à...
Je souhaite exprimer ma gratitude à...
Je pense en particulier à...
Je souhaite témoigner ma reconnaissance à...

Cette liste n'est bien entendu pas exhaustive, la créativité du candidat est ici appelée pour faire apparaître la singularité de son expérience.

Le sommaire

Le sommaire est un élément important dans un dossier écrit. En effet, il indique au lecteur le cheminement pris par le rédacteur, et c'est d'ailleurs souvent ce qui est lu en premier.

Il doit faire apparaître de façon claire l'introduction, les différentes parties du dossier, la conclusion, la bibliographie et la table des annexes.

L'équilibre des parties

Quel que soit le nombre de parties adopté par le candidat, il est conseillé d'en équilibrer le nombre de pages. Le jury ne doit pas avoir l'impression que le plan a été élaboré après la rédaction. Ces contraintes seront donc appréhendées dès le début du travail.

Pour le dossier Réseau et partenariat, Célia s'est fixé une contrainte de 15 pages. Avant même de commencer à rédiger, elle a établi la répartition suivante :
- introduction → 1 page
- conclusion → 1 page.

Il reste donc 13 pages pour le contenu :
Elle a opté pour un plan Observations/Analyse/Propositions, soit :
- observations → 5 pages
- analyse → 4 pages
- propositions → 4 pages.

Anticiper ainsi oblige l'étudiant à aller à l'essentiel en cadrant son travail au moment de son passage effectif à l'écrit.

Des titres évocateurs

Lorsque l'étudiant a terminé la rédaction du dossier écrit, il peut revenir au sommaire pour retravailler les titres des différentes parties. Le sommaire doit être attractif et donner envie au jury de poursuivre sa lecture, c'est pourquoi nous préconiserons de personnaliser les titres de façon à ce qu'ils soient « parlants ». Il s'agit de donner des indices sur le contenu à venir.

Après avoir rédigé son dossier Réseau et partenariat, Célia a transformé ses premiers titres :

Observations → Une exploration transversale du foyer X
Analyse → Le foyer X : lieu de rupture, lieu d'ouverture ?
Propositions → Un projet d'ouverture.

À l'intérieur de ces trois grandes parties, apparaissent des sous-parties qui explicitent et annoncent le contenu.

2. Le foyer X : lieu de rupture, lieu d'ouverture ?
2.1. L'institution au cœur de l'action
2.2. L'opportunité territoriale non exploitée
2.3. La prévalence d'une pratique de réseau pour des besoins ponctuels

On voit bien ici que Célia, à travers son sommaire, parle déjà au jury en lui indiquant son parti-pris, ses orientations. De plus, par la singularisation de son écrit, elle donne à voir son positionnement.

L'arborescence des rubriues

Afin de rendre compte de la structure empruntée par le candidat, le sommaire devra bien faire apparaître les liens entre les parties.

1. TITRE 1
Sous-titre 1
  sous-rubrique A
  sous-rubrique B
  sous-rubrique C
Sous-titre 2
Sous-titre 3

2. TITRE 2
Sous-titre 1
Sous-titre 2
Sous-titre 3

3. TITRE 3
Sous-titre 1
Sous-titre 2
Sous-titre 3

Selon le type d'exercice, et en particulier pour le mémoire de fin de formation, cette démarche peut rapidement devenir un casse-tête puisqu'on imagine le nombre de « sous-sous-sous » parties pouvant apparaître au sein d'un sommaire. L'élaboration du sommaire n'est donc pas qu'une tâche de formalisation, elle exige du candidat une attention particulière : n'oublions pas qu'il s'agit de faciliter la compréhension du lecteur.

La pagination

Bien que ceci puisse être considéré comme une pure formalité technique, il n'est peut-être pas inutile d'indiquer comment procéder.

1. Sélectionner l'ensemble du texte.
2. Cliquer sur Format/Tabulations ; la boîte de dialogue suivante apparaît :

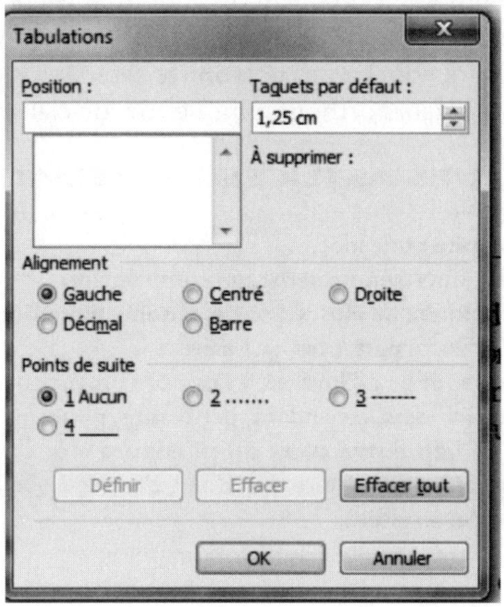

3. Dans Position : il s'agit de la position en centimètres sur laquelle se positionnera le numéro de page. Taper le chiffre souhaité (15 est adapté aux sommaires).
4. Dans Alignement : cliquer sur Décimal, ce qui permettra d'aligner les chiffres en fonction des unités, dizaines...
5. Dans Points de suite : faire le choix d'utiliser des pointillés, tirets... entre les titres du sommaire et leur numéro de page. Les pointillés sont les plus utilisés.
6. Cliquer sur Définir : permet d'enregistrer les réglages précédents.
7. Cliquer sur OK.
8. Placer le curseur de la souris devant le titre souhaité.
9. Appuyer sur la touche du clavier Tabulations qui se présente comme suit 
10. Noter le numéro de la page.

La mise en forme

Nous l'avons vu, le sommaire peut parfois se révéler complexe selon le nombre de parties et de sous-parties. Ainsi, il est important de mettre en œuvre des règles simples de lisibilité :
- Utilisation d'une seule police de caractères (la police idéale reste Times New Roman).
- Mise en valeur des parties principales (utilisation d'une couleur, augmenter la taille de la police, mise en gras...).
- Sauts de ligne entre les grandes parties.

L'introduction, le développement, la conclusion

Inutile d'insister outre mesure sur l'importance du style orthographique et syntaxique ; c'est la condition fondamentale pour qu'un écrit soit compréhensible. Pour les étudiants qui rencontrent de réelles difficultés vis-à-vis de l'écriture, nous leur conseillerons de faire appel à des personnes extérieures pour une relecture et d'avoir recours aux correcteurs orthographiques de logiciels de rédaction de texte.

QUELQUES ASTUCES DE RÉDACTION

- ✓ **Un paragraphe : une idée.**
- ✓ **Une phrase : un sujet, un verbe, un complément.**
- ✓ **Ajouter une idée : de plus, en outre, ensuite, au-delà de, en parallèle, quant à, d'une part, d'autre part, puis, par ailleurs...**
- ✓ **Opposer une idée : à l'inverse, à l'opposé de, mais, cependant, en revanche, toutefois, néanmoins, cependant, par contre, pourtant...**
- ✓ **Traduire un lien entre deux ou plusieurs idées : par conséquent, ainsi, d'ailleurs, ce qui revient à dire que, donc, c'est pourquoi, de sorte que, eu égard à, en raison de, en effet...**

Les sigles

Tout sigle doit être d'abord être écrit intégralement. Ainsi, le candidat veillera à indiquer la signification des sigles la première fois qu'il utilise le terme. S'il le juge nécessaire, il pourra éventuellement ajouter un document nommé « Liste des abréviations » ou « Liste des sigles » après le sommaire.

Les notes de bas de page, les graphiques, les citations

Les notes de bas de page sont utilisées lorsque le rédacteur veut ajouter une précision, un commentaire, une définition, une référence bibliographique. Pour ce faire, il suffit de placer le curseur de sa souris derrière le mot souhaité, cliquer sur Insertion/Référence/Note de bas de page/Insérer. Les logiciels de traitement de texte classent les notes de bas de page automatiquement.

Si l'étudiant utilise des graphiques, il doit apposer une légende au-dessous, comprenant le titre, l'auteur et l'année de son élaboration.

Lorsque le rédacteur utilise une citation ou une idée, il doit obligatoirement la référencer, en fonction de normes formelles[1].

1. Nous proposons ici les conventions de la norme française Z44-005 (décembre 1997) ; il en existe d'autres.

OUVRAGES

Simple : NOM DE L'AUTEUR, *Titre, Sous-titre éventuel,* « Collection éventuelle », Éditeur, Ville, Date (date de la première édition si besoin).

Collectif : AUTEUR 1, AUTEUR 2, AUTEUR 3[2], *Titre, Sous-titre éventuel,* « Collection éventuelle », Éditeur, Ville, Date (date de la première édition si besoin).

Dirigé par : AUTEUR 1, AUTEUR 2... (dir.), *Titre, Sous-titre éventuel,* « Collection éventuelle », Éditeur, Ville, Date (date de la première édition si besoin).

ARTICLES DE REVUE

NOM DE L'AUTEUR, Titre, in : *Nom de la revue*, Numéro, Date, Pp. début-fin.

La ponctuation

Pour les signes simples, il faut placer un espace après le signe (. ,)
Pour les signes doubles, on placera un espace avant et après le signe (; : ! ?)

La bibliographie

Il s'agit d'un document au sein duquel l'étudiant répertorie l'ensemble des sources bibliographiques auxquelles il a fait appel pour la rédaction du dossier écrit. Pour cela, il reprendra les éléments évoqués précédemment (cf. les notes de bas de page, les graphiques, les citations).

La table des annexes et les annexes

S'il apparaît nécessaire au candidat de compléter certaines des données évoquées dans l'écrit, il pourra placer des annexes à la fin de celui-ci. Il peut s'agir de textes/graphiques/schémas fidèlement reproduits ou de documents rédigés par l'étudiant lui-même.

Dans son mémoire de fin de formation, Célia place en annexe la retranscription de guides d'entretien qu'elle a menés avec les personnes accompagnées.

Chacune des annexes doit être numérotée et disposer d'un titre. Une table des annexes sera présentée avant celles-ci, avec les mêmes modalités pratiques que celles du sommaire (cf. Le sommaire).

2. S'il y a plus de trois auteurs, rajouter après le troisième [et al.] qui signifie « et les autres » (latin).

Quelques conseils supplémentaires

- Respecter l'anonymat des personnes citées.
- Le nombre de pages indiqué concerne toujours l'intégralité du dossier, hors page de garde, sommaire et annexes.
- Utiliser la police Times New Roman, taille 12 avec un interligne de 1,5[3] .
- Respecter les marges standards des traitements de texte (2,5 cm).
- Justifier le texte.

---

3. L'interligne se règle de la manière suivante : Format/Paragraphe/Dans *Interligne*, sélectionner 1,5 ligne/OK.

FICHE PRATIQUE 2

Conseils transversaux aux épreuves orales du DEES

Le DEES compte un certain nombre d'épreuves orales qu'il convient de préparer avec soin. Se sentir à l'aise dans un tel exercice, soumis au regard d'un jury, n'est pas donné à tous. Avant tout, il s'agit d'une soutenance ; le candidat vient mettre en avant des travaux effectués, un positionnement, des valeurs qu'il promeut dans l'exercice de son futur métier... Il peut donc lui paraître difficile de se présenter devant des professionnels, eux-mêmes détenteurs d'un savoir-faire et d'un savoir-être.

Rappelons pour commencer les **quatre soutenances** que le candidat rencontrera dans la validation du DEES :
DC 1 : épreuve de 30 minutes en lien avec le Dossier de Pratiques Professionnelles (DPP).
DC 2 : épreuve de 30 minutes en lien avec le mémoire de fin de formation.
DC 3 : épreuve de 30 minutes en lien avec le Journal d'Étude Clinique (JEC).
DC 4 : épreuve de 30 minutes en lien avec le dossier Réseau et partenariat.

Pour chacune de ces épreuves, l'oral est composé de 10 minutes d'exposé et de 20 minutes de débat/questions.

De manière générale, l'oral vient compléter un écrit élaboré antérieurement par le candidat, il est donc conseillé de se distancier de cet écrit pour offrir au jury un regard nouveau sur l'expérience de stage ou le sujet abordé dans l'écrit. L'oral est aussi l'occasion d'aborder la transversalité des domaines de compétences.

D'abord sur la forme...

L'apparence physique

Selon les filières professionnelles, on observe une spécificité dans la présentation. Par exemple, des étudiants en école de commerce sont tenus de se présenter en tailleur ou costume lors d'examens oraux. Une telle exigence n'aura évidemment pas lieu au sein d'institut de formation préparant au métier d'éducateur spécialisé. En revanche, comme toute présentation physique et interactionnelle, il convient d'**adopter une tenue à l'image de sa professionnalité**, telle que le candidat la perçoit. On pourrait s'insurger en dénonçant le dictat des préjugés sociaux ; reste que les premiers instants d'un entretien ou d'un examen oral amènent l'interlocuteur à un jugement, pas nécessairement intentionnel mais naturel pour l'Homme de notre société. Selon le système de représentations du professionnel en face du candidat, tel ou tel détail sera vu et interprété de manière inconsciente. Bien heureusement, cette partie de la présentation ne fera pas l'exclusivité de l'appréciation du jury mais n'en est pas moins importante, eu égard à l'importance des signes non verbaux d'une communication.

Nous ne nous prononcerons donc pas pour une apparence physique ou une tenue vestimentaire mais conseillerons au candidat de porter toute son attention sur cette dimension, avec la pleine conscience de ce qu'elle peut susciter chez le jury.

L'attitude

Elle concerne tous les signes non verbaux qui seront présents pendant l'exercice, tant dans la dimension active (présentation) que dans la dimension d'écoute de la soutenance orale. Ainsi, les frottements intempestifs de main, les gestes s'apparentant à des tics, le regard fuyant, la voix monotone, le sourire avare... sont autant de signes à éviter, même si la situation de stress tend à les favoriser. La conscience de ce moment comme d'un véritable échange entre des professionnels formés sous un autre système que l'actuel et un étudiant sur le point d'être diplômé est importante pour contourner quelque peu l'appréhension. Ici aussi, il n'y a pas de recette prête à l'emploi puisque chaque personne réagit différemment aux situations de stress : là où certains se sentent pousser des ailes à l'approche d'un défi, d'autres perdent leurs moyens... Nous pouvons toutefois proposer **quelques astuces pour atténuer les effets de l'anxiété :**
- Lors de la préparation, s'entraîner entre étudiants ou en utilisant un caméscope peut aider à identifier les réflexes gênants et à les corriger.
- Pendant l'épreuve, regarder les personnes du jury dans les yeux en alternant de l'un à l'autre. Même si l'un semble plus prompt à encourager le candidat, attention à ne pas négliger l'autre professionnel qui pourrait se sentir exclu de la soutenance. Aussi, un regard trop appuyé pourra être vu comme provocateur et porter défaveur au candidat.
- Choisir une position, une posture physique qui permet de se sentir à l'aise (par exemple, si l'étudiant a tendance à agiter ses mains, il pourra les poser sur ses cuisses ou à plat sur la table le temps de sa soutenance).
- Moduler le ton de sa voix est important pour marquer les différentes parties de la soutenance et maintenir le jury en position d'écoute.
- Sourire, marquer des pauses, avoir des gestes détendus et souples sont autant de signes qui témoignent d'une ouverture à l'autre.

Le support

Selon les instituts de formation, le candidat pourra ou non utiliser un support écrit pour appuyer son propos. Si c'est le cas, attention à ne pas focaliser son attention sur l'écrit ; la soutenance orale est d'abord et surtout un exercice d'échange. Ce support doit être vu comme un soutien éventuel ; en cas d'oubli, de trou noir, de confusion, l'étudiant pourra baisser les yeux vers son outil mais celui-ci ne doit pas être un frein à la communication.

Par conséquent, on pourra conseiller au candidat de ne noter que les grandes parties et les points principaux de son propos. Il est important de laisser la place à la spontanéité, une fiche rédigée donnerait l'impression d'avoir trop bien appris sa leçon. L'hésitation, si elle n'est pas trop longue ou trop répétitive, ne sera pas vue négativement, en ce sens où le jury a pleinement conscience de la difficulté de l'exercice.

... et sur le fond

Le plan

Quelle que soit l'épreuve concernée, il est conseillé d'avoir un plan en tête, spécifiant les grandes parties de l'oral. Celles-ci sont au libre-choix de l'étudiant puisque, nous l'avons vu au cours de cet ouvrage, nulle obligation n'est faite et la créativité demeure une composante importante de ce genre d'examens.

L'étudiant choisira donc de structurer sa soutenance en fonction de ce qui lui semble significatif pour l'épreuve mais **certaines règles restent cependant essentielles** :
- Se présenter : le plus souvent pour introduire l'examen oral, le candidat rappelle brièvement qui il est. Cela peut aller de la déclinaison de son identité au rappel des stages effectués au cours de la formation, en passant par l'explicitation du choix du stage présenté...
- Introduire, conclure et délimiter : l'oral n'a pas la qualité de rendre visibles les différentes parties abordées. Il est donc important de les préciser tout au long de la soutenance : « Pour mener cet échange, je commencerai par..., j'aborderai ensuite... et je finirai par... », « En guise de conclusion... ».

Le choix des informations

L'oral vient toujours compléter un écrit antérieur, en ce sens où le candidat est amené à produire son autoévaluation. Ainsi, doit-il répondre aux questions suivantes : « Si j'avais du faire autrement, comment m'y serais-je pris ? », « Qu'est-ce qui serait à refaire ? » ou au contraire « Y a-t-il des éléments à améliorer ? », « Qu'ai-je à en retirer pour ma future profession ? »...

Il s'agit d'émettre une critique sinon objective, en tous les cas dessaisie des enjeux vécus pendant l'expérience en question. Sera donc évaluée la capacité du candidat à se remettre en question, à réinterroger sa pratique en permanence et à se projeter en temps que futur professionnel.

Voici à titre indicatif **un certain nombre de critères** sur lesquels pourra s'appuyer l'étudiant :
- Capacité à témoigner de la distance prise avec l'écrit.
- Évolution de son questionnement.
- Objectivation de son propos : autocritique.
- Capacité d'argumentation.

- Justification des choix théoriques et/ou méthodologiques.
- Capacité à rendre compte de sa pratique professionnelle.
- Capacité à expliciter la nature des compétences acquises et le transfert de compétences à effectuer sur un nouveau poste.

À ce stade de la formation, le candidat au DEES doit être en mesure de porter son identité professionnelle de manière claire et assurée. Les épreuves orales doivent pouvoir témoigner, pour chaque domaine de compétences, le cadre d'analyse du futur professionnel, sa vision du métier d'éducateur spécialisé en terme de savoirs, savoir-faire et savoir-être. Ces soutenances n'ont en effet que la finalité générale de répondre à la question : « C'est quoi devenir éducateur spécialisé ? », « C'est quoi être éducateur spécialisé ? », avec un éclairage particulier à chaque épreuve (accompagnement, projet, travail en équipe, travail en réseau et partenariat). Le candidat pourra illustrer ses propos par des exemples concrets.

➤ *La réponse aux questions*

Autant la première partie de la soutenance (10 mn) peut être vue comme aisée puisqu'elle appartient en totalité au candidat, autant la deuxième partie (20 mn) demande une attention particulière ; elle mobilise en effet les capacités d'écoute, de compréhension et d'interaction du candidat.

Pour évaluer cet échange, il arrive souvent que les jurys se posent les questions suivantes : « Si je devais embaucher un éducateur spécialisé, pourrait-ce être lui/elle ? », « Pourrais-je être collègue avec cette personne ? ».

Les **questions posées par les membres du jury** peuvent être **de plusieurs ordres** :
- La demande d'un éclaircissement sur un aspect de l'écrit (ex : « à la p. 15, vous parlez d'empathie. Qu'est-ce pour vous, l'empathie ? »).
- Une question générale en lien avec la prestation orale (ex : « Finalement, quelles compétences avez-vous acquis en terme d'accompagnement ? »).

Ainsi, il conviendra d'observer **un certain nombre de principes :**
- Être capable de référencer, définir et parler de son positionnement à l'égard de tous les concepts ou notions abordés au sein du dossier écrit.
- Préférer le « Je ne sais pas » à l'argumentation « bidonnée ».
- Si le jury pose plusieurs questions dans la même phrase, ne pas hésiter à les noter rapidement pour les reprendre une à une ensuite.
- Laisser le professionnel aller au bout de sa question.
- Se permettre si besoin un temps de réflexion avant de répondre.

- Montrer sa capacité à entendre et accepter la critique tout en défendant son travail (ex : le candidat remet en cause la méthode ABA[4] et un membre du jury n'est pas d'accord. Il s'agira de démontrer que l'étudiant connaît les différentes théories, qu'il n'est pas fermé aux autres et reste attentif à leur évolution mais que pour l'heure, et dans le cadre de son travail actuel, c'est bien dans un autre courant qu'il inscrit sa pratique. Il argumentera ensuite en ce sens).

QUELQUES RÈGLES

Sans insister sur celles-ci, il y a toutefois des règles incontournables que le candidat saura adopter au cours de ces épreuves mais également au cours de l'exercice de sa profession. Cela peut paraître aller de soi mais l'expérience aura montré que ces principes ne sont pas l'apanage de tous :
✓ La ponctualité.
✓ La limitation du propos à ce qui est exigé par l'examen.
✓ Le respect de la parole de l'autre.
✓ Le vouvoiement.
✓ L'utilisation des différentes formes de politesse.
✓ Le respect du temps imparti.
✓ Et toute attitude qui peut s'apparenter au savoir-vivre.

4. La méthode ABA (Apply Behavioral Analysis) est une méthode d'apprentissage comportementaliste utilisée auprès des enfants autistes. Elle s'appuie sur un travail intensif de rééducation basé sur des renforcements négatifs et/ou positifs. Bien qu'elle soit de plus en plus reconnue en France, cette méthode est largement controversée car apparentée à du conditionnement.

Sites Internet

Éducateur, ce métier impossible
http://educateur-specialise.blogspot.com/
Ce blog est tenu par l'auteur de cet ouvrage ; il se propose d'aborder les différentes thématiques touchant l'éducation spécialisée, par le biais d'articles théoriques, de fiches méthodologiques, de témoignages, d'échanges avec des personnes accompagnées par des éducateurs spécialisés...

Trem'site
http://tremintin.com/joomla/
Un site riche et complet animé par Jacques Trémintin, travailleur social en protection de l'enfance, journaliste à *Lien social*, au *Journal de l'animation* et au *Journal du droit des jeunes*, formateur, intervenant et animateur de colloques et journées d'études.

Le sociographe
www.irts-lr.fr/le-sociographe.html
Pour promouvoir et favoriser la recherche en travail social, des instituts en travail social se sont associés autour du projet du *Sociographe* pour contribuer à travailler les articulations entre réalités sociales, pratiques professionnelles et prescriptions politiques de ce qu'on nomme le « travail social ».
Le Sociographe publie :
- la revue *Le Sociographe,* thématique, à comité de lecture (tri-annuelle) ;
- des numéros hors-série qui développent des analyses sur un objet à partir de méthodologies scientifiques (s'appuyant sur un comité scientifique *ad hoc*) ;
- la série « Congrès & colloques » qui fait trace de manifestations qui animent le champ du travail social (série arrêtée en 2009).

Lien social
www.lien-social.com/
L'hebdomadaire du social fait par et pour les travailleurs sociaux. Il est sérieux sans être ennuyeux, critique sans complaisance ni sectarisme. Il parle avec humour et compétence de ce qu'il connaît : le travail social au quotidien. Il offre un outil d'échange d'informations et de réflexion, de confrontation, de recherche, de nature à enrichir et dynamiser la pratique quotidienne des professionnels du secteur sanitaire et social.

Annuaire sanitaire et social
www.sanitaire-social.com/
Accès direct aux 35 000 établissements du secteur sanitaire et social : hôpitaux, cliniques, soins de suite, rééducation, repos, convalescence, maisons de retraite, EHPAD, établissements pour personnes handicapées, maintien et aide à domicile, organismes, formation, prévention et protection, aide sociale, hébergement social.

Organisation Nationale des Éducateurs Spécialisés (ONES)
www.ones-fr.org/
L'ONES est une association indépendante qui a pour objectif d'encourager la reconnaissance du métier d'éducateur spécialisé par un travail collaboratif. Elle regroupe plusieurs relais en France, chargés de développer des espaces de partage et de réflexion sur l'évolution du métier et ses conditions d'exercice.

Psychasoc
www.psychasoc.com/
Animé par Joseph Rouzel, psychanalyste, formateur et superviseur, ce site met au travail la confrontation entre psychanalyse et travail social. C'est un espace de réflexion, d'élaboration, de partage. Il fait circuler des textes libres, dispose d'un forum de discussion, d'un kiosque de critiques d'ouvrages récents et présente des propositions de formations en travail social.

Liste des sigles

ABA	Apply Behavioral Analysis
AED	Aide Éducative à Domicile
AEMO	Action Éducative en Milieu Ouvert
ANAS	Association Nationale des Assistants de Service Social
ANESM	Agence Nationale de l'Évaluation et de la qualité des Établissements Sociaux et Médico-sociaux
API	Allocation de Parent Isolé
ASE	Aide Sociale à l'Enfance
AVS	Auxiliaire à la Vie Scolaire
CAE	Centre d'Action Éducative
CATTP	Centre d'Accueil Thérapeutique à Temps Partiel
CDAPH	Commission des Droits et de l'Autonomie des Personnes Handicapées
CHRS	Centre d'Hébergement et de Réinsertion Sociale
CHS	Centre Hospitalier Spécialisé
CIDE	Convention Internationale des Droits de l'Enfant (20 novembre 1989)
CIF	Classification Internationale du Fonctionnement, du handicap et de la santé
CLIS	Classe d'Intégration Scolaire
CMP	Centre Médico-Psychologique
CUCS	Contrat Urbain de Cohésion Sociale
CVS	Conseil de la Vie Sociale
CRÉDOC	Centre de Recherche pour l'Étude des Conditions de Vie
DEME	Diplôme d'État de Moniteur-Éducateur
DIPC	Document Individuel de Prise en Charge
DPP	Dossier de Pratiques Professionnelles
EJE	Éducateur de Jeunes Enfants
EMPP	Équipe Mobile Psychiatrie Précarité
ES	Éducateur/trice spécialisé(e)

ESAT	Établissement et Service d'Aide par le Travail
FAE	Foyer d'Action Éducative
FSL	Fonds de Solidarité pour le Logement
IME	Institut Médico-Éducatif
HALDE	Haute Autorité de Lutte contre les Discriminations et pour l'Égalité
INSEE	Institut National de la Statistique et des Études Économiques
IOE	Investigation à Orientation Éducative
ITEP	Institut Thérapeutique, Éducatif et Pédagogique
LAEP	Lieu d'Accueil Enfants-Parents
MAJ	Mesure d'Accompagnement Judiciaire
MAS	Maison d'Accueil Spécialisé
MASP	Mesure d'Accompagnement Social Personnalisé
MDPH	Maison Départementale des Personnes Handicapées
MECS	Maison d'Enfants à Caractère Social
ODAS	Observatoire National de l'Action Sociale Décentralisée
OMS	Organisation Mondiale de la Santé
ONES	Organisation Nationale des Éducateurs Spécialisés
OPP	Ordonnance de Placement Provisoire
PJJ	Protection Judiciaire de la Jeunesse
PMI	Protection Maternelle Infantile
RMI	Revenu Minimum d'Insertion
RSA	Revenu de Solidarité Active
SAVS	Service d'Accompagnement à la Vie Sociale
SESSAD	Service d'Éducation Spécialisée et de Soins à Domicile
UEMO	Unité Éducative de Milieu Ouvert
UNCCAS	Union Nationale des Centres Communaux d'Action Sociale
VAD	Visite à Domicile
ZEP	Zone d'Éducation Prioritaire

Bibliographie

ALFÖLDI Francis, *Évaluer en protection de l'enfance,* Dunod, Paris, 2010.

ALTET Marguerite, *Les pédagogies de l'apprentissage,* PUF, Paris, 1998.

ARDOINO Jacques, *Les avatars de l'éducation,* PUF, Paris, 2000.

ARDOINO Jacques, « De l'accompagnement en tant que paradigme », in : *Pratiques de formation-Analyses,* Université Paris 8, Formation Permanente, n° 40, 2000.

ARDOINO Jacques, « L'approche multiréférentielle (plurielle) des situations éducatives et formatives », in : *Pratiques de Formation-Analyses,* Université Paris 8, Formation permanente, n° 25-26, 1993.

ARDOINO Jacques, « L'analyse multiréférentielle des situations sociales », in : *Psychologie clinique,* n° 3, 1990.

ARENILLA Louis, GOSSOT Bernard, ROLLAND Marie-Claire, ROUSSEL Marie-Pierre, *Dictionnaire de Pédagogie,* Larousse Bordas, Paris, 1996.

AZEMAR Joël, *Travail social : d'un impossible consensus à un espace de professionnalité,* avril 2002, consultable sur www.iscra.org

BARREYRE Jean-Yves, BOUQUET Brigitte, *Nouveau dictionnaire critique d'action sociale,* Bayard Centurion, Paris, 2006.

BARUS-MICHEL Jacqueline, ENRIQUEZ Eugène, LEVY André (dir.), *Vocabulaire de psychosociologie. Positions et références,* Érès, Ramonville Saint-Agne, 2006.

BAUDRILLARD Jean, *Cool Memories IV. 1995-2000,* Éditions Galilée, Paris, 2000.

BAUDELAIRE CHARLES, *Le Spleen de Paris*, Éditions de Clairefontaine, Lausanne, 1947.

BECKER Howard-Saul, *Outsiders. Étude de sociologie de la déviance,* Métailié, Paris, 1985.

BERTRAND Dominique, MONTEIL Christian, WOITRAIN Emmanuel, *Les établissements et services pour enfants et adolescents en difficulté sociale,* ministère des Affaires Sociales, du Travail et de la Solidarité, ministère de la Santé, de la Famille et des Personnes Handicapées, février 2003.

BOUTINET Jean-Pierre (dir.), *Penser l'accompagnement adulte. Ruptures, transitions, rebonds,* PUF, Paris, 2008.

CANDIAGO Philippe, « Quelques remarques à propos de l'autorité et du commandement », in : *Psychanalyse et travail social,* Association Lacanienne Internationale, avril 2010.

Carpaye Célia, Mémoire professionnel Entre précarité et créativité : une démarche projet - Parcours d'une éducatrice spécialisée dans une équipe mobile de psychiatrie, Marseille, Institut Méditerranéen de Formation et de Recherche en Travail Social, juin 2011 (DEES), consultable en ligne : http://goo.gl/dCVlu.

Chidiac Nayla, *Ateliers d'écriture thérapeutiques,* Masson, Paris, 2010.

Chopart Jean-Noël, *Les mutations du travail social,* Dunod, Paris, 2000.

Classification internationale du fonctionnement du handicap et de la santé, Projet final, version complète, Équipe classification, évaluation, enquêtes et terminologie, OMS, Genève, Suisse, 2000.

Copitet Hervé, « L'éducateur face à l'autorité dans le cadre de la prise en charge d'adolescents. Autorité et adolescence », Institut européen Psychanalyse et Travail social, Paris, 2004, consultable sur www.psychasoc.com/content/view/pdf/591.

Corin Ellen, « Se rétablir après une crise psychotique : ouvrir une voie ? Retrouver sa voix ? », in : *Santé mentale au Québec,* Vol. 27, n° 1, 2002, pp. 65-82.

Crognier Philippe, *Précis d'écriture en travail social. Des ateliers d'écriture pour se former aux écrits professionnels*, ESF éditeur, Paris, 2011.

Declerck Patrick, *Les naufragés. Avec les clochards de Paris,* Terre Humaine Poche, Paris, 2001.

De Gaulejac Vincent, « Identité », in : *Vocabulaire de psychosociologie. Positions et références,* Érès, Ramonville Saint-Agne, 2006.

Deligny Fernand, *Graine de crapule,* Éditions du Scarabée, Paris, 2004.

De Robertis Cristina, *Méthodologie de l'intervention en travail social,* Bayard, Paris, 2008.

Dhume Fabrice, *Du travail social au travail ensemble,* Éditions ASH, Paris, 2001.

Dolto Françoise, *L'enfant dans la ville,* Gallimard, Paris, 1998.

Dortier Jean-François (dir.), *Dictionnaire des sciences humaines,* Éditions Sciences Humaines, Évreux, 2004.

Dréano Guy, *Guide de l'éducation spécialisée. Acteurs et usagers, institutions et cadre réglementaire, pratiques professionnelles,* Dunod, Paris, 2009 (4e édition).

Dubar Claude, *La socialisation. Construction des identités sociales et professionnelles,* Armand Colin, Paris, 2000.

Dubéchot Patrick, Rolland Marie, *DC 4. Implication dans les dynamiques partenariales, institutionnelles et interinstitutionnelles DEES,* Vuibert, Paris, 2008.

Dubet François, *Déclin de l'institution ou nouveaux cadres moraux ? Sens critique, sens de la justice parmi les jeunes,* Association française de sociologie, Association internationale des sociologues de langue française, INPR, 2007.

DUMOULIN Philippe [et al.], *Travailler en réseau. Méthodes et pratiques en intervention sociale,* Dunod, Paris, 2006.

EJZENBERG Ermitas, *Les écrits professionnels dans le secteur social et médico-social,* Vuibert, Paris, 2010 (3e édition).

FERRÉOL Gilles [et al.], *Dictionnaire de sociologie,* Armand Colin, Paris, 2010.

FOUCAULT Michel, *Histoire de la folie à l'âge classique,* Gallimard, Paris, 1961.

FOUCAULT Michel, *Maladie mentale et personnalité,* PUF, Paris 1954.

GABERAN Philippe, *Cent mots pour être éducateur,* Érès, Ramonville Saint-Agne, 2007.

GABERAN Philippe, *La relation éducative. Un outil professionnel pour un projet humaniste,* Érès, Ramonville Saint-Agne, 2007.

GOUDET Bernard, *Développer des pratiques communautaires en santé et développement local,* Chronique sociale, Lyon, 2009.

HAYEZ Jean-Yves, *La destructivité chez l'enfant et l'adolescent,* Dunod, Paris, 2007 (2e édition).

HUGON Marie-Anne, SEIBEL Claude, *Recherches impliquées, Recherches action : Le cas de l'éducation,* De Boeck, Belgique, 1988.

IMBERT François, *La question de l'éthique dans le champ éducatif,* Matrice, Vigneux, 2001.

JAKOBSON Roman, « Linguistique et poétique », in : *Essais de linguistique générale,* Éditions de Minuit, Paris, 1969.

JOUVE Bernard, « L'empowerment : entre mythe et réalités, entre espoir et désenchantement », in : *Géographie, économie, société,* vol. 8, janv. 2006, pp. 5-15.

KAMMERER Pierre, *Adolescents dans la violence. Médiations éducatives et soins psychiques,* Gallimard, Paris, 2000.

LAPRIE Bruno, MINANA Brice, *Les écrits professionnels en pratique. Guide à l'usage des travailleurs sociaux,* ESF éditeur, Paris, 2010.

LEMAY Michel, *J'ai mal à ma mère,* Fleurus, Paris, 1979.

LÈMERY Edmond et Janou, « Méthode naturelle d'apprentissage par tâtonnement expérimental », in : *Le nouvel éducateur,* n° 157, mars 2004, pp. 29-35.

LIÈVRE Pascal (dir.), *Manuel d'initiation à la recherche en travail social. Construire un mémoire professionnel,* ENSP, Paris, 2006 (2e édition).

LLORCA Pierre-Michel, *Mieux connaître la schizophrénie,* John Libbey Eurotext, Paris, 2006.

LORTHIOIS Jacqueline, *Le diagnostic local de ressources,* Asdic-Éditions W, Lusigny-sur-Ouche, 1996.

MARPEAU Jacques, *Le processus éducatif. La construction de la personne comme sujet responsable de ses actes,* Ramonville Saint-Agne, Paris, 2001.

MELMAN Charles, *La nouvelle économie psychique, la façon de penser et de jouir aujourd'hui,* Érès, Ramonville Saint-Agne, 2009.

MUCHIELLI Roger, *La dynamique des groupes,* ESF éditeur, Paris, 1995 (14e édition).

MUCHIELLI Alex, *L'identité,* PUF, Paris, 2002.

NIEWIADOMSKI Christophe, « Accompagnement, travail social, postures cliniques et enjeux éthiques », in : *Éducation permanente,* n° 153, 2002, pp. 167-177.

NOISEUX Sylvie, RICARD Nicole, « Le rétablissement des personnes vivant avec la schizophrénie », in : *Perspective infirmière,* nov.-déc. 2005.

NOUGÉ Fanny, Mémoire professionnel L'accompagnement à la socialisation d'enfants accueillis en SESSAD. Un projet éducatif comme outil d'intervention, Marseille, Institut Méditerranéen de Formation et de Recherche en Travail Social, juin 2011 (DEES), consultable en ligne : http://goo.gl/rtMjE.

PAPAY Jacques, *DC 2. Conception et conduite de projet éducatif spécialisé DEES DEME,* Dunod, Paris, 2010.

PAPAY Jacques, *DC 3. Communication professionnelle en travail social,* Vuibert, Paris, 2008.

PEDINIELLI Jean-Louis, GIMÉNEZ Guy, *Les psychoses de l'adulte,* Armand Colin, Paris, 2009 (2e édition).

POUGNAUD Odile, ROPERS Philippe, SORIS Cécile, *DC 1. Accompagnement social et éducatif spécialisé DEES,* Vuibert, Paris, 2009.

Recommandations de bonnes pratiques professionnelles, « Ouverture de l'établissement à et sur son environnement », ANESM, décembre 2008.

REY Alain (dir.), *Dictionnaire historique de la langue française,* Le Robert, Paris, 1998.

RICŒUR Paul, *Soi-même comme un autre,* Le Seuil, Paris, 1990.

ROCHE Pierre, *La proximité à l'épreuve de l'économie de la débrouille. Situations de travail et postures professionnelles des travailleurs sociaux,* CÉRèq, ADDAP 13, Marseille, 2005.

ROCHE Pierre, « Les défis de la proximité dans le champ professionnel », in : *Nouvelle revue de psychosociologie,* 2007/1, pp. 63-82.

ROCHER Guy, *Introduction à la sociologie générale. L'action sociale* (tome 1), Le Seuil, Paris, 1970.

ROGEL Thierry, « La stigmatisation », in : *Idées* n° 107, mars 1997, pp. 53-60.

ROGERS Carl, *Le développement de la personne,* Dunod, Paris, 1966.

ROUZEL Joseph, *La pratique des écrits professionnels en éducation spécialisée. Méthode et cas concrets,* Dunod, Paris, 2005.

ROUZEL Joseph, *Le transfert dans la relation éducative : psychanalyse et travail social,* Dunod, Paris, 2005.

ROUZEL Joseph, *Le travail d'éducateur spécialisé. Éthique et pratique,* Dunod, Paris, 2007 (2e édition).

RULLAC Stéphane, *Je prépare le DEES,* Dunod, Paris, 2009.

RULLAC Stéphane, OTT Laurent, *Dictionnaire pratique du travail social,* Dunod, Paris, 2010.

RULLAC Stéphane, SORIS Cécile, DC 2. *Conception et conduite de projet éducatif spécialisé DEES,* Vuibert, Paris, 2008.

RULLAC Stéphane (dir.), *DEES : le mémoire professionnel de l'éducateur spécialisé. Finalité, méthode, rédaction,* ESF éditeur, Paris, 2011.

SARTRE Jean-Paul, *Question de méthodes,* Gallimard, Paris, 1957.

TIMBAL-DUCLAUX Louis, *La méthode SPRI. Organiser ses idées, bien rédiger,* Retz, Paris, 1983.

TOURAINE Alain, *Production de la société,* Le Seuil, Paris, 1973.

White Ralph K., Lippitt Ronald, Autocracy and democraty, Harper & Brothers, New York (1960).

Philippe Crognier

Précis d'écriture en travail social

Des ateliers d'écriture pour se former aux écrits professionnels

• PRATIQUES • • • •

Actions sociales

esf ÉDITEUR

Sous la direction
de **Stéphane Rullac**

DC 2

DEES : le mémoire professionnel de l'éducateur spécialisé

Finalité, méthode, rédaction

• PRATIQUES • • • •

Actions sociales

esf
EDITEUR

Achevé d'imprimer en novembre 2011
par L.E.G.O. S.p.A.
Lavis (TN), Italie